厚大®法考

2025年国家法律职业资格考试

主观题
民商事融合专项突破

厚大法考○组编

崔红玉　张佳　吕延秀○编著

ZHUGUANTI
MINSHANGSHI RONGHE
ZHUANXIANG TUPO

中国政法大学出版社

2025・北京

代 总 序

GENERAL PREFACE

做法治之光

——致亲爱的考生朋友

如果问哪个群体会真正认真地学习法律，我想答案可能是备战法考的考生。

当厚大的老总力邀我们全力投入法考的培训事业，他最打动我们的一句话就是：这是一个远比象牙塔更大的舞台，我们可以向那些真正愿意去学习法律的同学普及法治的观念。

应试化的法律教育当然要帮助同学们以最便捷的方式通过法考，但它同时也可以承载法治信念的传承。

一直以来，人们习惯将应试化教育和大学教育对立开来，认为前者不登大雅之堂，充满填鸭与铜臭。然而，没有应试的导向，很少有人能够真正自律到系统地学习法律。在许多大学校园，田园牧歌式的自由放任也许能够培养出少数的精英，但不少学生却是在游戏、逃课、昏睡中浪费生命。人类所有的成就靠的其实都是艰辛的训练；法治建设所需的人才必须接受应试的锤炼。

应试化教育并不希望培养出类拔萃的精英，我们只希望为法治建设输送合格的人才，提升所有愿意学习法律的同学整体性的法律知识水平，培育真正的法治情怀。

厚大教育在全行业中率先推出了免费视频的教育模式，让优质的教育从此可以遍及每一个有网络的地方，经济问题不会再成为学生享受这些教育资源的壁垒。

最好的东西其实都是免费的，阳光、空气、无私的爱，越是弥足珍贵，越是免费的。我们希望厚大的免费课堂能够提供最优质的法律教育，一如阳光遍洒四方，带给每一位同学以法律的温暖。

没有哪一种职业资格考试像法考一样，科目之多、强度之大令人咂舌，这也是为什么通过法律职业资格考试是每一个法律人的梦想。

法考之路，并不好走。有沮丧、有压力、有疲倦，但愿你能坚持。

坚持就是胜利，法律职业资格考试如此，法治道路更是如此。

当你成为法官、检察官、律师或者其他法律工作者，你一定会面对更多的挑战、更多的压力，但是我们请你持守当初的梦想，永远不要放弃。

人生短暂，不过区区三万多天。我们每天都在走向人生的终点，对于每个人而言，我们最宝贵的财富就是时间。

感谢所有参加法考的朋友，感谢你愿意用你宝贵的时间去助力中国的法治建设。

我们都在借来的时间中生活。无论你是基于何种目的参加法考，你都被一只无形的大手抛进了法治的熔炉，要成为中国法治建设的血液，要让这个国家在法治中走向复兴。

数以万计的法条，盈千累万的试题，反反复复的训练。我们相信，这种貌似枯燥机械的复习正是对你性格的锤炼，让你迎接法治使命中更大的挑战。

亲爱的朋友，愿你在考试的复习中能够加倍地细心。因为将来的法律生涯，需要你心思格外的缜密，你要在纷繁芜杂的证据中不断搜索，发现疑点，去制止冤案。

亲爱的朋友，愿你在考试的复习中懂得放弃。你不可能学会所有的知识，抓住大头即可。将来的法律生涯，同样需要你在坚持原则的前提下有所为、有所不为。

亲爱的朋友，愿你在考试的复习中沉着冷静。不要为难题乱了阵脚，实在不会，那就绕道而行。法律生涯，道阻且长，唯有怀抱从容淡定的心才能笑到最后。

法律职业资格考试不仅仅是一次考试，它更是你法律生涯的一次预表。

我们祝你顺利地通过考试。

不仅仅在考试中，也在今后的法治使命中——

不悲伤、不犹豫、不彷徨。

但求理解。

厚大®全体老师　谨识

前言

FOREWORD

在国家统一法律职业资格考试主观题部分的试卷中，最让考生头疼的无非民商事融合案例题。从法考元年的“夺命十三问”开始，很多考生看到民商事融合题就感觉无从下手。本书正是从此角度出发，对民商事融合题中涉及的可能考查的民法、民诉法、商法的考点进行梳理和总结，便于考生系统地掌握三个学科的重要考点，在知识点的理解和把握上达到融会贯通的效果；同时对科目融合题和商法选做题进行实战演练，通过法考时代历年真题和高仿真模拟题的训练，破解科目融合题及商法选做题的答题范式，训练答题技巧，实现知识点从理解到运用上的突破。

本书的具体内容以及使用中需要注意的事项如下：

本书分为上、下两篇，上篇为民商诉综合考点演绎，我们将其比喻为弹药库；下篇为主观案例实战演练，我们将其比喻为战场。要攻下法考这座城，既需要充足的弹药库，也需要数次的实战演练。

一 民商诉综合考点演绎

上篇包含了民法、民诉法与商法三个科目的考点，比较全面、系统地演绎了主观题考试中民事融合题与商法题中所涉及的考点。其中，民法部分由崔红玉老师撰写，民诉法部分由张佳老师撰写，商法部分由吕延秀老师撰写。上篇主要有四大特色：

第一，以法言法语的方式演绎考点，着力破解考生不会表达的困扰。我们知道很多考生在主观题备考中最大的困扰不在于理解，而在于表达，即缺少法言法语的积累。很多考生可能都不知道如何阐述一个考点才算是法言法语的表达。因此，本书在知识点编写部分基本是以法言法语的方式展开，完全摒弃了口语。各位考生可以“照葫芦画瓢”，如此，法言法语表达的问题自然迎刃而解。这样编写唯一的不足，大概就是会有点枯燥。但只要各位考生愿意认真学习本书，考试时就不会存在无法说理的苦恼。

第二，知识点涵盖较全，追求一本拿下三门法、两道题。这是一本需要反复翻阅的书。我们希望一本书便足以帮各位考生打牢基础，并且希望考生通过对本书的学习考试素养能够得到提升，因此，本书的内容部分比较全面，基本涵盖了主观题可能关注的所有考点，考生可以完全放心。学完本书，民法、民诉法、商法的部分已经不需要担心会有什么遗漏，也不需要再学习其他知识点类的书籍。聚焦一本、吃透一本，足矣。

第三，对考点的命题角度进行展示，实现了考点与考题的衔接。本书中包含了大量的“特别提醒”“注意”，每节之后都有“命题角度分析”栏目。我们努力将各知识点可能考查的角度和与之有关的经典判例精神予以展示，因为我们深知各位考生可能存在的第二个困扰就是无法快速从题目中定位考点。这个问题产生的根本原因在于，大家平时学习知识点时没有问题意识与发散意识，没有考虑过命题的角度，容易将知识点与案例应用割裂开来。因此，我们就要弥补这个裂痕，让大家不仅能够把握一个考点本身，更能掌握这个考点的各种命题可能性。这就叫未雨绸缪，如此何惧千变万化的考场。

第四，每个知识点之后都备注了法条序号，实现了考点与法条的合二为一。很多考生备考时都有这样一个苦恼：“老师，我找不到这个知识点对应的法条呀。”其实本书备注法条的目的不是让大家去记忆和背诵，而是当你看到这个知识点的时候，可以找到它在法条系统中的位置，毕竟考试时是提供电子版的法律法规汇编的，我们还是希望大家具备快速定位法条的能力。为每一个知识点配上法条序号，也是为考生节约时间。法条的功能建议各位考生在提升阶段使用。如果你能够根据法条提示，利用厚大的法条检索系统把重要法条都训练查找几遍，就一定能提升法条定位的能力。但请考生注意，在第一阶段进行知识点的复习巩固时，不要关注这些法条序号，也不用去背，大概在第二轮或者第三轮复习中想要锦上添花时再使用这个功能。

二 主观案例实战演练

下篇主要为训练题。由于法考时代民诉法不再单独出题，因此，训练题只包含科目融合和商法两部分。其中，科目融合部分包括5道主观题经典真题（回忆版）以及8道模拟综合大案例，商法部分包括2道主观题经典真题（回忆版）以及4道模拟综合大案例。科目融合部分由崔红玉老师编写，张佳老师校对；商法部分由吕延秀老师编写，崔红玉老师校对。下篇主要有两大特色：

第一，每道题目都附有法律关系图，手把手教画图。画图法对破解民事融合题与商法题都有帮助，但很多考生都曾反映自己不太会画图，因此，我们对每道题目都通过图示的方式理清其中涉及的法律关系，希望能够帮助各位考生学会通过画图梳理案情中的法律关系。

第二，每道题都标记了采分点并赋分。这样既方便大家进行自测，又可以更好地训练大家抓核心词的能力。

由于大家在做题时可能会查阅法条，故下篇我们特设“科目融合重点法条定位”，将民法、民诉法、商法中的重要知识点对应的法条进行了展示。这部分其实就是我们法条定位课的精华，希望能够帮助考生提升法条定位的能力。很多考生之所以觉得法条不好找，其实是因为没有人带着你去训练，没有人告诉你重点法条分布的规律。

需要提醒各位考生的是，注意本书的附录部分。本书的附录为最高院民商诉指导案例及裁判要旨。通过对历年法考主观题真题（回忆版）命题角度的研究，我们发现命题人较为关注最高院指导案例，比如2022年的民事融合题中就包含了两个指导案例的裁判要旨，2024年的民事融合题也借鉴了指导案例的裁判要旨。因此，虽然本书在知识点演绎的部分已经全面吸收了裁判要旨的精神，但是为方便同学们做专项突破，又将裁判要旨以附录的形式进行展现。

综上，本书可以解决你民法、民诉法和商法三个学科知道结论却不会说理的困扰，也可以解决你只了解考点但一做题就反应不过来的苦恼，还可以解决你训练不足以及不会审题、抓考点的烦恼，更可以解决你想找法条却不知道从何找起的无奈。另外，本书也许还可以帮你应对命题人总爱超纲考查，考的似乎都是没学到的知识点这个致命问题。为什么一本书可以解决这么多问题？因为我们一直奋斗在法考的最前线，最懂考生的需求，这就是实践出真知。但愿本书能成为法考主观题考生的一艘船，帮助各位考生成功渡过法考这条河。

最后，感谢能够看到这篇前言的小伙伴，谢谢你们的信任与选择。一本书、两道题、三门法，让我们出发，等你们凯旋！

扫码开通
本书配套听课权限

厚大法考

2025年5月

缩略语对照表 ABBREVIATION

缩略语	全称
总则编解释	最高人民法院关于适用《中华人民共和国民法典》总则编若干问题的解释
担保制度解释	最高人民法院关于适用《中华人民共和国民法典》有关担保制度的解释
合同编通则解释	最高人民法院关于适用《中华人民共和国民法典》合同编通则若干问题的解释
物权编解释（一）	最高人民法院关于适用《中华人民共和国民法典》物权编的解释（一）
侵权责任编解释（一）	最高人民法院关于适用《中华人民共和国民法典》侵权责任编的解释（一）
婚姻家庭编解释	最高人民法院关于适用《中华人民共和国民法典》婚姻家庭编的解释
民诉解释	最高人民法院关于适用《中华人民共和国民事诉讼法》的解释
公司法解释	最高人民法院关于适用《中华人民共和国公司法》若干问题的规定
九民纪要	全国法院民商事审判工作会议纪要
民间借贷规定	最高人民法院关于审理民间借贷案件适用法律若干问题的规定
执行和解规定	最高人民法院关于执行和解若干问题的规定
执行中变更、追加当事人规定	最高人民法院关于民事执行中变更、追加当事人若干问题的规定
买卖合同解释	最高人民法院关于审理买卖合同纠纷案件适用法律问题的解释
城镇房屋租赁合同解释	最高人民法院关于审理城镇房屋租赁合同纠纷案件具体应用法律若干问题的解释
执行异议和复议案件规定	最高人民法院关于人民法院办理执行异议和复议案件若干问题的规定
破产会议纪要	全国法院破产审判工作会议纪要
破产法解释	最高人民法院关于适用《中华人民共和国企业破产法》若干问题的规定
商品房买卖合同解释	最高人民法院关于审理商品房买卖合同纠纷案件适用法律若干问题的解释
融资租赁合同解释	最高人民法院关于审理融资租赁合同纠纷案件适用法律问题的解释
建设工程施工合同解释（一）	最高人民法院关于审理建设工程施工合同纠纷案件适用法律问题的解释（一）
人身损害赔偿解释	最高人民法院关于审理人身损害赔偿案件适用法律若干问题的解释
仲裁法解释	最高人民法院关于适用《中华人民共和国仲裁法》若干问题的解释
民诉证据规定	最高人民法院关于民事诉讼证据的若干规定
查封、扣押、冻结财产规定	最高人民法院关于人民法院民事执行中查封、扣押、冻结财产的规定
生态环境侵权证据规定	最高人民法院关于生态环境侵权民事诉讼证据的若干规定

目 录 CONTENTS

上篇 民商诉综合考点演绎

下篇 主观案例实战演练

民商诉综合考点演绎

第一编 民法考点演绎

第一分编 民法总则

第一章 法 人

第一节 法人的设立、变更与终止

考点 1 设立中的法人

1. 设立中的法人的本质属于非法人组织，也可以以自己的名义签订合同，合同效力不因此受影响。该合同没有其他无效事由，满足《民法典》第 143 条的规定即为有效。

2. 设立人以设立中的法人名义从事民事活动，设立成功，法人承担责任；设立失败，设立人承担责任（如设立人为多人，则各设立人之间连带）。但如果法人成立后有证据证明设立人利用设立中法人的名义为自己的利益与相对人签订合同，法人可以主张不承担责任，但相对人为善意的除外。（《公司法解释（三）》第 3 条）

3. 设立人为设立法人以自己的名义从事设立法人相关的民事活动而产生的责任，法人设立后，第三人有选择权，可以选择请求法人或者设立人承担。（《民法典》第 75 条第 2 款）

（1）设立人以自己的名义从事设立活动而与第三人发生纠纷，相对人只能选择法人或者设立人作为被告，而不能将设立人与法人作为共同被告起诉；

（2）如果将设立人与法人作为共同被告起诉，属于被告不正确，不影响法院对案件的受理，因为起诉只要求有明确的被告（《民事诉讼法》第 122 条第 2 项），而不要求被告正确；

（3）诉讼中，原告债权人主张变更当事人，法院不应准许，因为选择权属于形成权，一经行使不得撤销。

4. 侵权角度：设立时的股东因履行法人设立职责造成他人损害的，法人或者无过错的股东承担赔偿责任后，可以向有过错的股东追偿。（《公司法》第 44 条第 4 款）

考点2 法人的变更

1. 法人的合并与分立是原法人终止的两种事由，但其不需要经过清算程序。

（1）法人合并的，其权利和义务由合并后的法人享有和承担；

（2）法人分立的，由分立后的法人享有连带债权，承担连带债务，但是债权人和债务人另有约定的除外。

特别提醒

如果分立后的法人对债权债务分立有内部约定，则该约定仅具有内部效力，对外不可对抗债权人。

2. 其他事项的变更

如法定代表人、名称、注册资金、住所、活动宗旨、经营方式、经营范围等方面的重大变更等。

法人存续期间登记事项发生变化的，应当依法向登记机关申请变更登记。法人的实际情况与登记的事项不一致的，不得对抗善意相对人。

[例] 甲公司登记的法定代表人是张三，后甲公司将法定代表人更换为李四，但没有办理工商变更登记。张三以甲公司名义与乙公司签订了一份买卖合同。乙公司要求甲公司承担责任，甲公司拒绝。请问甲公司是否有权拒绝？[1]

特别提醒

法人的经营范围没有民法上的意义，法人超出经营范围所为的民事法律行为并不因此无效。

本节命题角度分析

SUMMARIZE

1. 设立中的法人的合同效力评价、与诉讼有关的问题非常值得考查。
2. 法人的合并、分立的具体程序与清算问题一般习惯性会在商法选做题中设计。民法角度需要掌握的就是法人分立后原债务承担问题。

[1] 无权拒绝。法人的实际情况与登记的事项不一致的，不得对抗善意相对人，法定代表人变更属于登记事项，由于甲公司的法定代表人变更没有办理登记，故不得对抗善意相对人乙公司。

法人的责任

考点1 法人责任的一般问题

1. 法人具有独立性，即法人以自己的全部财产独立承担责任（包括总部、分支机构等的所有财产），股东仅以出资为限对公司承担责任（有限责任）。法人的独立人格以及股东的有限责任是公司法的基础，因此如果股东通过决议约定股东对公司的亏损承担补偿责任，应当认定为内容违法，决议无效。

2. 法人以其主要办事机构所在地为住所。依法需要办理法人登记的，应当将主要办事机构所在地登记为住所。（《民法典》第63条）登记住所地与主要办事机构所在地不一致的，以主要办事机构所在地为住所地。

考点2 法人分支机构

一、分支机构的民法角度考点

1. 经过登记的分支机构属于“非法人组织”，可以作为独立的主体，以自己的名义从事民事活动。（《民法典》第102条第1款）

2. 分支机构没有独立的担保能力，必须经过法人的书面授权才可以提供担保，否则担保合同无效。（《担保制度解释》第11条第1款）

3. 分支机构不具有独立的责任能力，应当由法人承担责任，也可以先以该分支机构管理的财产承担，不足以承担的，由法人承担。（《民法典》第74条第2款）

二、分支机构的民诉角度考点

1. 主管与管辖角度

（1）一个分支机构起诉另一个分支机构，属于公司内部纠纷，不属于法院受理范围，应当裁定不予受理；

（2）分支机构具有一定的独立性，以分支机构的名义产生的合同纠纷，以分支机构所在地作为确定合同管辖的被告住所地的因素。

2. 诉讼当事人资格角度

（1）法人非依法设立的分支机构，或者虽依法设立，但没有领取营业执照的分支机构，不具有诉讼主体资格，应以设立该分支机构的法人为当事人。（《民诉解释》第53条）

分支机构：依法设立+领取营业执照=独立的诉讼主体资格

（2）法人的分支机构涉诉的，若满足依法设立并领取营业执照的前提条件，可以单独起诉法人的分支机构，也可以将法人及其分支机构列为共同被告。

3. 执行追加问题

（1）作为被执行人的法人分支机构，不能清偿生效法律文书确定的债务，申请执行人申请变更、追加该法人为被执行人的，人民法院应予支持。法人直接管理的责任财产仍不能清偿债务的，人民法院可以直接执行该法人其他分支机构的财产。（《执行中变更、追加当事人规定》第15条第1款）

（2）作为被执行人的法人，直接管理的责任财产不能清偿生效法律文书确定债务的，人民法院可以直接执行该法人分支机构的财产。（《执行中变更、追加当事人规定》第15条第2款）

（3）被申请人、申请人或其他执行当事人对执行法院作出的变更、追加裁定或驳回申请裁定不服的，可以自裁定书送达之日起10日内向上一级人民法院申请复议，但依法应当提起诉讼的除外。（《执行中变更、追加当事人规定》第30条）

4. 第三人撤销之诉主体资格

公司法人的分支机构以自己的名义从事民事活动，并独立参加民事诉讼，人民法院判决分支机构对外承担民事责任，公司法人对该生效裁判提起第三人撤销之诉的，其不符合有独三、无独三条件，人民法院不予受理。（指导案例149号）

考点3 公司中的两种人的对外责任

一、法定代表人——代表制度

1. 公司的法定代表人由代表公司执行公司事务的董事或者经理担任。（《公司法》第10条第1款）

2. 法定代表人以法人名义从事的民事活动，其法律后果由法人承受。（《民法典》第61条第2款）法定代表人死亡、更换等不影响公司责任的承担。

命题角度分析

如果法定代表人在合同中表示“我愿意加入债务”，合同底部有法定代表人签字，并且加盖公司公章，则债务应该由公司清偿还是由法定代表人个人清偿？答案是由法定代表人个人清偿。因为代表行为必须以公司名义从事，以个人名义从事的行为属于个人行为，由个人承担责任。

3. 法人章程或者法人权力机构对法定代表人代表权的限制，不得对抗善意相对人。如相对人为善意，则其可以主张构成表见代表，从而要求公司承担责任；如相对人为恶意，则公司可以主张合同无效。（《民法典》第61条第3款；《合同编通则解释》第20条第2款）

4. 为法人设定担保的行为不是法定代表人的代表权限范围，因此，法定代表人无权独立代表公司签订担保合同，否则属于超越法律授权，推定相对人为恶意，法人可以主张担保合同无效，除非相对人能够证明自己属于善意第三人。

（1）非上市公司对外提供担保

❶为公司股东、实际控制人——必须经股东会决议，并由出席会议的其他股东所持表决权的过半数通过，债权人必须查阅该决议。（《公司法》第15条第2、3款；《担保制度解释》第7条第3款）

❷为其他人提供担保——必须经股东会或者董事会决议，并由出席会议的股东所持表决权的过半数/全体董事的过半数通过，债权人必须查阅该决议。（《公司法》第15条第1款；《担保制度解释》第7条第3款）

❸债权人的查阅只是形式审查，一般不对真实性负责；但公司证明债权人明知的除外。

不过，具有下列情形之一的，不要求债权人查阅上述决议：第一，金融机构开立保函或者担保公司提供担保；第二，公司为其全资子公司开展经营活动提供担保；第三，担保合同系由单独或者共同持有公司2/3以上对担保事项有表决权的股东签字同意。（《担保制度解释》第8条第1款）

特别提醒

1. 只有为公司股东或者实际控制人提供担保才必须经过股东会决议，即不可扩大解释关联担保。例如，公司为其他关联公司提供担保，则不属于必须经过股东会决议的情形。
2. 如果是公司为自己提供担保，则不需要经过决议。一定是为别人提供担保时才需要经过决议。

（2）一人公司为股东提供担保。不受上述规则限制，担保合同是有效的。如果一人公司因承担担保责任导致无法清偿其他债务，提供担保时的股东不能证明公司财产独立于自己的财产，其他债权人可以请求该股东承担连带责任。（《担保制度解释》第10条）

（3）上市公司对外提供担保。相对人必须查阅上市公司公开披露的关于担保事项已经董事会或者股东大会决议通过的信息。根据该信息签订担保合同的，担保合同有效；否则，公司可以主张担保合同无效。（《担保制度解释》第9条第1、2款）

特别提醒

1. 法定代表人以公司名义加入债务的，法院在认定该行为的效力时，可以参照公司为他人提供担保的有关规则处理。（《担保制度解释》第12条）
2. 关于担保/债务加入决议，没有达到过半数比例，该决议效力如何评价？对外所签订的担保/债务加入合同效力如何？[1]

5. 法定代表人对外侵权责任

法定代表人因执行职务造成他人损害的，由法人承担民事责任；法人承担民事责任后，对法定代表人的追偿仅限于法定代表人有违反法律或者公司章程规定的过错行为。

〔1〕决议因未达到通过比例而不成立，对外债权人没有尽到形式审查义务，非善意，担保合同无效。

（《民法典》第62条）

6. 民间借贷合同中，法定代表人与法人的共同责任（《民间借贷规定》第22条）

（1）法定代表人以法人名义与出借人签订民间借贷合同，所借款项用于法定代表人个人使用，出借人请求将法定代表人列为共同被告或者第三人的，人民法院应予准许；

（2）法定代表人以个人名义与出借人签订民间借贷合同，所借款项用于法人生产经营，出借人请求法人与个人共同承担责任的，人民法院应予支持。

二、其他员工——代理制度（《民法典》第170条）

1. 执行工作任务的人员，就其职权范围内的事项，以法人或者非法人组织的名义实施的民事法律行为，属于职务代理，对法人或者非法人组织发生效力。

2. 法人或者非法人组织对执行其工作任务的人员职权范围的限制，不得对抗善意相对人。

越权效果把握：幅度越权对外有效（表见代理）；种类越权效力待定（无权代理）。

三、法定代表人/员工异常行为的评价

（一）越权行为的评价（合同角度）

1. 法定代表人越权行为的效力评价（《合同编通则解释》第20条第1款）（合同角度）

——超越法律、行政法规授权，效力待定，公司可以拒绝追认；但相对人已尽到合理审查义务的，可以主张该行为因构成表见代表而有效。（举证责任由相对人承担）

法律授权的典型情形：公司对外提供担保、对外投资行为（《公司法》第15条第1款），公司加入债务行为（《担保制度解释》第12条）。

——超越公司内部授权，构成表见代表，有效；但公司能够证明相对人明知越权的除外。（举证责任由公司承担）公司因此遭受损失的，可以向法定代表人、负责人进行追偿。

总 结

越法律授权，推定相对人为恶意，故相对人需要对其为善意承担举证责任；越内部权限，推定相对人为善意，故公司需要对相对人为恶意承担举证责任。

[例] 根据《公司法》第15条第1款的规定，公司为他人提供担保必须由公司董事会或股东会决议。所以法定代表人擅自提供担保，就是超越法律授权，推定债权人为恶意，债权人需要证明自己是善意的，才能让这个担保合同有效。

2. 员工越权行为的效力评价（《合同编通则解释》第21条）

——超越岗位职权范围（种类越权），属于狭义无权代理，公司可以主张合同无效。如公司有过错，则需要承担与过错相应的赔偿责任。（推定相对人为恶意，由相对人就自己为善意承担证明责任）

——超越岗位内部限制（幅度越权），属于表见代理，公司应当承担合同责任。公司因此遭受损失的，可以向故意或者有重大过失的员工追偿。（推定相对人为善意，由公司就相对人为恶意承担证明责任）

（二）串通行为的评价（《合同编通则解释》第23条第1款）

法定代表人/职务代理人与相对人恶意串通，损害公司合法权益的行为，效力待定，由公司决定是否追认。造成公司损害的，公司可以要求法定代表人/职务代理人与相对人承担连带赔偿责任。

一定要与当事人恶意串通相区分！合同当事人恶意串通，损害合同之外的他人合法权益的，合同直接无效。（《民法典》第154条）

（三）章与签名异常（《合同编通则解释》第22条）

问题1：仅有法定代表人或职务代理人的签字，合同未加盖公章/加盖的是假章，或者合同仅加盖公章而相关人员没有签字的，该合同能否认定为公司行为？（已经考过）

答：可以。只要有代表权或代理权的人对外以公司名义从事法律行为，即便未盖公章/加盖的是假章，也应认定属于公司行为，而非个人行为。

合同仅加盖法人、非法人组织的印章而无人员签名或者按指印，相对人能够证明合同系法定代表人、负责人或者工作人员在其权限范围内订立的，人民法院应当认定该合同对法人、非法人组织发生效力。

问题2：上述异常情况下，合同是否对公司发生效力由谁承担证明责任？

答：全部由相对人承担证明责任！

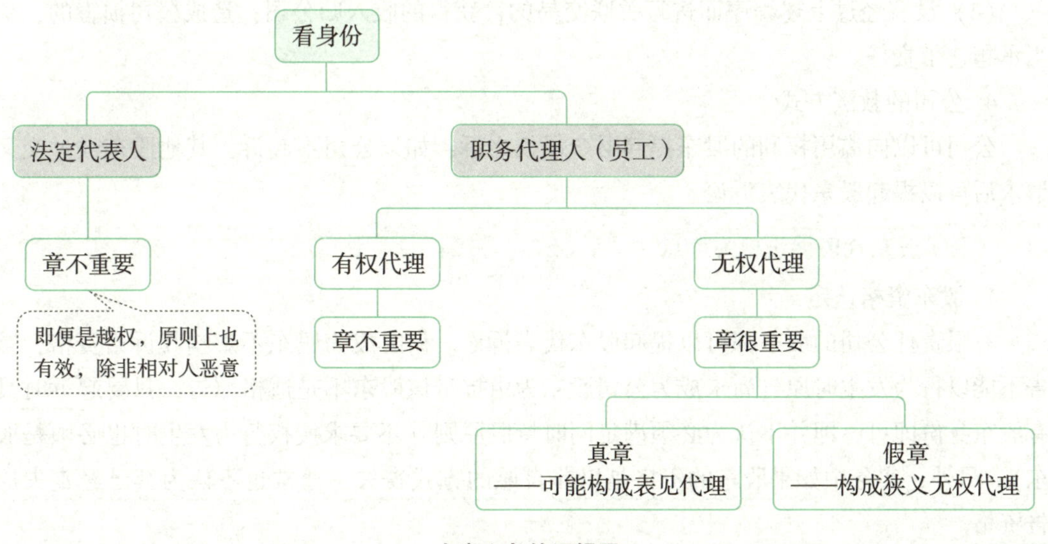

人章之争的逻辑图

考点4 股东侵害公司的法律后果

一、内部救济——公司侵权之诉与股东代表诉讼

（一）不得滥用出资人权利

营利法人的出资人不得滥用出资人权利损害法人或者其他出资人的利益；滥用出资人权利造成法人或者其他出资人损失的，应当依法承担民事责任（侵权责任）。（《民法典》第83条第1款）

（二）关联交易相关考点

1. 营利法人的控股出资人、实际控制人、董事、监事、高级管理人员不得利用其关联关系损害法人的利益；利用关联关系造成法人损失的，应当承担赔偿责任。（《民法典》第84条；《公司法》第22条）

2. 关联交易合同的效力问题

公司法并不禁止关联交易，因此不能仅以系关联交易为由而否认合同的效力。但是，如果关联交易存在恶意串通损害他人合法权益、违反法律或行政法规的强制性规定等情形，应依据民法认定其无效；若存在显失公平等情形，当事人可依据民法请求法院撤销。

3. 关联交易与《公司法》的完善（《公司法》第182、185、186条）

（1）关联人扩展至董事、监事、高级管理人员的近亲属。

（2）关联交易要向董事会或者股东会报告，并按照公司章程的规定经董事会或者股东会决议。董事会决议时，关联董事不得参与表决，其表决权不计入表决权总数。

（3）没有经过上述程序而进行关联交易的，获得的收入归公司；造成公司损害的，应当承担连带责任。

4. 公司的救济方式

公司可以向滥用权利的股东提起财产侵权之诉；如果公司不起诉，其他股东经过交叉请求后可以提起股东代表诉讼。

（三）股东代表诉讼相关考点（《九民纪要》第24~27条）

1. 股东资格认定

有限责任公司的股东都可以提起股东代表诉讼。何时成为股东不影响其诉讼资格，被告不能以行为发生时原告尚未成为公司股东为由抗辩该股东不是适格原告，只要起诉时具有股东身份即可，即并不认为必须满足同时持股原则（不要求侵权行为发生时也必须是股东）。另外，实务中如果股东的资格是以非自愿的方式丧失，通常也不认为其已经丧失原告资格。

如果股东资格纠纷（如除名判决纠纷）与股东代表诉讼同时提起，法院是否应当合并审理？

——诉的合并审理，是指法院将两个或者两个以上彼此有牵连的诉合并到同一法院管辖，并适用同一程序审判。诉的合并的意义在于提高诉讼的效率，防止在相互关联的问题上作出互相矛盾的裁判。股东资格纠纷诉讼与股东代表诉讼的诉讼请求、诉讼法律关系以及当事人的诉讼地位皆有所不同，因此确认股东资格的诉讼与损害公司利益的诉讼是两个独立的诉讼，前一个是前提，是基础，两者重叠性较小以至不足以节约诉讼资源、提高诉讼效率，因此不应当合并审理。法院的正确做法是：告知当事人可以向有管辖权的法院另行起诉，同时裁定股东代表诉讼程序中止，等待股东资格诉讼结果作出后再行审理和裁判。

2. 前置程序问题

股东提起代表诉讼的前置程序之一是，股东必须先书面请求公司有关机关向人民法院提起诉讼。一般情况下，股东没有履行该前置程序的，应当驳回起诉。但是，该项前置程序针对的是公司治理的一般情况，即在股东向公司有关机关提出书面申请之时，存在公司有关机关提起诉讼的可能性。如果查明的相关事实表明，根本不存在该种可能性的，人民法院不应当以原告未履行前置程序为由驳回起诉。

3. 反诉问题

（1）反诉原告股东，可以——股东提起股东代表诉讼后，被告以原告股东恶意起诉侵犯其合法权益为由提起反诉的，人民法院应予受理。

（2）反诉公司，不可以——被告以公司在案涉纠纷中应当承担侵权或者违约等责任为由对公司提出的反诉，因不符合反诉的要件，人民法院应当裁定不予受理；已经受理的，裁定驳回起诉。

4. 股东代表诉讼的其他命题角度

（1）股东代表诉讼的调解问题。调解协议必须经过法人同意。调解协议只有经公司股东会决议通过后才能生效。公司章程也可以规定经董事会决议后生效。

（2）股东代表诉讼与仲裁条款。多数观点认为，如果公司已经与他人达成有效的仲裁协议，股东就仲裁协议约定的仲裁事项对他人提起股东代表诉讼的，法院不予受理。

如果公司不按照仲裁协议申请仲裁，股东能否参照《公司法》关于股东代表诉讼的规定，以自己的名义对他人申请仲裁？基于股东代表诉讼制度的目的，应该允许。

（3）股东代位举证。在与公司有关的诉讼中，股东能否有举证的权利？对这个问题有两种不同的观点：

观点 1：股东与公司诉讼结果虽然有间接利益，但不具有直接利益，股东与公司进行的民事诉讼的处理结果具有法律上的间接利害关系，但股东的利益和意见已经在诉讼过程中由公司所代表和表达，则不应再追加股东作为第三人参加诉讼。至于不同股东之间的分歧所导致的利益冲突，应由股东与股东之间、股东与公司之间依法另行处理。股东并非第三人，不属于该诉讼当事人，故并没有举证的权利。

观点 2：有关公司纠纷的诉讼，股东在正常情况下不具有诉讼当事人资格，但如果公司的利益可能受到损害，而公司在诉讼中并没有积极采取有效措施防止损害结果，则应该允许公司股东基于代位诉讼权而采取相应措施来维护公司利益，即股东有权替公司进行举证。

（4）股东代位执行。股东代表诉讼胜诉后，被告不履行判决，股东能否代位申请执行？答案应该是可以。因为股东代表诉讼中的股东诉权源于公司的诉权，股东诉讼的目的是维护公司的合法权益，因此只要公司享有诉权而怠于起诉的情形出现，均可以提起股东代表诉讼，而且不仅可以在审判程序中提起，也可以在执行程序中提起。

二、外部债权人救济——法人人格否认

（一）两种情况之下法人的独立人格会被否认

1. 股东滥用有限责任

营利法人的出资人不得滥用法人独立地位和出资人有限责任损害法人债权人的利益；滥用法人独立地位和出资人有限责任，逃避债务，严重损害法人债权人的利益的，应当对法人债务承担连带责任。（《民法典》第 83 条第 2 款）

人格否认的具体情形包括人格混同、过度支配与控制、资本显著不足三种：

（1）人格混同——最根本的判断标准是公司是否具有独立意思和独立财产，最主要的表现是公司的财产与股东的财产是否混同且无法区分。（《九民纪要》第 10 条第 1 款）

（2）过度支配与控制——公司控制股东对公司过度支配与控制，操纵公司的决策过程，使公司完全丧失独立性，沦为控制股东的工具或躯壳，严重损害公司债权人利益，应当否认公司人格。（《九民纪要》第 11 条第 1 款）

（3）资本显著不足——股东实际投入公司的资本数额与公司经营所隐含的风险相比明显不匹配。股东利用较少资本从事力所不及的经营，表明其没有从事公司经营的诚意，实质是恶意利用公司独立人格和股东有限责任把投资风险转嫁给债权人。（《九民纪要》第 12 条）

2. 关联公司人格混同

控制股东或实际控制人控制多个子公司或者关联公司，滥用控制权使多个子公司或者关联公司财产边界不清、财务混同，利益相互输送，丧失人格独立性，严重损害公司债权人利益的，债权人可以请求否认子公司或者关联公司法人人格，要求其承担连带责任。（《公司法》第 23 条第 2 款；《九民纪要》第 11 条第 2 款）

（二）法人人格否认的诉讼当事人地位（《九民纪要》第 13 条）

原告为债权人，被告则需要根据具体情况确定：

1. 债权人对债务人公司享有的债权已经由生效裁判确认，其另行提起公司人格否认诉讼，请求股东/关联公司对公司债务承担连带责任的，列股东/关联公司为被告，债务人公司为第三人。

2. 债权人对债务人公司享有的债权提起诉讼的同时，一并提起公司人格否认诉讼，请求股东/关联公司对公司债务承担连带责任的，列债务人公司和股东/关联公司为共同被告。

3. 债权人对债务人公司享有的债权尚未经生效裁判确认，直接提起公司人格否认诉讼，请求公司股东/关联公司对公司债务承担连带责任的，人民法院应当向债权人释明，告知其追加债务人公司为共同被告。债权人拒绝追加的，人民法院应当裁定驳回起诉。

（三）法人人格否认诉讼中的举证责任

1. 原则上由债权人进行举证，但一人公司举证责任倒置，由公司股东证明自己的人格独立于公司的人格，否则承担连带责任。（《公司法》第23条第3款）

2. 一人公司的“一人”的理解——责任财产的单一性。

夫妻二人出资设立的有限责任公司，实质就是一人有限责任公司，应对公司的债务承担连带清偿责任，除非其能够证明个人财产独立于公司的财产。因为夫妻二人出资成立的公司，注册资本来源于夫妻共同财产，公司的全部股权属于双方共同共有，即公司的全部股权实质来源于同一财产权，并为一个所有权共同享有和支配，股权主体具有利益的一致性和实质的单一性。在此情况下，该公司与一人有限责任公司在主体构成和规范适用上具有高度相似性，系实质意义上的一人有限责任公司。基于此，应将公司财产独立于股东自身财产的举证责任分配给作为股东的夫妻二人。

夫妻一方设立一人公司，如果配偶实质参与公司经营管理，则该一人公司属于夫妻共同事业，应由夫妻共同财产承担连带责任。（已考）

（四）人格否认制度的谨慎适用

1. 公司的人格原则上独立，只有在股东实施了滥用公司法人独立地位及股东有限责任的行为，且该行为严重损害了公司债权人利益的情况下，才能适用。损害债权人利益，主要是指股东滥用权利使公司财产不足以清偿公司债权人的债权。

2. 只有实施了滥用法人独立地位和股东有限责任行为的股东才对公司债务承担连带清偿责任，而其他股东不应承担此责任。

3. 个案个判原则：公司人格否认不是全面、彻底、永久地否定公司的法人资格，而只是在具体案件中依据特定的法律事实、法律关系，突破股东对公司债务不承担责任的一般规则，例外地判令其承担连带责任。人民法院在个案中否认公司人格的判决的既判力仅仅约束该诉讼的各方当事人，不当然适用于涉及该公司的其他诉讼，不影响公司独立法人资格的存续。如果其他债权人提起公司人格否认诉讼，已生效判决认定的事实可以作为证据使用。（谁想否认人格，谁就得起诉！）

4. 公司股东仅存在单笔转移公司资金的行为，尚不足以否认公司独立人格的，不应判决公司股东对公司的债务承担连带责任，但可判决公司股东对公司债务不能清偿的部分在其转移资金的金额及相应利息范围内承担补充赔偿责任。（能查清楚具体转移的资金数额的，不能认定为人格否认，参照抽逃出资处理即可）

本节命题角度分析——
SUMMARIZE

本节内容为主观题命题绝对核心考点，每个角度均有极高的命题价值，建议考生都予以细致把握。

1. 法人分支机构非常值得考查，可以从民法角度考查分支机构所签订合同的效力以及责任承担；民诉角度可以考查分支机构诉讼当事人、执行追加、分支机构内部纠纷是否受理以及第三人撤销之诉等，这些内容都是民诉中比较重要的考点。

2. 法人的两种人对外纠纷的处理思维很重要，要区分代理与代表，并且对法定代表人的各种行为都要能够准确判断出来。案例分析中可能考查对公司某个行为人行为的定性，即考查其是属于代表行为还是代理行为，是属于个人行为还是职务行为。比较容易结合《公司法》以及职务侵权来进行命题，也可能结合民间借贷合同来进行考查。法定代表人签订担保合同效力的判定一定要重点关注，其很容易与《公司法》的决议效力瑕疵一起命题。

3. 股东损害公司利益的内部救济偏向公司法角度考查，但法人人格否认制度则属于融合题的重要命题角度，考生依然要把握关联公司类型的人格否认后果，依然要防止人格否认结合关联公司合并破产角度命题。“夫妻店”是否属于一人公司也是非常值得命题的考点。考生要准确判断出来是否属于一人公司，是否需要以夫妻共同财产清偿债务。

4. 要注意人格否认制度的谨慎适用，防止出现人格否认答题结论的错误。

第二章　民事法律行为

第一节

民事法律行为的成立与生效

考点 1　依法需要审批的法律行为

1. **报批义务及相关违约条款独立生效**（《民法典》第 502 条第 2 款）

须经行政机关批准生效的合同，对报批义务及未履行报批义务的违约责任等相关内容作出专门约定的，该约定独立生效。一方因另一方不履行报批义务，请求解除合同并请求其承担合同约定的相应违约责任的，人民法院依法予以支持。

特别提醒

要会评价依法需要审批的合同在报批成功前的效力状态——该合同成立但未生效，并非无效，仍对合同当事人具有一定的约束力，只是没有履行效力。不过报批义务和违约责任条款具有相对独立性。

2. 不履行报批义务时，对方当事人的救济方式（《合同编通则解释》第12条第1、3款）

（1）对方请求其继续履行报批义务的，人民法院应予支持。合同获得批准前，当事人一方起诉请求对方履行合同约定的主要义务，经释明后拒绝变更诉讼请求的，人民法院应当判决驳回其诉讼请求，但是不影响其另行提起诉讼。

（2）对方可以主张解除合同并请求其承担违反报批义务的赔偿责任。

3. 判决履行报批义务后的处理（《合同编通则解释》第12条第2、4款）

（1）人民法院判决当事人一方履行报批义务后，其仍不履行，对方主张解除合同并参照违反合同的违约责任请求其承担赔偿责任的，人民法院应予支持。

（2）一方依据判决履行报批义务，批准机关予以批准，合同发生完全的法律效力，其请求对方履行合同的，人民法院依法予以支持。

（3）批准机关决定不予批准的，合同无法生效，不能主张继续履行。有过错的一方应当赔偿对方由此所受到的损失；各方都有过错的，应当各自承担相应的责任。

4. 审批与合同效力（《合同编通则解释》第13条）

尚未通过审批，合同生效的条件未具备，但通过行政审批并不能代表合同就是有效的。合同存在无效或者可撤销的情形，当事人以该合同已在有关行政管理部门办理备案、已经批准机关批准或者已依据该合同办理财产权利的变更登记、移转登记等为由主张合同有效的，人民法院不予支持。合同的效力如何，要看其是否完全符合有效要件。

考点2 民事法律行为的成立与生效

1. 民事法律行为的成立规则

（1）诺成行为，又称不要物行为，是指当事人达成合意即可成立的民事法律行为（原则）。

（2）实践行为，又称要物行为，是指在当事人达成合意之后，还需要相关标的物的交付，才能够成立或生效的民事法律行为。实践行为包括四类：借用合同、保管合同、自然人之间的借贷合同、定金合同。

（3）约定的形式不具备，但当事人一方已经履行主要义务，对方接受时，该合同成立，此为合同履行补正。（《民法典》第490条第2款）

2. 成立、有效与生效的关系

民事法律行为的生效，是指已经成立的民事行为因符合法定有效要件而取得认可的效力。民事法律行为的成立是民事法律行为生效的前提。

一般而言，一个有效的民事法律行为成立即生效，但在特殊情况下，民事法律行为成立了但未生效。未生效合同已具备合同的有效要件，对双方具有一定的拘束力，任何一方不得擅自撤回、解除、变更，但因欠缺法律、行政法规规定或当事人约定的特别生效条件，在该生效条件成就前，不能产生请求对方履行合同主要权利义务的法律效力。其主要包括：附生效条件的民事法律行为、附始期的民事法律行为、依法需要审批的民事法律行为、遗嘱行为。

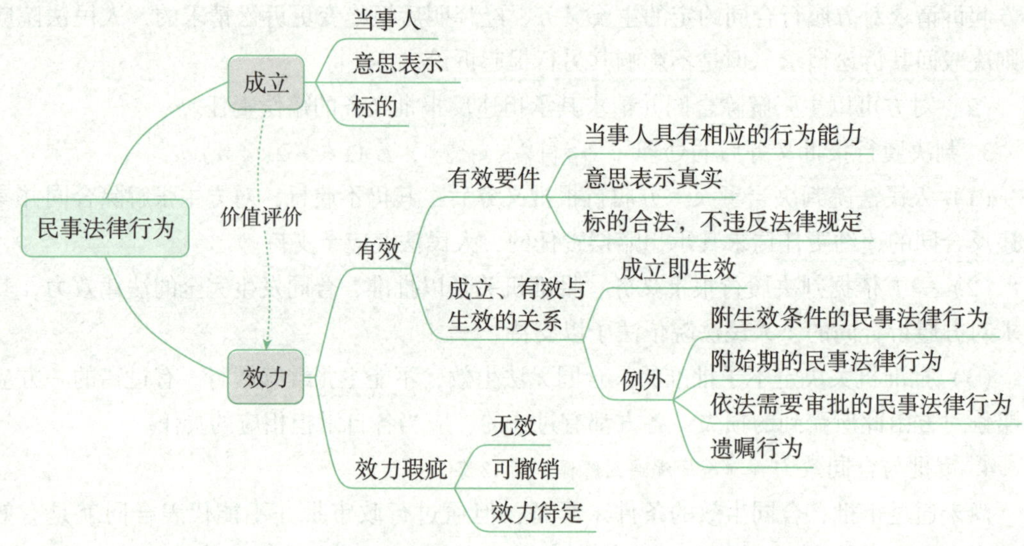

考点 3 附条件与附期限民事法律行为

一、附条件与附期限行为的基础考点

1. 附生效条件的民事法律行为，自条件成就时生效。附解除条件的民事法律行为，自条件成就时失效。（《民法典》第 158 条）

2. 附条件的民事法律行为，当事人为自己的利益不正当地阻止条件成就的，视为条件已经成就；不正当地促成条件成就的，视为条件不成就。（《民法典》第 159 条）

3. 附生效期限的民事法律行为，自期限届至时生效。附终止期限的民事法律行为，自期限届满时失效。（《民法典》第 160 条）

4. 民事法律行为所附条件不可能发生，当事人约定为生效条件的，人民法院应当认定民事法律行为不发生效力；当事人约定为解除条件的，应当认定未附条件。（《总则编解释》第 24 条）

二、附条件行为的实务应用——“背靠背”条款

合同的义务履行也可以附条件，比如附付款条件的买卖合同。实务中常见的一种附条件的付款条款就是“背靠背”付款协议，这个考点非常符合现行命题风格，故本书予以展开。

1. “背靠背”条款定义

负有付款义务的一方在合同中约定，以其在与第三人的合同中收到相关款项作为支付本合同款项的前提条件，若未收到第三方款项，则相对方无权要求付款。其本质上属于买受人付款义务的附条件（也有观点认为属于付款义务附不定期）。

2. 实务中法院对“背靠背”条款的处理

（1）合同以当事人的意思自治为原则。“背靠背”条款是合同双方当事人作为平等的民事主体，对自身之间的合法民事权益的处置。“背靠背”条款若没有违反法律法规有关合同效力的规定，应视为有效。

（2）如付款义务方怠于行使自身权利，导致条件无法成就，应视为条件成就，并应履行付款义务。

（3）大型企业与中小企业约定以收到第三方向其支付的款项为付款前提的，因其内容违反《保障中小企业款项支付条例》的相关规定，法院应当认定该约定条款无效。

[例] 甲公司将A工程发包给乙建筑公司，乙公司为组织施工等与丙建筑材料公司签订买卖合同，合同中关于付款问题有一个约定：“乙公司在甲公司支付乙公司工程款后才支付丙公司材料款。”后由于甲公司一直未支付工程款，故乙公司也拒绝支付丙公司材料款。丙公司因此起诉至法院，后法院查明甲公司不支付工程款的原因是乙公司所建工程质量存在部分问题、存在迟延交付工程等。如果你是法官，是否会判决乙公司支付材料款？[1]

本节命题角度分析——
SUMMARIZE

1. 审批合同纠纷为重点命题考点，要注意合同效力评价，也可以结合民诉考查法院的处理方式、是否构成重复起诉等。
2. 附条件法律行为属于基础考点，但由于与合同效力有关，尤其是“背靠背”条款需要用附条件/期限法律行为知识点作为裁判依据，故其特别具有命题价值。

第二节

民事法律行为的效力

考点1 有效的民事法律行为

一、常见的有效命题角度

考　点	具体内容	法条索引
有效的万能法条	民事法律行为有效的实质要件有三：行为人行为能力合格、意思表示真实、标的合法。一般而言，符合这三个构成要件的行为即为有效的行为。	《民法典》第143条

〔1〕 支持。乙公司应当支付材料款，该付款条件无法达成是由于乙公司的过错导致的，可以认定为一方不当阻止条件成就，根据《民法典》第159条的规定，视为条件已经成就，故乙公司应当支付材料款。

续表

考　点	具体内容	法条索引
行为能力	限制民事行为能力人实施的在其行为能力范围内的行为以及纯获利益的行为是有效的。	《民法典》第145条第1款
超越经营范围	法人的行为效力一般不受经营范围的限制，超过经营范围的行为一般也是有效的，除非违反了法律的禁止性规定。	《民法典》第505条
一物数卖	1. 一物数卖中，根据债权的相容性，数份合同的效力都是不受影响的，如果没有无效、效力待定与可撤销情形，即为有效合同。 2. 买受人受领规则为：①特殊动产：交付>登记>合同成立在先；②一般动产：交付>付款>合同成立在先。 3. 其他人的救济：根本违约，解除合同、追究违约责任。	《买卖合同解释》第6、7条
租赁合同效力	1. 一房数租 （1）数份租赁合同原则上都有效； （2）租赁的实现顺序为：合法占有>登记备案>合同成立在先。	《城镇房屋租赁合同解释》第5条第1款
	2. 租赁合同未办理登记备案手续的，不影响合同的效力。	《民法典》第706条
	3. 承租人擅自转租的，不影响转租合同的效力，出租人可以解除租赁合同（6个月）。	《民法典》第716条第2款
	4. 转租期限超过剩余租期的，不影响转租合同的效力，但超过部分的约定不约束出租人，出租人与承租人另有约定的除外。	《民法典》第717条
无权处分	1. 无处分权不影响合同的效力，如果其不具有无效、效力待定、可撤销情形，即为有效合同。 2. 因出卖人未取得处分权致使标的物所有权不能转移的，买受人可以解除合同并请求出卖人承担违约责任。	《民法典》第597条第1款

二、热点的有效命题角度

（一）对赌协议的效力判定与履行请求权（《九民纪要》第5条）

1. 对赌协议的概念

对赌协议就是收购方（包括投资方）与出让方（包括融资方）在达成并购（或者融资）协议时，对于未来不确定的情况进行一种约定。如果约定的条件出现，融资方可以行使一种权利；如果约定的条件不出现，投资方则行使一种权利。常见的对赌形式为股权回购或者金钱补偿。《九民纪要》也是对这两类对赌作了规定。其他类型的对赌争议还是非常大，不大会在考试中考查到。

2. 与目标公司的对赌协议的效力

投资方与目标公司订立的“对赌协议”在不存在法定无效事由的情况下，目标公司仅以存在股权回购或者金钱补偿约定为由，主张“对赌协议”无效的，人民法院不予支持。公司回购股份不违反任何强制性法律规定。无论是有限责任公司还是股份有限公司，立法均未完全禁止公司回购股份。

3. 合同认定为有效时投资方的履行请求权

投资方主张实际履行的，人民法院应当审查是否符合《公司法》关于“股东不得抽逃出资”及股份回购的强制性规定，判决是否支持其诉讼请求。

（1）投资方请求目标公司回购股权的，人民法院应当依据《公司法》关于“股东不得抽逃出资”或者关于股份回购的强制性规定进行审查。经审查，目标公司未完成减资程序的，人民法院应当驳回其诉讼请求。目标公司具备通过法定减资程序完成回购的条件的，通过减资方式支付回购款项并不违反任何强制性法律规定，此时能够得到支持。

（2）投资方请求目标公司承担金钱补偿义务的，人民法院应当依据《公司法》关于“股东不得抽逃出资”和关于利润分配的强制性规定进行审查。经审查，目标公司没有利润或者虽有利润但不足以补偿投资方的，人民法院应当驳回或者部分支持其诉讼请求。今后目标公司有利润时，投资方还可以依据该事实另行提起诉讼。（重复起诉问题的判断：新事实、新理由）

（3）业绩型对赌，如果因为疫情影响而引发对赌协议纠纷，则法院应当引导双方当事人协商变更或者解除合同；协商不成，按照对赌协议履行明显不公平的，则可以解除合同，合理分配解除造成的损害。

（二）侵犯股东优先购买权的股权转让合同的效力（《九民纪要》第9条）

1. 原则上，其他股东依法享有优先购买权，在其主张按照股权转让合同约定的同等条件购买股权的情况下，应当支持其诉讼请求。

2. 为保护股东以外的股权受让人的合法权益，股权转让合同如无其他影响合同效力的事由，应当认定有效。其他股东行使优先购买权的，虽然股东以外的股权受让人关于继续履行股权转让合同的请求不能得到支持，但不影响其依约请求转让股东承担相应的违约责任。

特别提醒

股东与第三人往往通过短期连环交易方式来躲避优先购买权，即便存在恶意串通之举，也不会否认买卖合同本身的效力。其他股东可以主张按照多次交易的平均价款优先购买。

考点2 无效的民事法律行为

一、无效民事法律行为的民法角度考点

1. 具有考试价值的无效情形

（1）无民事行为能力人实施的民事法律行为。（《民法典》第144条）

（2）以虚假意思表示所为的行为。（《民法典》第146条第1款）

（3）恶意串通，损害他人合法利益的行为。（《民法典》第154条）

命题角度分析

一定要注意该知识点与代理/代表结合考查：法定代表人或者代理人与相对人恶意串通的合同效力如何？是否存在恶意串通由谁承担证明责任？（《合同编通则解释》第23条）

——合同效力待定，法定代表人或者代理人与相对人承担连带责任。

——由公司承担初步证明责任，但只要达到高度可能性即完成举证。之后就由法定代表人或者代理人与相对人举证排除可能性，否则认定构成恶意串通。

（4）违反法律、行政法规的效力性强制性规定及违背公序良俗的行为，但该强制性规定不导致该行为无效的除外。（《民法典》第153条）

特别提醒

违反哪些强制性规定不会影响合同的效力？

[法条链接]《合同编通则解释》第16条　合同违反法律、行政法规的强制性规定，有下列情形之一，由行为人承担行政责任或者刑事责任能够实现强制性规定的立法目的的，人民法院可以依据民法典第153条第1款关于"该强制性规定不导致该民事法律行为无效的除外"的规定认定该合同不因违反强制性规定无效：

（一）强制性规定虽然旨在维护社会公共秩序，但是合同的实际履行对社会公共秩序造成的影响显著轻微，认定合同无效将导致案件处理结果有失公平公正；

（二）强制性规定旨在维护政府的税收、土地出让金等国家利益或者其他民事主体的合法利益而非合同当事人的民事权益，认定合同有效不会影响该规范目的的实现；（为偷税而签订阴阳合同）

（三）强制性规定旨在要求当事人一方加强风险控制、内部管理等，对方无能力或者无义务审查合同是否违反强制性规定，认定合同无效将使其承担不利后果；（银行违规放贷）

（四）当事人一方虽然在订立合同时违反强制性规定，但是在合同订立后其已经具备补正违反强制性规定的条件却违背诚信原则不予补正；（开发商自我检举）

（五）法律、司法解释规定的其他情形。

法律、行政法规的强制性规定旨在规制合同订立后的履行行为，当事人以合同违反强制性规定为由请求认定合同无效的，人民法院不予支持。但是，合同履行必然导致违反强制性规定或者法律、司法解释另有规定的除外。

依据前两款认定合同有效，但是当事人的违法行为未经处理的，人民法院应当向有关行政管理部门提出司法建议。当事人的行为涉嫌犯罪的，应当将案件线索移送刑事侦查机关；属于刑事自诉案件的，应当告知当事人可以向有管辖权的人民法院另行提起诉讼。

2. 违反公序良俗的典型判例要旨

（1）国家发布明确禁止"挖矿"活动的监管政策后，当事人签订的比特币"矿机"买卖合同应认定为违背公序良俗的无效合同；（2022年公司法十大典型判例）

（2）仲裁裁决中支持用虚拟货币进行赔偿，违反了国家对虚拟货币金融监管的规定，

违背了社会公共利益，应当予以撤销；（指导性案例 199 号）

（3）违反行政规章一般不影响合同效力，但违反行政规章签订租赁合同，约定将经鉴定机构鉴定存在严重结构隐患，或将造成重大安全事故的应当尽快拆除的危房出租用于经营酒店，危及不特定公众人身及财产安全，属于损害社会公共利益、违背公序良俗的行为，应当依法认定租赁合同无效，按照合同双方的过错大小确定各自应当承担的法律责任；（指导案例 170 号）

（4）中介合同约定的中介事项系促成签订违反法律法规强制性规定的无效建设工程施工合同的，该中介合同因扰乱建筑市场秩序，损害社会公共利益，应属无效合同。（最高院公报案例）

［例］A 公司将工程发包给 B 公司。C 公司和 D 公司达成《协议 1》，约定如果 C 公司成功让 B 公司将工程转包给 D 公司，则 D 公司向 C 公司支付 200 万元报酬。后在 C 公司的斡旋下，B 公司与 D 公司签订《协议 2》，约定将该工程转包给 D 公司建设。本案中，《协议 1》和《协议 2》的效力如何？[1]

3. 常考部分无效民事法律行为

（1）抵押合同、质押合同中，流担保条款无效（《民法典》第 401、428 条）；让与担保中存在流担保条款，则流担保条款也无效（《担保制度解释》第 68 条第 2 款）。

（2）担保具有从属性，担保合同中存在有关担保独立性约定的，该独立性约定无效，但不影响担保合同其他部分效力；担保合同中存在违约责任条款的，该条款也因违反担保从属性无效，但不影响担保合同其他部分效力。（《担保制度解释》第 2、3 条）

（3）定金合同中，定金的数额超过主合同标的额 20% 的部分不产生定金的效力。（《民法典》第 586 条第 2 款）

（4）租赁期限超过 20 年的，超过部分无效。（《民法典》第 705 条第 1 款）

（5）民间借贷中，利率超过合同成立时 1 年期贷款市场报价利率 4 倍的部分无效。（《民间借贷规定》第 25 条第 1 款）

4. 无效民事法律行为的法律后果

（1）产生恢复原状的效果，双方应互相返还，无法返还原物的，折价补偿；造成损失的，根据双方过错与公平原则合理分担。

（2）双方互相返还时，应同时履行，一方如不返还，则对方可以拒绝履行自己的义务，且可以留置对方的物。

（3）占有资金的一方返还时原则需要支付资金占用费，占用费的计算标准看占用资金的当事人是否有过错。如果有过错，按照 1 年期贷款市场报价利率（LPR）计算；如果没有过错，则按照同期同类存款基准利率计算。

（4）占有标的物的一方对标的物存在使用或者依法可以使用的情形的，对方可以请求将其应支付的资金占用费与应收取的标的物使用费相互抵销。

---

〔1〕《协议 1》和《协议 2》均无效。《协议 1》属于促成签订违反法律法规强制性规定的无效建设工程施工合同，违背了公序良俗，无效。法律禁止转包，《协议 2》违反了法律的强制性规定（违法），应属无效。

（5）当事人的行为涉嫌违法且未经处理，可能导致一方或者双方通过违法行为获得不当利益的，人民法院应当向有关行政管理部门提出司法建议。当事人的行为涉嫌犯罪的，应当将案件线索移送刑事侦查机关；属于刑事自诉案件的，应当告知当事人可以向有管辖权的人民法院另行提起诉讼。

二、无效民事法律行为的民诉角度考点

1. 争议解决条款的相对独立性

协议管辖条款、仲裁条款属于争议解决条款，合同无效、被撤销等不影响争议解决条款的效力，故协议管辖条款、仲裁条款没有其他无效事由的，依然有效。

特别提醒

仲裁条款独立存在，其成立、效力与合同其他条款是独立、可分的。当事人在订立合同时对仲裁条款进行磋商并就提交仲裁达成合意的，合同成立与否不影响仲裁条款的成立、效力。（指导性案例196号）

2. 法院释明义务

（1）原告起诉请求确认合同有效并请求继续履行合同，被告主张合同无效的，或者原告起诉请求确认合同无效并返还财产，而被告主张合同有效的，都要防止机械适用“不告不理”原则，仅就当事人的诉讼请求进行审理，而应向原告释明变更或者增加诉讼请求，或者向被告释明提出同时履行抗辩，尽可能一次性解决纠纷。

第一审人民法院未予释明，第二审人民法院认为应当对合同不成立、无效或者被撤销的法律后果作出判决的，可以直接释明并改判。当然，如果返还财产或者赔偿损失的范围确实难以确定或者双方争议较大，也可以告知当事人通过另行起诉等方式解决，并在裁判文书中予以明确。

（2）当事人主张合同无效或者请求撤销、解除合同等，人民法院认为合同不成立的，应当依据《民诉证据规定》第53条的规定将合同是否成立作为焦点问题进行审理，并可以根据案件的具体情况重新指定举证期限。（《合同编通则解释》第3条第3款）

3. 合同无效的返还请求权与执行标的异议

买卖合同无效的，转让人能否基于生效法律文书有关判令被执行人返还标的物的判决对抗一般债权人的执行？

——在案外人未返还价款的情况下，如果允许其排除金钱债权的执行，将会使申请执行人既执行不到被执行人名下的财产，又执行不到本应返还给被执行人的价款，显然有失公允。为平衡各方当事人的利益，只有在案外人已经返还价款的情况下，才能排除普通债权人的执行。反之，案外人未返还价款的，不能排除执行。（《九民纪要》第124条第2款）

［例］甲、乙签订房屋买卖合同，约定甲将房屋过户给乙，乙一次性支付给甲50万元。双方履行完毕后，该房屋买卖合同被法院认定为无效，乙尚未将房屋过户回甲。乙由于欠丙借款不能偿还而被执行，丙申请法院执行该房屋，甲能否提出执行标的异议以中止

执行程序，则取决于甲是否已经返还给乙50万元房款，如果返还了，则甲对房屋拥有没有抗辩的所有权，优先于执行申请人的债权，故而可以中止执行；但如果甲尚未返还乙房款，此时若允许甲中止执行，则有失公平。

本节命题角度分析——SUMMARIZE

本节属于重点命题区。

1. 有效的合同的经典考法就是结合无权处分与一物数卖来让考生判断合同的效力。违反物权法定的行为，其合同效力是不受影响的。考生要牢牢记住《民法典》第143条的规定，这是用来回答合同效力问题的万能答案。并且，考生要特别注意结合商法来对对赌协议、侵犯优先购买权的合同效力进行评价。

2. 要会判定违法是否必然导致合同无效。无效的法律后果可以结合仲裁条款、管辖条款考查民诉主管与管辖问题，考查法院释明的做法是否存在问题、是否应当中止执行等。

3. 恶意串通一定要注意举证责任的分配规则；一定要注意区分合同当事人的恶意串通和法定代表人与相对人的恶意串通，二者效力不同，防止出现结论或者法条引用的错误。

第三章 代 理

第一节 代理的概念与分类

考点1 代理的概念

一、代理的概念

1. 代理是代理人在代理权的范围内以被代理人的名义或者自己的名义对外从事民事法律行为，而由被代理人直接或者间接承受法律后果。

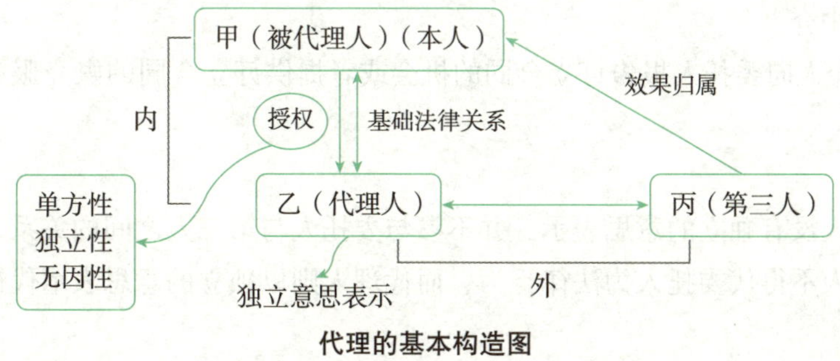

代理的基本构造图

躲坑提醒：

代理≠代理人所为的民事法律行为。

无权代理效力待定≠无权代理签订的合同效力待定。

2. 原告起诉被代理人和代理人，要求承担连带责任的，被代理人和代理人为共同被告。原告起诉代理人和相对人，要求承担连带责任的，代理人和相对人为共同被告。（《民诉解释》第71条）

正常代理时，相关责任由被代理人承担，代理人原则上对外不承担责任；但如果是违法代理，代理人知道或者应当知道代理事项违法仍然实施代理行为，或者被代理人知道或者应当知道代理人的代理行为违法未作反对表示的，被代理人和代理人应当承担连带责任。（《民法典》第167条）

二、代理与其他相似的制度

1. 代理与委托

代理是代理人在代理权的范围内以被代理人的名义或者自己的名义对外从事民事法律行为，而由被代理人直接或者间接承受法律后果，形成三方法律关系；而委托是双方法律关系，代理人与被代理人之间的内部关系往往形成委托关系。代理对外从事的为民事法律行为，而委托所从事的可以是民事法律行为也可以是事实行为。

2. 代理与代表

（1）公司法定代表人以公司的名义所为的行为属于代表行为，其超越权限所为的行为，如相对人善意，则构成表见代表，公司无权拒绝承担相应的后果。（《民法典》第504条）

（2）公司的其他员工以公司的名义所为的行为属于职务代理，其超越权限所为的行为，原则上效力待定，公司享有追认权。但公司对其他员工职权范围的限制，不得对抗善意相对人，如相对人善意，则构成表见代理。（《民法典》第170条第2款）

3. 代理与使者

使者仅为传达人，没有自己的意思表示，也不需要相应的行为能力，不进入法律关系中，不承担责任。代书遗嘱就是一种典型的使者行为。使者如果存在传达错误而达成的民事法律行为可能构成重大误解而可撤销。（《总则编解释》第19、20条）

4. 代理与中介

中介是中介人向委托人报告订立合同的机会或者提供订立合同的媒介服务，委托人支付报酬的制度。

二者区别：

（1）中介人没有独立的意思表示，并不参与委托人与第三人之间的关系。

（2）中介人不得代委托人为法律行为；而代理人则以独立的意思表示代被代理人为法律行为。

（3）中介合同为有偿合同，而代理可以无偿。

中介合同约定的中介事项系签订违反法律规定的合同事项，则中介合同因违反公序良俗而无效。（2023 年公报案例要旨）

考点 2 代理权滥用

1. 自己代理

其指代理人以被代理人的名义与自己为法律行为。原则上，因自己代理订立的合同效力待定，经被代理人追认后有效，但使被代理人纯获利益的自己代理有效。（《民法典》第 168 条第 1 款）例如，父母将自己的房屋赠与儿子，并作为儿子的法定代理人订立赠与合同。

2. 双方代理

其指同时代理本人和相对人为同一法律行为。双方代理行为效力待定，经双方被代理人的双重追认后生效。（《民法典》第 168 条第 2 款）

3. 代理人和相对人恶意串通，损害被代理人合法权益的，代理人和相对人应当承担连带责任。（《民法典》第 164 条第 2 款）

考点 3 代理的分类

1. 显名代理与隐名代理（注意法条位置比较特殊：位于委托合同一章中）

（1）受托人以自己的名义，在委托人的授权范围内与第三人订立的合同，第三人在订立合同时知道受托人与委托人之间的代理关系的，该合同直接约束委托人和第三人；但是，有确切证据证明该合同只约束受托人和第三人的除外。（《民法典》第 925 条）

（2）受托人以自己的名义与第三人订立合同时，第三人不知道受托人与委托人之间的代理关系的，合同原则上只约束受托人与相对人。若第三人违约，受托人应当披露第三人，委托人享有介入权。若委托人违约，受托人应当披露委托人，第三人享有选择权。选择权是形成权，选定后不得变更。（《民法典》第 926 条第 1、2 款）

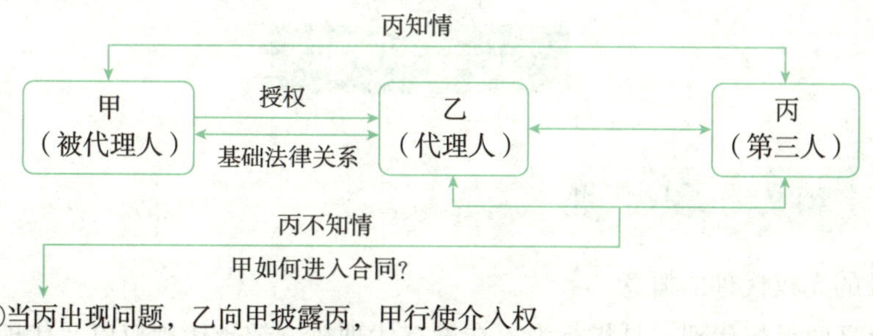

隐名代理关系图

(3) 隐名代理引起的纠纷，相对人提起诉讼，应该以被代理人或者代理人之一为被告，而不是作为共同被告，因为相对人享有的是选择权，可以选择代理人或者被代理人作为合同当事人；一旦选定，诉讼中不能申请变更当事人，因为选择权是形成权，一经行使不得撤销。

2. 复代理（《民法典》第169条第1、3款）

(1) 代理人需要转委托第三人代理的，应当取得被代理人的同意或者追认。

(2) 转委托代理未经被代理人同意或者追认的，代理人应当对转委托的第三人的行为承担责任；但是，在紧急情况下代理人为了维护被代理人的利益需要转委托第三人代理的除外。

(3) 由于急病、通讯联络中断、疫情防控等特殊原因，委托代理人自己不能办理代理事项，又不能与被代理人及时取得联系，如不及时转委托第三人代理，会给被代理人的利益造成损失或者扩大损失的，属于紧急情况。（《总则编解释》第26条）

本节属于主观题传统考点。

1. 委托合同与代理制度不分离，最可能与商品房买卖合同结合进行考查，既可以考查委托合同的规则，也可以考查违约责任与商品房买卖合同规则。考生需要对此模型较为熟悉。

2. 要能区分代理行为与代表行为、无权代理与无权处分、冒名行为，防止定性角度命题；需要把握代理人与被代理人何时一起作为当事人。

3. 代理权的授予具有独立性与无因性，因此如果被代理人已经完成授权，代理人以被代理人的名义所为的行为即为有权代理，被代理人不可因委托合同等基础法律关系的解除而主张无权代理的效果。考生需要注意，如果代理人与被代理人的委托合同中，对代理权进行了各种限制，这种限制不可对抗善意第三人，第三人以委托授权书作为判断标准。

4. 代理权滥用的后果需要把握。

5. 需要注意与代理有关的民诉问题，比如代理纠纷的适格当事人问题。

考点1 狭义的无权代理

1. 狭义的无权代理的概念

(1) 狭义的无权代理，是指行为人在没有代理权、超越代理权以及代理权终止的情况下仍然实施代理行为且没有值得他人信任的代理权外观；

（2）数个委托代理人共同行使代理权，其中一人或者数人未与其他委托代理人协商，擅自行使代理权的，属于无权代理。（《总则编解释》第25条）

2. 无权代理实施法律行为的效果（《民法典》第171条）

（1）无权代理行为效力待定，经被代理人追认后，对被代理人有效；被追认前，善意相对人有撤销权（以通知的方式）。

（2）被代理人未追认，善意相对人有权请求行为人履行债务或者就其受到的损害请求行为人赔偿。但是，赔偿的范围不得超过被代理人追认时相对人所能获得的利益。

（3）相对人知道或者应当知道行为人无权代理的，相对人和行为人按照各自的过错承担责任。

3. 无权代理行为未被追认，相对人请求行为人履行债务或者赔偿损失的，由行为人就相对人知道或者应当知道行为人无权代理承担举证责任。行为人不能证明的，人民法院依法支持相对人的相应诉讼请求；行为人能够证明的，人民法院应当按照各自的过错认定行为人与相对人的责任。（《总则编解释》第27条）

4. 无权代理与无权处分的区分。看行为人以谁的名义，如果以自己的名义，则属于无权处分，适用善意取得制度；如果以被代理人的名义，则为无权代理，效力待定。

5. 无权代理与冒名行为。冒名行为不形成三方结构，不属于代理，由于被冒名者并没有真实意思表示，合同不成立，物权（股权）不转移。

特别提醒

考生经常分不清楚冒名行为与无权代理，二者区分的标准是：是否告知对方自己的真实身份（以代理人的名义还是以被冒名者的名义）。

［例1］张三告诉王五自己是李四，然后以李四的名义签订合同。这属于冒名行为，合同不成立。

［例2］张三告诉王五自己是李四的代理人，然后以李四的名义签订合同。这属于无权代理，合同有效，但是否发生代理的效果，即是否约束被代理人，效力待定。

考点2 表见代理（《民法典》第172条）

1. 表见代理的构成要件

行为人没有代理权、超越代理权或者代理权终止后，仍然实施代理行为，相对人有理由相信行为人有代理权的，代理行为有效。表见代理的构成要件如下：

（1）无代理权。

（2）有权利外观，即存在使相对人相信代理人享有代理权的事实和理由。

（3）相对人善意且无过失。所谓善意，指相对人“不知”代理人无代理权。所谓无过失，指相对人尽到了一定的审查义务。

（4）权利外观归因于被代理人，即本人的行为与权利外观的形成具有牵连性。故行为

人私刻公章或伪造、盗窃被代理人的公章或者授权书等，不构成表见代理。(此点可能有争议)

2. 表见代理的举证责任分配

因是否构成表见代理发生争议的，相对人应当就无权代理存在代理权的外观承担举证责任；被代理人应当就相对人并非善意、存在过失承担举证责任。(《总则编解释》第 28 条第 2 款)

3. 表见代理的法律效果

实际属于无权代理，但相当于有权代理，即善意的相对人有两种权利：既可以主张无权代理的效果，从而撤销代理行为；也可以主张有权代理的效果，要求被代理人承受代理行为。

特别提醒

不要割裂表见代理与无权代理，此处涉及法条应用问题，即表见代理的善意相对人既可以主张无权代理，也可以主张表见代理效果。

本节命题角度分析

SUMMARIZE

1. 要能区分无权代理与冒名行为、无权处分行为，防止定性角度命题。
2. 要注意表见代理本质属于无权代理，表见代理的相对人既可以主张无权代理中善意相对人的权利，也可以主张发生表见代理效果，即就《民法典》第 171 条与第 172 条的关系从法条应用角度出题。
3. 注意民诉角度考查代理纠纷的当事人列明；注意无权代理与表见代理要结合民诉的举证责任分配制度进行考查。

第二分编 物权法与担保法

第四章 物权变动

考点1 基于法律行为的物权变动的原则

1. 公示公信原则

（1）基于法律行为的物权变动遵守公示公信原则。不动产物权的设立、变更、转让和消灭，应当依照法律规定登记。动产物权的设立和转让，应当依照法律规定交付。（《民法典》第208条）

不动产物权登记产生的公示公信效力，仅是一种推定效力，登记行为本身不产生物权，当事人有证据证明其为真正权利人时可以推翻不动产登记的推定，维护事实上的真实。

（2）即便是不在登记簿上记载的所有权人，如果能够证明其对不动产的所有权，则属于享有足以排除强制执行的民事权益，由此可以中止其他债权人对该不动产的执行。

2. 物债相区分原则

基于法律行为的物权变动坚持区分原则，当事人之间订立有关设立、变更、转让和消灭不动产物权的合同，除法律另有规定或者当事人另有约定外，自合同成立时生效；未办理物权登记的，不影响合同效力。（《民法典》第215条）

3. 基于法律行为的物权变动方式总结

所有权
- 不动产——登记
- 动产——交付；特殊登记可以对抗

用益物权
- 建设用地使用权——合同+登记=设立
- 土地承包经营权——首次取得：合同生效，同时对抗；流转：合同生效，登记对抗
- 地役权——合同生效，登记对抗
- 居住权——合同/遗嘱+登记=设立

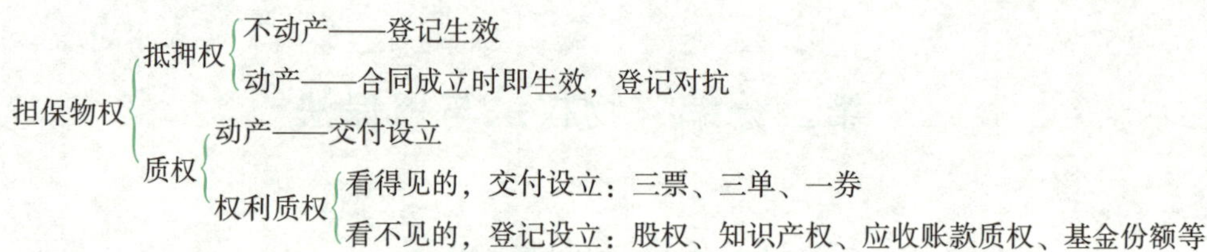

考点2 不动产登记制度（《民法典》第209条）

1. 异议登记（《民法典》第220条第2款）

（1）异议登记的效果是阻止登记的正确性推定，从而防止第三人善意取得。申请人自异议登记之日起15日内不提起诉讼的，异议登记失效。

（2）异议登记失效不影响人民法院对案件的实体审理。（《物权编解释（一）》第3条）此时权利人提起的诉讼在诉的分类中叫作确认之诉，该诉的判决文书不会导致物权变动。

（3）异议登记不当，造成权利人损害的，权利人可以向申请人请求损害赔偿。

2. 预告登记（《民法典》第221条）

（1）预告登记效果

❶预告登记后，未经预告登记的权利人同意，处分该不动产的，不发生物权效力，不动产登记机构应当不予办理。但是不影响债权合同的效力。

❷金钱债权执行中，对被查封的办理了受让物权预告登记的不动产，受让人提出停止处分异议的，人民法院应予支持；符合物权登记条件，受让人提出排除执行异议的，应予支持。（《执行异议和复议案件规定》第30条）

（2）预告登记的失效

发生以下两种情况时，预告登记失效：①预告登记的不动产买受人的债权消灭，如预告登记的债权实现、不动产买卖合同解除等；②自能够进行不动产登记之日起90日内未申请登记。

（3）抵押预告登记制度（《担保制度解释》第52条）

办理抵押预告登记后，不具备办理抵押登记条件的（没有办理建筑物所有权首次登记、预告登记的财产与办理建筑物所有权首次登记时的财产不一致、抵押预告登记已经失效等），预告登记权利人无权就抵押财产优先受偿；经审查已经办理建筑物所有权首次登记，且不存在预告登记失效等情形的，应当认定抵押权自预告登记之日起设立。

办理抵押预告登记后，抵押人破产，经审查抵押财产属于破产财产，预告登记权利人可以主张优先受偿权，但在人民法院受理破产申请前1年内，债务人对没有财产担保的债务设立抵押预告登记的除外。

所有权首次登记+预告登记与首次登记的财产对应一致+预告登记未失效=抵押权（预告登记创设抵押权）。

命题提醒：

两个预告登记制度一般会一起出现，即结合商品房买卖合同与商品房抵押贷款担保合同模型考查。

考点 3 动产交付制度（《民法典》第224、225条）

1. 动产物权自交付时发生物权变动（动产抵押权除外）。对于特殊动产可以办理登记，未经登记，不得对抗善意第三人。“不得对抗”的效果主要表现为：该动产被登记人擅自处分的，第三人可以善意取得；登记人进行出租的，不得对抗善意承租人。

疑难点拨：对内看交付，即交付引发物权变动；对外看登记，即第三人是以登记在谁名下来判断动产的归属。

［例］崔崔将汽车出卖并交付给橙橙，但未办理登记。

如果崔崔又将汽车出卖给不知情的佳佳并交付，则佳佳可以主张善意取得汽车，橙橙的所有权将因为不能对抗善意的佳佳而消灭。

如果崔崔又将汽车抵押给不知情的卢卢，则卢卢可以主张善意取得抵押权，橙橙不能对抗卢卢，表现为必须容忍卢卢的抵押权。

2. 学理上的交付方式还包括拟制交付。拟制交付，是指出让人将标的物的权利凭证（如仓单、提单）交给受让人，以代替将物现实交付的一种特殊交付方式。

3. 三种观念交付对比小结（《民法典》第226~228条）

	简易交付	占有改定	指示交付
特　　点	物一直在买受人手中	物一直在出卖人手中	物一直在第三人手中
要　　件	买受人依法占有 + 买卖合同	买卖合同 + 占有改定协议（借用、保管、租赁、融资租赁）	第三人依法占有 + 买卖合同
物权何时变动	买卖合同生效时	占有改定协议生效时	买卖合同生效时，通知第三人是对第三人生效的要件

本节命题角度分析 SUMMARIZE

1. 考生需要把握物权的种类及设立方式。案例中常需要考生判断某种权利是否能设立物权，考试中也会考查物权何时发生变动，往往结合买卖合同进行命题。
2. 占有改定方式的交付比较难以判断，希望考生予以特别注意。
3. 不动产登记的效果要能准确认识，主要可从代购房协议让考生判断房屋所有权归属。公示公信原则的适用有一定难度，非基于法律行为引起的物权变动则无需公示。

4. 需要注意民诉角度命题，比如异议登记失效再起诉时法院的处理、异议登记之诉的分类。
5. 两个预告登记一般会出现在商品房买卖与抵押担保贷款合同这个模型中，需要考生把握此种命题模型（参见下篇模拟题部分）；另外需要注意结合民诉考查预告登记权利人能否提执行标的异议以中止执行这个问题。
6. 特殊动产与民诉的执行结合考查很具有考试价值。
   (1) 甲将汽车出卖给乙，已交付但是没有办理过户。如果甲的债权人执行到该汽车，乙提出执行标的异议，执行法院能否中止对该汽车的执行？——如果乙已经支付全部价款并实际占有，且对没有办理过户的事实没有过错，则法院应当中止对该汽车的执行。
   (2) 甲将汽车出卖给乙，已交付但是没有办理过户。如果乙的债权人申请执行乙的财产，甲提出执行标的异议，执行法院能否中止对该汽车的执行？——一般不能中止执行；如果甲还有价款未得到实现，可以从该汽车拍卖所得价款中优先清偿。

第二节

非基于法律行为的物权变动

（《民法典》第229～232条）

考点 非基于法律行为的物权变动情形

1. 基于继承、受遗赠取得物权

继承开始时，物权即变动，无需办理登记，但物权人取得物权后再处分的，则必须先办理变更登记，再向受让人处分；受让人也必须办理登记，才能取得物权。

2. 基于法院、仲裁委员会的法律文书变动物权

法律文书生效时，物权直接发生变动；变动后，物权人处分物权，必须先办理登记，再向受让人处分；受让人也必须办理登记，才能取得物权。

特别提醒

并非所有的法律文书均可以直接引起物权的变动，只有以下几种文书可以直接变动物权：（《物权编解释（一）》第7条）

(1) 物权形成之诉的法律文书，包括夫妻离婚财产分割判决、可撤销合同的生效裁判、债权人撤销权的裁判；

(2) 人民法院在执行程序中作出的拍卖成交裁定书、变卖成交裁定书、以物抵债裁定书。

3. 效果

非基于法律行为发生的物权变动，当事人未及时办理变更登记，不影响其取得物权，但他人有可能发生善意取得，此时权利人可以向无权处分人主张损害赔偿。

本节命题角度分析——
SUMMARIZE

本节属于传统考点。

考生应掌握哪种判决书会引起物权变动，以及物权何时发生变动。

第五章 物权的特殊取得方式

第一节 无权处分与善意取得

考点1 民法中的善意取得

1. 无权处分的合同效果

无权处分不影响合同的效力，如果合同符合《民法典》第143条的规定，就是有效的。如果最终受让人无法取得物权，则出卖人构成根本违约，买受人可以解除合同，并主张违约责任。(《民法典》第597条第1款)

2. 善意取得(《民法典》第311条)

构成要件	(1) 合同有效；(合同无效以及合同被撤销的，受让人不能主张善意取得) (2) 无权处分； (3) 受让人善意；(举证责任在真实权利人一方；物权变动时是善意的) (4) 价格合理；(≥市价70%；不要求实际支付) (5) 动产交付(占有改定不可以)、不动产登记。
法律效果	(1) 物权效果：善意第三人取得标的物的所有权，原权利人的所有权消灭； (2) 债权效果：原权利人丧失权利后，可向无权处分人请求赔偿(不当得利或者侵权)。

考点2 商法中的善意取得制度

1. 出资人以不享有处分权的财产出资，当事人之间对于出资行为效力产生争议的，人民法院可以参照《民法典》有关善意取得的规定予以认定。(《公司法解释(三)》第7条第1款)即公司满足善意取得的条件，即可以取得该财产的所有权。

特别提醒

判定公司是否是善意需要看公司的法定代表人是否善意。

2. 名义股东将登记于其名下的股权转让、质押或者以其他方式处分，实际出资人以其对于股权享有实际权利为由，请求认定处分股权行为无效的，人民法院可以参照《民法典》有关善意取得的规定处理。(《公司法解释（三）》第25条第1款）即代持股协议的名义股东处分股权时，适用善意取得。

考点延伸：

(1) 名义股东转让股权时，如果存在出资不足，谁应当承担补足出资责任?

——按照“双重标准，内外有别”的基本规则，隐名股东并非公司股东，不直接承担出资义务；显名股东无权拒绝履行补缴义务，此时公司的发起人应当承担连带责任；受让人是否补缴，要看其受让时是否知情，如果知情，则其对补缴承担连带责任（《公司法解释（三）》第18条第1款）。

(2) 如果名义股东与受让人因为股权转让问题发生纠纷诉至法院，实际出资人能否申请加入诉讼？是何角色?

——可以申请，属于有独三。其对当事人双方的诉讼标的具有独立的请求权，可以提起诉讼。(《民事诉讼法》第59条第1款)

(3) 名义股东的债权人申请执行名义股东的股权时，实际出资人能否提出执行异议阻止生效裁判的执行?

——不可以。代持股协议仅具有内部效力，对外部第三人而言，登记具有公信力。债权人基于对工商登记的信赖，属于善意第三人。善意第三人已经不限于股权交易的受让人，债权人也属于善意第三人的保护范围。**(也可以有不同的观点，但这个观点目前已经成为主流了)**

(4) 实际出资人如何浮出水面?

若实际出资人请求公司改变股东名册，参照股权转让处理，即应经其他股东过半数同意，不同意的股东可以行使优先购买权，阻止实际出资人成为公司股东。实际出资人能够提供证据证明有限责任公司股东知道其实际出资的事实，且对其实际行使股东权利未曾提出异议的，对实际出资人提出的登记为公司股东的请求，也应予以支持。

3. 一股二卖与善意取得

股权转让后尚未办理变更登记，原股东将仍登记于其名下的股权转让、质押或者以其他方式处分，受让股东符合善意取得构成要件的，可以善意取得。(《公司法解释（三）》第27条第1款)

4. 股权让与担保与善意取得

股权让与担保中，就算股权已经登记在债权人名下，债权人也并非股东，无权处分股权。如其擅自处分，则构成无权处分。受让人满足善意条件的，可以取得股权。(《担保制度解释》第69条)

本节命题角度分析——
SUMMARIZE

1. 传统考查方式为无权处分与合同的效力结合法定解除权与违约责任一起考查。
2. 结合民诉考查善意取得之“善意”的认定、举证责任问题。
3. 结合公司法考查出资与代持股相关知识点。
4. 结合公司法的股权转让相关知识点考查善意取得。

第二节 共　有

考点 1 共有的民法角度考点

一、按份共有

1. 对按份共有物的处分或者重大修缮，原则上应当经占份额 2/3 以上的按份共有人的同意，如擅自处分，构成无权处分。(《民法典》第 301 条)

2. 按份共有人对自己的份额享有独立的所有权，其对自己份额的处分无须经过其他按份共有人的同意。按份共有人转让其享有的共有的不动产或者动产份额时，其他共有人在同等条件下享有优先购买的权利。(《民法典》第 305 条)

3. 优先购买权的行使前提是同等条件，如果第三人给出的条件优于共有人，则共有人丧失优先购买权。是否为同等条件应当综合共有份额的转让价格、价款履行方式及期限等因素确定。下列情况下，共有人不能行使优先购买权：

(1) 因继承、遗赠发生的份额变动不可；

(2) 共有人内部互转时不可⟶仅适用于对外转让（约定除外）；

(3) 条件不同等不可⟶减少转让价款、增加转让负担等实质性变更；

(4) 超过除斥期间不可。

二、共同共有

1. 对共同共有物的处分或者重大修缮必须经过全体共有人的同意，否则构成无权处分。

2. 因日常生活需要而处理夫妻共同财产，任何一方有权独立决定，无须他方同意。(钥匙权)

特别提醒

以夫妻共同财产出资的股权，只以夫妻一方名义出资，登记在一方名下且只有登记方实际

参与公司时，登记一方擅自处分股权是否属于无权处分？（**非常值得关注的一个公司法实务问题**）

——不属于。登记一方在没有恶意串通，损害他人合法权益导致合同无效等事由时，股权的处分应为有效，应该按照有权处分处理。股权为复合型权利，系财产权与人身权利的复合体，不能简单认为股权就属于夫妻共同财产。一般而言，仅有股权所体现的财产性价值属于夫妻共同财产，如因股权获得的股息、红利属于夫妻共同财产。但对于股权所体现的身份性权利，如股权所代表的表决权，仅由持有股权一方所有，并不属于夫妻共同财产。如果夫妻离婚时涉及这类股权的分割，也是只能分割股权价值，而非直接分割股权。另一方配偶不能直接获得股权，公司股东可以通过行使优先购买权的方式阻止该配偶成为股东。

三、共有外部效力

对共有物的管理费用以及因共有物而产生的债务，共有人对外承担连带责任，对内有约从约，无约按份共有人按照其份额负担，共同共有人共同负担。

考点 2 共有的民诉角度考点

一、共有物侵权纠纷中的诉讼当事人

1. 共有物被侵权时的诉讼当事人

（1）共有财产权受到他人侵害，部分共有权人起诉的，其他共有权人为共同诉讼人。（《民诉解释》第 72 条）

（2）人民法院追加共同诉讼的当事人时，应当通知其他当事人。应当追加的原告，已明确表示放弃实体权利的，可不予追加；既不愿意参加诉讼，又不放弃实体权利的，仍应追加为共同原告，其不参加诉讼，不影响人民法院对案件的审理和依法作出判决。（《民诉解释》第 74 条）

2. 共有物侵权的诉讼当事人

共有人对外承担连带责任，故被侵权人可以所有共有人为共同被告起诉，也可只起诉部分共有人，法院尊重原告的处分权。

二、按份共有人优先购买权诉讼当事人

原告为主张优先购买的共有人，被告为转让份额的共有人，受让人为无独立请求权的第三人。如果其他按份共有人也主张购买，则应为共同原告。

本节命题角度分析 SUMMARIZE

本节内容属于非传统考点，一旦命题可能考生感觉比较陌生，希望予以重视。

1. 需要注意的是与侵权责任法结合考查共有人责任。
2. 优先购买权相关考点需要都把握住。
3. 需要注意与民诉结合考查共有的当事人的相关问题。
4. 特别注意结合公司法考查以夫妻共同财产出资后股权归属以及离婚时该股权的分割问题。

第六章 担保法概述

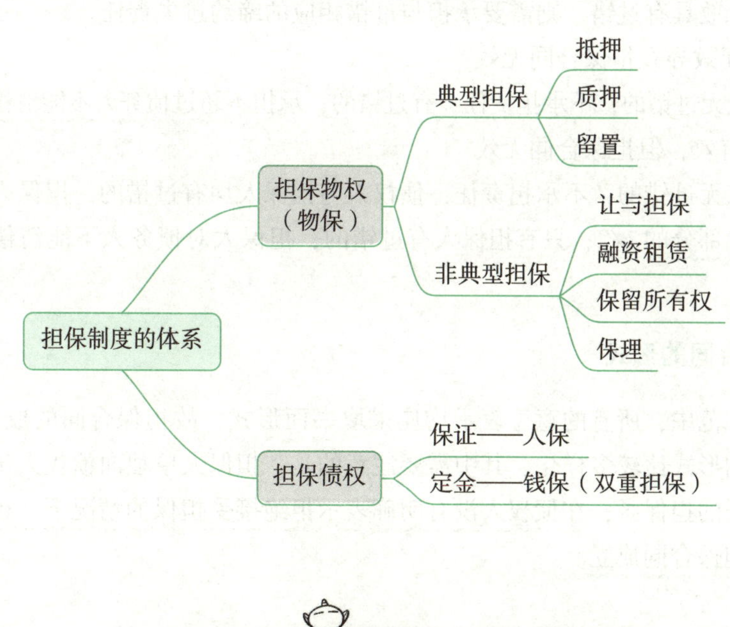

第一节 担保合同与担保人责任

考点1 担保合同当事人

一、担保人的消极条件

不是所有人都可以成为担保人，根据《民法典》及其司法解释的规定，以下几类人不可以成为担保人，否则会导致担保合同无效：

1. 机关法人（有例外）。（《担保制度解释》第5条第1款）

2. 居民委员会、村民委员会，但是依法代行村集体经济组织职能的村民委员会，依照村民委员会组织法规定的讨论决定程序对外提供担保的除外。（《担保制度解释》第5条第2款）

3. 以公益为目的的非营利性法人，但有例外情形：（《担保制度解释》第6条第1款）

（1）在购入或者以融资租赁方式承租教育设施、医疗卫生设施、养老服务设施和其他公益设施时，出卖人、出租人为担保价款或者租金实现而在该公益设施上保留所有权；

（2）以教育设施、医疗卫生设施、养老服务设施和其他公益设施以外的不动产、动产或者财产权利设立担保物权。

4. 法人的分支机构，但经过法人的决议授权后可以，开展担保业务的金融机构的分支机构除外。（《担保制度解释》第11条）

二、担保合同无效后果（《担保制度解释》第17条）

担保合同无效，担保人无须承担担保责任，但不代表担保人没有任何责任。如果担保人对担保合同无效具有过错，则需要承担与过错相应的缔约过失责任。

1. 主合同无效导致担保合同无效

——担保人无过错的，不承担责任；有过错的，承担不超过债务人不能清偿部分的1/3。

2. 主合同有效，但担保合同无效

——担保人无过错的，不承担责任；债权人与担保人均有过错的，担保人承担不超过债务人不能清偿部分的1/2；只有担保人有过错的，担保人对债务人不能清偿的部分承担赔偿责任。

三、担保合同的形式

在担保法规范中，所有的意思表示均应采取书面形式，故担保合同的成立也应如此。不过担保合同的形式比较多样化，其中需要注意的是：担保人单独向债权人出具的表示愿意承担担保责任的担保函，在债权人没有明确表示拒绝接受担保的情况下，视为对担保函的默示接受，担保合同成立。

考点2 主债变化对担保人责任的影响

1. 债权内容变化（《民法典》第695条第1款）

——未经保证人书面同意，保证人选择对自己有利的承担。（增加选原来，减少选少的）

2. 主债权的履行期限变动（《民法典》第695条第2款）

——未经保证人书面同意，保证人在原保证期间内承担保证责任。

3. 主债权、主债务转移对担保责任的影响

（1）担保期间，债权转让的，保证债权随同转让（不需要经过保证人的同意，但需要通知保证人）。但有两个例外：①约定仅对特定债权人承担保证责任；②约定禁止债权转让。（《民法典》第696条）

（2）债务人经债权人同意转移债务的，应当取得保证人书面同意，保证人对未经其同意转移的债务不再承担保证责任，但保证人仍应当对未转移部分的债务承担保证责任，债权人和保证人另有约定的除外。第三人加入债务的，保证人的保证责任不受影响。（《民法典》第697条；《担保制度解释》第39条第2款）

考点 3 破产程序与担保人的责任（民法与破产法融合）

1. 债务人破产的，自法院受理破产申请之日起担保债务停止计息。(《担保制度解释》第22条)

2. 债权人申报破产债权不影响担保人担保责任的承担

（1）担保人如清偿全部债务，可以代替债权人在破产程序中受偿，否则不能代位，只能就债权人通过破产分配和实现担保债权等方式获得清偿总额中超出债权的部分，在其承担担保责任的范围内请求债权人返还。（《担保制度解释》第23条第2款）

（2）破产程序终结后，债权人就破产程序中未受清偿部分要求保证人承担保证责任的，应在破产程序终结后6个月内提出。保证人承担保证责任后，不得再向和解或重整后的债务人行使求偿权。（《破产会议纪要》第31条）

3. 担保人追偿权的预先行使

（1）债权人可以不申报破产债权，但此时应当通知担保人申报债权，担保人即可以预先行使追偿权；

（2）债权人知道或者应当知道债务人破产，既未申报债权也未通知担保人，致使担保人不能预先行使追偿权的，担保人就该债权在破产程序中可能受偿的范围内免除担保责任，但是担保人因自身过错未行使追偿权的除外。（《担保制度解释》第24条）

特别提醒

担保人可以申报债权，预先行使追偿权的前提是债权人没有申报债权。

总　结

债务人破产时，债权人行使权利的三种做法：

第一种：只抓担保人。此时必须通知担保人申报债权（担保人预先行使追偿权），否则，担保人可以主张在可以获得清偿的范围内免责。

第二种：“脚踏两只船”，同时主张，既申报债权，又同时要求担保人承担担保责任。担保人不能拒绝承担担保责任；如果担保人承担了全部责任，可以代替债权人参与分配。

第三种：慢慢来，先申报债权参与分配，破产程序终结后再找担保人承担担保责任。此时，担保人就不能再向债务人进行追偿了。

本节命题角度分析

SUMMARIZE

本节属于主观题重点考点。

1. 要能判断担保合同的效力，尤其是公益组织与分支机构提供担保时合同效力的判断。

2. 破产程序与担保人的责任问题是一个重要的民法与商法融合命题角度。

第二节
担保权的特征

考点 1 担保的从属性

一、与从属性有关的民法角度考点

1. 效力上的从属性

主合同无效，担保合同无效，担保权不存在。当事人在担保合同中约定担保合同的效力独立于主合同，或者约定担保人对主合同无效的法律后果承担担保责任，该有关担保独立性的约定无效。主合同有效的，有关担保独立性的约定无效不影响担保合同的效力。（《担保制度解释》第 2 条第 1 款）

2. 转让上的从属性

担保权不得与所担保的债权分离而单独存在；对担保物权而言，债权转让的，担保该债权的担保物权一并转让，不因为没有办理登记或者交付而受到影响。（《民法典》第 547 条）但是，法律另有规定或者当事人另有约定的除外。

［例］张三因向李四借贷而将自己的房屋抵押登记给李四，后李四将该债权转让给王五，但抵押登记簿上记载的抵押权人仍然是李四，不影响王五已经取得了房屋的抵押权。

3. 责任上的从属性

担保人的责任不能超过债务人责任。当事人对担保责任的承担约定专门的违约责任，或者约定的担保责任范围超出债务人应当承担的责任范围的，担保人仅在债务人应当承担的责任范围内承担责任。（《担保制度解释》第 3 条第 1 款）

特别提醒

担保合同中的违约金条款是无效的，因为会导致担保人承担超过债务人应当承担的责任，违反从属性。考生要防止考试时命题人从是否支持违约金调整的角度设问坑人。

二、与从属性有关的民诉角度考点

1. 与担保有关的管辖问题（《担保制度解释》第 21 条）

（1）先解决主管问题：根据或裁或审原则，主合同或者担保合同约定了仲裁条款的，人民法院对约定仲裁条款的合同当事人之间的纠纷无管辖权。

（2）如果没有涉及仲裁，再确定由哪一个法院管辖：债权人一并起诉债务人和担保人的，应当根据主合同确定管辖法院。债权人依法可以单独起诉担保人且仅起诉担保人的，应当根据担保合同确定管辖法院。

[例] 崔崔向橙橙借款10万元，卢卢提供保证，借贷合同中约定发生纠纷由A法院管辖，保证合同中约定发生纠纷由B仲裁委仲裁，则此时橙橙一并起诉崔崔和卢卢的，A法院对于卢卢的保证合同纠纷没有管辖权，应该裁定不予受理。当然，根据民事诉讼的应诉管辖规则，如果A法院已经一并受理保证合同纠纷，且卢卢在一审法庭开庭前没有提出有仲裁协议的异议，则视为应诉管辖，此时A法院取得管辖权。

特别提醒

一般保证人享有先诉抗辩权，不能单独起诉；如果其以诉讼方式实现担保物权，则必须以债务人和担保人作为共同被告。所以，从担保法体系来看，原则上，能单独起诉的担保人只有连带责任保证人。

2. 与担保有关的当事人确定问题

（1）因保证合同纠纷提起的诉讼，债权人向保证人和被保证人一并主张权利的，人民法院应当将保证人和被保证人列为共同被告。保证合同约定为一般保证，债权人仅起诉保证人的，人民法院应当通知被保证人作为共同被告参加诉讼；债权人仅起诉被保证人的，可以只列被保证人为被告。（《民诉解释》第66条）

（2）一般保证中，债权人以债务人为被告提起诉讼的，人民法院应予受理。债权人未就主合同纠纷提起诉讼或者申请仲裁，仅起诉一般保证人的，人民法院应当驳回起诉。（《担保制度解释》第26条第1款）

特别提醒

《民诉解释》与《担保制度解释》关于只起诉一般保证人的处理方式存在矛盾，如命题考到，建议两个都写出来。

（3）债权人以诉讼方式行使担保物权的，应当以债务人和担保人作为共同被告。（《担保制度解释》第45条第3款）

考点2 担保物权的特征

1. 优先受偿性（《民法典》第386条）

债务人不履行到期债务时，担保物权人可以申请拍卖、变卖担保物并就担保物的价值优先受偿。

特别提醒

（1）优先受偿权具有法定性，不能通过约定方式让债权具有优先性，否则因违反债权平等性原则，该部分约定无效。

（2）担保物权人虽然对物有优先受偿权，但其不能中止普通债权人对该物的执行程序。因为对于担保物权人优先受偿的价值予以提存即可。

2. 物上代位性

担保期间，担保财产毁损、灭失或者被征收等，担保物权并不消灭，担保物权人可以就获得的保险金、赔偿金或者补偿金等优先受偿。被担保债权的履行期限未届满的，也可以提存该变价物（三金等）。（《民法典》第 390 条）

抵押权依法设立后，抵押财产毁损、灭失或者被征收等，抵押权人请求按照原抵押权的顺位就保险金、赔偿金或者补偿金等优先受偿的，人民法院应予支持。

给付义务人已经向抵押人给付了保险金、赔偿金或者补偿金，抵押权人请求给付义务人向其给付保险金、赔偿金或者补偿金的，人民法院不予支持，但是给付义务人接到抵押权人要求向其给付的通知后仍然向抵押人给付的除外。（《担保制度解释》第 42 条第 1、2 款）

总 结

向谁给付，看抵押权人是否通知。

抵押权人请求给付义务人向其给付保险金、赔偿金或者补偿金的，人民法院可以通知抵押人作为第三人参加诉讼。（《担保制度解释》第 42 条第 3 款）（民诉角度）

特别提醒

如果给付义务人已经向抵押人支付过，抵押人将该笔金钱用于他途，抵押权人无权对这笔金钱主张优先受偿，因为金钱担保不能丧失特定性，由于金钱占有即所有规则，该笔金钱已经不具有特定性，不再属于担保物。

本节命题角度分析——SUMMARIZE

本节属于主观题重点考点。

1. 注意担保合同的从属性，尤其是担保合同中存在独立性约定以及违约责任条款时的处理。
2. 担保纠纷有可能结合民诉的法院管辖、诉讼当事人地位来进行出题。
3. 优先受偿权的法定性原则需要把握，防止结合合同效力命题。
4. 担保物权的物上代位性往往从抵押权角度命题，注意给付义务人向谁履行，纠纷诉讼当事人地位问题。

第七章 担保物权

考点1 担保物权的实现

一、担保物权的实现方式

1. 协商实现

（1）当事人可以协商担保物权的实现方式，比如财产折价或者以拍卖、变卖该财产所得的价款优先受偿。事先协商时，不能有流担保条款，否则流担保条款部分无效。事后协议损害其他债权人利益的，其他债权人可以请求人民法院撤销该协议。

（2）当事人约定担保物权人有权将担保财产自行拍卖、变卖并就所得的价款优先受偿的，该约定有效。因担保人的原因导致担保物权人无法自行对担保财产进行拍卖、变卖，担保物权人有权请求担保人承担因此增加的费用。（《担保制度解释》第45条第1款）

特别提醒

事后协议不论公平与否，因为是自愿的，都是有效的；但如果是事先协商，那就必须考虑公平，否则非常容易出现"流担保条款"。

感受下面两个例子：

［例1］张三向李四借款20万元，用自己的一辆价值50万元的汽车做了抵押。后张三不能清偿债务，双方协议将该车折价了30万元，李四另外给了张三10万元就把车拿走了。张三的债权人王五表示反对，认为严重损害了自己的利益，则此时王五可以主张撤销张三与李四的折价协议。

［例2］张三向李四借款20万元，用自己的一辆价值50万元的汽车做了抵押，抵押合同中约定，如果张三到期不能还款，则该汽车折价20万元给李四。后张三不能还债，李四要求拿走该车，纠纷遂起。该折价协议本质属于流质条款，无效，李四无权请求张三交付汽车。

2. 协商不成时的处理

（1）未就实现方式达成协议的，担保物权人可以请求人民法院拍卖、变卖该财产，即按照《民事诉讼法》关于实现担保物权的案件规则处理：

❶当事人对担保物权无实质性争议且实现担保物权条件已经成就的，应当裁定准许拍卖、变卖担保财产；

❷当事人对实现担保物权有部分实质性争议的，可以就无争议的部分裁定准许拍卖、

变卖担保财产，并告知可以就有争议的部分申请仲裁；

❸当事人对实现担保物权有实质性争议的，裁定驳回申请，并告知可以向仲裁机构申请仲裁。（《担保制度解释》第45条第2款）

（2）债权人以诉讼方式行使担保物权的，应当以债务人和担保人作为共同被告。（《担保制度解释》第45条第3款）

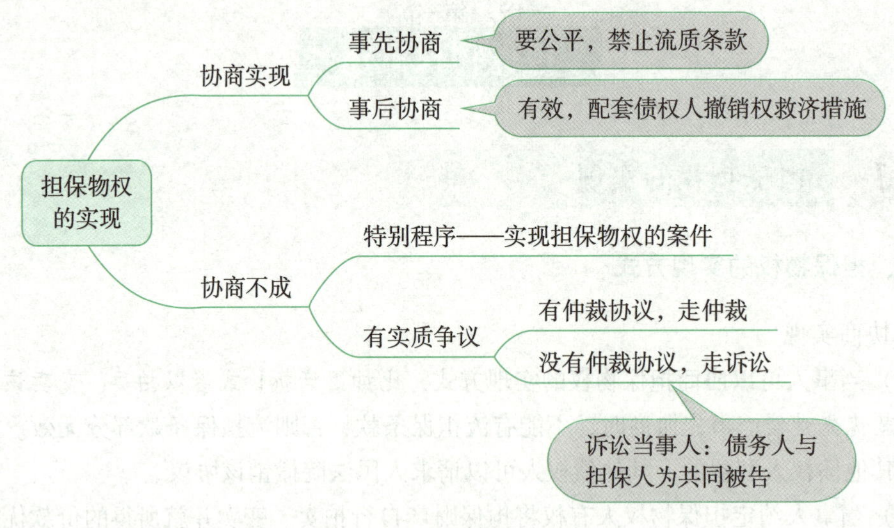

担保物权的实现

二、担保物权的实现期限

1. 抵押权人应当在主债权诉讼时效期间行使抵押权，否则人民法院不予保护（《民法典》第419条），抵押权即消灭。主债权诉讼时效期间届满前，债权人仅对债务人提起诉讼，在裁判生效后未在申请执行时效期间内对债务人申请强制执行的，也不能向抵押人主张抵押权。（《担保制度解释》第44条第1款）

2. 在债务人破产时，抵押权的保护期间则为法律规定的申报债权期间。只要当事人在前述的保护期间内依法行使权利，抵押权就应受到保护。管理人不能以债权人没有在诉讼时效期间内主张抵押权进行抗辩。

3. 抵押权适用的期间是除斥期间，而非诉讼时效；该期间是法定的，当事人另有约定因违反物权法定原则而不发生法律效果。

4. 人民法院可以主动审查抵押权的行使期间，该种做法不违反处分原则。

5. 以登记为公示方法的权利质权行使期间问题参照抵押权处理，但留置权、动产质权以及以交付为公示方法的权利质权行使期间问题不适用抵押权存续规则。不适用的效果：权利人有权拒绝返还标的物，并可以主张拍卖该标的物以受偿（但不能优先受偿）。

典型的登记公示的质权：股权质权、知识产权质权、应收账款债权质权；典型的交付公示的质权：仓单质权、票据质权。

非占有型：抵押权+登记公示的权利质权=彻底消灭。

占有型：动产质权+留置权+交付公示的权利质权=优先权消灭，占有权不消灭。

三、实现担保物权的特别程序

1. 实现担保物权特别程序的基础考点总结

内容	依据
（1）实现担保物权案件适用特别程序，由担保财产所在地、担保物权登记地的基层法院管辖。	《民事诉讼法》第 207 条
（2）实现担保物权案件可以由审判员 1 人独任审查；但担保财产标的额超过基层法院管辖范围的，应组成合议庭进行审查。	《民诉解释》第 367 条
（3）法院审查后的处理：有实质性争议的，裁定驳回申请，并告知申请人向法院起诉；有部分实质性争议的，可就无争议部分裁定准许拍卖、变卖担保财产，申请人可就剩余部分向法院起诉；无实质性争议且实现担保物权条件成就的，裁定准许拍卖、变卖担保财产。	《民诉解释》第 370 条
（4）适用特别程序、督促程序、公示催告程序的案件，婚姻等身份关系确认案件以及其他根据案件性质不能进行调解的案件，不得调解。	《民诉解释》第 143 条
（5）对人民法院作出的确认调解协议、准许实现担保物权的裁定，当事人有异议的，应当自收到裁定之日起 15 日内提出；利害关系人有异议的，自知道或者应当知道其民事权益受到侵害之日起 6 个月内提出。异议审查期间，法院不得处分标的物。	《民诉解释》第 372 条第 2 款

2. 面对异议，法院是否作出准许拍卖的裁定的命题角度总结

（1）债权转让的受让人主张实现担保物权，但该担保物权依然登记在转让人名下，担保人据此提出异议的，不属于实质性争议。因为担保物权具有从属性，主债转让，担保物权原则上随之转让，不因没有办理登记受到影响。

（2）担保人提出与债权人存在仲裁协议、管辖协议的，不属于实质性争议。因为仲裁协议、管辖协议属于纠纷解决条款，适用于诉讼程序，而不能适用于特别程序。

（3）该财产上的顺位在先的人以顺位提出异议的，不属于实质性争议。因为同一财产上有多个担保物权，登记在先的担保物权尚未实现的，不影响后顺位的担保物权人申请实现担保物权。（《民诉解释》第 364 条）

（4）担保人、第三人主张担保物权已经超过期间的，属于实质性争议，法院应当驳回申请。

（5）财产被查封是否影响担保物权的实现问题：看抵押在先还是查封在先，如果抵押在先，则查封不影响抵押权的实现。人民法院对抵押物、质押物、留置物可以采取财产保全措施，但不影响抵押权人、质权人、留置权人的优先受偿权。（《民诉解释》第 157 条）如果以被查封的财产进行抵押，则在解封前，抵押权人无法主张实现抵押权。（《担保制度解释》第 37 条第 2 款）

3. 第三人救济方式——看时间段

（1）如果第三人是在实现担保物权的程序中发现存在问题，则其可以直接向法院提出

异议，经审查属于实质性争议的，法院裁定驳回实现担保物权的申请，同时告知当事人通过诉讼或者仲裁方式解决纠纷。

（2）如果第三人是在法院作出了准许拍卖的裁定后才发现存在问题，则其可以提出执行标的异议，请求中止执行，并自知道其民事权益受到侵害之日起6个月内向作出生效裁定的法院提出异议，请求撤销准许执行裁定。人民法院经审查，异议成立或者部分成立的，作出新的判决、裁定撤销或者改变原判决、裁定；异议不成立的，裁定驳回。（《民诉解释》第372条）

考点2 非典型担保

1. 非典型担保合同的效力

当事人订立的具有担保功能的合同，不存在法定无效情形的，应当认定有效。（《担保制度解释》第63条）

2. 约定担保物权的效力

以法律、行政法规未禁止抵押或者质押的财产设定以登记作为公示方法的担保，未在法定的登记机构依法进行登记的，不具有物权效力。（《担保制度解释》第63条）当事人可以就标的物折价或者以变卖、拍卖所得的价款受偿，但对其他权利人不具有对抗效力和优先性。

3. 让与担保（《担保制度解释》第68条）

其指形式上让渡一个物（权利）的所有权，以此作为债权的担保。

（1）合同效力如何？

——合同原则有效；涉及流担保条款的，流担保条款部分无效，但不影响其他部分的效力。但如果标的物自始不存在，则该合同属于“双方虚假意思表示”，合同无效，其隐藏行为需具体评价。

（2）对合同标的物有无优先权？

——当事人已经完成财产权利变动的公示（动产交付、不动产登记），债务人不履行到期债务，债权人有权请求参照《民法典》关于担保物权的有关规定就该财产优先受偿。

［例］崔崔和橙橙签订买卖合同，约定崔崔将自己的玉佩以10万元的价格卖给橙橙，1年后，崔崔再以12万元的价格回购，在此期间，橙橙不能把玉佩卖给其他人。该买卖合同实际上属于借贷合同与让与担保合同，2万元的溢价款实际上就是利息。该借贷合同的年利率为20%，高于LPR 4倍的部分无效。如崔崔到期不回购，橙橙可以主张拍卖该玉佩，并就拍卖所得价款优先受偿。

（3）典型让与担保

❶买卖式让与担保——债权人以买卖合同起诉至法院，法院应当如何处理？

——人民法院应当按照民间借贷法律关系审理。当事人根据法庭审理情况变更诉讼请求的，人民法院应当准许。（《民间借贷规定》第23条第1款）

❷应收账款也可以进行让与担保，有追索权的保理合同本质就是借贷合同与应收账款

的让与担保。

❸履行期间届满前的以物抵债协议本质就属于让与担保合同，且存在流担保条款。

❹股权让与担保问题（《担保制度解释》第69条）

A. 谁才是股东？

——担保人。股权受让人并非真正的股东，其不享有股东相应的权利，也不承担股东的义务。

B. 股权让与担保合同效力如何？

——股权转让合同中没有流质条款的，就是完全有效；存在流质条款的，则流质条款部分不发生效力。

C. 股权受让人能否在债务人清偿不能时主张获得股权，成为股东？

——不能。禁止流质条款，办理股权转让登记后，受让人只能就该股权获得优先受偿权，而非直接获得股权本身。

D. 股权受让人能否在债务人清偿不能时主张拍卖股权优先受偿？

——看是否进行了公示，即是否办理了股权变更登记，如果办理了，受让人就可以享有优先受偿权。

E. 担保人将股权变更登记到债权人名下以担保债务清偿，其他股东是否享有优先购买权？

——不享有。因为该行为实质上是担保，而非股权转让，不影响公司的人合性，其他股东没有优先购买权。

F. 受让人擅自转让名下股权给第三人，效力如何？

——无权处分，合同有效；第三人能否取得股权，看是否满足善意取得的构成要件。

[例] A和B以个人的名义找到乙公司，与乙公司协商，A和B以某地块的使用权出资，设立承接房地产开发的项目公司。双方达成合作开发协议，并约定如下：①以乙公司为项目运营的商事主体，全权负责房地产开发管理（包括投资、以土地使用权设定抵押、建设工程等），准备相应的资质权证等；②A和B分别占有乙公司20%的股份，待房地产开发完总共可以分得40%的房产；③A和B不涉及乙公司的管理事务，分得房产后，即应无偿将持有的股份转回乙公司名下。A和B是否属于乙公司的股东？[1]

4. 担保物权与破产债务人取回权

（1）债务人已依法设定担保物权的特定财产，人民法院应当认定为债务人财产。对债务人的特定财产在担保物权消灭或者实现担保物权后的剩余部分，在破产程序中可用以清偿破产费用、共益债务和其他破产债权。（《破产法解释（二）》第3条）

（2）债务人对以自有财产设定担保物权的债权进行的个别清偿，管理人依据《企业破产法》第32条的规定请求撤销的，人民法院不予支持。但是，债务清偿时担保财产的价值低于债权额的除外。（《破产法解释（二）》第14条）

---

[1] 不属于。A和B不涉及乙公司的经营管理，无偿回购股份的约定表明A和B只是以股份来担保协议的履行，属于股权让与担保，A和B不属于乙公司的股东，不享有股东相应的权利，也不承担股东的义务。

本节命题角度分析——SUMMARIZE

本节属于主观题重点、热点考点。

1. 担保物权实现方式是重点也是难点，民法角度要能判断出实现担保物权协议的效力，是否属于流担保条款等；民诉角度可以让考生评价法院裁定准许拍卖是否正确，实质就是判定异议是否属于实质性争议，以及考查实现担保物权案件中第三人的救济等。

2. 担保物权的实现期间规则也容易命题，尤其结合民诉考查法院能否主动审查，结合破产考查是否超过期间等。

3. 让与担保连续 6 年出题，考生需要判断是否属于让与担保，尤其是可以结合应收账款让与担保、股权让与担保、以物抵债式让与担保考查，难度主要出在定性上，因为案情表达往往会进行隐藏。

4. 要注意担保物权与商法破产法结合的命题方式：破产债务人的财产上设立了他人担保权如何处理。

第二节 抵押权

考点 1 禁止抵押的财产

1. 下列财产不得抵押：①土地所有权；②宅基地、自留地、自留山等集体所有土地的使用权，但是法律规定可以抵押的除外；③学校、幼儿园、医疗机构等为公益目的成立的非营利法人的教育设施、医疗卫生设施和其他公益设施；④所有权、使用权不明或者有争议的财产；⑤依法被查封、扣押、监管的财产；⑥法律、行政法规规定不得抵押的其他财产。(《民法典》第 399 条)

记忆口诀：被查封、有争议；公益集体与土地（所有权）。

2. 以不能抵押的财产进行抵押，抵押合同效力如何？

(1) 被查封、有争议（《担保制度解释》第 37 条第 1、2 款）

❶当事人以被查封、有争议的财产进行抵押的，不影响抵押合同的效力。

❷当事人以所有权、使用权不明或者有争议的财产抵押，经审查构成无权处分的，如果满足善意取得的条件，则可以取得抵押权。

❸当事人以依法被查封或者扣押的财产抵押，抵押权人请求行使抵押权，经审查查封或者扣押措施已经解除的，人民法院应予支持。即以被查封、扣押的财产进行抵押的，不影响抵押权的设立，但影响抵押权的实现，抵押权人的顺位要劣后于查封、扣押的权利人。

[例] 厚大公司将登记在自己名下的土地使用权抵押给银行并办理登记，后来厚小公司提起诉讼，法院确认该土地使用权实际属于厚小公司，则银行的抵押权是否受到影响？不受影响，厚大公司属于无权处分，但银行满足善意取得的条件，可以善意取得抵押权。

(2) 违法建筑、划拨地

❶以违法的建筑物抵押的，抵押合同无效，自然也就不能设立抵押权，但一审法庭辩论终结前可以补正。(《担保制度解释》第49条第1款)

❷以建设用地使用权抵押，土地上存在违法的建筑物的，不影响抵押合同的效力。(《担保制度解释》第49条第2款) 如果办理了登记，则对建设用地使用权可以设立抵押权，对违法的建筑物不可以设立抵押权。

❸以建设用地使用权抵押的，划拨地使用权不能抵押，但不影响抵押合同的效力，补缴建设用地使用权出让金即可。(《担保制度解释》第50条第2款) 即以划拨地使用权抵押，一不影响抵押合同的效力，二不影响抵押权的设立，只是需要补缴建设用地使用权出让金，补缴出让金优先于抵押权人实现抵押权。

考点2 抵押权的设立

一、不动产抵押权

不动产抵押权自办理不动产抵押登记时生效。(《民法典》第402条)

1. 房地一体主义

(1) 房屋与建设用地使用权必须一起抵押，办理抵押登记；如果没有一起抵押，法律默认一起抵押。抵押人将建设用地使用权、土地上的建筑物或者正在建造的建筑物分别抵押给不同债权人的，根据抵押登记的时间先后确定清偿顺序。(《担保制度解释》第51条第3款)

(2) 抵押设立后新增的建筑物，不属于抵押财产，但必须一起拍卖、变卖。就该新增建筑物所得的价款，抵押权人不具有优先受偿权。(《民法典》第417条)

(3) 房地一体主义原则与例外均为法定，当事人另有约定的，该约定因违反物权法定原则，不发生相应的效果。(《担保制度解释》第51条第1、2款)

2. 未办理登记的不动产抵押合同效力(《担保制度解释》第46条)

(1) 合同有效，债权人原则上可以请求继续履行抵押合同，办理抵押登记。

(2) 因抵押人转让抵押物或者其他可归责于抵押人自身的原因导致不能办理抵押登记，债权人请求抵押人以抵押物的价值为限承担责任的，人民法院依法予以支持，但其范围不能超过抵押权有效设立时抵押人所应当承担的责任。非因抵押人自身的原因导致抵押物不能办理抵押登记的，抵押人不承担责任。如果有保险金、补偿金等，债权人可以请求抵押人在其所获金额范围内承担赔偿责任。

[例] 崔崔用价值150万元的房屋为橙橙的130万元债权提供抵押。如果崔崔反悔，不办理抵押登记，转手将房屋出卖并过户给卢卢，崔崔需要对橙橙承担130万元的赔偿责

任，因为即便抵押权设立，崔崔最多只承担130万元的赔偿责任；如果房屋实际价值只有100万元，则崔崔只承担100万元的赔偿责任。房屋由于地震毁损的，橙橙不能要求崔崔赔偿；如因保险而获得50万元保险金，则橙橙可以要求崔崔在50万元范围内承担赔偿责任。

（3）抵押权人对未能办理抵押登记有过错的，相应减轻抵押人的赔偿责任。当事人一方违约后，对方应当采取适当措施防止损失的扩大；没有采取适当措施致使损失扩大的，不得就扩大的损失请求赔偿。（指导案例168号）

［例］2013年，中信银行与厚大公司签订综合授信合同、借贷合同，为厚大公司提供为期2年、最高1亿元的贷款。青山公司以一栋3层综合楼为贷款提供最高额抵押担保，双方签订了抵押合同，但由于所有权证不一致，导致最终办不了抵押登记。贷款到期后，厚大公司尚欠2000万元不能清偿。于是中信银行要求青山公司赔偿2000万元本金与利息等费用。法院审查后发现，当地的市房产管理局已于2011年明确函告辖区各金融机构，房地权属不一致的房屋不能再办理抵押登记。中信银行在得知综合楼办不了抵押登记后依然向厚大公司发放了第三批贷款（1200万元）。中信银行的赔偿请求能否得到法院支持？1200万元的部分不能得到支持，因为其属于没有采取有效措施造成的损失；剩下的800万元损失，中信银行对没有办理抵押登记也有过错，应当减轻青山公司的赔偿。

（4）因登记机构的过错致使当事人不能办理抵押登记的，登记机构应当承担赔偿责任。（《担保制度解释》第48条）

二、动产抵押权

以动产抵押的，抵押合同生效时抵押权设立，未经登记，不得对抗善意第三人。（《民法典》第403条）

1. 未办理登记的动产抵押不得对抗哪些人？（《担保制度解释》第54条）

（1）抵押人转让抵押财产，受让人占有抵押财产后，抵押权人不能向受让人请求行使抵押权，除非其能证明受让人恶意。此时不能对抗的后果就是抵押权在该物上消灭。

（2）抵押人将抵押财产出租给他人并移转占有，抵押权人行使抵押权的，租赁关系不受影响，除非其能证明承租人恶意。此时不能对抗的后果就是抵押权人不能取回抵押物，必须等租期届满后才能进行优先受偿（或者带租拍卖）。

（3）抵押人的其他债权人向人民法院申请保全或者执行抵押财产，人民法院已经作出财产保全裁定或者采取执行措施，抵押权人主张对抵押财产优先受偿的，人民法院不予支持。此时不能对抗的后果就是抵押权人作为一个物权人，其受偿的顺序要劣后于已经保全或者已经采取执行措施的债权人。（民诉角度）

［例］崔崔将一辆汽车抵押给橙橙，但没有为橙橙办理抵押登记。后崔崔的其他债权人卢卢要求崔崔偿债不能，于是申请保全了崔崔名下的全部财产。橙橙提出异议，主张自己对该汽车享有抵押权，故该汽车不能被查封，请求解封。该请求能否得到法院支持？该请求不能得到支持。又或者卢卢取得生效判决，启动执行程序时执行到该汽车，橙橙既不能主张中止该汽车的执行，也不能主张对该汽车拍卖所得价款优先于卢卢受偿。

（4）抵押人破产，抵押权人主张对抵押财产优先受偿的，人民法院不予支持。此时不能对抗的后果就是抵押权消灭，抵押权人沦为普通债权人。（商法角度）

[例] 厚大公司对厚小公司享有一辆汽车的抵押权，但未办理登记。后厚小公司被法院受理破产。厚大公司不能主张对于该汽车优先于厚小公司的其他债权人受偿，而只能作为普通债权人参与分配，按比例受偿。

2. 绝对不能对抗的人——正常买受人（消费者+全款）

即便抵押权已经办理登记，也不得对抗正常经营活动中已经支付合理价款并取得抵押财产的买受人。（《民法典》第404条）

出卖人正常经营活动，是指出卖人的经营活动属于其营业执照明确记载的经营范围，且出卖人持续销售同类商品。下列买受人不受该制度保护：（《担保制度解释》第56条）

（1）购买商品的数量明显超过一般买受人。（看用途）

（2）购买出卖人的生产设备。

（3）订立买卖合同的目的在于担保出卖人或者第三人履行债务。（买卖式让与担保）

[例] 厚大公司是健身器材销售商，因企业发展需要，向崔崔借款1000万元，并将所有的设备抵押给崔崔，办理了抵押登记。同时，厚大公司还和厚小健身俱乐部签订了买卖合同，约定1年后，如果厚大公司不能偿还500万元本金及利息，就必须将同等价值的设备卖给厚小健身俱乐部。后来厚大公司不还钱，厚小健身俱乐部拿走了相应价值的设备。此时，崔崔对被厚小健身俱乐部拿走的设备是否依然享有抵押权？答案是有。因为厚小健身俱乐部并不是正常买受人，而是让与担保权人，所以，崔崔的抵押权办理抵押登记后，抵押物再转让的，不影响抵押权。

（4）买受人与出卖人存在直接或者间接的控制关系。（注意关联公司角度）

（5）买受人应当查询抵押登记而未查询的其他情形。

特别提醒

考生一定要能区分开正常买受人与善意买受人，另外正常买受人不要求必须是善意的，并非以善意取得方式取得物权。

[例] A企业是呼吸机生产商，为了融资，将所有呼吸机抵押给了B企业，并办理了抵押登记。后A企业又将其中一台呼吸机出卖给了崔崔。如果崔崔在支付全部价款后拿走该呼吸机，则能够获得该呼吸机的所有权，B企业的抵押权在该呼吸机上就消灭。如果A企业是将呼吸机的生产设备进行抵押，并办理了抵押登记，后又将该生产设备以合理的价格出卖并交付给橙橙。橙橙能否主张自己是正常经营活动的买受人，从而拒绝B企业主张权利？答案是不能。因为橙橙所购买的并不是A企业的商品。出卖企业的生产设备不是正常的生产经营活动。橙橙只能是一般买受人，此时，由于生产设备抵押权已经办理抵押登记，因此抵押权可以延续下去，橙橙可以获得该生产设备的所有权，但必须同时承受抵押权负担。A企业到期无法清偿债务的，B企业可以拍卖已经属于橙橙所有的该生产设备并优先受偿。橙橙因此遭受的损害，只能与A企业基于买卖合同另行解决。

考点3 抵押人对抵押物的处分（《民法典》第406条）

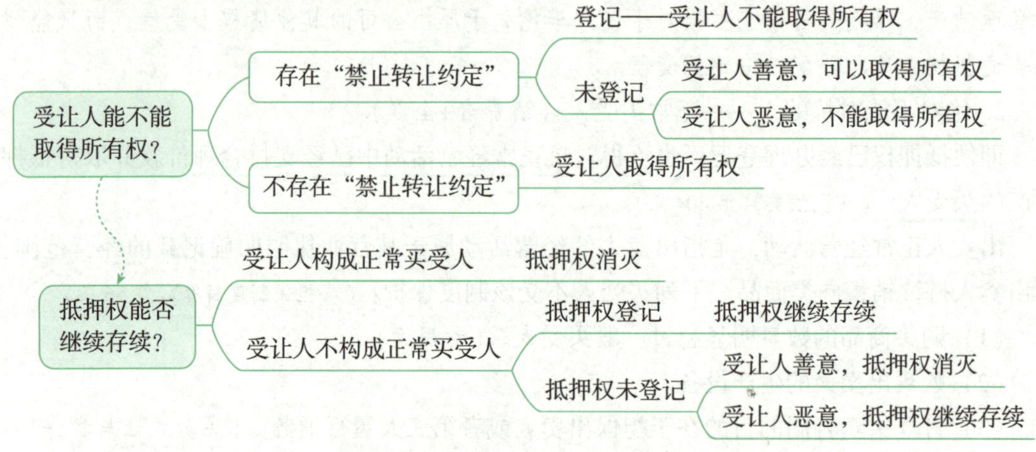

抵押物转让效果的破题思维图

1. 抵押人在抵押期间，对抵押物进行转让，应当及时通知抵押权人。

2. 有禁止转让条款，但担保人再转让的效果：（《担保制度解释》第43条）

受让人为善意就能获得所有权，恶意就不能获得所有权。善恶的判定标准：看禁止转让约定是否办理了登记。

（1）如果禁止转让的约定没有办理登记，则推定受让人为善意，故抵押人违反约定转让抵押物的，受让人完成物权变动即可取得物权，除非抵押权人能够证明受让人知道该约定。此时，抵押权人只能请求抵押人承担违约责任。

（2）如果禁止转让的约定办理了登记，则受让人只能是恶意，故抵押人违反约定转让抵押物的，抵押权人可以主张不发生物权变动的效果；但受让人享有涤除权，可以代替债务人清偿债务以消灭抵押权。

可以结合第三人代为清偿制度一并考查：抵押权人不能拒绝受让人代为履行/清偿，因为受让人属于有合法利益的第三人。

3. 抵押财产转让，原则上抵押权不受影响，但有两个例外：

（1）如果属于动产抵押权而又没有办理登记，则抵押权因为无法对抗受让人而消灭；

（2）受让人属于正常生产经营中已经支付合理价款的买受人。

在这两种情况下，抵押权在该物上消灭。

4. 抵押权人能够证明抵押财产转让可能损害抵押权的，可以请求抵押人将转让所得的价款向抵押权人提前清偿债务或者提存。

考点4 抵押权的保全制度（《民法典》第408条）

抵押权的保全制度包含以下三个方面的内容：

1. 抵押人的行为足以使抵押财产价值减少的，抵押权人有权请求抵押人停止其行为。

2. 抵押财产价值减少的，抵押权人有权请求恢复抵押财产的价值，或者提供与减少的价值相应的担保。

3. 抵押人不恢复抵押财产的价值，也不提供担保的，抵押权人有权请求债务人提前清偿债务。

特别提醒

如果抵押财产的价值减少不可归责于抵押人，根据抵押权的不可分性，抵押权人不享有保全请求权，只能就抵押人获得的赔偿金或保险金行使优先受偿权（抵押权的物上代位性）。

考点5 特殊抵押权

1. 最高额抵押

[例] 厚小超市经常从厚大食品厂进购商品，双方约定每年年底结账。但厚大食品厂担心厚小超市到期无法清偿债务，故要求厚小超市提供相应担保。厚小超市根据往年销售记录，与厚大食品厂约定以超市名下的一个商铺作为抵押，并办理了抵押登记，以担保未来1年内进货所需支付的价款，但最高不超过500万元。

（1）最高额抵押所担保的债权额是确定的，但实际发生的债权额是不确定的。经抵押人、抵押权人同意，最高额抵押权设立前已经存在的债权，可以转入最高额抵押担保的债权范围。（《民法典》第420条第2款）

特别提醒

当事人另行达成协议将最高额抵押权设立前已经存在的债权转入该最高额抵押担保的债权范围，只要转入的债权数额仍在该最高额抵押担保的最高债权额限度内，即使未对该最高额抵押权办理变更登记手续，该最高额抵押权的效力仍然及于被转入的债权，但不得对第三人产生不利影响。（指导案例95号）

（2）最高额抵押担保的债权确定前，部分债权转让的，最高额抵押权不得转让，但是当事人另有约定的除外。（《民法典》第421条）

特别提醒

债权转让一定要看时间段。发生在最高额抵押担保的债权确定日前的，不再受最高额抵押担保的保护；发生在最高额抵押担保的债权确定日后的，则根据从属性，依然受保护。可知，找到确定日是破题的关键。确定日一般都会明确表述出来。

（3）最高额抵押担保的债权确定前，抵押权人与抵押人可以通过协议变更债权确定的期间、债权范围以及最高债权额。但是，变更的内容不得对其他抵押权人产生不利影响。（《民法典》第 422 条）

（4）没有约定债权确定期间或者约定不明确，抵押权人或者抵押人自最高额抵押权设立之日起满 2 年后请求确定债权的，抵押权人的债权确定。（《民法典》第 423 条第 2 项）

（5）登记的最高债权额与当事人约定的最高债权额不一致的，人民法院应当依据登记的最高债权额确定债权人优先受偿的范围。（《担保制度解释》第 15 条第 2 款）

2. 动产浮动抵押

（1）动产浮动抵押权自抵押合同生效时设立；未经登记，不得对抗善意第三人。

（2）担保人在设立动产浮动抵押并办理抵押登记后又购入或者以融资租赁方式承租新的动产，下列三种权利人为担保价款债权或者租金的实现而订立担保合同，并在该动产交付后 10 日内办理登记的，可以主张其权利优先于在先设立的动产浮动抵押权：（《担保制度解释》第 57 条第 1 款）

❶在该动产上设立抵押权或者保留所有权的出卖人。

[例] 崔崔将货物出卖给橙橙，由于橙橙无法付清全部价款，崔崔交付货物时要求橙橙将货物抵押给自己，并在 10 日内办理登记，则崔崔就属于价款优先权人。如果橙橙之后将货物抵押、质押给其他人，则崔崔的抵押权优先于其他人。但如果货物被留置了，则崔崔的抵押权无法优先于留置权人受偿。如果崔崔选择保留所有权，则是完全一样的效果，即崔崔基于保留的所有权而拍卖货物的，其依然优先于橙橙的其他担保物权人受偿，留置权除外。

❷为价款支付提供融资而在该动产上设立抵押权的债权人。

[例] 崔崔将货物出卖给橙橙，要求一次性付款，橙橙找卢卢付款，卢卢答应付款，但要求橙橙将货物抵押给自己，并且在崔崔将货物交给橙橙后的 10 日内办理了登记，则卢卢的抵押权就优先于橙橙之后设立的其他担保物权人受偿，留置权除外。

❸以融资租赁方式出租该动产的出租人。

[例] 厚大公司需要 10 台设备，厚小融资租赁公司帮其购买设备并出租给其使用。后厚大公司又将该 10 台设备抵押给其他人，则只要厚小公司在厚大公司拿到设备后的 10 日之内对设备所有权办理登记，到时候厚大公司不按期给租金，厚小公司就可以主张拍卖这 10 台设备并优先受偿，且该优先权优先于厚大公司的其他担保物权人，留置权除外。

这三种人就是价款优先权人，其权利优先于买受人在该动产上为他人设立的担保物权。同一动产上存在多个价款优先权时，按照登记的时间先后确定清偿顺序。

[例] 养殖场经营者崔某欲扩大养殖规模，需向银行借贷 100 万元，银行要求其提供担保。于是崔某将养殖场现有以及将有的家禽（1000 只鸡）、动产设备类抵押给银行，办

理了抵押登记。抵押权设立后，崔某从银行获得资金，购买了10台新设备，养殖规模也扩大了1倍（5000只鸡、100头猪）。后来2000只鸡卖给了老乡鸡（餐饮连锁店），8台设备卖给了某公司。

（1）如银行债权到期未获得清偿，则能否对已经出卖的2000只鸡、8台设备主张抵押权?[1]

（2）如抵押权没有办理登记，后果又如何?[2]

浮动抵押财产的进与出——浮动抵押的命题模型

企业设立浮动抵押后，再购入新的动产，则该动产之上可能存在价款优先权人，其权利优先于在先设立的浮动抵押权。浮动抵押权是否及于企业卖出的财产，则要看卖出的是否属于商品，如属于商品，则买受人可能构成正常买受人，抵押权在该物上消灭；如不属于商品，则抵押权办理登记即可以追及，否则因不能对抗善意受让人而在该物上消灭。

本节命题角度分析——SUMMARIZE

本节属于绝对重点考点。

1. 以禁止抵押物进行抵押的合同效力以及担保物权是否设立值得考查，尤其是可以结合民诉考查抵押权实现规则。

2. 抵押权的设立属于绝对基础、核心考点，尤其是不动产抵押房地一体主义原则与例外、动产抵押登记对抗以及正常买受人规则，需要全盘把握。

3. 抵押物处分后抵押权人与受让人之间的权利冲突的处理要十分清楚。

4. 案例中可能会涉及抵押物毁损、灭失，然后询问考生如何处理，或者题目中给了处理方式，询问考生是否有权这样做。此时，可能所涉及的考点不是抵押权人的保全请求权，就是抵押权的代位性特征。特别提醒，抵押权保全权启动的前提条件是因抵押人的行为导致抵押财产价值的减少。

5. 要注意动产浮动抵押权与价款优先权的碰撞问题，这是新增内容，也是非常重要的考点。

---

[1] 对鸡不可以，对设备可以。因为鸡属于出卖人的商品，买受人属于正常经营活动中的买受人。动产抵押不得对抗正常经营活动中已经支付合理价款并取得抵押财产的买受人。出卖设备不属于正常经营活动，买受人不构成正常买受人。抵押权已经办理登记，故可以对抗一般买受人。

[2] 都不能主张抵押权。动产抵押未经登记不得对抗善意第三人，设备的买受人属于已经受让并取得占有的不知情的买受人，属于善意第三人，故抵押权在该物之上消灭。鸡的买受人构成正常买受人，抵押权因不得对抗正常买受人而消灭。

质权与留置权

考点 1 动产质权

质押财产可以是动产，也可以是其他财产性权利，但不可以是不动产。

1. 动产质权的设立

动产质权的设立模式为：有效合同+交付，即动产质权自质物交付时设立。(《民法典》第 429 条)

(1) 质权的设立，不能通过占有改定方式完成交付；

(2) 动产质物交付后，质权人返还质物于出质人，或者丧失对质物的占有，质权并不消灭，但是此时的质权不得对抗善意第三人。

2. 特殊动产质权——流动质押 (《担保制度解释》第 55 条)

是否成立的判断——看监管人是受出质人还是债权人的委托监管质物。如果监管人系受债权人的委托监管并实际控制货物，则认定质权设立，监管人违反约定放货等，应当对债权人承担违约责任。如果监管人是受出质人委托或者虽受债权人委托但并未实际履行监管职责，导致货物仍然由出质人实际控制，则质权未设立。债权人可以基于质押合同的约定请求出质人承担违约责任，但不得超过质权有效设立时出质人应当承担的责任范围。

3. 特殊动产质权——金钱质押 (《担保制度解释》第 70 条第 1 款)

债务人或者第三人为担保债务的履行，设立专门的保证金账户并由债权人实际控制，或者将其资金存入债权人设立的保证金账户，债权人有权主张就账户内的款项优先受偿。保证金账户内的款项浮动不影响质权的实现。(指导案例 54 号)

总　结

非传统动产或者不方便直接交付的动产质押，判断质权是否设立的核心是：债权人是否对该财产享有控制权。

考点 2 权利质权

1. 权利质权的设立

(1) 汇票、仓单等需要背书“质押”字样并交付，质权自交付时设立。

（2）股权、知识产权、应收账款则在有关机关办理出质登记时设立。

权利质权的设立可以总结为：看得见的（三单三票加一券），背书+交付；看不见的，登记设立。

（3）股权、基金份额、知识产权、应收账款出质后，不得转让，除非质权人与出质人协商一致。

2. 应收账款质权

（1）以现有的应收账款出质，应收账款债务人向质权人确认应收账款的真实性后，又以应收账款不存在或者已经消灭为由主张不承担责任的，人民法院不予支持。（《担保制度解释》第61条第1款）如果债权人没有向债务人确认过真实性即请求优先受偿，则债权人必须举证证明该债权是真实存在的，否则不予支持。

（2）当事人为应收账款设立特定账户的，发生法定或者约定的质权实现事由时，质权人有权就该特定账户内的款项优先受偿。特定账户内的款项不足以清偿债务或者未设立特定账户的，质权人可以请求折价或者拍卖、变卖项目收益权等将有的应收账款，并以所得的价款优先受偿。（《担保制度解释》第61条第4款）

[例] 厚大建筑公司帮某政府建设高速公路，双方约定工程款为该段高速公路未来10年的过路费。厚大建筑公司由于急需用钱，向银行贷款5000万元，用该段高速公路未来10年应收的过路费项目进行质押。如果厚大建筑公司到期不能清偿债务，银行可以主张就该过路费账户优先受偿；如果该账户现有资金不足以清偿，则银行可以将剩余的年份的过路费项目收益权进行拍卖、折价。

（3）同一应收账款同时存在保理、应收账款质押和债权转让的，按照如下方式确定优先顺序：已经登记的先于未登记的取得应收账款；均已经登记的，按照登记时间的先后顺序取得应收账款；均未登记的，由最先到达应收账款债务人的转让通知中载明的优先；既未登记也未通知的，按照比例行使。（《担保制度解释》第66条第1款）

公式：登记>通知>按比例

特许经营权的收益权可以质押，并可作为应收账款进行出质登记。（指导案例53号）

3. 仓单担保权竞合的处理（《担保制度解释》第59条第2、3款）

出质人既以仓单出质，又以仓储物设立担保，或者保管人为同一货物签发多份仓单，出质人在多份仓单上设立多个质权，按照公示的先后顺序清偿；难以确定先后的，按照债权比例清偿。

考点3 留置权

1. 留置权属于法定担保物权，其客体以动产为限。留置权的成立要件为：

（1）债权人合法占有债务人交付的动产。

（2）原则上，债权人留置的动产，应当与债权属于同一法律关系。（《民法典》第448条）但企业之间的留置满足一定的条件时，即便不具有同一性，也能设立留置权：①双方都是企业；②该财产是债务人的财产；③该债权属于企业持续经营中发生的债权。（《担保制度解释》第62条第2、3款）

［例1］甲公司将A汽车送到乙修理厂维修。甲公司付费后准备提车，但乙修理厂表示甲公司上个月送来修的B汽车没有付费，要求甲公司把费用补上，否则就不还A汽车。此时乙修理厂是否享有留置权？如果这辆车是丙公司的，丙公司能否主张从乙修理厂取回？[1]

［例2］甲公司将A汽车送到乙修理厂维修。甲公司付费后准备提车，乙修理厂表示之前曾经帮助甲公司运送过一批货物，甲公司还没有给运费，乙修理厂要求甲公司必须将运费补上，否则就不还车。此时甲公司能否主张返还？[2]

（3）债务人到期不履行债务。

2. 留置权可以排除适用。（《民法典》第449条）

3. 留置财产为可分物的，留置财产的价值应当相当于债务的金额。（《民法典》第450条）

4. 留置权人对留置财产丧失占有或者留置权人接受债务人另行提供担保的，留置权消灭。（《民法典》第457条）

本节命题角度分析——SUMMARIZE

本节属于实务性比较强的考点，一旦命题，难度会比较大。

1. 质权方面，非常具有考试价值的是对流动质押、金钱质押设立的判断，此为《担保制度解释》的新增内容。金钱质权、应收账款质押，考试涉及时往往表达比较隐晦，考生难以发现其本质，需要提高警惕。权利质押是近些年实务的热点，尤其是涉及股权质押等的相关规则。本知识点可以结合商法股权问题、票据法相关知识点进行跨学科考查。最高院指导案例中，有两个都与权利质押有关。除此之外，新增的仓单担保权的竞合和应收账款细化规则，都值得考生关注。

2. 要会判断留置权是否设立。

---

〔1〕无留置权，能取回。两项债权不具有同一性且留置物并非债务人的财产，故不能设立留置权，所有权人可以主张返还。

〔2〕可以。两项债权不具有同一性，且所担保的债权并非债权人经营活动中发生的债权，故不能设立留置权，所有权人可以主张返还。

第四节

共同担保与担保物权竞合

考点1 共同担保（一个债权配上多个担保）

1. 连带共同担保 VS 按份共同担保

同一债权由两个以上担保权共同担保的，为共同担保。共同担保分为按份共同担保和连带共同担保。

在设定担保时担保人分别或共同与债权人约定各自仅对特定的债权份额承担担保责任的，为按份共同担保。按份共同担保只有外部效力，即都只对债权人承担责任。在按份共同担保中，债权人只能按照约定的份额行使担保权。各担保人之间内部没有关系，不能互相追偿。

在设定担保时担保人未与债权人约定债权人行使担保权的份额的，为连带共同担保。在连带共同担保中，债权人行使担保权不受份额的限制，但有可能存在顺序的限制。连带共同担保中，债权人实现担保权是否存在顺序以及担保人之间能否互相追偿的问题，是考试的命题热点所在。

2. 连带共同担保的规则

（1）债权人实现担保权顺序问题

债权人实现自己的担保权原则上没有顺序限制，但在一种情况下有顺序要求：混合担保[1]中，债务人提供了担保，则必须先实现债务人的担保，才能要求其他担保人承担担保责任。可以用一个公式来表达：

混合担保+债务人物保=债权人唯一顺序

[例] 崔崔向橙橙借款，崔崔自己提供了一套房屋作为抵押，卢卢提供了一辆汽车作为抵押，这就不构成混合担保，如果橙橙实现担保权，则没有顺序要求；如果卢卢提供的是保证，则构成混合担保，此时必须先实现房屋抵押，才能要求卢卢承担保证责任。

（2）担保人能否互相追偿的问题

❶第三担保人之间原则上不能互相追偿，都只能向债务人追偿。但是如果担保人之间约定了承担共同担保责任或者明确约定了可以追偿，或者在同一合同中同时签字、盖章（推定），则可以互相追偿。

❷如果债务人提供了担保，担保人可以享有对债务人的担保物权。

❸担保人不可以通过受让债权的方式变相取得追偿权（本质不是债权转让，而属于承担担保责任）。

---

〔1〕混合担保是指一个债权之上既有人的担保，又有物的担保。

可以用一句话予以总结：

不明确、不互追，即使受让债权也不行。

[例] 崔崔向乙借款500万元，丙、丁提供连带责任保证，戊、己提供房屋抵押担保，均办理了登记。丙、丁、戊、己互不知道彼此的存在。到期崔崔不能清偿债务，则：

(1) 乙有权就四人中的任一人主张担保权，没有顺序限制，因为虽然是混合担保，但债务人并没有提供担保，第三担保人没有顺序限制；

(2) 丙、丁、戊、己中的任何一人承担责任后不能彼此互相追偿，因为第三担保人之间没有约定共同承担责任、互相追偿，也没有在同一个合同中签字。

假如丙找到乙，将500万元债权都买了过来，则：丙受让债权的行为本质上属于承担担保责任，其受让债权后不可以享有对丁、戊、己的担保权。

假如戊提供的房屋的价值是100万元，戊将500万元债权都买了过来，则：戊在100万元范围内受让债权本质上属于承担担保责任，故其在100万元范围内不能取得对其他担保人的权利，也不能向其他担保人追偿。但是剩下的400万元就超过了担保人责任范围，本质上属于债权转让，即戊在400万元范围内取得了债权人乙的权利，可以享受对丙、丁的保证权和对己的抵押权。

(3) 担保人如能够追偿，是否有顺序要求？

担保人之间如果明确约定了各自承担责任的份额，则追偿没有顺序要求，否则应该先要求债务人清偿，不足的部分再要求其他担保人分担。可以用一句话予以总结：

有份额、无顺序，否则先追债务人。

[例] 崔崔向橙橙借款100万元，卢卢提供了一套价值120万元的房屋作为抵押，佳佳提供了保证，两人均在借款合同中签字。佳佳和卢卢约定两人内部按照3∶7的比例分担担保责任。如果橙橙最终拍卖了卢卢的房屋，得到了全部清偿，则此时卢卢既可以向崔崔追偿100万元，也可以直接请佳佳按照内部约定承担30万元的责任。如果佳佳和卢卢没有这个承担责任的份额约定，则卢卢必须先向崔崔追偿；崔崔不能清偿的部分，卢卢才可以请求佳佳分担。

(4) 担保权人放弃了其中一个担保权，对其他担保人是否产生影响？

担保权人如果放弃的是债务人提供的担保，则其他担保人在该担保价值范围内免除责任；如果放弃的是第三担保人的担保权，则其他担保人的责任原则不受影响，除非担保人之间存在追偿权，并且担保权人也知道该追偿权（可能存在不同观点）。可以用一句话予以总结：

明知放弃害追偿，追偿范围内免责。

考点2 担保物权竞合

1. 抵押权竞合时的顺位（《民法典》第414条第1款）

(1) 抵押权竞合的顺位，是指同一动产或者不动产之上并存数个抵押权的，其抵押权的顺位规则为：登记>未登记；先登记>后登记；同时登记的，按比例清偿；都未登记的，也按比例清偿。

（2）动产价金抵押权的顺序规则

❶动产抵押担保的主债权是抵押物的价款，标的物交付后10日内办理抵押登记的，该抵押权人优先于抵押物买受人的其他担保物权人受偿，但是留置权人除外。（《民法典》第416条）

［例］2月1日，A养殖场从B公司以80万元的价格购买了5台照明设备，由于A养殖场无法付清全部价款，B公司答应出卖，但要求A养殖场必须将这5台设备抵押给B公司，如果A养殖场无法在约定的6个月内付清全部价款，则B公司可以拍卖该5台设备优先清偿货款。2月10日，B公司如期将设备交付给A养殖场。2月15日，双方办理抵押登记。A养殖场在拿到设备的第二天就将设备抵押给C银行从而获得借款50万元，并于当日办理了抵押登记。

（1）如A养殖场无法清偿B公司、C银行债务，则在该设备上谁优先受偿？[1]

（2）如A养殖场不小心弄坏了其中一台设备，送到D修理厂维修，因为无法支付维修费设备被扣下，则D修理厂与B公司、C银行谁优先受偿？[2]

❷在先设立的是动产浮动抵押权，该抵押权无法对抗在后设立的动产价金抵押权（交付后10日内办理登记）。（《担保制度解释》第57条第1款）

［例］2月1日，A养殖场为了扩大规模，以养殖场的所有家禽以及动产设备等为B银行设立了动产浮动抵押，并办理登记。3月1日，A养殖场从C公司以80万元的价格购买了5台照明设备，由于A养殖场无法付清全部价款，C公司答应出卖，但要求A养殖场必须将这5台设备抵押给C公司，如果A养殖场无法在约定的6个月内付清全部价款，则C公司可以拍卖该5台设备优先清偿货款。3月10日，C公司如期将设备交付给A养殖场。3月15日，双方办理抵押登记。如到期B银行、C公司的债权均无法获得清偿，则对这5台设备，谁优先受偿？[3]

❸除此之外，还有其他的价金优先权：

A. 出卖人+保留所有权方式、设立动产抵押方式+交付后10日内办理登记。

B. 价款融资人（代为付款人、融资租赁合同出租人）+设立动产抵押、融资租赁方式+交付后10日内办理登记。

如优先权之间发生竞合，则按照公示的先后顺序清偿。

C. 抵押权人与抵押人之间可以协议变更抵押权顺位，该变更协议无须征得其他抵押权人的同意，但未经其他抵押权人书面同意的，不得对其他抵押权人产生不利影响。（《民法典》第409条第1款）

---

〔1〕B公司。因为其属于动产价金优先权人，优先于该物之上买受人的其他担保物权人受偿。

〔2〕D修理厂优先，B公司其次，C银行最后受偿。最后设立的留置权最先受偿，B公司的抵押权属于价金优先权，优先于抵押物买受人的其他担保物权人受偿，但留置权除外。

〔3〕C公司。

2. 抵押权 VS 质权（《民法典》第 415 条）

同一财产既设立抵押权又设立质权的，拍卖、变卖该财产所得的价款按照登记、交付的时间先后确定清偿顺序。

3. 抵押权 VS 质权 VS 留置权

同一动产上已经设立抵押权或者质权，该动产又被留置的，留置权人优先受偿。（《民法典》第 456 条）抵押权、质权的清偿顺序按照上述规则确定。

出现竞合时，判断思维如下：

1. 首先看是否存在留置权：最后设立的留置权最先受偿。
2. 其次看是否存在价款优先权，如果有，将优先于买受人的其他担保物权受偿。
3. 最后，其他动产担保物权，看谁先公示：抵押看登记，质押看交付；都没公示的，按比例受偿。

担保物权排序，无须考虑善意、恶意，只看公示先后，不要掉坑。

4. 担保物权竞合时的民诉角度考点

（1）被担保的债权既有物的担保又有人的担保，当事人对实现担保物权的顺序有约定，实现担保物权的申请违反该约定的，人民法院裁定不予受理；没有约定或者约定不明的，人民法院应当受理。（《民诉解释》第 363 条）

（2）同一财产上设立多个担保物权，登记在先的担保物权尚未实现的，不影响后顺位的担保物权人向人民法院申请实现担保物权。（《民诉解释》第 364 条）因此，如顺位在后的人申请执行，顺位在先的人并不能中止执行程序。

本节命题角度分析 SUMMARIZE

本节属于主观题重点命题考点。

1. 共同担保规则需要把握，尤其注意担保人承担责任后的追偿权问题。
2. 担保物权竞合时的实现顺序也需要把握，尤其需要注意动产价金担保权。
3. 另外需要注意担保物权竞合时民诉角度的命题：担保物权实现程序以及执行异议。

第八章 担保债权

第一节 保证

考点1 保证方式

1. 保证的识别

保证包括一般保证和连带责任保证，二者的区分是解答保证有关题目的前提，但考生首先要做的，就是识别某个意思表示是不是保证。

（1）保证 VS 物保

保证人是以自己全部的财产价值为限承担责任，属于无限责任；而物保人是以物的价值为限承担责任，属于有限责任。

［例］厚大公司、厚小公司签订了一份供货合同，约定厚小公司向厚大公司供货，双方还约定了一个特殊条款：厚大公司的董事长崔某以其全部财产（包括但不限于房产、车、股权、债券等）担保厚大公司的付款义务，厚大公司到期未履行或未能全部履行的，崔某承担连带责任。崔某在合同上签字、盖章，但未办理登记。崔某的担保属于何种担保?[1]

（2）承诺函（各种增信措施）的性质分析

❶首先看有没有承担责任的意思：

如果只是表示督促、监督债务人，没有承担责任的意思，则不承担责任。

❷如果有承担责任的意思，再分析是保证还是债务加入：

A. 第三人向债权人提供差额补足、流动性支持等类似承诺文件作为增信措施，具有提供担保的意思表示，应当按保证处理；

B. 第三人向债权人提供的承诺文件，具有加入债务或者与债务人共同承担债务等意思表示的，应当认定为债务加入；

C. 第三人提供的承诺文件难以确定是保证还是债务加入的，应当认定为保证。

［例］厚大公司、厚小公司正在磋商一份供货合同，内容为厚小公司向厚大公司供货，但由于两公司是首次交易，厚小公司有些担心厚大公司能否按合同约定付款。为了促成两公司缔约，厚大公司的合作伙伴轩城公司向厚小公司出具了一份承诺函。关于承诺函的性质，要看该承诺函的具体内容。

“你是相信我的，我是相信厚大公司的，我之前和厚大公司做过买卖，他的信用很好，

---

〔1〕 保证。因为其以全部财产为限承担责任，属于保证。

请放心缔约吧。"——没有意义，轩城公司不承担责任。

"你是相信我的，我以信用担保厚大公司会按期付款，如果不付款，你就来找我。"——有承担责任的意思，但看不出来是保证还是债务加入，此时视为保证，并且是连带责任保证。

"你是相信我的，我对该笔货款承担共同还款义务。"——有承担责任的意思，且是债务加入行为。

"你是相信我的，如果你的货款债权没有得到实现，缺多少我就补多少。"——有承担责任的意思，只要是没实现的部分就可以找轩城公司，明显没有先后顺序，应该是连带责任保证。

2. 保证方式的判断

一般保证和连带责任保证的判断：连带责任保证必须明确约定才可，如果没有约定或者约定不明，则为一般保证。(《民法典》第 686 条第 2 款)

(1) 当事人在保证合同中约定，债务人不能履行债务时，由保证人承担保证责任的，为一般保证；(《民法典》第 687 条第 1 款)

(2) 当事人在保证合同中约定保证人和债务人对债务承担连带责任的，或者当事人在保证合同中约定了保证人在债务人不履行债务或者未偿还债务时即承担保证责任、无条件承担保证责任等类似内容，不具有债务人应当先承担责任的意思表示的，为连带责任保证。(《民法典》第 688 条第 1 款；《担保制度解释》第 25 条第 2 款)

特别提醒

"不偿还"与"不能偿还"的区别：

不……就/即/无条件——连带责任保证；不能/无力……才/再——一般保证。

[例] 厚大公司、厚小公司正在磋商一份供货合同，内容为厚小公司向厚大公司供货，但由于两公司是首次交易，厚小公司有些担心厚大公司能否按合同约定付款。为了促成两公司缔约，厚大公司的合作伙伴轩城公司向厚小公司出具了一份承诺函。关于承诺函的性质，要看该承诺函的具体内容。

"如果你的货款债权没有得到实现，缺多少我就补多少。"——有承担责任的意思，客观得不到清偿的部分就可以找轩城公司，应该是连带责任保证。

"如果厚大公司没有清偿全部货款，最后实在不能清偿的部分我来兜底。"——有承担责任的意思，强调顺序，故为一般保证。

"我为厚大公司提供担保，关于付款义务，我和厚大公司承担同等的责任。"——有承担责任的意思，"同等的责任"说明没有顺序，故为连带责任保证。

"我为厚大公司提供连带保证担保"，但该函件最后落款却记载"一般保证人轩城公司"。——保证方式存在矛盾，属于约定不明确，应为一般保证。

3. 一般保证人的先诉抗辩权 (《民法典》第 687 条第 2 款)

一般保证人享有先诉抗辩权，但在下列情况下一般保证人不享有先诉抗辩权：

（1）债务人下落不明，且无财产可供执行；

（2）人民法院已经受理债务人破产案件；

（3）债权人有证据证明债务人的财产不足以履行全部债务或者丧失履行债务能力；

（4）保证人书面表示放弃的。

4. 保证人的诉讼地位问题

（1）在一般保证中，债权人可以债务人为被告提起诉讼，也可以债务人与保证人为共同被告一并提起诉讼；但不可仅起诉一般保证人，否则人民法院经释明后，裁定驳回起诉。（《担保制度解释》第26条第1、2款）

关于只起诉一般保证人时的法院的处理方式，《担保制度解释》与《民诉解释》第66条的规定相冲突。《民诉解释》第66条规定的是法院应当通知被保证人作为共同被告参诉。如果考试涉及此考点，建议考生将两个观点都写上。

（2）在连带责任保证中，债权人既可以单独起诉连带责任保证人，也可以一并起诉讼。（《民诉解释》第66条）法院尊重原告的处分权。

（3）债权人一并起诉债务人与一般保证人时，一般保证人的先诉抗辩权的保障：

❶债权人一并起诉债务人与一般保证人的，法院应在判决书主文中明确，保证人仅对债务人财产依法强制执行后仍不能履行的部分承担保证责任；（《担保制度解释》第26条第2款）

❷债权人未对债务人的财产申请保全，或者保全的债务人的财产足以清偿债务，债权人申请对一般保证人的财产进行保全的，人民法院不予准许。（《担保制度解释》第26条第3款）

5. 债权人撤诉/撤回仲裁申请时对保证人的影响（《担保制度解释》第31条）

（1）一般保证的债权人在保证期间内对债务人提起诉讼或者申请仲裁后，又撤回起诉或者仲裁申请，债权人在保证期间届满前未再行提起诉讼或者申请仲裁，保证人主张不再承担保证责任的，人民法院应予支持；

（2）连带责任保证的债权人在保证期间内对保证人提起诉讼或者申请仲裁后，又撤回起诉或者仲裁申请，起诉状副本或者仲裁申请书副本已经送达保证人的，人民法院应当认定债权人已经在保证期间内向保证人行使了权利。

对一般保证人——没用；对连带责任保证人——看是否收到过副本。

考点2 保证期间

1. 保证期间的确定

保证期间为不变期间，不发生中止、中断、延长；保证期间有约从约，没有约定以及约定不明时，为6个月。(《民法典》第692条第1、2款；《担保制度解释》第32条）保证期间不区分一般保证还是连带保证。

6个月的起算点为：

（1）自主债务履行期限届满之日起计算。

（2）没有约定债务履行期限的，自宽限期届满之日起计算。

（3）最高额保证合同对保证期间的计算方式、起算时间等没有约定或者约定不明，被担保债权的履行期限均已届满的，保证期间自债权确定之日起开始计算；被担保债权的履行期限尚未届满的，保证期间自最后到期债权的履行期限届满之日起开始计算。(打包计算法）(《担保制度解释》第30条第2款)

2. 保证期间的独立计算

同一债务有两个以上保证人时，各保证人的保证期间是分别计算的。债权人不能以其已经在保证期间内依法向部分保证人行使权利为由，主张已经在保证期间内向其他保证人行使权利。此时如果保证人之间相互有追偿权，债权人未在保证期间内依法向部分保证人行使权利，导致其他保证人在承担保证责任后丧失追偿权的，其他保证人可以在不能追偿的范围内免除保证责任。(《担保制度解释》第29条）

[例] 甲有两个连带责任保证人A、B，其中甲在6个月保证期间内要求A承担担保责任，但忘了B的存在。

（1）B是否需要承担责任?[1]

（2）如A、B约定彼此之间可以追偿，则A是否能够以自己不能追偿为由拒绝对甲承担责任?[2]

3. 保证期间的作用

保证期间内，债权人未采取相应措施主张保证债权的，保证人不再承担保证责任。

（1）一般保证的债权人未在保证期间内对债务人提起诉讼或者申请仲裁的，保证人不再承担保证责任。如果一般保证的债权人取得对债务人赋予强制执行效力的公证债权文书后，在保证期间内向人民法院申请强制执行，保证人需要承担保证责任。(《担保制度解释》第27条）

（2）连带责任保证的债权人未在保证期间请求保证人承担保证责任的，保证人不再承担保证责任。(《民法典》第693条第2款)

4. 保证责任消灭后，债权人书面通知保证人要求承担保证责任，保证人在通知书上签字、盖章或者按指印，债权人请求保证人继续承担保证责任的，人民法院不予支持，但是债权人有证据证明成立了新的保证合同的除外。(《担保制度解释》第34条第2款)

5. 保证合同无效，债权人要求保证人承担相应责任的，也必须在保证期间内主张，

---

〔1〕 不需要承担。因为保证期间是独立计算的，甲并没有在规定的保证期间内要求B承担保证责任，保证期间届满，B不再承担责任。

〔2〕 可以。根据《担保制度解释》第29条第2款的规定，债权人未在保证期间内依法向部分保证人行使权利，导致其他保证人在承担保证责任后丧失追偿权的，其他保证人可以在不能追偿的范围内免除保证责任。

否则保证人不承担相应责任。(《担保制度解释》第33条)

考点3 保证人的追偿权与免责情形

1. 保证人的追偿权

(1) 保证人承担保证责任后，除当事人另有约定外，有权在其承担保证责任的范围内向债务人追偿，享有债权人对债务人的权利，但是不得损害债权人的利益。(《民法典》第700条)

(2) 保证人可以主张债务人对债权人的抗辩。债务人放弃抗辩的，保证人仍有权向债权人主张抗辩。(《民法典》第701条) 保证人未援用债务人的抗辩权并承担保证责任的，保证人在抗辩权范围内对债务人无追偿权。

(3) 若债务人对债权人不享有抗辩权或者债务人放弃对债权人的抗辩权，保证人放弃自己对债权人的抗辩权承担保证责任的，保证人对债务人的追偿权不受影响。

2. 保证人的特殊免责事由

(1) 一般保证的保证人在主债务履行期限届满后，向债权人提供债务人可供执行财产的真实情况，债权人放弃或者怠于行使权利致使该财产不能被执行的，保证人在其提供可供执行财产的价值范围内不再承担保证责任；(《民法典》第698条)

(2) 债务人对债权人享有抵销权或者撤销权的，保证人可以在相应范围内拒绝承担保证责任。(《民法典》第702条)

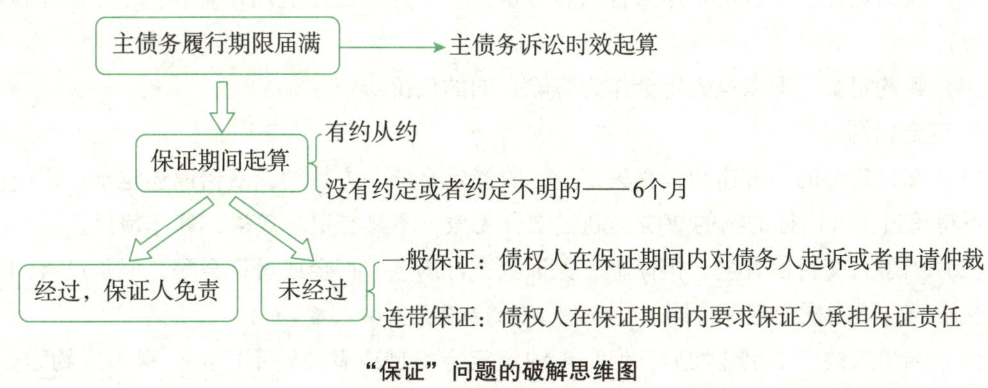

"保证"问题的破解思维图

本节命题角度分析——SUMMARIZE

本节属于主观题传统重点考点。

1. 保证方式、保证期间与保证债务诉讼时效三部分内容为保证的基础点，也是保证的最重要考点。一般保证与连带责任保证的区分与保证期间的长度、意义，是否经过的判断，属于重要的基础性知识点。

2. 本节知识点可能与民诉的当事人相关知识点进行结合，尤其是一般保证人的先诉抗辩权在诉讼裁判书中的体现。

3. 先诉抗辩权也可能在案例分析题中结合破产法来考查。本考点涉及《民法典》变动以及《担保制度解释》新增内容，请务必注意掌握新知识。

定　金

考点1 定金规则（《民法典》第586条）

1. 定金的类型（《合同编通则解释》第67条第2~4款）

（1）立约定金，即以交付定金作为订立合同的担保。一方拒绝订立合同或者在磋商订立合同时违背诚信原则导致未能订立合同的，对方可以主张适用定金罚则。如果是因为不可归责于双方的原因而导致合同未成立，则不能适用定金罚则。（过错归责原则）

（2）成约定金，即以交付定金作为合同成立或者生效的条件。当事人约定以交付定金作为合同成立或者生效条件，应当交付定金的一方未交付定金，但是合同主要义务已经履行完毕并为对方所接受的，人民法院应当认定合同在对方接受履行时已经成立或者生效。

（3）违约定金，即以定金作为合同履行担保。一方违约即适用定金罚则。（无过错归责原则）

（4）解约定金，即以丧失定金作为解除合同的代价。

2. 定金罚则

（1）交付定金的一方违约，丧失定金；收受定金的一方违约，双倍返还定金。定金的数额不得超过主合同标的额的20%，超过部分无效，不具有定金效果，算作预付款。

（2）当事人交付留置金、担保金、保证金、订约金、押金或者订金等，但是没有约定定金性质的，不能视为定金合同。（《合同编通则解释》第67条第1款）

（3）当事人约定了定金性质，但是未约定定金类型或者约定不明的，视为违约定金。（《合同编通则解释》第67条第1款）

（4）双方当事人均具有致使不能实现合同目的的违约行为的，任何一方都不得请求适用定金罚则。当事人一方仅有轻微违约，对方具有致使不能实现合同目的的违约行为的，轻微违约方可以主张适用定金罚则。（《合同编通则解释》第68条第1款）

（5）当事人一方已经部分履行合同，对方接受并主张按照未履行部分所占比例适用定金罚则的，人民法院应予支持。对方主张按照合同整体适用定金罚则的，人民法院不予支持，但是部分未履行致使不能实现合同目的的除外。（比例原则）（《合同编通则解释》第68条第2款）

[例] 崔崔与橙橙签订买卖合同，橙橙支付了10万元定金。后崔崔所交货物有1/5不

符合约定，则橙橙只能主张适用 2 万元的定金罚则，剩下的 8 万元依然需要支付给崔崔。但如果该交易标的物是需要组装的，其中某部分的组装件不合格将导致无法完成组装，则橙橙可以主张适用 10 万元的定金罚则。

（6）因不可抗力致使合同不能履行，非违约方主张适用定金罚则的，人民法院不予支持。（《合同编通则解释》第 68 条第 3 款）

考点 2 三金关系

1. 违约金与定金之间的关系

择一主张：违约金与定金只能选择其中一项主张。（《民法典》第 588 条第 1 款）

2. 定金与赔偿损失之间的关系

定金优先，但可补充并用，即债权人主张定金罚则后，有权就未获弥补的损害部分请求债务人赔偿损失。（《民法典》第 588 条第 2 款）

本节命题角度分析 SUMMARIZE

本节属于基础考点。定金规则由于涉及《合同编通则解释》新增内容，有一定命题价值，故定金有关的基本规则需要把握，尤其是定金合同的实践合同特色、定金罚则的具体适用。

第三分编　合　同　法

第九章　合同法总则

考点 1　合同的相对性原则

依法成立的合同，仅对当事人具有法律约束力，但是法律另有规定的除外。(《民法典》第 465 条第 2 款)

1. 向第三人履行的合同，遵守合同的相对性。当事人约定由债务人向第三人履行债务，债务人未向第三人履行债务或者履行债务不符合约定的，应当向债权人承担违约责任。(《民法典》第 522 条第 1 款)

2. 由第三人履行的合同，也遵守合同的相对性。当事人约定由第三人向债权人履行债务，第三人不履行债务或者履行债务不符合约定的，债务人应当向债权人承担违约责任。(《民法典》第 523 条)

3. 合同责任具有相对性。当事人一方因第三人的原因造成违约的，应当依法向对方承担违约责任。当事人一方和第三人之间的纠纷，依照法律规定或者按照约定处理。(《民法典》第 593 条)

考点 2　无名合同

1. 当事人订立的合同不属于法律规定的有名合同类型的，性质上属于无名合同。对于无名合同，类推适用最相类似的有名合同规则进行处理。(《民法典》第 467 条第 1 款)

2. 对于其他有偿合同，法律没有规定的，参照适用买卖合同的有关规定。(《民法典》第 646 条)

本节命题角度分析——SUMMARIZE

本节知识点比较具有实务价值，一旦考查到则难度较高。

1. 合同的相对性是多次考查到的知识点。需特别注意利益第三人合同与向第三人履行合同的区别。利益第三人合同是《民法典》新增的合同相对性例外的体现，并且涉及《合同编通则解释》的具体规则，考生应予以注意。

2. 无名合同部分一旦命题，难度比较高，一般是询问考生该纠纷属于何种法律关系，应该如何处理。

第二节 合同的订立

考点 1 合同是否成立的判断

1. 当事人对合同是否成立存在争议，人民法院能够确定当事人姓名或者名称、标的和数量的，一般应当认定合同成立。但是，法律另有规定或者当事人另有约定的除外。（《合同编通则解释》第 3 条第 1 款）

［例］崔崔和橙橙要谈一笔交易，后双方就价格问题没有达成一致，但其他都已经协商妥当，该合同成立了么？如果崔崔和橙橙由于是熟人，在合同中就没有写价格，那这个合同成立了么？[1]

2. 采取招标方式订立合同的，合同自中标通知书到达中标人时成立。（《合同编通则解释》第 4 条第 1 款）

3. 采取现场拍卖、网络拍卖等公开竞价方式订立合同的，合同自拍卖师落槌、电子交易系统确认成交时成立。合同成立后，当事人拒绝签订成交确认书的，人民法院应当依据拍卖公告、竞买人的报价等确定合同内容。（《合同编通则解释》第 4 条第 2 款）

4. 当事人约定了合同成立的形式的，合同自形式满足时成立。合同成立的形式未满足但当事人一方已经履行主要义务，对方接受时，该合同成立。（《民法典》第 490 条第 2 款）

5. 当事人主张合同无效或者请求撤销、解除合同等，人民法院认为合同不成立的，应当依据《民诉证据规定》第 53 条的规定将合同是否成立作为焦点问题进行审理，并可以根据案件的具体情况重新指定举证期限。（《合同编通则解释》第 3 条第 3 款）

特别提醒

仲裁条款独立存在，其成立、效力与合同其他条款是独立、可分的。当事人在订立合同时对仲裁条款进行磋商并就提交仲裁达成合意的，合同成立与否不影响仲裁条款的成立、效力。

---

〔1〕参考答案：均未成立。在订立合同的过程中，当事人一方就质量、价款或者报酬、履行期限、履行地点和方式、违约责任和解决争议方法等对当事人权利义务有实质性影响的内容作出了意思表示，但未与对方达成一致，或者双方明确约定须就该内容协商一致合同才能成立，但事后无法达成合意的，属于《合同编通则解释》第 3 条第 1 款所规定的“当事人另有约定”情形。既然未达成合意，则合同不能成立。

考点2 电子合同（《民法典》第491条）

1. 当事人采用信件、数据电文等形式订立合同要求签订确认书的，签订确认书时合同成立。

2. 当事人一方通过互联网等信息网络发布的商品或者服务信息符合要约条件的，对方选择该商品或者服务并提交订单成功时合同成立，但是当事人另有约定的除外。

3. 通过互联网等信息网络订立的电子合同的标的为交付商品并采用快递物流方式交付的，收货人的签收时间为交付时间。（《民法典》第512条第1款）故风险也是自签收时转移至买受人。

考点3 预约合同（《民法典》第495条）

1. 当事人约定在将来一定期限内订立合同的认购书、订购书、预订书等，构成预约合同。

分析一个意向书/备忘录/会议纪要的性质：（《合同编通则解释》第6条）

（1）什么时候视为预约？

——满足两个条件，意向书/备忘录/会议纪要就会被认定为预约：明确表示“将来一定签订合同”/为将来缔约交付了定金+将来所要订立合同的基本内容（主体、标的等）确定。如果只是表明交易的意向，并没有表示将来一定签订合同，则不具有预约性质。

（2）什么时候视为本约？

——如意向书/备忘录/会议纪要已就合同标的、数量、价款或者报酬等主要内容达成合意，符合法定的合同成立条件，未明确约定在将来一定期限内另行订立合同，或者虽然有约定但是当事人一方已实施履行行为且对方接受的，人民法院应当认定本约合同成立。

2. 预约合同违约

（1）因不履行订立本约的义务导致本约未成立才构成违约，如因不可归责的原因导致本约没有成立，则任何一方均无须承担违约责任。

❶何为“不履行订立本约的义务”？

——预约合同生效后，当事人一方拒绝订立本约合同或者在磋商订立本约合同时违背诚信原则导致未能订立本约合同的，人民法院应当认定该当事人不履行预约合同约定的义务。

❷何为“在磋商订立本约合同时违背诚信原则”？

——应当综合考虑该当事人在磋商时提出的条件是否明显背离预约合同约定的内容以及是否已尽合理努力进行协商等因素。

（2）违反预约合同的义务应当如何救济？

——可以：请求其承担预约合同上的违约责任、赔偿损害（定金罚则）（《合同编通则解释》第8条第1款）、解除合同。

——不可以：不可要求违约方继续履行预约合同以订立本约合同，否则会违反合同缔约自由原则。该债务属于不可强制履行的债务。（《民法典》第580条第1款第2项）

考点4 格式条款

1. 格式条款，是指一方事先拟定好的、为了重复使用且不允许对方协商变更的条款。不可以通过约定方式排斥格式条款的适用，也不可以主张客观未实际重复使用而否认格式条款。（《合同编通则解释》第9条）

2. 提供者的提示、说明义务（《民法典》第496条第2款）

（1）提供格式条款的一方应当遵循公平原则确定当事人之间的权利和义务，并采取合理的方式提示对方注意免除或者减轻其责任等与对方有重大利害关系的条款，按照对方的要求，对该条款予以说明。对于通过互联网等信息网络订立的电子合同，提供格式条款的一方仅以采取了设置勾选、弹窗等方式为由主张其已经履行提示义务或者说明义务的，原则上不予支持。（《合同编通则解释》第10条第3款）

（2）提供格式条款的一方未履行提示或者说明义务，致使对方没有注意或者理解与其有重大利害关系的条款的，对方可以主张该条款不成为合同的内容。（民诉角度可结合仲裁协议、管辖协议命题）

（3）提供格式条款的一方对其已经尽到提示义务或者说明义务承担举证责任。（《合同编通则解释》第10条第3款）

3. 格式条款的无效

有下列情形之一的，该格式条款无效：（《民法典》第497条）

（1）格式条款中有合同无效事由；

（2）提供格式条款一方不合理地免除或者减轻其责任、加重对方责任、限制对方主要权利；

（3）提供格式条款一方排除对方主要权利。

另外，格式条款中的造成对方人身损害、因故意或者重大过失造成对方财产损失的免责条款无效。（《民法典》第506条）

本节内容为基础、新增考点，同时最高院指导案例也与本节内容有关，具有较高命题价值。

1. 一定要注意从合同是否成立这个角度出题，尤其是结合网络司法拍卖、仲裁条款等与民诉进行融合命题。

2. 电子合同的命题模式大概为淘宝购物纠纷，此为一个命题模型，可以考查合同成立、履行规则、格式条款规则、管辖规则，也可以考查加害给付情况下受害人的救济等，具有较强的命题价值。

3. 预约合同的主要命题角度为是否属于预约的定性问题，以及违反约定的救济方式。

4. 格式合同一旦命题，可能会结合实务和民诉进行考查。格式条款的理解与运用问题，需要考生特别注意。命题时，有可能不写“格式合同”几个字（故意隐藏），但考生要能识别出来，比如购房合同、贷款合同均为格式合同。

第三节 合同的履行

考点1 合同履行规则

电子合同的履行（《民法典》第512条第1、2款）	（1）线下快递物流交付——签收时视为交付。 （2）线上提供服务——凭证载明的时间视为交付时间；前述凭证没有载明时间或者载明时间与实际提供服务时间不一致的，实际提供服务的时间为交付时间。 （3）采用在线传输方式交付的，合同标的物进入对方当事人指定的特定系统且能够检索识别的时间为交付时间。
选择之债的履行（《民法典》第515、516条）	（1）债务人享有选择权，但在约定期限内或者履行期限届满未作选择，经催告后在合理期限内仍未选择的，选择权转移至对方； （2）行使选择权应当及时通知对方，标的确定后不得变更，对方同意的除外； （3）可选择的标的发生不能履行情形的，享有选择权的当事人不得选择不能履行的标的，但是该不能履行的情形是由对方造成的除外。

［例］张三、李四签订合同，约定张三用5000元购买李四的A手机或者B手表。

问1：谁来决定履行手表还是手机?〔1〕

问2：假如李四决定履行手表，通知了张三。通知后的第三天手表被偷了，则李四能否主张履行不能，解除合同?〔2〕

问3：假如李四在决定履行之前，手表被盗了，则李四能否主张履行不能，解除合同?〔3〕

问4：假如李四超期仍然未决定履行手表还是手机，张三也没有决定履行手表还是手

〔1〕李四。选择之债的选择权由债务人享有。

〔2〕可以。李四已经行使过选择权，该债变成单一之债，标的物毁损导致该合同事实上无法履行，故而双方都可以主张解除合同。

〔3〕不能。可选择的标的发生不能履行情形的，享有选择权的当事人不得选择不能履行的标的，但是该不能履行的情形是由对方造成的除外。

机，这时候李四将手表出卖，张三是否只能选择履行手机？[1]

考点 2 利他合同的履行

1. 真正利他合同/为第三人利益的合同——部分突破合同的相对性

(1) 必须是法律规定或者当事人约定第三人可以直接请求债务人向其履行债务。(《民法典》第522条第2款)

(2) 第三人未在合理期限内明确拒绝，债务人未向第三人履行债务或者履行债务不符合约定的，第三人可以请求债务人承担违约责任；债务人对债权人的抗辩，可以向第三人主张。(《民法典》第522条第2款)

(3) 如果第三人明确拒绝受领，则该合同利益归于债权人，此时，利他合同变为束己合同。第三人拒绝受领或者受领迟延的，债务人可以请求债权人赔偿因此造成的损失。(《合同编通则解释》第29条第3款)

除此之外，第三人不享有其他合同权利，也不承担其他合同义务。例如，第三人无权主张解除合同、撤销合同；如合同无效、被撤销，第三人也不负返还义务。

立法宗旨：第三人的权利不可扩张，只有受领权以及请求受领权，没有返还义务，也没有其他合同权利与责任。

[例] 橙橙去旗袍店给崔崔定做了旗袍，和店家说到时候崔崔会来拿，直接给崔崔就行，并且约定橙橙先付款。

(1) 如果崔崔拿到旗袍后发现质量很差，则其能否主张解除合同？答案是不能。因为其并非合同当事人，不享有解除权。

(2) 如果橙橙没有付款，则崔崔来取货，店家能否拒绝履行？崔崔能否追究店家不交货的违约责任？答案是店家可以拒绝，崔崔不能追究违约责任。因为店家享有先履行抗辩权，可以对第三人主张，所以，店家的行为不构成违约，无须承担违约责任。

(3) 如果橙橙和店家的合同被认定为无效，则店家能否要求崔崔返还旗袍？答案是不能。因为第三人不负返还义务。

2. 不真正利他合同/向第三人履行的合同——不突破合同的相对性

合同约定债务人向第三人交付的，债务人只对债权人承担合同责任，第三人无权请求履行。

特别提醒

考生一定要能够区分向第三人履行的合同（不真正利他合同）与为第三人利益的合同（真正利他合同）。前者遵守合同的相对性，后者属于合同相对性的例外。

---

[1] 不能。债务人超期不行使，选择权转移至债权人。可选择的标的发生不能履行情形的，享有选择权的当事人不得选择不能履行的标的，但是该不能履行的情形是由对方造成的除外。本题就是由于对方原因造成的，故张三可以选择不能履行的标的从而主张合同解除。

［例1］崔崔和卢卢签订合同，约定崔崔给橙橙买一个高达，卢卢要将高达直接送给橙橙/橙橙可以直接要。这属于为第三人利益的合同，在一定程度上突破了合同的相对性，橙橙可以要求卢卢交付。

［例2］崔崔和卢卢签订合同，购买卢卢的一个高达。后来崔崔将该高达转手卖给橙橙，于是通知卢卢，把高达送到橙橙处。这属于向第三人履行的合同，遵守合同的相对性，如果卢卢不愿意给橙橙，橙橙无权要求卢卢交付。

考点3 由第三人履行的合同VS第三人代为清偿

（《民法典》第523、524条；《合同编通则解释》）

1. 看时间——由第三人履行的合同是事先约定的，即合同当事人事先约定由第三人履行合同义务；而第三人代为清偿是第三人在债务人未履行后才提出的。二者的共性是都不突破合同的相对性。

2. 债务人不履行债务，第三人对履行该债务具有合法利益的，第三人有权向债权人代为履行；但是，根据债务性质、按照当事人约定或者依照法律规定只能由债务人履行的除外。

根据《合同编通则解释》第30条第1款的规定，该类第三人包括：

（1）保证人或者提供物的担保的第三人；

（2）担保财产的受让人、用益物权人、合法占有人；

（3）担保财产上的后顺位担保权人；

（4）对债务人的财产享有合法权益且该权益将因财产被强制执行而丧失的第三人；

（5）债务人为法人或者非法人组织的，其出资人或者设立人；

（6）债务人为自然人的，其近亲属；

（7）其他对履行债务具有合法利益的第三人。

3. 第三人代为履行后产生的效果

（1）债权人接受第三人代为履行后，第三人可以向债务人追偿；但是，债务人和第三人有约定的，依照约定处理。

疑难点拨：例如，第三人和债务人之间有赠与协议的，尊重其协议，第三人不能向债务人追偿。

（2）如果第三担保人代为履行，则在担保责任的范围内，本质上属于主动承担担保责任，第三担保人不能直接取得债权人的权利，而只能适用担保法的相关规定。

［例］崔崔用一套价值200万元的房子为债权人提供担保。后债务人橙橙不还钱。

1. 如果崔崔提出代为清偿债务，则属于有合法利益的第三人代为清偿，债权人不能拒绝。

2. 如果崔崔只代为清偿了200万元，则属于主动承担担保责任，崔崔不能取得债权人地位，不能享有债权人的其他担保物权。例如，佳佳提供了汽车作为质押，崔崔不能主张享有汽车的质权。

3. 如果崔崔代为清偿了300万元，则200万元部分属于主动承担担保责任，剩下的100万元就属于第三人代为履行。

特别提醒

本考点真正的难点在于定性：是否属于第三人代为履行。其容易与债务加入、保证、承担担保责任制度混淆。

4. 第三人的履行出现问题时，第三人是否承担违约责任？

（1）根据合同的相对性，第三人不承担违约责任。

（2）如果经过债务人同意，债务人需要承担违约责任；如果未经债务人同意，则债务人无须承担违约责任。

考点4 合同的三大抗辩权（《民法典》第525~528条）

1. 合同抗辩权的基础考点

<table>
<tr><td>同时履行抗辩权</td><td colspan="2">没有履行顺序+双方都享有。</td></tr>
<tr><td>顺序履行抗辩权</td><td colspan="2">有履行顺序，后履行一方享有。</td></tr>
<tr><td rowspan="7">不安抗辩权</td><td rowspan="3">构成要件</td><td>（1）双方当事人因“同一双务合同”互负债务。</td></tr>
<tr><td>（2）双方当事人履行债务的期限有先后顺序。</td></tr>
<tr><td>（3）应当先履行一方有“确切证据”证明对方具有届时不能或不会作出对待给付的情形：
①经营状况严重恶化；
②转移财产、抽逃资金，以逃避债务；
③丧失商业信誉；
④有丧失或者可能丧失履行债务能力的其他情形。</td></tr>
<tr><td rowspan="4">行　使</td><td>（1）不安抗辩权人有权中止履行自己的义务（中止履行不构成违约）。</td></tr>
<tr><td>（2）不安抗辩权人负有及时通知对方的义务。</td></tr>
<tr><td>（3）对方在合理期限内恢复履行能力或者提供相应担保的，不安抗辩权消灭。</td></tr>
<tr><td>（4）对方在合理期限内未恢复履行能力且未提供适当担保的：
①中止履行一方享有法定解除权；
②中止履行一方亦可不解除合同，要求对方提前清偿债务，同时履行；
③对方构成预期违约的，中止履行一方有权请求对方承担预期违约的责任。</td></tr>
</table>

特别提醒

股权受让人能否以股东出资有瑕疵为由拒付股权转让款（是否享有抗辩权）？答案是不可以。因为股东出资不实或者抽逃资金等瑕疵出资情形不影响股权的设立和享有。股权转让关系与瑕疵出资股东补缴出资义务分属不同法律关系，受让方不得以股权转让之外的法律关系为由而拒付股权转让价款。

2. 诉讼中被告提出抗辩权的处理

（1）如果是同时履行抗辩权，看被告是否反诉。如果其反诉，人民法院应当判决双方同时履行自己的债务，并在判项中明确任何一方申请强制执行的，人民法院应当在该当事人履行自己的债务后对对方采取执行行为；如果其不反诉，人民法院应当判决被告在原告履行债务的同时履行自己的债务，并在判项中明确原告申请强制执行的，人民法院应当在原告履行自己的债务后对被告采取执行行为。（不消灭抗辩权，无权申请强制执行）

特别提醒

这里考生要能够判断出来被告提出的是反诉还是抗辩。（被告有没有提出独立的诉讼请求）

［例］甲、乙签订买卖合同，约定甲于3月1日交货，乙于5月1日付款。甲、乙已经完成各自的履行，但该合同被法院认定为无效合同。甲起诉至法院，要求乙返还货物。

如乙表示：他没有把钱给我，我就不返还货物。（只是抗辩）则法院应当判决乙在甲返还价款后履行返还货物的义务，甲只有在返还价款后才能对乙采取强制措施，请求乙返还货物。

如乙表示：他没把钱给我，我就不返还货物，现在我也要请他把钱还给我！（这是反诉）则法院应当判决甲、乙互相履行各自的义务，甲应当向乙返还价款，乙应当向甲返还货物。任何一方不履行自己的义务的，无权请求对方履行义务。

（2）如果是先履行抗辩权，被告进行抗辩且抗辩成立的，人民法院应当驳回原告的诉讼请求，但是不影响原告履行债务后另行提起诉讼。（注意结合民诉重复起诉角度考查）

［例］甲、乙签订买卖合同，约定甲于3月1日交货，乙于5月1日付款。甲于5月10日起诉，要求乙付款。

如乙表示：我未付款是因为你货都没交。（先履行抗辩权）则法院应当判决驳回甲的诉讼请求权。但如果甲后来又交货了，则可以再次起诉要求乙付款。此时不构成重复起诉，法院应当受理。

3. 抗辩权考查角度的归纳总结

（1）结合合同的相对性考查：三大抗辩权的行使前提是，双方当事人基于同一个双务合同互负对待债务。所以，在不是同一个合同的情况下，不能抗辩。

（2）考查等价抗辩原则：同时履行抗辩权和顺序履行抗辩权，只能拒绝履行与对方未履行或者履行不适当“相应”部分的义务。

(3) 结合违约责任与合同解除权考查：享有抗辩权的人不履行合同义务的，不构成违约；对方不履行造成合同目的落空的，除了可以启动抗辩权拒绝履行自己的义务外，还可以主张解除合同。

(4) 结合无效合同的效果考查：合同无效时，双方互相返还，不分先后，产生同时履行抗辩权。

(5) 结合民诉法院、执行法院如何处理考查。

考点5 以物抵债（《合同编通则解释》第27、28条）

1. 如何评价当事人在债务履行期限届满前达成以物抵债协议？

(1) 该以物抵债协议属于“其他具有担保功能的合同”，没有流担保条款就有效；有流担保条款的，该部分约定无效，但是不影响合同其他部分的效力，故即便完成履行行为，债权人也不能获得该物的所有权。

(2) 如果债务人或者第三人未将财产权利转移至债权人名下（动产交付、不动产登记），则债权人不可以主张优先受偿；已经转移的，债权人可以主张优先受偿。

[例] 崔崔向橙橙借款，双方同时签订了以物抵债协议，约定如果崔崔到期不能清偿债务，则需用A房屋直接抵偿债务。后崔崔反悔，不愿抵债。这属于履行期限届满前达成的以物抵债协议，本质上是让与担保，且存在流担保条款，因此，橙橙不能要求过户从而获得A房屋的所有权。由于未过户，即未完成公示，因此，橙橙也不能享有优先受偿权。即使已经过户，橙橙也不能主张自己是A房屋的所有权人。

2. 如何评价当事人在债务履行期限届满后达成以物抵债协议？

(1) 该以物抵债协议属于债的清偿方式（与担保性质无关），只要当事人是自愿的，就是有效的。当事人协商一致就生效，债权人可以要求债务人履行以物抵债协议。

(2) 期满的以物抵债协议的具体性质以及如何处理，要看具体的表述方式：

❶“以物抵债，原合同不再履行”——合同的性质发生变更（合同更新），将原合同变更为以物抵债协议，以以物抵债协议确定合同的管辖；

❷“以物抵债，不再按照原方式履行”——合同的履行方式发生变更（债务更新/新债清偿），不改变双方合同的性质，以原合同关系确定合同的管辖；

❸“也可以以物抵债”（没有说原来的方式就不能履行）——选择之债，如果债务人超期未履行，则债权人可以选择继续按照原方式履行或者履行以物抵债协议。（根据最新的判例，如果债务人愿意履行以物抵债协议，则债权人应该优先履行以物抵债协议，否则会因涉及滥用权利而导致法院不支持原来的履行方式）

特别提醒

1. 不是说只要达成以物抵债协议，原债就消灭，除非当事人明确约定原债不再履行，这时候以物抵债协议实际上就是债务更新；如果约定原合同不再履行，则为合同更新。

2. 这个选择权一开始给的是债务人，债务人超期未履行的，选择权才转移至债权人。故债务人愿意履行以物抵债协议的，债权人不能反悔，否则违反诚信原则。

［例］崔崔向橙橙借款，后不能还款，于是双方签订以物抵债协议，约定崔崔可以用A房屋抵债。后崔崔反悔，不愿抵债，也不还钱。这属于履行期限届满后达成的以物抵债协议，为诺成合同，有效。借贷之债没有消灭，因为以物抵债协议并没有实际履行。橙橙可以要求崔崔还钱或者给A房屋；如果崔崔愿意给A房屋，则橙橙不能因为发现A房屋有贬值情况等而要求崔崔还钱。

3. 当事人在诉讼中达成以物抵债协议的，如何处理？

当事人可以请求法院确认以物抵债协议的效力或者制作以物抵债调解书。但该文书生效只是具有强制执行效力，而不会直接产生抵债效果，也不产生对抗效果。

［例］崔崔向橙橙借款，后不能还款，橙橙起诉至法院。诉讼中，崔崔提出愿意给橙橙一套房屋以抵偿借款。此时，双方可以请求法院制作以物抵债调解书，以调解方式结案。调解书生效后，橙橙不能直接获得房屋的所有权，而是要等崔崔过户。如果崔崔不愿意过户，则橙橙可以拿着调解书申请强制执行。

4. 当事人在执行程序中达成以物抵债和解协议后又不履行的，如何处理？

一方不履行和解协议的，另一方可以向有管辖权的法院提起诉讼，请求履行和解协议；有生效法律文书的，也可以申请恢复执行原生效法律文书，但不能请求法院制作成以物抵债裁定书。

考点6 情势变更（《民法典》第533条）

1. 合同有效成立后，因不可归责于双方当事人的原因发生异常变动，致合同之基础动摇或丧失，若继续维持合同原有效力显失公平，允许变更合同内容或者解除合同。情势变更的适用条件为：①须有不属于不可抗力或者商业风险的情势异常变动的事实；②发生在合同成立后、履行完毕前；③不可归责于当事人；④情势变更是当事人于缔约时所不可预见的；⑤情势变更使继续履行原合同将显失公平。

情势变更VS不可抗力

看该异常事实对合同履行的影响，如果导致合同实际无法履行，则属于不可抗力；如果导致合同履行不公，则为情势变更。

2. 发生情势变更的法律后果

（1）当事人先协商变更或者解除合同；协商不成时，应当以起诉或者仲裁方式主张变更或者解除合同。

（2）当事人请求变更合同的，人民法院不得解除合同；当事人一方请求变更合同，对方请求解除合同的，或者当事人一方请求解除合同，对方请求变更合同的，人民法院应当结合案件的实际情况，根据公平原则判决变更或者解除合同，并在判项中明确合同变更或者解除的时间。（《合同编通则解释》第32条第2、3款）

3. 情势变更规则不能约定排除适用，排除的约定是无效的。（《合同编通则解释》第32条第4款）排除的表现往往是“固定价格”这种方式，后来因为情势变更，当事人又想要改价格。

［例］甲置业公司与乙建筑公司因某小区业务签订了建设工程承包合同，甲置业公司为发包人，乙建筑公司为总承包人，双方约定了固定款额事项以及不适用特殊事项。施工期间，因全球疫情影响，某施工原材料上涨至上期的150%，乙建筑公司遂申请调整，遭到甲置业公司拒绝。法院应如何裁判？[1]

本节命题角度分析 SUMMARIZE

1. 选择之债考生普遍不熟，建议把握，其可与合同解除权、以物抵债结合命题。
2. 要能够区分为第三人利益的合同与向第三人履行的合同。
3. 要能够区分第三人代为履行与债务加入、第三人提供担保的行为。
4. 抗辩权部分主观题中主要考查当事人是否享有抗辩权，以及是何种抗辩权，可能以“是否构成违约”方式进行考查。如果构成抗辩权，则抗辩权人不构成违约。抗辩权可能还与合同解除有关。另外要注意民诉思维命题，即如果诉讼中对方提出了民法中的抗辩权，法院应该如何处理，此为最新的融合角度，很符合现在法考的命题风格。
5. 以物抵债是核心考点，可以从民法和民诉法两个角度命题，均容易出错。还需要注意该知识点和合同变更、担保物权的实现这两个考点结合命题。
6. 要能够区分情势变更与不可抗力，要注意情势变更与新法修订有关的角度以及从民诉角度考查情势变更。这种就属于熟悉知识点的陌生角度命题，考生需要提前预防。

第四节 合同的保全

考点1 代位权（《民法典》第535条）

一、代位权的民法角度考点

1. 清偿型代位权的构成要件

（1）债权人对债务人的债权合法、有效、到期。［VS 撤销权（不要求到期）］

[1] 双方关于固定款额事项以及不适用特殊事项的约定，属于变相排除情势变更的适用，无效，法院应支持适用情势变更，判决变更或者解除合同；如果双方均主张变更，则法院不能判决解除。

（2）债务人对次债务人的债权合法、有效、到期，且该债权不具有人身专属性。

根据《合同编通则解释》第 34 条的规定，具有人身专属性的债权包括：①抚养费、赡养费或者扶养费请求权；②人身损害赔偿请求权；③劳动报酬请求权，但是超过债务人及其所扶养家属的生活必需费用的部分除外；④请求支付基本养老保险金、失业保险金、最低生活保障金等保障当事人基本生活的权利；⑤其他专属于债务人自身的权利。

规律总结：基本生存保障型费用。（人文主义精神的应用）

（3）债务人怠于行使到期债权。

“怠于”的标准是没有采取“诉讼和仲裁”的方式，即债务人没有以诉讼或者仲裁方式向次债务人主张债权。

（4）债务人怠于行使债权给债权人造成损害。

“造成损害”的标准是债务人的责任财产不足以清偿债务。原则上推定债务人的财产不足以清偿债务，故债务人的相对人认为债务人的财产足以清偿的，应承担证明责任。（民诉角度）

2. 保存型代位权的构成要件

债权人的债权到期前，债务人的相关权利存在诉讼时效期间即将届满或者未及时申报破产债权等情形，影响债权人的债权实现的，债权人可以代位向债务人的相对人请求其向债务人履行、向破产管理人申报或者作出其他必要的行为。

［例］崔崔对橙橙有 10 万元债权，1 年后到期；橙橙对卢卢有 20 万元债权，还有 1 个月时效即将届满，但橙橙一直不采取行动。如果时效经过，则橙橙的 20 万元债权就难以实现，因此，崔崔可以代位提出请求，要求卢卢向橙橙清偿。

躲坑提醒：该种代位权不需要债权到期，也不要求必须是不具有人身专属性的金钱债权，其本质是一种保存债权的行为，效果也不是债权人获得清偿，而是向债务人清偿。

3. 代位权的行使

（1）行使方式

清偿型代位权的行使方式是诉讼，保存型代位权没有行使方式的要求。

（2）管辖法院

清偿型代位权诉讼属于一般管辖案件，由被告住所地法院管辖，即原则上该诉讼不受债务人与次债务人之间的仲裁协议、管辖协议的约束。但债务人或者次债务人在首次开庭前就双方之间的债权债务关系申请仲裁的，法院可以中止代位权诉讼。（《合同编通则解释》第 36 条）如果其属于专属管辖案件，则因专属管辖具有强制性而应该适用专属管辖。

［例］崔崔对厚小公司有 50 万元债权，厚小公司又对厚大公司有 200 万元工程款。如果崔崔提起代位权诉讼，则只能去工程所在地法院诉讼，因为厚大公司、厚小公司之间是关于建设工程合同的纠纷，属于专属管辖。

［联想记忆］哪些案件属于专属管辖？

——不动产确权纠纷、四个不动产合同纠纷（房屋租赁合同、建设工程施工合同、农村土地承包经营合同、政策性房屋买卖合同）。

(3) 诉讼当事人

代位权诉讼以次债务人为被告；债务人作为无独立请求权的第三人参加诉讼，未将债务人列为第三人的，法院应当追加。(《合同编通则解释》第37条第1款)

[联想记忆] **民法中有哪些“应当追加为无独三”的情形？**

代位权诉讼，应当追加债务人为无独三。

实际施工人起诉发包人索要工程款的，应当追加承包人为无独三。

融资租赁合同中，承租人起诉出卖人行使买卖合同权利的，应当追加出租人为无独三。

(4) 代位债权的范围

不得超过次债务人对债务人所负债务的数额。(就低不就高)

思考题：

下列关于次债务人对债权人提起代位权诉讼，要求其清偿的各种抗辩理由中，成立的有哪些?[1]

A. 你的债权还未到期，不能要求我向你还钱

B. 你的债权诉讼时效已经过了

C. 我的债务诉讼时效已经过了

D. 他(债务人)每天都在找我要钱，没怠于履行

E. 我和他(债务人)的纠纷已经起诉了

F. 他很有钱

G. 我欠的是他的工资/撞伤他的赔偿款

H. 你和他(债务人)之间的债权债务关系没有经过法院确认(《合同编通则解释》新增)

4. 代位权诉讼与合并审理、中止审理(《合同编通则解释》新增)

(1) 债权人向人民法院起诉债务人后，又向同一人民法院对债务人的相对人提起代位权诉讼，属于该人民法院管辖的，可以合并审理。不属于该人民法院管辖的，应当告知其向有管辖权的人民法院另行起诉；在起诉债务人的诉讼终结前，代位权诉讼应当中止。(《合同编通则解释》第38条)

[例] 甲对乙有100万元债权，乙对丙有50万元债权，均到期未清偿。甲先起诉乙，要求乙返还债务，后又提起代位权诉讼，要求丙清偿。如果乙、丙住在同一个地方，则法院对两个案件都有管辖权，此时法院可以合并审理两个案件。如果乙、丙不在同一个地方，或者由于甲、乙之间存在管辖协议等导致代位权诉讼和原债之诉不是由同一个法院受理，则法院应当受理对丙的代位权诉讼，受理后由于代位权诉讼需要以原债之诉的裁判结果为审理依据，故裁定代位权诉讼中止审理。

[1] ABCEFG

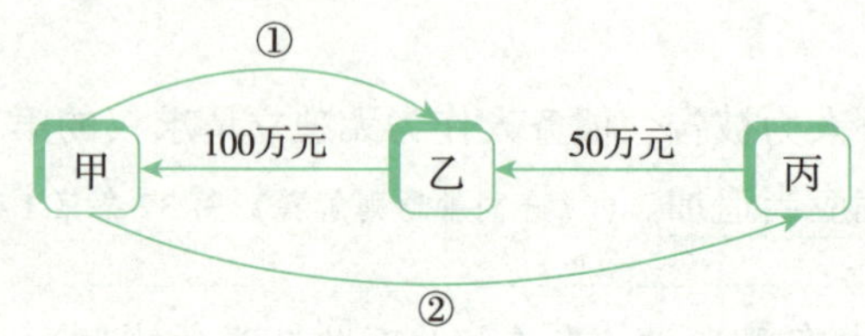

（2）在代位权诉讼中，债务人对超过债权人代位请求数额的债权部分起诉相对人，属于同一人民法院管辖的，可以合并审理。不属于同一人民法院管辖的，应当告知其向有管辖权的人民法院另行起诉；在代位权诉讼终结前，债务人对相对人的诉讼应当中止。（《合同编通则解释》第 39 条）

［例］甲对乙有 20 万元债权，乙对丙有 50 万元债权，均到期未清偿。甲提起代位权诉讼，要求丙清偿 20 万元；乙此时也起诉丙，要求丙清偿剩下的 30 万元。假定丙住在 A 地，如果乙、丙之间没有特殊管辖协议，则 A 法院对两个案件都有管辖权，此时 A 法院可以合并审理这两个诉；如果乙、丙之间存在管辖协议，约定由 B 法院管辖，则 A 法院无权管辖乙、丙之间的纠纷，此时应该由 B 法院受理乙对丙的起诉，同时 B 法院裁定中止乙对丙的诉讼，等 A 法院关于代位权诉讼终结后再继续审理。

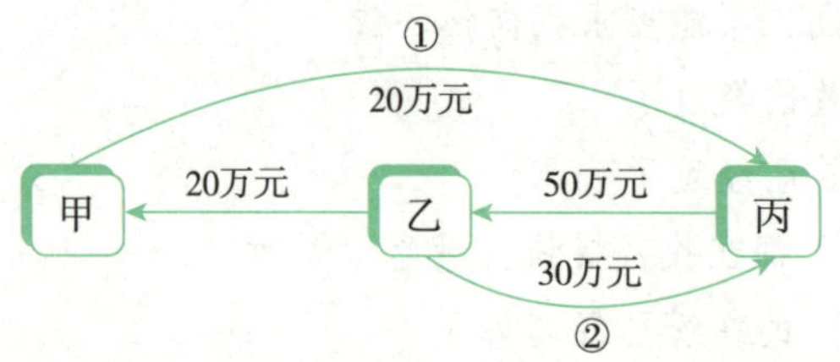

躲坑提醒：必须是对超过的部分才能起诉，否则会认定为重复起诉。

规律总结：代位权诉讼和原债之诉，如果都由同一个法院管辖，则合并审理；如果由不同的法院管辖，则先起诉的先审理，后一个诉讼中止审理。

（3）两个以上债权人以债务人的同一相对人为被告提起代位权诉讼的，人民法院可以合并审理。（《合同编通则解释》第 37 条第 2 款）

［例］甲对乙有 90 万元债权，乙对丙有 50 万元债权，均到期未清偿。同时，丁对乙有 10 万元债权，也到期未清偿。甲提起代位权诉讼，要求丙清偿 50 万元；丁也提起代位权诉讼，要求丙清偿 10 万元。则由于被告均为丙，且均为代位权诉讼，诉讼性质相同，因此法院可以将甲与丁的代位权诉讼合并审理。

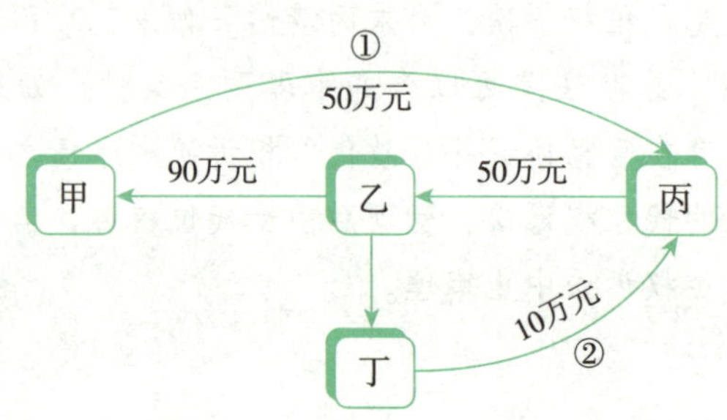

5. 代位权行使的法律效果

（1）债权人一旦行使代位权，就会导致债权人与债务人、债务人与次债务人之间的债的诉讼时效均发生中断。

（2）债权人行使代位权后，在代位债权范围内，债务人不能再处分该权利，如放弃债权、提起诉讼等；对于超过债权人代位请求数额的债权部分，债务人可以自由处分该权利，如就超过债权人代位请求数额的债权部分再起诉次债务人。（《合同编通则解释》新增）

（3）债权人行使代位权后，在代位债权范围内，次债务人不能再向债务人清偿；如果清偿，不发生法律效果。当然，对于超过债权人代位请求数额的债权部分，债务人自然可以主张清偿。

（4）代位权诉讼胜诉后，次债务人直接向债权人履行。如果次债务人履行，则债务人对债权人、次债务人对债务人的债务在对等额内消灭。但如果其经过强制后仍未履行，则债权人依然可以要求债务人履行。

（5）代位权诉讼中，人民法院经审理认为债权人的主张不符合代位权行使条件的，应当驳回诉讼请求，但是不影响债权人根据新的事实再次起诉。（《合同编通则解释》第40条第1款）

二、代位权的商法角度考点——保险人代位权

1. 人身保险的保险人没有代位求偿权，财产保险的保险人才有代位求偿权。

2. 财产保险的保险人自赔偿之日起，在赔偿金额范围内取得代位权。但如果侵权第三人属于被保险人的家庭成员（组成人员），非故意造成财产损失时，保险人无代位权。

特别提醒

被保险人的关联公司不构成《保险法》第62条规定的“被保险人的组成人员”，保险人可依法对该关联公司行使代位求偿权，因为子公司具有独立性。分公司属于总公司的组成人员。（2022年十大商事典型判例）

3. 保险人代位权诉讼

（1）原告：保险人。如果被保险人已经对第三者提起诉讼，保险人可申请变更当事人。被保险人同意时，法院应变更；被保险人不同意时，保险人作为共同原告。

（2）管辖法院：以被保险人与第三人之间的法律关系确定。

（3）被保险人与第三人达成的仲裁协议，能否约束保险人？

——保险代位求偿权是一种法定债权转让，保险人在向被保险人赔偿保险金后，有权行使被保险人对第三者请求赔偿的权利。被保险人和第三者在保险事故发生前达成的仲裁协议，对保险人具有约束力。（《九民纪要》第98条）

特别提醒

保险法中的代位权诉讼与民法中的代位权诉讼本质不同。保险法中的代位权诉讼属于第三

人代位求偿权，即法定债权转让，并非一个独立的法律关系；而债权人代位权诉讼属于一个独立的法律关系，不受原债权债务关系的约束。

考点2 撤销权（《民法典》第538、539条）

一、债权人撤销权的民法、民诉角度考点

1. 撤销权的行使要件

（1）债权人对债务人的债权合法、有效。（不要求到期）

（2）债务人在负担债务后，实施不当处分现有财产行为，损害债权人的债权。

❶必须是负担债务后实施的行为。对负担债务前实施的行为不可撤销。

❷对于拒绝增加财产的行为也不能撤销。

❸只针对财产行为。如果涉及身份行为，也不能撤销。

❹导致债务人责任财产减少的行为包括两大类：

第一，无偿处分行为，包括无偿转让财产、放弃债权担保、恶意延长到期债权的履行期等。

第二，不等价处分行为，包括以明显不合理的低价转让财产和以明显不合理的高价受让财产。不合理的判断标准为市价的上下30%，即低于市价70%的转卖行为和高于市价30%的购买行为。债务人与相对人存在亲属关系、关联关系的，不受前述的70%、30%的限制。（《合同编通则解释》第42条）

躲坑提醒：

1. 债务人有偿的财产行为要求受让人具有恶意（知情）；无偿的财产行为不考虑善意、恶意，均可行使撤销权。

2. 债务人无偿为他人提供担保且担保权人知情的，债权人可以撤销债务人的担保行为。

3. 债务人与第三人签订的合同原则上是有效的，低价、知情均不影响合同的效力。

4. 债务人将财产捐赠用于公益的，债权人也可以撤销。不要混淆债权人撤销权与赠与合同赠与人的撤销权。

2. 债权人撤销权的行使

（1）行使方式：诉讼。

（2）诉讼当事人（《合同编通则解释》第44条）

❶原告：债权人；如果多个债权人都提起，则可以合并审理。

❷被告：债务人+相对人（应当作为共同被告）。

（3）管辖法院

被告住所地人民法院即债务人或者相对人的住所地人民法院管辖，但是依法应当适用专属管辖规定的除外。（谁先立案，谁取得管辖权）（《合同编通则解释》第44条第1款）

(4) 行使期限

受到双重除斥期间限制。一方面，债权人应当自知道或者应当知道撤销事由之日起1年内行使；另一方面，客观上必须自债务人的行为发生之日起5年内行使，否则撤销权消灭。

(5) 可撤销的范围

被撤销行为的标的可分，当事人主张在受影响的债权范围内撤销债务人的行为的，人民法院应予支持；被撤销行为的标的不可分，债权人主张将债务人的行为全部撤销的，人民法院应予支持。(《合同编通则解释》第45条第1款)

3. 撤销权之诉胜诉的法律后果

(1) 撤销后自始无效，返还原物于债务人，债权人无优先受偿权（入库规则）。债权人可以主张代位，请求债务人的相对人向债务人承担撤销后的法律后果（返还原物、折价补偿等）。(《合同编通则解释》第46条第1款)

(2) 如受让人不履行义务，债权人还可以代位请求采取强制执行措施。(《合同编通则解释》第46条第3款)

(3) 如债权人已经取得对债务人的生效判决（即债权人持有对债务人的生效判决+撤销权之诉的生效判决，两个判决在手），则债权人可以要求受让人直接向自己履行。

4. 债权人撤销权诉讼中的几个民诉问题

(1) 债权人先起诉主张债务人与相对人之间的不当处分合同无效，后又起诉撤销合同的，是否属于重复起诉？

[答案1] 确认合同无效与撤销权诉讼的标的完全不同，因此不构成重复起诉。

[答案2] 从实质构成要件和法律效果上看，两个诉的诉讼标的具有高度的统一性，故实质上诉讼标的也具有同一性，即前诉和后诉本质上是同一个诉讼，构成重复起诉。

(2) 债权人是否具有提起第三人撤销之诉的当事人资格？

❶债权人申请强制执行后，被执行人与他人在另外的民事诉讼中达成调解协议，放弃其取回财产的权利，并大量减少债权，严重影响债权人债权实现，符合债权人行使撤销权条件的，债权人对民事调解书具有提起第三人撤销之诉的原告主体资格。(指导案例152号)

❷债权人发现生效判决所保护的合同属于不当处分行为，本应该被撤销的，此时，债权人可以先提起第三人撤销之诉，撤销该生效判决；再提起债权人撤销权之诉，撤销合同。

第三人撤销之诉中的第三人仅局限于《民事诉讼法》规定的有独立请求权及无独立请求权的第三人，而且一般不包括债权人。但是，设立第三人撤销之诉的目的在于，救济第三人享有的因不能归责于本人的事由未参加诉讼，但因生效裁判文书内容错误受到损害的民事权益，因此，债权人在下列情况下可以提起第三人撤销之诉：①该债权是法律明确给予特殊保护的债权，如建设工程价款优先受偿权、船舶优先权；②因债务人与他人的权利义务被生效裁判文书确定，导致债权人本来可以对债务人的行为享有撤销权而不能行使的；③债权人有证据证明，裁判文书主文确定的债权内容部分或者全部虚假的。(《九民纪要》第120条第1款)

二、债权人撤销权的破产法角度考点——破产债权人的代位撤销权

破产申请受理后，管理人未请求撤销债务人无偿转让财产、以明显不合理价格交易、放弃债权行为的，债权人提起诉讼，请求撤销债务人上述行为并将因此追回的财产归入债务人财产的，人民法院应予受理。相对人以债权人行使撤销权的范围超出债权人的债权抗辩的，人民法院不予支持。(《破产法解释（二）》第13条)

本节命题角度分析——SUMMARIZE

本节内容非常重要，既是传统重点又有新法变动热度与实务经典判例加持。

1. 清偿型代位权的构成要件可以从抗辩角度命题，即询问被告的抗辩是否成立。

2. 与代位权有关的民诉问题也是需要重点关注的，尤其是代位权诉讼的管辖法院与当事人、代位权诉讼与债权诉讼并存如何处理等问题。

3. 债权人撤销权是天生融合命题考点。民法角度需要掌握债权人撤销权的行使条件与方式。其可能与民诉的诉的分类、物权变动的有因性等知识点进行结合出题，也可以很好结合民诉考查重复起诉、第三人撤销之诉，如此进行结合则命题难度会比较高，希望考生予以特别关注，后文中有关于此点的模拟题可供感受。

4. 破产法中的债权人的代位撤销权也需要关注，防止突然命题。

第五节 合同的变更和转让

考点1 合同的变更

1. 当事人协商一致，可以变更合同。(《民法典》第543条) 变更后原合同即不复存在，当事人以变更后的合同为履行依据。合同变更不具有溯及力，已经履行的部分无需恢复原状，也不影响原合同违约责任的追究。

2. 当事人对合同变更的内容约定不明确的，推定为未变更。(《民法典》第544条)

特别提醒

合同变更的考查，真正的难点在于定性，即考生能否识别出这是合同变更。因为它和以物抵债这个命题方向存在部分重叠，所以会导致考生分不清楚。一般是第一个合同的履行出现了一些问题，双方为了解决纠纷从而达成了第二个合同，第二个合同非常明确地表示了第一个合同作废/第一个合同的义务不再履行，这就属于合同的变更。

考点 2 合同的转让

1. 债权转让（《民法典》;《合同编通则解释》第 47~50 条）

(1) 转让协议签订即生效，无需债务人同意。

债权人与债务人约定不得转让债权的，债权人再转让的效果如下：（《民法典》第 545 条第 2 款）

❶ 如果是约定金钱债权禁止转让，则不得对抗第三人；

❷ 如果是约定非金钱债权禁止转让，则不得对抗善意第三人。

[例] 崔崔与橙橙签订买卖合同，崔崔是出卖人，橙橙是买受人。合同约定双方都不得转让债权。如崔崔将自己的债权转让给卢卢，则该转让对卢卢有效，因为崔崔的债权属于金钱债权，即便卢卢知道该禁止转让协议，也不影响其取得对橙橙的货款债权。如橙橙将自己的债权转让给佳佳，则佳佳知道该协议的，崔崔就可以拒绝向佳佳履行交货义务；佳佳不知情的，崔崔不能拒绝履行。

(2) 未通知债务人的，不对债务人发生效力。

❶ 债务人收到通知后，向新债权人（受让人）给付。

通知前，向原债权人给付的，清偿有效，受让人可向原债权人（让与人）主张不当得利；通知后，向原债权人给付的，清偿无效，债务人可向原债权人（让与人）主张不当得利。

❷ 接到通知后，债务人对让与人主张的抗辩、抵销等，可以对受让人主张，法律另有规定的除外。债务人向受让人主张其对让与人的抗辩的，人民法院可以追加让与人为第三人。

[例] 崔崔对橙橙有 10 万元的货款债权，崔崔将该债权转让给了佳佳。该 10 万元货款债权中有橙橙的 3 万元抗辩权，因为崔崔交付的货物中有 30%不合格。即使崔崔将债权转让给佳佳，橙橙仍有抗辩权，这个抗辩权他就是可以主张，管他谁来要钱，他也只给 7 万元。

❸ 债务人可以向受让人主张抵销的两种情形：（《民法典》第 549 条）

A. 债务人接到债权转让通知时，债务人对让与人享有债权，且债务人的债权先于转让的债权到期或者同时到期。

[例] 崔崔和橙橙签订了买卖合同，崔崔取得 10 万元货款债权，并在 10 月 1 日将债权转让给佳佳。11 月 1 日，崔崔对橙橙负债 3 万元。此时，橙橙不能对佳佳主张抵销，因为这件事和佳佳没有任何关系，让佳佳承担不利后果自然不公平。但如果橙橙的 3 万元债权是发生在货款债权转让之前，且橙橙的债权先到期，则崔崔不转让货款债权的，橙橙就可以向崔崔主张抵销。这时候，崔崔因害怕橙橙抵销而转让债权的，如果橙橙不能对佳佳主张抵销，则对橙橙不公平，相当于抵销权名存实亡。法律必须让橙橙的抵销权得到保护，故此时抵销权也可以对佳佳主张。

B. 债务人的债权与转让的债权是基于同一合同产生。

[例] 崔崔对橙橙有10万元的货款债权，崔崔将该债权转让给了佳佳。后因崔崔履行不合格，给橙橙造成了3万元的损失，故橙橙对崔崔享有3万元的债权。由于橙橙基于这个合同本来就可以主张抵销而只支付7万元，因此，不论是崔崔还是佳佳来主张货款债权，橙橙都可以主张抵销从而只支付7万元。这对橙橙来说才是公平的。

❹让与人或者受让人通知债务人都可以。受让人直接起诉债务人的，自起诉状副本送达时视为通知。(《合同编通则解释》第48条第2款)

❺债务人接到通知后，让与人不得以债权转让合同不成立、无效等为由主张债务人向自己履行，除非债权转让通知被依法撤销。(《合同编通则解释》第49条第1款)

❻债务人向受让人确认债权真实性后，即不得再以债权不存在为由拒绝向受让人履行，除非受让人知道或者应当知道该债权不存在。(《合同编通则解释》第49条第2款)

[例] 张三对李四享有10万元债权。张三将债权转让给王五，但没有通知李四。

(1) 张三没有通知李四，影响王五取得债权么？[1]

(2) 假如李四把钱还给了张三，其清偿行为有效么？王五还能再要求李四清偿债务么？此时纠纷怎么解决呢？[2]

(3) 假如张三的10万元债权之上有李四的3万元抗辩权，但王五并不知情，王五能否以此为由要求李四清偿全部债务？此时王五怎么救济呢？[3]

(4) 债权转让通知后，张三和王五的债权债务转让协议被解除，张三能否据此请求李四再向自己清偿？[4]

(3) 从债权随之转让，但可以另有约定。(往往结合担保考查)

(4) 因债权转让增加的履行费用，由让与人负担。

(5) 债权多次让与的规则★★★★★

❶基于债权相容性，每个债权让与协议没有其他无效事由的，均为有效。

❷债务人的履行规则(《合同编通则解释》第50条)

第一，债务人均未履行的，应当向最先到达债务人的转让通知中载明的受让人履行，其他受让人依据相应的债权转让协议请求让与人承担违约责任。

第二，如债务人已经向其他受让人履行，最先通知的债权人应当如何救济？

——其可以要求债务人继续履行或者依据债权转让协议请求让与人承担违约责任，但原则上不能请求接受履行的受让人返还，除非接受履行的受让人明知该债权在其受让前已经转让给其他受让人。

[例] 甲基于买卖合同而对乙享有10万元货款债权。甲将该债权先后转让给丙、丁、

---

[1] 不影响。通知只是对债务人的生效要件。

[2] ①清偿行为有效。未通知债务人不对债务人生效，故债务人依然向原债权人清偿。②王五不可以要求李四清偿，只能基于转让协议要求张三承担（损害赔偿/不当得利）责任。

[3] ①不能。债权转让时，债务人的抗辩权延续，可以对抗受让人。②王五只能基于转让协议要求张三承担损害赔偿责任。

[4] 不能。债权转让通知原则上不得撤销，除非经过受让人同意。

戊三人，但通知乙向丁履行。后货款债权到期，乙向戊履行了。则此时丁可以要求乙再次履行，或者要求甲承担违约责任，但不能要求戊返还10万元，除非戊知道这个债权已经先转给了别人。（一定要注意的就是能不能要求已经拿走钱的那个人返还的问题——看他是不是善意）

（6）诉讼时效自债权转让通知到达债务人时中断。

2. 债务承担

（1）并存的债务承担

❶不需要经过债权人同意，通知债权人即可；也不需要经过担保人同意，不影响担保人责任的承担。

❷原债务人不脱离，新债务人加入后与原债务人承担连带责任。

❸第三人加入债务并与债务人约定了追偿权的，其履行债务后可以主张向债务人追偿；没有约定追偿权的，第三人可以依照《民法典》关于不当得利等的规定，在其已经向债权人履行债务的范围内请求债务人向其履行。

（2）免责的债务承担

❶必须经债权人同意；未经债权人同意，不发生债务承担的效果。

❷如有担保，须经担保人书面同意，否则担保人就已转让部分不承担责任。

❸原债务人退出债权债务关系，如其自愿履行，构成代为清偿（可联合代为清偿知识点考查）。

❹主债务的诉讼时效自债务承担的意思表示到达相对人时中断。

躲坑提醒：债务承担具有无因性，原因行为无效、被撤销 or 解除不影响债务承担的效力。

3. 合同转让的民诉角度考点

（1）债权转让时，在未通知债务人的情况下，受让人能否直接以债权人身份对债务人提起诉讼？

——可以。受让人的起诉状副本送达债务人时，视为已经完成通知义务，故受让人属于适格原告。

（2）合同转让时，合同中的管辖协议能否约束受让人？

——合同中的管辖协议对受让人有效，但转让时受让人不知道有管辖协议，或者转让协议另有约定且原合同相对人同意的除外。

（3）债权债务转让诉讼的第三人问题

❶债权转让后，债务人向受让人主张其对让与人的抗辩的，人民法院可以追加让与人为第三人；

❷债务转移后，新债务人主张原债务人对债权人的抗辩的，人民法院可以追加原债务人为第三人；

❸当事人一方将合同权利义务一并转让后，对方就合同权利义务向受让人主张抗辩或者受让人就合同权利义务向对方主张抗辩的，人民法院可以追加让与人为第三人。

本节命题角度分析——SUMMARIZE

本知识点并非传统主观题命题重点，主要注意可能设计在合同类的案例分析中。

1. 合同变更是主观题中比较有价值和难度的考点，可能会让考生对当事人变更合同的性质作出判断：属于以物抵债协议、让与担保，还是合同的变更？该种考法在最高院的指导案例与官方指导用书中均有所涉及。

2. 债权转让中需要特别注意一债数转的规则，这属于新司法解释的内容。另外，禁转约定的效果，以及债务人的抵销权与抗辩权是否延续的问题也要把握。

3. 债权转让与债务承担中总结的几个民诉问题也是值得关注的命题角度。

第六节 合同权利义务终止

考点 1 合同解除

一、合同解除的民法角度考点

1. 约定解除

(1) 当事人协商一致，可以解除合同。当事人可以约定一方解除合同的事由。解除合同的事由发生时，解除权人可以解除合同。(《民法典》第 562 条)

❶当事人就解除合同协商一致时未对合同解除后的违约责任、结算和清理等问题作出处理的，不影响合同解除效力。(《合同编通则解释》第 52 条第 1 款)

❷协议解除的特别表现形式（《合同编通则解释》第 52 条第 2 款）

有下列情形之一的，除当事人一方另有意思表示外，人民法院可以认定合同解除：

第一，当事人一方主张行使法律规定或者合同约定的解除权，经审理认为不符合解除权行使条件但是对方同意解除；

第二，双方当事人均不符合解除权行使的条件但是均主张解除合同。

(2) 当事人一方以对方的违约行为符合约定的解除事由为由主张解除合同的，人民法院依法予以支持。但是，违约方的违约程度显著轻微，不影响守约方合同目的的实现，解除合同对违约方显失公平的除外。(《九民纪要》第 47 条)

2. 法定解除权

(1) 合同的一般法定解除情形为：①因不可抗力致使不能实现合同目的；②预期违约；③当事人一方迟延履行主要债务，经催告后在合理期限内仍未履行；④当事人一方迟延履行债务或者有其他违约行为致使不能实现合同目的（根本违约）；⑤法律规定的其他

情形。(《民法典》第563条第1款)

(2) 以持续履行的债务为内容的不定期合同，当事人可以随时解除合同，但是应当在合理期限之前通知对方。(《民法典》第563条第2款)

(3) 针对从给付义务的不履行原则上不可解除合同，出卖人没有履行或者不当履行从给付义务，致使买受人不能实现合同目的，买受人享有法定解除权。(《买卖合同解释》第19条)

3. 解除权的行使

(1) 原则上不要求以诉讼或者仲裁方式为之；(《民法典》第565条第1款) 但如果基于情势变更主张解除、变更合同，应当以诉讼或者仲裁的方式为之。

(2) 合同何时解除？

❶当事人一方以通知方式解除合同，并以对方未在约定的异议期限或者其他合理期限内提出异议为由主张合同已经解除的，人民法院应当对其是否享有法律规定或者合同约定的解除权进行审查。经审查，享有解除权的，合同自通知到达对方时解除；不享有解除权的，不发生合同解除的效力。(《合同编通则解释》第53条)

❷通知载明债务人在一定期限内不履行债务则合同自动解除，债务人在该期限内未履行债务的，合同自通知载明的期限届满时解除。对方对解除合同有异议的，任何一方当事人均可以请求人民法院或者仲裁机构确认解除行为的效力。

❸当事人一方未通知对方，直接以提起诉讼或者申请仲裁的方式依法主张解除合同，人民法院或者仲裁机构确认该主张的，合同自起诉状副本或者仲裁申请书副本送达对方时解除。

❹当事人一方未通知对方，直接以提起诉讼的方式主张解除合同，撤诉后再次起诉主张解除合同，人民法院经审理支持该主张的，合同自再次起诉的起诉状副本送达对方时解除。但是，当事人一方撤诉后又通知对方解除合同且该通知已经到达对方的除外。(《合同编通则解释》第54条)

[例] 3月1日，崔崔起诉橙橙，主张解除二者的合同，3月5日又撤诉。3月10日，崔崔给橙橙发了解除合同的函件，并于当日到达。3月15日，崔崔再次起诉主张解除合同，法院最终判决支持合同解除。则崔崔和橙橙的合同应该是在3月10日发生解除的效果。3月5日的撤诉会导致合同解除的意思表示一并发生被撤销的实体法效果。

规律总结：有效的解除意思第一次到达对方时合同解除！

(3) 合同解除权的行使期间，有约从约。在没有约定的情况下，应当自知道或者应当知道解除事由之日起1年内主张解除；对方当事人进行催告的，则应当在催告后的合理期限内主张。(《民法典》第564条)

(4) 相对人的异议权

❶异议权的行使方式：相对人可以通过诉讼或者仲裁的方式提出异议。(《民法典》第565条)

❷异议权的行使期间：当事人有约定的，从其约定；在没有约定或者约定不明的情况下，相对人应当在接到解除合同的通知之日起合理期限内提出异议。

❸当事人一方以通知方式解除合同，并以对方未在约定的异议期限或者其他合理期限

内提出异议为由主张合同已经解除的，人民法院应当对其是否享有法律规定或者合同约定的解除权进行审查。经审查，享有解除权的，合同自通知到达对方时解除；不享有解除权的，不发生合同解除的效力。（《合同编通则解释》第 53 条）

4. 违约方可以解除合同的情形（《九民纪要》第 48 条）

违约方不享有单方解除合同的权利。但是，在一些长期性合同如房屋租赁合同履行过程中，双方形成合同僵局，一概不允许违约方通过起诉的方式解除合同，有时对双方都不利。在此前提下，符合下列条件，违约方起诉请求解除合同的，人民法院依法予以支持：①违约方不存在恶意违约的情形；②违约方继续履行合同，对其显失公平；③守约方拒绝解除合同，违反诚实信用原则。

人民法院判决解除合同的，违约方本应当承担的违约责任不能因解除合同而减少或者免除。

一旦考试设问合同是否应该解除，可能非常实务化，考生不可死记，而需要从三个角度进行考虑：①是合同解除更有利于快速解决纠纷，还是继续履行更有利于快速解决纠纷？②是合同解除更有利于保护遵守诚信的一方当事人，还是继续履行更有利于保护遵守诚信的一方当事人？③在合同能够继续履行，并且继续履行不会出现严重不公平时，一般法院会倾向判决继续履行。从这三个角度考虑就可以确保最终的结论是正确的，并且也一并解决了说理的问题。

5. 合同解除的法律后果

（1）尚未履行的，终止履行；已经履行的，根据履行情况和合同性质，当事人可以请求恢复原状或者采取其他补救措施，并有权请求赔偿损失。（《民法典》第 566 条第 1 款）

（2）合同因违约解除的，解除权人可以请求违约方承担违约责任，但是当事人另有约定的除外。（《民法典》第 566 条第 2 款）

（3）主合同解除后，担保人对债务人应当承担的民事责任仍应当承担担保责任，但是担保合同另有约定的除外。（《民法典》第 566 条第 3 款）

［例］崔崔和橙橙签订买卖合同，卢卢为该买卖合同的履行提供担保，约定如崔崔的履行出现问题，给橙橙造成损失，则卢卢承担保证责任。后在该买卖合同的履行中，崔崔出现根本违约，给橙橙造成 1 万元的损失。于是橙橙解除合同，并要求卢卢承担保证责任。此时，卢卢不能主张因该买卖合同解除而拒绝承担保证责任。

（4）合同解除，不影响结算和清理条款、解决争议条款的效力。（《民法典》第 567 条）

二、商法中的合同解除权考点

1. 破产中管理人的合同任意解除权

（1）人民法院受理破产申请后，管理人对破产申请受理前成立而债务人和对方当事人均未履行完毕的合同有权决定解除或者继续履行，并通知对方当事人。管理人自破产申请受理之日起 2 个月内未通知对方当事人，或者自收到对方当事人催告之日起 30 日内未答复的，视为解除合同。管理人决定继续履行合同的，对方当事人应当履行；但是，对方当事人有权要求管理人提供担保。管理人不提供担保的，视为解除合同。（《企业破产法》第18条）

（2）因管理人或者债务人请求对方当事人履行双方均未履行完毕的合同所产生的债务为共益债务。（《企业破产法》第42条第1项）破产费用和共益债务由债务人财产随时清偿。债务人财产不足以清偿所有破产费用和共益债务的，先行清偿破产费用。（《企业破产法》第43条第1、2款）

（3）管理人或者债务人依照《企业破产法》规定解除合同的，对方当事人以因合同解除所产生的损害赔偿请求权申报债权。（说明属于普通债权）（《企业破产法》第53条）

2. 保险合同中保险人的解除权

（1）保险合同成立后，投保人可以解除合同，保险人不得解除合同。（《保险法》第15条）

（2）订立保险合同时，投保人故意或者因重大过失未履行告知义务，足以影响保险人决定是否同意承保或者提高保险费率的，保险人有权解除合同。保险人的解除权自保险人知道有解除事由之日起，超过30日不行使而消灭。自合同成立之日起超过2年的，保险人不得解除合同。

合同解除后赔不赔、退不退问题：

❶投保人故意不履行如实告知义务的，保险人对于合同解除前发生的保险事故，不承担赔偿或者给付保险金的责任，并不退还保险费；

❷投保人因重大过失未履行如实告知义务，对保险事故的发生有严重影响的，保险人对于合同解除前发生的保险事故，不承担赔偿或者给付保险金的责任，但应当退还保险费。

（3）被保险人或者受益人虚构事实骗保的，保险人有权解除合同，并不退还保险费。投保人、被保险人故意制造保险事故的，保险人有权解除合同，不承担赔偿或者给付保险金的责任；除《保险法》另有规定外，不退还保险费。（《保险法》第27条第1、2款）

考点2 抵 销

一、抵销的民法角度考点

1. 法定抵销为形成权，但对方可以对抵销权提出异议，该异议的提出方式为诉讼。

2. 抵销的债权品质相同，且主动债权必须已届清偿期。（谁提出抵销，谁的债权必须到期）但在破产程序中，破产债权人对其享有的债权，无论是否已届清偿期，均可抵销。

3. 法定抵销不具有溯及力，自抵销通知到达对方时发生效果。（《合同编通则解释》第55条）

4. 抵销的抵充规则（《合同编通则解释》第56条）——参照清偿的抵充规则

（1）约定>指定>已到期>缺乏担保 or 担保最少>负担较重>到期的先后顺序>比例；

（2）实现债权的有关费用>利息>主债务。

5. 不能被抵销的债权债务

(1) 提供劳务的债权。

(2) 依法应当支付的抚恤金。

(3) 支付基本养老保险金、失业保险金、最低生活保障金等保障债权人基本生活的费用。

(4) 其他根据债务性质不得抵销的债务。

(5) 因侵害自然人人身权益，或者故意、重大过失侵害他人财产权益产生的损害赔偿债务。(《合同编通则解释》第57条)

[例] 崔崔欠橙橙20万元借款。后来崔崔不还钱，橙橙气不过，就把崔崔打了一顿，造成崔崔5万元的损失。崔崔要求橙橙支付5万元，橙橙主张抵销，法院不予支持。

(6) 一方的债权诉讼时效期间已经届满的，对方可以主张抵销（相当于放弃时效抗辩权)。如果已经过时效的债权人主张抵销，则对方可以启动诉讼时效抗辩权，此时不能发生抵销效果。(《合同编通则解释》第58条)

[例] 崔崔欠橙橙20万元借款，已经超过诉讼时效。后来崔崔帮橙橙装修，橙橙欠付15万元装修费，尚未超过诉讼时效。此时，如果崔崔主张抵销，可以；如果橙橙主张抵销，则崔崔提出诉讼时效抗辩的，不能发生抵销效果；崔崔放弃20万元诉讼时效利益的，可以发生抵销效果。

二、抵销的民诉角度考点

1. 诉讼中被告提出抵销时法院的处理方式

看对方对于抵销权是否有实质争议，如果没有，认定为抗辩，可以直接发生抵销效果，法院一并处理；如果有，则受理本诉的法院不能直接审理，有管辖权的，告知被告在一审法庭辩论终结前提出反诉，然后合并审理。

躲坑提醒：告知反诉的前提是符合反诉条件，如果不符合条件，则不能告知反诉。例如，被告主张的法律关系属于专属管辖的，本诉的法院没有管辖权，只能告知其向有管辖权的法院另行起诉。

[例] 崔崔起诉橙橙，要求偿还借款10万元。诉讼中，橙橙提出崔崔也曾把自己打伤，应赔偿6万元，遂主张抵销。崔崔表示没有这回事。此时，法院应告知橙橙在一审法庭辩论终结前提出反诉，然后合并审理。如果橙橙主张的是房屋租金6万元，则本案属于专属管辖案件，应由房屋所在地法院管辖。如果受理本诉的法院并不是房屋所在地法院，则只能告知橙橙另行起诉。

2. 执行中被执行人主张抵销时法院的处理方式

同时满足下列两个条件的，除依照法律规定或者按照债务性质不得抵销的以外，法院应当予以支持，可以直接发生抵销的后果：①已经生效法律文书确定或者经申请执行人认可；②与被执行人所负债务的标的物种类、品质相同。(《执行异议和复议案件规定》第19条)

本节命题角度分析
SUMMARIZE

1. 合同的法定解除权是民法主观题的重要考点，考生必须予以把握。其既可以直接考查一般的合同解除权，也可以结合具体的合同（如买卖合同、租赁合同、融资租赁合同、委托合同等）来考查特殊的合同解除权。合同解除之后的法律后果也是考生必须把握的，其中，关于仲裁条款、约定诉讼管辖条款等的知识点可以结合民诉法来考查，还会比较实务化地考查法院是否应该支持合同解除。
2. 能否法定抵销以及何时发生抵销的后果，考生需要关注，其中，最值得关注的是与抵销有关的两个民诉法问题：抵销时法院的处理方式以及执行中的抵销处理。
3. 保留所有权买卖合同、融资租赁合同属于双方均未履行完毕的合同，容易与破产管理人的任意解除权结合命题。除此之外，租赁合同、建设工程施工合同均可与破产管理人的任意解除权进行结合命题。
4. 从往年命题记录来看，也曾涉及保险法考查，故而保险合同中的解除权问题也值得考生关注。

第七节 合同责任

考点 1 缔约过失责任

1. 构成要件

当事人在订立合同过程中有下列情形之一，造成对方损失的，应当承担赔偿责任：①假借订立合同，恶意进行磋商；②故意隐瞒与订立合同有关的重要事实或者提供虚假情况；③有其他违背诚信原则的行为。（《民法典》第 500 条）

2. 赔偿范围

为订立合同或者准备履行合同所支出的合理费用等损失（信赖利益损失）。

考点 2 违约责任

1. 预期违约责任：当事人一方在履行期限届满前明确表示或者以自己的行为表明不履行合同义务的，对方可以请求其承担预期违约责任。（《民法典》第 578 条）

2. 我国违约责任的承担方式包括继续履行、损害赔偿、支付违约金、支付定金、减价请求权、采取补救措施（修理、更换、重作）等，不矛盾时可以并存。（《民法典》第 582 条）

3. 继续履行与履行不能

（1）金钱债务原则上不会存在履行不能的情况，均应当继续履行；非金钱债务存在法律或者事实上的履行不能、债务标的不适于强制履行或者履行费用过高、债权人在合理期限内未请求履行三种情况时，当事人无权要求继续履行，只能主张其他违约责任。如果合同目的无法实现，则双方均可以主张解除合同（诉讼/仲裁方式），合同解除不影响违约责任的承担。（《民法典》第580条）

（2）当事人一方不履行债务或者履行债务不符合约定，根据债务的性质不得强制履行的，对方可以请求其负担由第三人替代履行的费用。（《民法典》第581条）

对替代履行方式的选择应遵循公平、合理、经济等原则，而不能任意选择替代履行的方式。替代交易价格明显偏离替代交易发生时当地的市场价格，违约方主张按照市场价格与合同价格的差额确定合同履行后可以获得的利益的，人民法院应予支持。（《合同编通则解释》第60条第2款）

4. 赔偿损失

（1）违约责任适用完全赔偿原则，即损失赔偿相当于因违约造成的全部损失。当事人一方不履行合同义务或者履行合同义务不符合约定的，在履行义务或者采取补救措施后，对方还有其他损失的，应当赔偿损失。（《民法典》第583条）

（2）违约责任赔偿的范围是履行利益，包括合同履行后可以获得的利益；但是，不得超过违约一方订立合同时预见到或者应当预见到的因违约可能造成的损失。（《民法典》第584条）对于因违约方的行为导致非违约方向第三人承担违约责任部分的损失是否赔偿，取决于违约方是否能够预见。（《合同编通则解释》第63条第2款）

［例］崔崔与橙橙签订买卖合同，约定卖一批货物给橙橙。橙橙准备将货物转卖给佳佳，问崔崔能不能正常交货，崔崔说没问题，于是橙橙和佳佳签约了。后来崔崔不能交货，导致橙橙也未向佳佳交货，由此赔偿了佳佳10万元违约金。该10万元能否要求崔崔赔偿？看崔崔能否预见这笔损失，以及该损失是否合理。

（3）过错相抵规则：当事人都违反合同的，应当各自承担相应的责任。当事人一方违约造成对方损失，对方对损失的发生有过错的，可以减少相应的损失赔偿额。（《民法典》第592条）

（4）积极减损规则：非违约方具有防止损失扩大的义务，该义务属于不真正义务，非违约方不履行该义务的，就扩大的损失部分不可要求违约方赔偿。当事人因防止损失扩大而支出的合理费用，由违约方负担。（《民法典》第591条）

（5）损益相抵规则：因违约行为而获利的，所获利益应当从损害赔偿中扣除。

5. 加害给付（《民法典》第186条）

概　　念	指合同债务人的行为不符合合同的约定或者法律的规定，并且因为该瑕疵履行导致接受给付的相对人遭受履行利益以外的其他损害的情形。
特　　点	（1）加害给付以合同有效存在为前提； （2）债务人履行债务的行为具有瑕疵； （3）债务人不适当的履行行为造成了债权人履行利益以外的其他损害； （4）加害给付是一种同时侵害债权人相对权和绝对权的不法行为。

续表

<table>
<tr><td rowspan="2">责任承担</td><td colspan="2">（1）债权人可选择主张违约责任或侵权责任。
（2）产品加害给付时的诉讼当事人问题。加害给付构成违约与侵权的竞合，若原告主张违约责任，则根据合同相对性只能以合同的对方当事人为被告；若原告主张侵权责任，则应以侵权人为被告；若涉及产品侵权纠纷，则也可以生产者、销售者为共同被告。</td></tr>
<tr><td>注　意</td><td>（1）如果违约行为损害了对方人格权并造成严重精神损害，受损害方可以在违约之诉中提起精神损害赔偿。（《民法典》第996条）
（2）在商品销售中，选择违约责任时，只能向销售者主张；选择侵权责任时，既可以向生产者主张，也可以向销售者主张。</td></tr>
</table>

6. 支付违约金

（1）违约金与赔偿损失之间的关系（《民法典》第585条第2款）

❶违约金吸收赔偿损失。

❷若违约金“低于”造成的损失的，债权人可请求法院或者仲裁机构予以“增加”。

❸若违约金“过分高于（30%）”造成的损失的，债务人可以请求法院或者仲裁机构予以“适当减少”。但如果是违约方恶意违约，则即便过高也不予调整。（《合同编通则解释》第65条第3款）

（2）违约金调整的民诉规则

❶违约金调整的证明规则

违约方主张约定的违约金过分高于违约造成的损失，请求予以适当减少的，应当承担举证责任。非违约方主张约定的违约金合理的，也应当提供相应的证据，但是举证责任在主张调整违约金的一方。（《合同编通则解释》第64条第2款）（双方都需要拿证据，但举证责任在违约方——谁要改违约金，谁就承担举证责任！）

❷违约金调整的法院释明问题（《合同编通则解释》第66条）

当事人一方请求对方支付违约金，对方以合同不成立、无效、被撤销、确定不发生效力、不构成违约或者非违约方不存在损失等为由抗辩，未主张调整过高的违约金的，人民法院应当就若不支持该抗辩，当事人是否请求调整违约金进行释明。第一审人民法院认为抗辩成立且未予释明，第二审人民法院认为应当判决支付违约金的，可以直接释明，并根据当事人的请求，在当事人就是否应当调整违约金充分举证、质证、辩论后，依法判决适当减少违约金。（释明的前提是被告打死不承认自己构成违约，但法院认为他构成违约。另外，注意民诉角度考查二审直接改判违约金是否正当：如果充分保证了举证辩论的权利，那就是正当的。）

被告因客观原因在第一审程序中未到庭参加诉讼，但是在第二审程序中到庭参加诉讼并请求减少违约金的，第二审人民法院可以在当事人就是否应当调整违约金充分举证、质证、辩论后，依法判决适当减少违约金。

［例］崔崔起诉橙橙，认为橙橙构成违约，要求橙橙按照合同约定赔偿违约金20万元，但橙橙认为自己压根不构成违约。如果法院经审查后发现橙橙构成违约，则法院应当

向橙橙释明，询问其是否要调整违约金。但如果一审法院认为橙橙的抗辩成立，判决驳回崔崔的诉讼请求，崔崔不服，提出上诉，二审法院认为橙橙应当构成违约，准备改判，则二审法院可以向橙橙释明，询问橙橙是否要调整违约金。如果橙橙主张调整违约金，则法院需要给双方充分的举证期限，让双方各自拿出证据，法院查明违约金确实过高的，可以判决支持减少违约金的诉讼请求。

(3) 违约金调整规则放弃的效果

❶不能事先排除适用

事先排除的约定无效。如果允许当事人通过事先约定放弃向法院请求调整违约金的权利，法定的违约金调整规则将大概率被规避，进而影响市场交易安全，并提升虚假诉讼的风险，《民法典》第585条第2款的立法目的有可能被架空。因此，当事人不可事先约定放弃违约金的司法调整请求权。(《合同编通则解释》第64条第3款)

❷可以事后放弃

如违约后才达成违约金协议，后违约方主张违约金过高则不能再调整违约金，因为违约金协议属于双方当事人完全真实的意思表示，基于自愿和诚信原则，不应支持调整违约金。(指导案例166号)

考点3 违约责任VS缔约过失责任

		缔约过失责任	违约责任
区别	发生时间不同	合同缔约过程中	合同成立后、履行完毕前
	性质不同	法定之债	合同约定之债
	归责原则不同	过错责任	无过错责任
	责任承担方式不同	单一性：损害赔偿	多种方式，可以由债权人选择
	赔偿范围不同	信赖利益（实际损失），不包括可得利益	可得利益
共性		都具有相对性	

本节命题角度分析 SUMMARIZE

违约责任相关知识点是民法主观题中考频最高的知识点之一，考生务必加以注意，其中《民法典》第580条属于黄金法条，建议记住该条。

1. 违约金调整规则属于当前比较重要的考点，且涉及新法与民诉法，放弃违约金调整协议的效力、事后能否适用违约金调整规则、违约金调整的法院释明问题以及举证责任的分配，均有较高的综合角度命题价值。

2. 要能够识别定金的类型，尤其要注意立约定金规则，其可与预约合同结合考查。

3. 要注意加害给付与违约责任结合考查，注意回忆加害给付的救济方式。

第十章 典型合同

买卖合同

考点 1 买卖合同的一般规则

1. 所有权转移规则

(1) 动产所有权转移以交付为原则，但在所有权保留中，支付全部价金时所有权才转移；

(2) 不动产所有权在办理产权登记时发生变动。

2. 孳息归属规则

天然孳息，由所有权人取得；既有所有权人又有用益物权人的，由用益物权人取得。当事人另有约定的，按照其约定。(《民法典》第 321 条第 1 款) 但是在买卖合同中，除当事人另有约定外，标的物在交付之前产生的孳息，归出卖人所有；交付之后产生的孳息，归买受人所有。(孳息归属适用交付主义！)(《民法典》第 630 条)

3. 风险负担规则

(1) 风险负担的概念理解

❶时间因素：合同生效后、履行完毕前。

❷原因因素：须买卖标的物的毁损、灭失“不可归责于”双方当事人。主要指由于不可抗力、意外事件及第三人的原因毁损、灭失。

❸标的物因素：特定物与特定化的种类物；对种类物不适用风险，特定化后才适用风险。

❹适用范围：买卖合同中的买卖双方。

❺买卖合同风险分担的前提：若无风险，合同可以继续履行，完成标的物物权的转移。

[例] 甲将一批货物出卖给乙，但在往乙处运输的途中，又将该批货物出卖给丙，并开始往丙处运输。后发生风险，货物出现毁损。则乙不可能承担货物毁损的风险，因为即使不发生风险，乙也不会获得该批货物的所有权，所以风险只能在甲和丙之间分担。

(2) 风险负担具体规则

原则：交付主义。即交付之前由出卖人承担，交付之后由买受人承担。(《民法典》第 604 条)

对于何时交付的判断，有以下规则：

❶出卖在途货物，自合同成立时即视为交付，风险由买受人承担。（《民法典》第606条）但如果出卖的是种类物，则种类物必须特定化后风险才转移。（《买卖合同解释》第11条）

[例] 甲将货物出卖给乙，乙告诉甲将货物先往上海方向运输，过一段时间再明确交付地点。在此期间，乙将这批货物全部转卖给松江区的丙。则甲、乙之间的交易未约定交货地点，自货交第一承运人时风险转移；乙、丙之间的交易自合同成立时风险转移。但如果乙只是将1/3的货物出卖给丙，则乙、丙之间的交易属于种类物交易，必须等乙将1/3部分的货物与其他2/3的货物区分开时（特定化），风险才转移至丙。

❷标的物需要运输时，约定出卖人必须将标的物送到指定的地点交给承运人，然后由承运人运交买受人，自出卖人在指定地点货交承运人，风险才发生移转。没有约定地点的，风险自货交第一承运人时发生转移。（《民法典》第607条）

例外：

❶因买受人的原因致使标的物未按照约定的期限交付的，买受人应当自违反约定时起承担标的物毁损、灭失的风险。（《民法典》第605条）

❷因标的物不符合质量要求，致使不能实现合同目的的，买受人可以拒绝接受标的物或者解除合同。买受人拒绝接受标的物或者解除合同的，标的物毁损、灭失的风险由出卖人承担。（《民法典》第610条）

[例] 崔崔将一批货出卖给橙橙并交付，橙橙验货后气得七窍生烟，因为这批货完全不合格，但还没来得及退货，这批货就被地震砸毁了。此时，橙橙不承担风险，可以拒付这批货的价款，并同时追究崔崔的根本违约责任。

（3）关于风险负担的理解需要注意以下几点：

❶风险负担的移转与标的物所有权的转移并不挂钩。保留所有权买卖中，自完成动产交付时，风险即移转给买受人承担；不动产买卖中，只要完成了不动产的交付，即使尚未办理过户登记，风险也由买受人承担。

❷风险负担的移转与出卖人是否应当承担违约责任一般也不挂钩。标的物的风险负担不影响违约责任的承担。（《民法典》第611条）

❸出卖人按照约定未交付有关标的物的单证和资料（如保险单、发票、合格证、原产地证明书等）的，只要已经完成了标的物的交付，风险也发生移转。（《民法典》第609条）

4. 买受人异议的定性（《买卖合同解释》第31条）

出卖人履行交付义务后诉请买受人支付价款，买受人以出卖人违约在先为由提出异议的，人民法院应当按照下列情况分别处理：

（1）买受人拒绝支付违约金、拒绝赔偿损失或者主张出卖人应当采取减少价款等补救措施的，属于提出抗辩；

（2）买受人主张出卖人应支付违约金、赔偿损失或者要求解除合同的，应当提起反诉。

考点 2 买受人的瑕疵检验义务

1. 买受人检验通知期限（《民法典》第 620~624 条）

<table>
<tr><td rowspan="3">检验通知期限</td><td>有约从约，但有例外</td><td>（1）如果约定的检验期限过短，根据标的物的性质和交易习惯，买受人在检验期限内难以完成全面检验的，该期限仅视为买受人对标的物的外观瑕疵提出异议的期限；
（2）约定的检验期限或者质量保证期短于法律、行政法规规定期限的，应当以法律、行政法规规定的期限为准。</td></tr>
<tr><td>没有约定</td><td>（1）买受人应当在发现或者应当发现标的物的数量或者质量不符合约定的合理期限内通知出卖人；
（2）买受人还应当自收到标的物之日起 2 年内通知出卖人，有质保期的，则适用质保期；
（3）当事人对检验期限未作约定，买受人签收的送货单、确认单等载明标的物数量、型号、规格的，推定买受人已经对数量和外观瑕疵进行检验，但是有相关证据足以推翻的除外。</td></tr>
<tr><td colspan="2">出卖人依照买受人的指示向第三人交付标的物，出卖人和买受人约定的检验期限与买受人和第三人约定的检验期限不一致的，以出卖人和买受人约定的检验期限为准。（合同的相对性）</td></tr>
<tr><td>买受人违反及时检验通知义务的法律后果</td><td colspan="2">（1）买受人无权对出卖人主张违约责任；出卖人自愿承担违约责任后，不得翻悔。（《买卖合同解释》第 14 条）
（2）出卖人知道或者应当知道提供的标的物不符合约定的，买受人不负及时通知的义务。（《民法典》第 621 条第 3 款）</td></tr>
</table>

2. 对于出卖人多交的标的物，买受人享有选择权，既可以接收，也可以拒绝接收。接收时按合同约定的价格支付价款，拒绝接收时应及时通知出卖人。（《民法典》第 629 条）

考点 3 几个特殊的买卖合同解除问题

1. 因标的物的主物不符合约定而解除合同的，解除合同的效力及于从物。因标的物的从物不符合约定被解除的，解除的效力不及于主物。（《民法典》第 631 条）

2. 数物并存时的合同解除：标的物为数物，其中一物不符合约定的，买受人可以就该物解除。但是，该物与他物分离使标的物的价值显受损害的，买受人可以就数物解除合同。（《民法典》第 632 条）

3. 分批交付标的物合同的解除（《民法典》第 633 条）

（1）出卖人分批交付标的物的，出卖人对其中一批标的物不交付或者交付不符合约定，致使该批标的物不能实现合同目的的，买受人可以就该批标的物解除；

（2）出卖人不交付其中一批标的物或者交付不符合约定，致使之后其他各批标的物的交付不能实现合同目的的，买受人可以就该批以及之后其他各批标的物解除；

（3）买受人就其中一批标的物解除，该批标的物与其他各批标的物相互依存的，可以就已经交付和未交付的各批标的物解除。

考点 4 特殊买卖合同

1. 分期付款买卖合同（《民法典》第 634 条）

（1）分期付款买卖，是指出卖人将标的物交付于买受人，买受人按照约定分期支付价款的买卖合同。买受人付款的次数为 3 次或者 3 次以上。

（2）分期付款买卖中，买受人未支付（到期）价款的数额达到全部价款的 1/5 以上，经催告后在合理期限内仍不履行的，出卖人有权择一行使：①要求买受人一次性支付剩余的全部价款，即剥夺买受人分期付款的期限利益。②行使法定解除权解除合同。此时：出卖人有权从买受人处取回标的物；出卖人有权要求买受人支付标的物的使用费；标的物毁损、灭失的，出卖人有权请求买受人支付赔偿金；出卖人应当返还买受人已经支付的价款。

（3）"1/5 以上"这一比例系强制性规范，且系法定最低比例。当事人的约定违反该比例，如约定比例高于 1/5，不损害买受人利益，则约定有效；而约定比例低于 1/5，损害买受人利益的，约定无效。（《买卖合同解释》第 27 条第 2 款）

特别提醒

1. 分期付款的其他有偿合同，均可参照适用分期付款买卖合同的有关规定。（《民法典》第 646 条）
2. 股权分期付款买卖合同，在一定情形下，法院如认为合同不应该解除，则可能不支持适用分期付款解除。

2. 保留所有权买卖合同

（1）保留所有权仅适用于动产买卖（不动产不可以保留所有权）。（《买卖合同解释》第 25 条）保留所有权的本质是出卖人以标的物的所有权为自己价金所为担保。

（2）出卖人对标的物保留的所有权，未经登记，不得对抗善意第三人。（《民法典》第 641 条第 2 款）

在所有权保留买卖、融资租赁等合同中，出卖人、出租人的所有权未经登记不得对抗的"善意第三人"的范围及其效力，参照动产抵押效果处理，故不办理登记的后果为：（《担保制度解释》第 67 条）

❶ 如果买受人出卖标的物，受让人可以主张善意取得；

❷ 如果买受人出租标的物，出卖人无法破除租赁；

❸ 如果标的物被买受人的债权人申请查封、扣押等，出卖人无法主张优先受偿；

❹ 如果买受人破产，出卖人也不享有别除权。

[例] 崔崔将一台设备出卖给橙橙，因橙橙无法一次性支付全部价款，崔崔保留了该设备的所有权，约定等付完全部价款后，所有权转移给橙橙，但没有办理所有权登记。若橙橙拿到该设备后将其转卖给不知情的卢卢，则卢卢可以善意取得该设备的所有权，崔崔的所有权消灭；或者橙橙将该设备出租给佳佳的，在佳佳使用期间，崔崔是没办法取回该设备的。

(3) 保留所有权买卖的出卖人如果在交付标的物后 10 日内办理了登记，则出卖人的优先权要优先于该动产之上买受人的其他担保物权人受偿。(《担保制度解释》第 57 条第 2 款)

(4) 保留所有权买卖中，在标的物所有权转移前，买受人未按照约定支付价款，经催告后在合理期限内仍未支付，或者未按照约定完成特定条件，或者不当处分标的物，造成出卖人损害的，除当事人另有约定外，出卖人享有取回权，可以与买受人协商取回标的物；协商不成的，当事人可以请求参照《民事诉讼法》"实现担保物权案件"的有关规定，拍卖、变卖标的物。(《民法典》第 642 条) 但在以下两种情况下，出卖人不得行使取回权：(《买卖合同解释》第 26 条)

❶买受人已经支付的价款达到标的物总价款的 75%以上的；

❷买受人实施无权处分后，受让人已经善意取得标的物所有权或者其他物权的。

(5) 出卖人取回标的物后，买受人在双方约定或者出卖人指定的合理回赎期限内，消除出卖人取回标的物的事由的，可以请求回赎标的物。买受人在回赎期限内没有回赎标的物，出卖人可以以合理价格将标的物出卖给第三人，出卖所得价款扣除买受人未支付的价款以及必要费用后仍有剩余的，应当返还买受人；不足部分由买受人清偿。(《民法典》第 643 条)

难点：保留所有权的分期付款买卖合同，1/5 与 75%的处理？

做题按照以下两个基准线去判断即可：

❶迟延付款款项≥1/5（分期付款）——支付全部价款 or 解除合同，取回标的物；

❷已付款款项<75%（保留所有权买卖）——有权取回标的物，买受人逾期不赎回，出卖人有权再卖（取回权）。(注意，此时买卖合同并未解除！)

特别提醒

虽然两个都可取回标的物，但是它们的依据不同，分期付款的取回，是因为解除了合同；而保留所有权中的取回，是取回权，买卖合同并没有解除。

具体题目设置可能符合其中一个，也可能两个都符合。只要按照迟延付款数和已付款数这两个标准去进行具体判断就不会混淆。

[例] 周某以 6000 元的价格向吴某出售一台电脑，双方约定吴某 5 个月内付清货款，每月支付 1200 元，在全部价款付清前，电脑的所有权不转移。合同生效后，周某将电脑交给吴某使用。期间，电脑出现故障，吴某将电脑交周某修理，但周某修好后以 6200 元的价格将电脑出售并交付给不知情的王某。

(1) 在卖给王某之前，如吴某无力支付最后1个月的价款，周某可否行使取回权？[1]

(2) 在卖给王某之前，如吴某未支付到期货款达1800元，周某可否要求其一次性支付剩余货款？周某可否要求解除合同？[2]

(6) 保留所有权买卖合同中一方当事人破产时的处理（均规定在《破产法解释（二）》中）

该买卖合同属于双方均未履行完毕的合同，管理人有权依据《企业破产法》第18条的规定决定解除或者继续履行合同。

考点5 商品房买卖合同（《商品房买卖合同解释》）

1. 商品房买卖合同的效力

(1)“预售许可证”对商品房买卖合同效力的影响

❶出卖人未取得商品房预售许可证明，商品房买卖合同无效；

❷但是在起诉前取得商品房预售许可证明的，可以认定合同有效。

特别提醒

1. 如果是开发商能取得预售许可证而拒绝补办以逃避合同责任，则基于诚实信用原则，不能认定合同无效，而应责令开发商补办预售许可证。
2. 预售许可证影响的是预售合同的效力，而不影响预约合同的效力。

(2)“预售备案登记”对商品房买卖合同效力的影响

❶原则上，登记对于合同效力没有影响；

❷当事人约定以办理登记备案手续为商品房预售合同生效条件的，从其约定，但当事人一方已经履行主要义务，对方接受的除外。

2. 商品房买卖认购书

(1) 商品房的认购书具备商品房买卖合同的主要内容，并且出卖人已经按照约定收受购房款的，该协议应当认定为商品房买卖合同；

(2) 商品房的认购书未具体约定商品房买卖合同的内容，而是以将来订立商品房买卖合同为约定的内容的，为商品房买卖合同的“预约”，此时认购书与商品房买卖合同之间为“预约”与“本约”的关系。

思考：如果当事人不履行预约合同，能否请求其承担继续履行的违约责任，订立商品房买卖合同本约呢？[3]

---

[1] 不可以。吴某已付款款项>75%。

[2] 周某可以要求吴某一次性支付剩余货款或解除合同。因为吴某迟延付款款项>1/5。

[3] 不可以。继续履行预约合同的后果为强制缔约，有违合同缔约自由原则，该预约合同属于债务性质不适合强制履行的合同，故不能主张继续履行。

3. 商品房包销合同

(1) 包销人对外以出卖人的名义签订房屋买卖合同，本质为代理行为，内部则为包销合同关系。

(2) 原则上，如出卖人自行销售，则构成违约，应当承担相应的违约责任，但不影响出卖人的处分行为，合同依然是有效的。

(3) 对于买受人因商品房买卖合同与出卖人发生的纠纷，法院应当通知包销人参加诉讼，至于其是作为第三人还是共同被告，则需要分析合同的具体约定。如果没有特殊约定，按照第三人处理。

4. 商品房买卖合同与商品房担保贷款合同的关系

(1) 商品房担保贷款合同未订立而导致商品房买卖合同无法继续履行的，可以解除买卖合同。解除后的损失根据当事人的过错来分担。(《商品房买卖合同解释》第19条)

(2) 商品房买卖合同被确认无效或者被撤销、解除，导致商品房担保贷款合同的目的无法实现的，也可以解除商品房担保贷款合同。(《商品房买卖合同解释》第20条) 商品房买卖合同被确认无效或者被撤销、解除后，商品房担保贷款合同也被解除的，出卖人应当将收受的购房贷款和购房款的本金及利息分别返还担保权人和买受人。(《商品房买卖合同解释》第21条第2款)

考点6 买卖合同的民诉角度考点

1. 买卖合同纠纷管辖问题

(1) 只有政策性房屋买卖合同才属于专属管辖，正常情况下房屋买卖合同并非专属管辖，故可以协议管辖。

(2) 无仲裁协议与管辖协议时，房屋买卖合同纠纷的管辖法院为被告住所地或者合同履行地人民法院。(《民事诉讼法》第24条) 其中不动产所在地为合同履行地；合同没有实际履行，当事人双方住所地都不在合同约定的履行地的，由被告住所地人民法院管辖。(《民诉解释》第18条第2、3款)

(3) 以信息网络方式订立的买卖合同，通过信息网络交付标的的，以买受人住所地为合同履行地；通过其他方式交付标的的，收货地为合同履行地。合同对履行地有约定的，从其约定。(《民诉解释》第20条)

2. 执行标的异议问题——买卖合同买受人与执行申请人之间的冲突

(1) 非不动产买卖合同的买受人凭借买卖合同、买卖合同履行判决，不能中止金钱债权的执行。因为前者只是基于买卖合同所享有的履行请求权，属于普通债权，不足以排除强制执行。(《执行异议和复议案件规定》第26条)

(2) 不动产买卖合同的买受人凭借买卖合同能否中止金钱债权的执行问题

❶普通不动产买卖合同

金钱债权执行中，买受人对登记在被执行人名下的不动产提出异议，符合下列情形且其权利能够排除执行的，人民法院应予支持：a. 在人民法院查封之前已签订合法有效的书面买卖合同；b. 在人民法院查封之前已合法占有该不动产；c. 已支付全部价款，或者已按照合同约定支付部分价款且将剩余价款按照人民法院的要求交付执行；d. 非因买受人自身原因未办理过户登记。(《执行异议和复议案件规定》第 28 条)

❷商品房买卖合同

金钱债权执行中，买受人对登记在被执行的房地产开发企业名下的商品房提出异议，符合下列情形且其权利能够排除执行的，人民法院应予支持：a. 在人民法院查封之前已签订合法有效的书面买卖合同；b. 所购商品房系用于居住且买受人名下无其他用于居住的房屋；c. 已支付的价款超过合同约定总价款的 50%。(《执行异议和复议案件规定》第 29 条)

❸不动产买卖合同+所有权预告登记

金钱债权执行中，对被查封的办理了受让物权预告登记的不动产，受让人提出停止处分异议的，人民法院应予支持；符合物权登记条件，受让人提出排除执行异议的，应予支持。(《执行异议和复议案件规定》第 30 条)

本节命题角度分析 SUMMARIZE

本节内容非常重要，望考生朋友认真对待。

1. 风险负担具有较强的重复命题可能性，考生需要把握住风险负担相关规则，尤其是在途运输中的种类物的风险负担规则，其经常与物权变动、违约责任的承担等结合进行命题。

2. 买受人的质量瑕疵检验期限问题往往从违约责任角度考查，当事人是否在检验期限内提出异议由买受人负举证责任，可以结合民事诉讼中有关证据知识点的文书提出命令来进行融合考查，因此考生需要特别把握。

3. 保留所有权合同一般会结合分期付款合同，考查所有权变动、风险负担与违约责任等知识点。根据《担保制度解释》的规定，保留所有权可能与担保法结合考查登记的效力以及担保物权竞合的排序，此为最新知识点，也是最新的命题角度，一旦命题，难度较高，请考生朋友务必注意。

4. 分期付款也可能与其他合同结合考查类推适用分期付款买卖合同的规则以及股权转让情况下不适用分期付款买卖合同的情形，指导案例 67 号即是此例。《民法典》第 634 条很容易出法条应用题（参见下篇模拟题部分）。

5. 商品房买卖合同具有很强的可考性，如商品房买卖合同的效力、预约和本约的判断。考生需要把握此种常见的法律模式，了解两个合同之间的互相影响，可以结合担保法部分进行命题，也可以结合民诉当事人制度与执行标的异议制度进行考查。

第二节 赠与合同

考点1 赠与合同赠与人权利

1. 赠与人的任意撤销权

（1）赠与人在赠与财产的权利转移之前可以撤销赠与。经过公证的赠与合同或者依法不得撤销的具有救灾、扶贫、助残等公益、道德义务性质的赠与合同不得任意撤销。（《民法典》第658条）

（2）经过公证的赠与合同或者依法不得撤销的具有救灾、扶贫、助残等公益、道德义务性质的赠与合同，赠与人不交付赠与财产的，受赠人可以请求交付。如赠与财产因赠与人故意或者重大过失致使毁损、灭失的，赠与人应当承担赔偿责任。（《民法典》第660条）

特别提醒

1. 普通赠与合同赠与人由于享有任意撤销权，故其不履行合同，受赠人不能追究其违约责任，不能要求其继续履行；而具有公益、公证、道德义务性质的赠与合同的赠与人则因为没有任意撤销权，故其不履行时受赠人可以追究其违约责任，请求其继续履行。
2. 赠与人的任意撤销权具有专属性，不能转让、继承。

2. 赠与人的法定撤销权（《民法典》第663条）

（1）受赠人有下列情形之一的，赠与人可以撤销赠与：①严重侵害赠与人或者赠与人近亲属的合法权益；②对赠与人有扶养义务而不履行；③不履行赠与合同约定的义务。

（2）赠与人的撤销权，自知道或者应当知道撤销事由之日起1年内行使。该撤销权原则上不能转让、继承，只在一种情况下可以继承：因受赠人的违法行为致使赠与人死亡或者丧失民事行为能力的，由赠与人的继承人或者法定代理人行使赠与撤销权，但必须自知道或者应当知道撤销事由之日起6个月内主张。（《民法典》第664条）

3. 赠与人的穷困抗辩权

合同成立后、财产转移前，赠与人的经济状况显著恶化，严重影响其生产经营或者家庭生活的，可以不再履行赠与义务。（《民法典》第666条）

如果赠与人在赠与合同成立时即具有经济状况不佳等情形，则其之后不能主张赠与人的穷困抗辩权。

考点 2 赠与人的瑕疵担保责任

赠与的财产有瑕疵的，赠与人不承担责任。附义务的赠与，赠与的财产有瑕疵的，赠与人在附义务的限度内承担与出卖人相同的责任。赠与人故意不告知瑕疵或者保证无瑕疵，造成受赠人损失的，应当承担赔偿责任。(《民法典》第662条)

销售中的附赠行为的评价：本质上不为赠与合同，而为买卖合同。因此，赠品造成损害的，销售者应当承担违约责任；造成侵权的，受害者可以请求承担产品侵权责任。

考点 3 附条件赠与 VS 附义务赠与 VS 遗赠扶养协议

1. 附义务的赠与：赠与人先完成赠与，受赠人后履行义务。(先给)
2. 附条件的赠与：条件成就，赠与人才履行赠与义务。(后给)
3. 遗赠扶养协议：赠与人死亡时，才履行遗赠义务。(死了给)

本节命题角度分析 SUMMARIZE

赠与合同容易结合债权人撤销权制度考查，同时赠与人的几个权利需要把握，赠品导致的纠纷处理方式需要关注。

第三节 民间借贷合同

考点 1 民间借贷合同中的民法考点

民间借贷合同，是指自然人、法人、其他组织之间及其互相之间，即金融机构以外的其他主体之间，进行资金通融的行为。

1. 民间借贷合同的成立

(1) 自然人之间的借款合同，属于实践合同，自贷款人提供借款时成立；(《民法典》第679条)

(2) 自然人之间的借贷合同之外的民间借贷合同，自双方合意达成时成立（诺成合同），但法律另有规定的除外。

2. 民间借贷合同的效力

（1）有效的民间借贷（《民间借贷规定》第 10、11 条）

❶企业之间为生产、经营需要订立的民间借贷合同——有效；

❷企业内部集资，用于本单位生产、经营的民间借贷合同——有效。

（2）无效的民间借贷（《民间借贷规定》第 13 条）

❶套取金融机构贷款转贷的。法院应当审查出借人的资金来源。借款人能够举证证明在签订借款合同时出借人尚欠银行贷款未还的，一般可以推定为出借人套取信贷资金，但出借人能够举相反证据予以推翻的除外。

❷以向其他营利法人借贷、向本单位职工集资，或者以向公众非法吸收存款等方式取得的资金转贷的。

❸未依法取得放贷资格的出借人，以及以民间借贷为业的出借人，以营利为目的向社会不特定对象提供借款的。职业放贷人与他人签订的民间借贷合同无效。同一出借人在一定期间内多次反复从事有偿民间借贷行为的，一般可以认定为是职业放贷人。（《九民纪要》第 53 条）

❹出借人事先知道或者应当知道借款人借款用于违法犯罪活动仍然提供借款的。

❺违反法律、行政法规强制性规定的。

❻违背公序良俗的。

3. 民间借贷利率与借贷合同效力（《民间借贷规定》第 25 条）

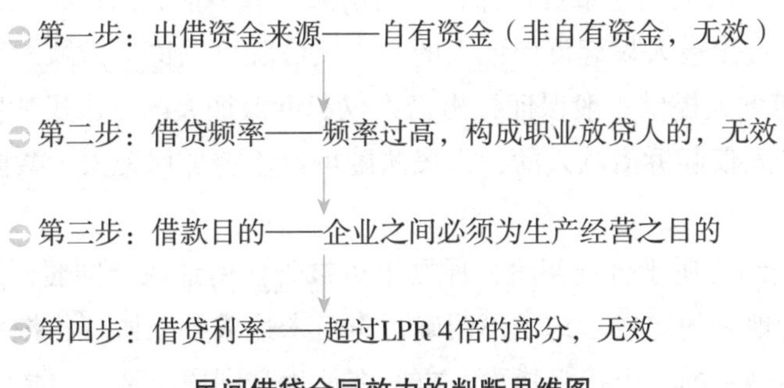

民间借贷合同效力的判断思维图

出借人请求借款人按照合同约定利率支付利息的，人民法院应予支持，但是双方约定的利率超过合同成立时 1 年期贷款市场报价利率 4 倍的除外。

“1 年期贷款市场报价利率”，是指中国人民银行授权全国银行间同业拆借中心自 2019 年 8 月 20 日起每月发布的 1 年期贷款市场报价利率。

4. 民间借贷合同与违约金条款

（1）民间借贷合同可以同时约定利息、罚息与违约金，其中罚息与违约金功能相同，均属于违约责任的形态，均为对违约方的处罚；

（2）出借人与借款人既约定了逾期利率，又约定了违约金或者其他费用，出借人可以选择主张逾期利息、违约金或者其他费用，也可以一并主张，但是总计超过合同成立时 1 年期贷款市场报价利率 4 倍的部分，人民法院不予支持。（《民间借贷规定》第 29 条）

考点2 民间借贷合同中的民诉考点

1. 民间借贷与买卖式让与担保（《民间借贷规定》第23条）

当事人以订立买卖合同作为民间借贷合同的担保，借款到期后借款人不能还款，出借人请求履行买卖合同的，人民法院应当按照民间借贷法律关系审理。当事人根据法庭审理情况变更诉讼请求的，人民法院应当准许。

按照民间借贷法律关系审理作出的判决生效后，借款人不履行生效判决确定的金钱债务，出借人可以申请拍卖买卖合同标的物，以偿还债务。就拍卖所得的价款与应偿还借款本息之间的差额，借款人或者出借人有权主张返还或者补偿。

买卖式让与担保的主要考法是问法院应当如何处理，即从民诉角度命题。

2. 民间借贷合同的诉讼当事人

（1）法定代表人以法人名义借贷，但所借款项归个人使用，或者以个人名义借贷，但所借款项用于企业生产经营的，可以将法人与法定代表人列为共同被告。（《民间借贷规定》第22条）

（2）有保证担保的民间借贷诉讼当事人（《民间借贷规定》第4条）

❶保证人为借款人提供连带责任保证，出借人仅起诉借款人的，人民法院可以不追加保证人为共同被告；出借人仅起诉保证人的，人民法院可以追加借款人为共同被告。

❷保证人为借款人提供一般保证，出借人仅起诉保证人的，人民法院应当追加借款人为共同被告；出借人仅起诉借款人的，人民法院可以不追加保证人为共同被告。

3. 管辖法院

（1）民间借贷纠纷属于合同纠纷，原则上由被告住所地或合同履行地的法院管辖。借贷双方就合同履行地未约定或者约定不明确，事后未达成补充协议，按照合同相关条款或者交易习惯仍不能确定的，以接受货币一方所在地为合同履行地。（《民间借贷规定》第3条）

（2）就借贷合同与担保合同同时提起诉讼，以借贷合同确定案件的管辖法院。（《担保制度解释》第21条第2款）

4. 虚假诉讼

经查明属于虚假民间借贷诉讼，原告申请撤诉的，人民法院不予准许，判决驳回其请求。诉讼参与人或者其他人恶意制造、参与虚假诉讼，依法予以罚款、拘留；构成犯罪的，应当移送有管辖权的司法机关追究刑事责任。（《民间借贷规定》第19条第1、2款）

5. 民间借贷与犯罪交叉问题的处理（《民间借贷规定》第5~7条）

（1）借贷行为本身可能构成犯罪：发现民间借贷行为本身涉嫌非法集资等犯罪的，应当裁定驳回起诉，并将涉嫌非法集资等犯罪的线索、材料移送公安或者检察机关。公安或者检察机关不予立案，或者立案侦查后撤销案件，或者检察机关作出不起诉决定，或者经人民法院生效判决认定不构成非法集资等犯罪，当事人又以同一事实向人民法院提起诉讼的，人民法院应予受理。

（2）借贷合同相关事实可能涉及犯罪：发现与民间借贷纠纷案件虽有关联但不是同一事实的涉嫌非法集资等犯罪的线索、材料的，人民法院应当继续审理民间借贷纠纷案件，并将涉嫌非法集资等犯罪的线索、材料移送公安或者检察机关。

（3）民间借贷纠纷的基本案件事实必须以刑事案件的审理结果为依据，而该刑事案件尚未审结的，人民法院应当裁定中止诉讼。

本节命题角度分析——SUMMARIZE

1. 需要注意民间借贷合同的成立与效力规则，其可能结合担保来进行出题。
2. 民间借贷与买卖式让与担保制度连考 3 年主观题，之前均为开放答案，但《九民纪要》已经予以确认，故应及时更新知识点。注意结合合同变更考查不属于让与担保的情形。
3. 民间借贷合同的违约金处理已经在 2022 年主观题考试中考查过，短期再重复命题可能性较低。
4. 民间借贷与民诉有关的角度考生可以关注，但无须作为重点复习，一旦考到，考生只要知道相关规定基本在《民间借贷规定》这部司法解释中就可以。

第四节 融资租赁合同

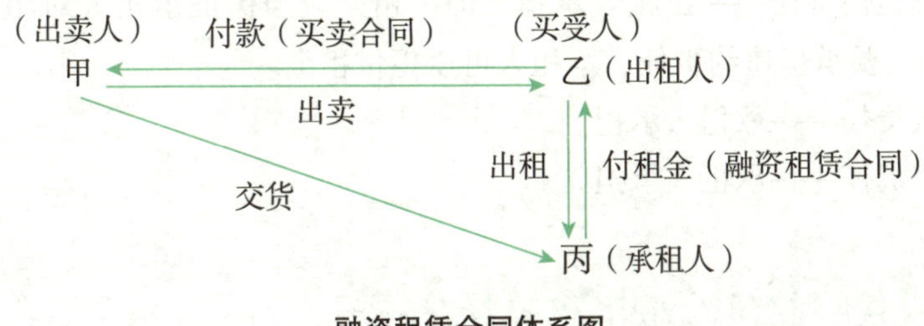

融资租赁合同体系图

融资租赁合同的本质是出租人以租赁物担保租金安全，可以将融资租赁看作一种非典型担保。

考点 1 融资租赁合同的定性

1. 出卖人将自有物卖出后又租回（售后回租），不影响融资租赁法律关系的成立。（《融资租赁合同解释》第 2 条）

［例］甲企业资金链快要断裂，只好将自己的生产设备出卖给厚大融资租赁公司，又

与厚大融资租赁公司签订融资租赁协议，继续承租该设备。则甲企业与厚大融资租赁公司之间属于融资租赁合同关系。

2. 当事人以虚构租赁物方式订立的融资租赁合同无效。（《民法典》第737条）对名为融资租赁合同，但实际不构成融资租赁法律关系的，人民法院应按照其实际构成的法律关系处理。（《融资租赁合同解释》第1条第2款）

[例1] 甲企业资金链快要断裂，只好将自己的生产设备出卖给厚大融资租赁公司，又与厚大融资租赁公司签订融资租赁协议，继续承租该设备。但法院审查时发现，所谓的生产设备根本不存在。则二者之间的融资租赁协议无效。二者之间的合同为民间借贷合同，再根据民间借贷的相关规定认定借贷合同的效力。

[例2] 甲企业资金链快要断裂，只好将自己的生产设备出卖给厚大融资租赁公司，又与厚大融资租赁公司签订融资租赁协议，继续承租该设备。但法院审查时发现，所谓的生产设备其实是甲企业早就淘汰的一批旧设备，甲企业压根没有用过它。则甲企业与厚大融资租赁公司依然属于"虚构"租赁物，二者之间的融资租赁协议无效。二者之间的合同为民间借贷合同，再根据民间借贷的相关规定认定借贷合同的效力。

3. 对于租赁物的经营使用应当取得行政许可的，出租人未取得行政许可不影响融资租赁合同的效力。（《民法典》第738条）

考点2 融资租赁合同中的责任承担

1. 品质瑕疵担保责任——出租人不承担，由承租人对出卖人进行索赔，出租人协助。但有例外：①承租人依赖出租人的技能确定租赁物；②出租人干预选择租赁物。

2. 权利瑕疵担保责任——出租人承担，即出租人应当保证承租人对租赁物的占有和使用，否则出租人要承担违约责任，承租人可以拒付租金。

3. 物上侵权责任——承租人承担。

4. 物上维修责任——承租人承担。

考点3 租赁物的风险承担与归属

1. 交付之后，租金的风险负担由承租人承担。承租人占有租赁物期间，租赁物毁损、灭失的，出租人有权请求承租人继续支付租金，但是法律另有规定或者当事人另有约定的除外。（《民法典》第751条）

2. 租赁物的归属，有约从约，无约归出租人。但出租人对租赁物享有的所有权，未经登记，不得对抗善意第三人。在租赁期间承租人的处分行为属于无权处分，受让人可以善意取得。

3. 当事人约定租赁期限届满，承租人仅需向出租人支付象征性价款的，视为约定的租金义务履行完毕后租赁物的所有权归承租人。（《民法典》第759条）

［例］厚小公司与轩城融资租赁公司签订融资租赁协议，约定等 10 年租期届满后，承租人厚小公司再一次性支付设备评估价的 1% 即可购买该设备。则在厚小公司支付完 10 年租金的一瞬间，该设备的所有权就归厚小公司，而不是在厚小公司支付了 1% 价款的时候。

4. 融资租赁合同无效时租赁物的归属有约从约，没有约定时，租赁物应当返还出租人。但是，因承租人原因致使合同无效，出租人不请求返还或者返还后会显著降低租赁物效用的，租赁物的所有权归承租人，由承租人给予出租人合理补偿。（《民法典》第 760 条）

考点 4　融资租赁有关的民诉命题考点

1. 管辖法院

合同纠纷由被告住所地或者合同履行地法院管辖。（《民事诉讼法》第 24 条）财产租赁合同、融资租赁合同以租赁物使用地为合同履行地。合同对履行地有约定的，从其约定。（《民诉解释》第 19 条）因此，融资租赁合同纠纷由被告住所地或者租赁物使用地法院管辖。

2. 融资租赁合同的诉讼当事人（《融资租赁合同解释》第 13 条）

（1）买卖合同纠纷或者融资租赁合同纠纷中，当事人仅对其中一个合同关系提起诉讼，法院可以通知另一合同关系的当事人作为无独立请求权第三人参加诉讼；

（2）承租人与实际使用人不一致的，法院可以通知实际使用人作为无独立请求权第三人参加诉讼；

（3）承租人向出卖人行使买卖合同相应权利时，法院应当通知出租人作为第三人参加诉讼。

3. 重复起诉

融资租赁合同的出租人提起继续履行诉讼后，承租人不履行判决，出租人又起诉解除合同的，法院应当受理，即此种情形并不属于重复起诉。（《融资租赁合同解释》第 10 条第 2 款）

本节命题角度分析
SUMMARIZE

本节属于主观题命题重点考点。

1. 融资租赁合同的定性问题需要特别关注，售后回租以及阴阳合同都很容易命题。

2. 可以结合民诉考查当事人地位、管辖、是否属于重复起诉等，具有比较高的融合命题价值。

3. 另外其可以结合破产法考查是否属于破产债务人财产，能否取回等。如果这样命题，则难度系数会很高。

第五节 建设工程施工合同[1]

考点1 建设工程合同的定性

1. 建设工程劳务分包合同 VS 建设工程分包合同

主体工程的劳务分包合同是有效的，而主体工程分包合同则是无效的，区分点在于承包人是否实际对工程建设负责。

2. 装修装饰工程合同 VS 承揽合同

建筑物整体的装修装饰属于建设工程合同，适用建设工程合同规则，工程款有优先权；工程内部的个性化装修属于承揽合同，不适用建设工程合同规则。

3. 农村自建房纠纷不属于建设工程施工合同纠纷，而是承揽合同纠纷。

4. 建设工程合同为一种特殊的承揽合同，承揽合同的一般规则不与建设工程合同的特殊规则相冲突的，可适用于建设工程合同。

特别提醒

建设工程合同中，发包人是否享有任意解除权？

——建设工程合同中，发包人不享有任意解除权，原因在于：①从体系解释看，《民法典》已经就建设工程合同中发包人在何种情况下享有解除权作了规定，故《民法典》第787条关于定作人任意解除权的规定原则上不适用于建设工程合同。②从立法目的看，定作人任意解除权制度的立法目的是减少损失、防止浪费。如果允许发包人随时解除合同，反而会造成更大的损失，与定作人任意解除权制度的立法目的相悖。③从公平角度看，目前我国建筑市场上承包人多处于相对弱势地位，如果再赋予发包人以任意解除权，则双方地位失衡将进一步加剧，使承包人处于更不利地位，有违公平原则。

考点2 建设工程合同效力

一、建设工程合同无效的情形

1. 发包无效事由

（1）支解发包。

---

〔1〕 建设工程合同相关法条位置非常好定位，基本集中在《建设工程施工合同解释（一）》中，故本书不再一一标注法条出处。

（2）发包人未取得建设工程规划许可证等规划审批手续，但起诉前可以补正。发包人能够办理审批手续而未办理，并以未办理审批手续为由请求确认建设工程施工合同无效的，人民法院不予支持。

（3）承包人未取得资质或者超越资质等级，但承包人如在竣工前取得相应资质等级，建设工程合同有效。

（4）没有资质的实际施工人借用有资质的建筑施工企业名义订立合同。

（5）建设工程必须进行招标而未招标或者中标无效。

2. 分包无效事由

（1）承包人未经发包人同意而分包。

（2）支解分包，即承包人将其承包的全部建设工程支解以后以分包的名义分别转包给第三人。

（3）主体工程分包。建设工程主体结构的施工必须由承包人自行完成。承包人将主体工程部分分包的，分包无效。

（4）分包给不具有相应资质条件的单位。

（5）分包单位将其再分包的。

3. 转包——一律无效。

二、建设工程合同无效时的工程款请求权

1. 工程质量经竣工验收合格，承包人有权请求发包人按照合同约定支付工程价款；当事人就同一建设工程订立的数份建设工程施工合同均无效，但建设工程质量合格，一方当事人请求参照实际履行的合同关于工程价款的约定折价补偿承包人的，人民法院应予支持。实际履行的合同难以确定，当事人请求参照最后签订的合同关于工程价款的约定折价补偿承包人的，人民法院应予支持。

2. 竣工验收不合格的，修复后的建设工程经竣工验收合格，承包人有工程价款请求权，但修复费用自理；修复后仍不合格的，承包人无权请求支付工程价款。

工程款与工程质量相关，与合同效力无关。

考点 3 建设工程优先权

1. 工程优先权主体

建设工程价款的优先受偿权，是指发包人迟延支付工程款，承包人可对所建设工程变价优先受偿的权利。（《民法典》第 807 条）

（1）实际施工人不享有优先受偿权。

（2）未竣工的建设工程质量合格，承包人请求其承建工程的价款就其承建工程部分折

价或者拍卖的价款优先受偿的，人民法院应予支持。

（3）装饰装修工程的承包人，就装饰装修价款有优先受偿权。

（4）违法建筑没有建设工程优先权。

——建设工程优先权是以建设工程的交换价值优先清偿承包人享有的建设工程价款债权。承包人享有优先权的前提是其建设完成的建设工程依法可以流转。根据《民法典》第807条的规定，承包人享有价款优先权的条件是建设工程宜折价、拍卖。而违章建筑不宜折价、拍卖，故承包人对违章建筑不享有建设工程价款优先受偿权。

2. 工程优先权的行使

（1）建设工程价款优先受偿权的行使期限最长为18个月，自发包人应当给付建设工程价款之日（不再是竣工之日）起计算。建设工程施工合同视为解除的，承包人行使优先受偿权的期限应自合同解除之日起计算。（可结合破产法命题）

（2）权利的行使方式：可以折价，也可以申请法院拍卖。

（3）优先权的受偿范围为承包人为建设工程应当支付的工作人员报酬、材料款等实际支出的费用，但不包括发包人违约造成的损失、逾期利息以及损害赔偿金。

（4）优先权可以放弃，但放弃损害了建筑工人利益的，不予支持。

（5）建设工程优先权与其他权利的关系——优先于债权，也优先于该工程上的抵押权。

考点4 建设工程合同的民诉角度考点（《建设工程施工合同解释（一）》）

1. 专属管辖

（1）建设工程施工合同纠纷，按照不动产纠纷确定管辖。（《民诉解释》第28条第2款）建设工程施工合同纠纷以施工行为地为不动产所在地。

（2）虽因专属管辖不能协议管辖，但根据或裁或审原则，依然可以协议仲裁。

2. 诉讼当事人等其他问题

（1）工程质量诉讼

因建设工程质量发生争议的，发包人可以以总承包人、分包人和实际施工人为共同被告提起诉讼。

（2）工程款诉讼

❶实际施工人可以分包人为被告；分包人可以发包人为被告。实际施工人可以发包人为被告，发包人只在欠付工程价款范围内对实际施工人承担责任。此时分包人为无独立请求权第三人，法院应当追加。（《建设工程施工合同解释（一）》第43条）

❷承包人已经起诉发包人支付工程款的，实际施工人可以在一审法庭辩论终结前申请作为第三人参加诉讼，其另诉请求发包人在欠付工程款范围内承担责任的，不应受理。实际施工人作为第三人参加诉讼后，如请求发包人在欠付工程款范围内承担责任，应当将承包人的诉讼请求和实际施工人的诉讼请求合并审理。

3. 反诉 VS 反驳

发包人可以就工程质量提起反诉，要求承包人支付违约金或者赔偿修理、返工、改建的合理费用等损失，人民法院可以合并审理。

4. 中止执行问题

（1）建设工程价款的债权人是否有权提出执行标的异议？能否中止执行？

——有权在执行程序中提起执行标的异议。因为工程价款优先权属于法律特别保护的债权，在实现上具有优先性，故有权提出执行标的异议；当然，如果优先权已经消灭的话，那就不可以。但不能中止执行。根据《民诉解释》第 506 条第 2 款的规定，享有优先权的债权人可以主张参与分配，但不能阻止顺位在后的债权人的执行程序。

（2）承包人与发包人达成以房屋折抵工程款协议，后该房屋被发包人的普通债权人主张执行，则承包人能否主张执行标的异议以中止执行？

——该房屋本质上属于工程价款的物权化载体，背后代表工程价款优先受偿权，故承包人对房屋享有的权利属于足以排除强制执行的民事权利，承包人有权提出执行标的异议并中止普通债权人对标的物的执行。

5. 第三人撤销之诉主体资格

（1）如果承包人发现发包人与他人的纠纷判决有错且实质影响到自身债权实现，则属于有利害关系的第三人，可以认定其具有第三人撤销之诉的原告资格。

（2）抵押权人对建设工程诉讼判决有异议，也能提起第三人撤销之诉。因为建设工程价款优先受偿权与抵押权指向同一标的物，抵押权的实现因建设工程价款优先受偿权的有无以及范围大小受到影响的，应当认定抵押权的实现同建设工程价款优先受偿权案件的处理结果有法律上的利害关系，抵押权人对确认建设工程价款优先受偿权的生效裁判具有提起第三人撤销之诉的原告主体资格。（指导案例 150 号）

本节命题角度分析 SUMMARIZE

建设工程合同属于重点命题合同，上述考点与命题提醒等均需要考生把握。

1. 是否属于建设工程合同纠纷，乃定性问题，是做题的前提，考生要能够判断出来。
2. 建设工程合同与承揽合同的关系可以成为法条应用题的命题源。
3. 工程款给付问题可能会联合以物抵债制度一并考查，此时难度将非常高。
4. 与建设工程合同有关的诉讼问题均非常容易命题。可以结合民诉来考查管辖法院（专属管辖）、诉讼当事人、反诉等，也可以结合民诉的执行来考查对于承包人的债权的保护。
5. 可以结合“背靠背”条款一起考查。
6. 另外可以结合破产法考查管理人的任意解除权。

第六节 合伙合同[1]

考点1 合伙合同的民法角度考点

1. 合伙合同的概念

合伙合同是2个以上合伙人为了共同的事业目的，订立的共享利益、共担风险的协议。合伙合同行为属于多方法律行为。

命题提醒：

要能区分某人属于合伙人还是债权人。区分的核心在于是否风险共担。

2. 合伙合同中的权利义务

（1）出资义务

合伙人应当按照约定的出资方式、数额和缴付期限，履行出资义务。一个或者数个合伙人不履行出资义务的，其他合伙人不能因此拒绝出资。出资义务不受诉讼时效限制。

（2）损益分配规则

合伙的利润分配和亏损分担，按照合伙合同的约定办理（普通合伙企业中不可以约定全部利润分配给部分合伙人，不得约定由部分合伙人承担全部亏损）；合伙合同没有约定或者约定不明确的，由合伙人协商决定；协商不成的，由合伙人按照实缴出资比例分配、分担；无法确定出资比例的，由合伙人平均分配、分担。（约定>协商>实缴比例>平均）

（3）合伙财产

合伙人的出资、因合伙事务依法取得的收益和其他财产，属于合伙财产。合伙合同终止前，合伙人不得请求分割合伙财产。

3. 合伙债权人的代位权

（1）合伙的债权人不可以代位行使合伙人的共益权，如执行合伙事务的权利、表决权；

（2）合伙的债权人可以代位行使合伙人的自益权，如利益分配请求权。

4. 不定期合伙合同

（1）合伙人对合伙期限没有约定或者约定不明确的，视为不定期合伙；

（2）合伙期限届满，合伙人继续执行合伙事务，其他合伙人没有提出异议的，原合伙合同继续有效，但是合伙期限为不定期；

（3）合伙人可以随时解除不定期合伙合同，但是应当在合理期限之前通知其他合伙人。

---

〔1〕本节法条位置十分好定位，故本书不再一一后缀法条。法条位置在“《民法典》第二十七章‘合伙合同’第967~978条”。

考点2 合伙合同的民诉角度考点

1. 合伙诉讼的当事人

领取营业执照的，以合伙企业为当事人；未领取营业执照的，属于个人合伙，以全体合伙人为当事人。（《民诉解释》第60条）

2. 执行中的追加问题（《执行中变更、追加当事人规定》第14条）

（1）作为被执行人的合伙企业，不能清偿生效法律文书确定的债务，申请执行人申请变更、追加普通合伙人为被执行人的，人民法院应予支持；

（2）作为被执行人的有限合伙企业，财产不足以清偿生效法律文书确定的债务，申请执行人申请变更、追加未按期足额缴纳出资的有限合伙人为被执行人，在未足额缴纳出资的范围内承担责任的，人民法院应予支持。

考点3 合伙合同的商法角度考点

1. 合伙人个人债务清偿规则：首先以个人财产清偿，不足部分才能执行合伙人在合伙企业中的财产份额。

2. 法院强制执行合伙份额时，其他合伙人有优先购买权。其他合伙人不同意购买，又不同意将该财产份额转让给他人的，则为该合伙人办理退伙结算，或者办理削减该合伙人相应财产份额的结算。

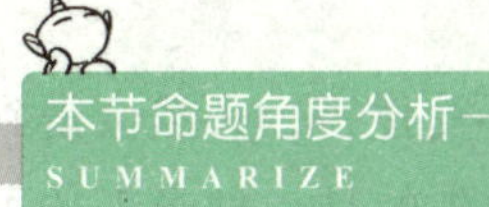

本节命题角度分析 SUMMARIZE

本节属于非传统重点考点。

1. 合伙合同需要注意定性，即区分是属于合伙关系，还是属于借贷关系。

2. 合伙的责任承担需要把握，此点之前主观题有命题记录，可能重复考查。

3. 合伙人的代位权问题属于比较新的内容，需要把握。

4. 注意结合民诉考查执行追加判定，执行追加问题在2022年主观题中已经加以考查，且当年并没提供法条，需要考生凭借记忆作答。

第四分编　侵权责任法

第十一章　侵权责任概述

侵权责任的构成要件与归责原则

考点1　侵权责任的构成要件

一般而言，侵权责任的构成要件包括四个方面：侵权行为；侵权后果/损害事实；侵权行为与侵权后果之间的因果关系；过错。但如果属于无过错归责原则的侵权，则只有三个构成要件：侵权行为、损害结果、因果关系。

侵权责任的消极要件，即不承担侵权责任的情形，也就是免责事由。

1. 损害赔偿范围

（1）侵权财产损害的赔偿范围

财产损失大致可以分为直接损失、间接损失和纯粹经济损失。

直接损失，是已得利益之丧失。

间接损失，是虽受害时尚不存在，但受害人在通常情况下如果不受侵害，必然会得到的利益的丧失，是可得利益的减少，即“该得而未得”。间接损失损失的是一种未来的可得利益，在侵害行为实施时，它只具有一种财产取得的可能性，还不是一种现实的利益。间接损失必须满足可预见性、合理性与确定性才能够得到赔偿。

（2）精神损害赔偿（《民法典》第1183条）

❶侵害自然人人身权益造成严重精神损害的，被侵权人有权请求精神损害赔偿；

❷因故意或者重大过失侵害自然人具有人身意义的特定物造成严重精神损害的，被侵权人有权请求精神损害赔偿。

就精神损害赔偿能否单独起诉（是否构成重复起诉）？[1]

---

[1] 精神损害属于损害类型的一种，基于违约或者侵权关系产生，其并非一种独立的请求权，应在提起侵权之诉或者违约之诉中一并提起，否则视为放弃该项权利。除非法律有明文规定可以单独就精神损害赔偿问题起诉，否则再次起诉就属于后诉实质否认前诉，构成重复起诉。

（3）惩罚性赔偿

❶故意侵害他人知识产权，情节严重的，被侵权人有权请求相应的惩罚性赔偿；（《民法典》第 1185 条）

❷明知产品存在缺陷仍然生产、销售，或者没有依据法律规定采取有效补救措施，造成他人死亡或者健康严重损害的，被侵权人有权请求相应的惩罚性赔偿；（《民法典》第 1207 条）

❸侵权人违反法律规定故意污染环境、破坏生态造成严重后果的，被侵权人有权请求相应的惩罚性赔偿。（《民法典》第 1232 条）

2. 因果关系

没有因果关系，就没有侵权责任。确定加害行为与损害结果之间有无因果关系，要依行为时的一般社会智识经验作为判断标准，认为该加害行为有引起该损害结果发生的可能性，而实际上该加害行为确实引起了该损害结果，则该加害行为与该结果之间有因果关系。相当因果关系规则可以用下列公式来说明：

- 大前提：依据一般的社会智识经验，该加害行为有引起该损害结果发生的可能性。
- 小前提：实际上该加害行为确实引起了该损害结果。
- 结论：那么，该加害行为是该损害结果发生的适当条件，二者之间有因果关系。

特别提醒

相当因果关系适用的前提是存在介入因素，如果不存在介入因素，而是由行为直接引起，则不论多异常都具有法律上的因果关系。

在特定的场合，当被侵权人处于弱势，没有办法证明因果关系时，由侵权人负责证明自己的行为与损害结果之间没有因果关系。侵权人不能证明的，就可以推定存在因果关系。值得注意的是，适用推定因果关系必须要有法律的规定，目前我国法律仅规定了共同危险行为、高空抛物时的公平责任、环境污染侵权适用推定因果关系，所以除此之外的侵权是不能适用这一规则的。

3. 公平责任

受害人和行为人对损害的发生都没有过错的，依照法律规定由双方分担损失。（《民法典》第 1186 条）这项规则不是侵权责任的承担问题，因为不存在侵权行为。实际上它体现的是公平观念，是公平原则在损害赔偿制度中的运用。

公平原则的适用应同时满足下列条件：

（1）当事人双方对损害的发生均无过错；

（2）损害不属于适用无过错责任原则的情形；

（3）存在因果关系，即行为人的行为造成了损害结果的发生。

特别提醒

1. 适用公平原则的前提是行为与结果之间存在因果关系。是否存在因果关系处于真伪不明时，法院不能适用公平原则。需要防止法律适用错误。

2. 公平责任不是侵权归责原则，而是损失分担规则，是公平原则在侵权责任法中的体现。

考点2 侵权责任的归责原则（《民法典》第1165、1166条）

1. 过错责任原则。

2. 过错推定责任原则

具体侵权：

（1）无民事行为能力人在教育机构学习、生活期间遭受人身损害的，教育机构不能够证明尽到教育、管理职责的，推定教育机构有过错。

（2）患者在诊疗活动中受到损害，医疗机构有违反诊疗规范，隐匿或者拒绝提供与纠纷有关的病历资料，遗失、伪造、篡改或者违法销毁病历资料的，推定医疗机构有过错。

（3）动物园饲养的动物致人损害，动物园不能够证明尽到管理职责的，推定动物园具有过错。

（4）物件责任为过错推定责任——建筑物、构筑物或者其他设施倒塌、塌陷致人损害，建设单位与施工单位不能证明没有质量问题的，应当承担连带责任；建筑物、构筑物或者其他设施及其搁置物、悬挂物脱落、坠落致人损害，所有人、管理人或者使用人不能证明自己没有过错的，应担责；堆放物倒塌、滚落或者滑落致人损害，堆放人不能证明自己没有过错的，应担责；在公共道路上堆放、倾倒、遗撒妨碍通行物致人损害的，行为人应担责，公共道路管理人不能证明已经尽到清理、防护、警示等义务的，也应担责；林木折断、倾倒或者果实坠落等致人损害，林木的所有人或者管理人不能证明自己没有过错的，应担责；地面施工或窨井等地下设施致人损害，施工人不能证明已经设置明显标志和采取安全措施的，应担责，管理人不能证明尽到管理职责的，也应担责。

3. 无过错责任原则

具体侵权：

（1）无行为能力人、限制民事行为能力致人损害，监护人承担无过错责任；尽到监护职责的，可以减轻其侵权责任。

（2）用人单位的工作人员因执行工作任务致人损害的，用人单位承担无过错责任。

（3）提供个人劳务一方因劳务致人损害的，接受劳务一方承担无过错责任。

（4）因无偿帮工致人损害的，被帮工人承担无过错责任。但被帮工人明确拒绝帮工的，不承担赔偿责任。（《人身损害赔偿解释》第4条）

（5）机动车与非机动车驾驶人、行人之间发生交通事故，非机动车驾驶人、行人没有过错的，机动车一方承担无过错责任。（《道路交通安全法》第76条第1款第2项）

（6）因污染环境、破坏生态致人损害的，污染者承担无过错责任。

（7）占有或者使用易燃、易爆、剧毒、高放射性、强腐蚀性、高致病性等高度危险物致人损害的，占有人或者使用人承担无过错责任；能够证明损害是因受害人故意或者不可抗力造成的，不承担责任；被侵权人对损害的发生有重大过失的，可以减轻占有人或者使用人的责任。

(8) 饲养的动物致人损害（动物园除外）的，动物饲养人或者管理人承担无过错责任；能够证明损害是因被侵权人故意或者重大过失造成的，可以不承担或者减轻责任。

(9) 因产品存在缺陷致人损害的，生产者承担无过错责任。

(10) 因药品、消毒产品、医疗器械的缺陷，或者输入不合格的血液致人损害的，医疗机构承担无过错责任。

考点 3 侵权责任的免责事由

侵权责任的免责理由有受害人过错、第三人原因、不可抗力、紧急避险、意外事件与自甘冒险行为、自助行为等。

1. 正当防卫

因正当防卫造成损害的，不承担民事责任。正当防卫超过必要的限度，造成不应有的损害的，正当防卫人应当承担适当的民事责任。(《民法典》第 181 条)

2. 紧急避险

因紧急避险造成损害的，由引起险情发生的人承担民事责任。危险由自然原因引起的，紧急避险人不承担民事责任，可以给予适当补偿。紧急避险采取措施不当或者超过必要的限度，造成不应有的损害的，紧急避险人应当承担适当的民事责任。(《民法典》第 182 条)

3. 见义勇为

因保护他人民事权益使自己受到损害的，由侵权人承担民事责任，受益人可以给予适当补偿。没有侵权人、侵权人逃逸或者无力承担民事责任，受害人请求补偿的，受益人应当给予适当补偿。(《民法典》第 183 条)

4. 紧急救助

(1) 因自愿实施紧急救助行为造成受助人损害的，救助人不承担民事责任。(《民法典》第 184 条)

特别提醒

自愿救助时，即便案情表述救助人存在重大过错，其也不承担责任。自愿救助只能适用于救助他人生命的情形，对于他人财产的救助，不能适用该条，需注意该条的法律适用问题。

(2) 紧急救助人与被救助者之间形成无因管理之债关系，故救助人因此受到损失的，有权请求被救助者给予适当补偿。(《民法典》第 979 条第 1 款)

5. 自甘冒险行为 (《民法典》第 1176 条)

(1) 自甘冒险行为，是指个人自愿参与有危险的活动，应自行承担所遭受的损害后果。

(2) 自愿参加具有一定风险的文体活动，因其他参加者的行为受到损害的，受害人不得请求其他参加者承担侵权责任；但是，其他参加者对损害的发生有故意或者重大过失的除外。

（3）活动的组织者则负有安全保障义务。如果尽到了安全保障义务，活动组织者不承担责任；如果没有尽到安全保障义务，则应当承担相应的侵权责任。

6. 自助行为

合法权益受到侵害，情况紧迫且不能及时获得国家机关保护，不立即采取措施将使其合法权益受到难以弥补的损害的，受害人可以在保护自己合法权益的必要范围内采取扣留侵权人的财物等合理措施。此种情形不构成侵权。（《民法典》第1177条第1款）

考点4 侵权责任中的民诉角度考点

1. 举证责任分配规则

根据谁主张积极事实，该事实即为证明对象，谁承担举证责任来归责。侵权纠纷中，原告原则上需要证明侵权的四个构成要件，而被告需要证明免责理由。

但是，基本结构有时会发生部分的改变，一般会发生改变的是“过错”和“因果关系”。具体规则如下：

（1）过错

❶无过错责任的特殊侵权中，过错不是证明对象。因此，举证责任分配为：

原告证明：行为+结果+因果关系；被告证明：免责事由。

❷过错推定责任的特殊侵权中，过错倒置给被告，即由被告证明自己无过错。因此，举证责任分配为：

原告证明：行为+结果+因果关系；被告证明：无过错+免责事由。

提醒：对于过错问题，必须结合侵权责任法规定的归责原则进行融会贯通。

（2）因果关系

正常因果关系由原告证明，但个别情况下因果关系倒置给被告。结合侵权责任法之规定，有三个因果关系的特殊变动情形：环境污染、共同危险、高空抛物公平责任。

2. 关于证明责任必须理解的几句话

（1）证明责任是一种不利后果，这种后果只在裁判事实处于真伪不明的状态下才会发生；

（2）证明责任承担的主体是当事人，法院不承担证明责任；

（3）单一诉讼请求所涉的事实的证明责任，只由一方当事人承担；

（4）证明责任是法定的，不存在原、被告之间相互转移证明责任的问题；

（5）不承担证明责任的一方也可积极行使举证权利；

（6）证明责任是一种拟制或假定，因而只有在法律对所有的证据都已经穷尽后仍无法判断时才能适用。

上述六句话都是在举证责任分配上容易出问题的地方，建议把握。

3. 侵权纠纷的管辖法院

（1）一般侵权案件，由侵权行为地或者被告住所地法院管辖；（《民事诉讼法》第 29 条）

（2）侵权行为地，包括侵权行为实施地、侵权结果发生地。（《民诉解释》第 24 条）

本节命题角度分析——
SUMMARIZE

本节属于主观题重要命题考点，需要考生重点把握。

1. 要会分析一个人的行为是否构成侵权，主要从因果关系、过错两个角度考查，尤其是注意因果关系的判断；也要注意结合免责事由考查。

2. 可以考查哪些损失要赔、哪些损失不赔，一旦涉及此种命题，属于理论基础考查，考生要把握间接损失的判定规则。

3. 公平原则需要特殊注意，一旦考查到一般就是从法律适用的角度让考生分析法院能否应用公平原则审理此案，极易出成民法的法条应用题或者民诉的纠错题。

4. 精神损害赔偿可以出成观点展示题，以考查能否单独起诉、是否构成重复起诉等。

第二节 数人侵权

考点 1 共同侵权

1. 共同加害行为（共同故意+共同过失）

共同加害行为，是指具有意思联络的 2 个或 2 个以上致害人，基于共同的故意或过失，共同实施加害，导致一个损害后果的共同侵权行为。

后果——共同加害人对其所造成的损害后果，承担连带赔偿责任。

2. 教唆、帮助侵权（故意为之，过失的帮助行为不成立共同侵权，其与行为人应分别承担责任）

（1）教唆、帮助完全民事行为能力人实施侵权行为的，教唆、帮助者与行为人承担连带责任。

（2）教唆、帮助限制民事行为能力人、无民事行为能力人实施侵权行为的：

❶监护人尽到监护职责的，教唆、帮助者承担全部侵权责任。

❷监护人未尽监护职责的，监护人承担与其过错相适应的责任。

❸教唆人、帮助人承担侵权人应承担的全部责任；监护人在未尽到监护职责的范围内与教唆人、帮助人共同承担责任，但责任主体实际支付的赔偿费用总和不应超出被侵权人应受偿的损失数额。（《侵权责任编解释（一）》第 12 条第 1 款）

❹教唆人、帮助人不得以自己不知道且不应当知道行为人为无、限制民事行为能力人为由主张减、免责。(《侵权责任编解释（一）》第11条)

3. 共同危险行为

共同危险行为，是指2人以上均实施了足以造成他人人身、财产损害的行为，其中一个行为或者部分行为造成了损害后果，但不能确定是谁的行为实际造成了损害后果的发生。此时，各行为人承担连带责任。

4. 共同侵权案件中的当事人

(1) 原则上，共同侵权人对外承担连带责任，受害人可以任一侵权人为被告提起诉讼，法院尊重原告的处分权。

(2) 涉及人身损害赔偿的特殊规定（《人身损害赔偿解释》第2条）

❶赔偿权利人起诉部分共同侵权人的，人民法院应当追加其他共同侵权人作为共同被告。赔偿权利人在诉讼中放弃对部分共同侵权人的诉讼请求的，其他共同侵权人对被放弃诉讼请求的被告应当承担的赔偿份额不承担连带责任。责任范围难以确定的，推定各共同侵权人承担同等责任。

❷人民法院应当将放弃诉讼请求的法律后果告知赔偿权利人，并将放弃诉讼请求的情况在法律文书中叙明。

考点2 分别侵权（无意思联络的数人侵权）

[法条链接]《民法典》

第1171条 2人以上分别实施侵权行为造成同一损害，每个人的侵权行为都足以造成全部损害的，行为人承担连带责任。

第1172条 2人以上分别实施侵权行为造成同一损害，能够确定责任大小的，各自承担相应的责任；难以确定责任大小的，平均承担责任。

累积因果关系（100%+100%）⟶加害人承担连带责任。

共同因果关系（50%+50%）⟶加害人承担按份责任（过错+原因力）。

考点3 数人侵权的责任形态

1. 按份责任：对外按份，对内无关。

2. 连带责任：对外连带，对内按份。

3. 不真正连带责任：对外连带，对内仅一人承担终局责任。

具体情形：

(1) 雇佣关系/帮工，因第三人的行为导致提供劳务者/帮工人遭受损害的，第三人与接受劳务者/被帮工人；

(2) 产品责任中，生产者与销售者；

（3）医疗产品责任中，医疗机构与负有责任的药品上市许可持有人、生产者或者血液提供者；

（4）因第三人的过错污染环境、破坏生态，第三人与环境污染、破坏生态者；

（5）因第三人的过错导致饲养的动物致人损害，第三人与动物的饲养人或者管理人。

4. 补充责任：顺位利益+过错责任+与过错相应的责任+可以追偿。

具体情形：

（1）安保义务人（即安全保障义务人）未尽到安全保障义务，致使第三人致人损害的，由第三人承担侵权责任，安保义务人承担与其过错相应的补充责任。安保义务人承担补充责任后，可以向第三人追偿。（《民法典》第1198条第2款）

（2）“无限人”（即无民事行为能力人或者限制民事行为能力人）在教育机构学习、生活期间，因教育机构以外的第三人遭受人身损害的，由第三人承担侵权责任，未尽到管理职责的教育机构承担与其过错相应的补充责任。教育机构承担补充责任后，可以向第三人追偿。

特别提醒

不能将补充责任人单独作为被告起诉，因为其享有顺位利益，法院应当释明，要求原告追加，如果原告拒绝追加，法院裁定驳回起诉。

本节命题角度分析——SUMMARIZE

本节内容属于一般考点，但有两个点值得特别关注：

1. 要会判断是否属于共同侵权，从而确定是承担按份责任还是连带责任。如几个人主观存在意思联络，属于共同故意/过失/教唆/帮助/共同危险行为，则属于共同侵权，此时如果是财产侵权损害赔偿，法院尊重原告处分权，不能追加其他人作为共同被告；如果是人身损害赔偿，则应当追加为共同被告。如果几人主观上并没有意思联络，属于无意思联络的数人侵权，又因为单独任何一行为都不足以造成损害结果的发生，故而承担按份责任。为了查清案件事实，更快解决纠纷，法院可以追加其他侵权人作为共同被告。

2. 不同数人侵权时的诉讼当事人地位要能够对应上：连带责任法院尊重原告处分权；按份责任法院一般会追加；补充责任不能单独起诉补充责任人，法院应当释明要求追加，否则裁定驳回起诉；不真正责任一般体现为一人为被告，另一人为第三人。

第十二章 具体侵权

考点1 用人者责任——无过错替代责任

- 单位用工
  - (1) 劳动者致人损害→用人单位承担无过错责任，可以向有故意或者重大过失的劳动者追偿
  - (2) 劳动者在劳务派遣中致人损害
    - ①接受劳务派遣的用工单位承担无过错责任
    - ②派遣单位有过错的，承担相应责任
  - (3) 劳动者遭受损害→工伤赔偿
- 个人用工
  - (1) 劳务提供者致人损害→劳务接受者承担无过错责任，可以向有故意或者重大过失的劳务提供者追偿
  - (2) 劳务提供者遭受损害
    - ①劳务接受者承担过错责任
    - ②双方均有过错的，各自承担与其过错相应的责任
    - ③损害由第三人造成的，第三人与劳务接受者承担不真正连带责任
- 免费帮工（《人身损害赔偿解释》）
  - (1) 帮工人致人损害
    - ①被帮工人承担无过错责任，可以向有故意或者重大过失的帮工人追偿
    - ②被帮工人明确拒绝帮工的，不承担责任
  - (2) 帮工人遭受损害
    - 意外事件
      - ①被帮工人承担过错责任
      - ②被帮工人明确拒绝帮工的，不承担责任，但可以适当补偿
    - 第三人侵权——第三人与被帮工人承担不真正连带责任

做题前提：（定性识别问题）

1. 判断是否属于职务行为——一般看是否是以完成工作为目的的行为。

2. 判断是定作人责任还是雇主责任。

承揽关系VS雇佣关系：承揽合同是以工作成果为标的，雇佣合同的性质为提供劳务。二者的区别在于：

（1）承揽人自备工具，雇佣者由雇主提供工具；

（2）承揽合同的履行具有一次性，雇佣合同的履行具有连续性。

二者区分的意义在于：责任由谁承担不同。承揽人在完成工作过程中造成第三人损害或者自己损害的，定作人不承担侵权责任。但是，定作人对定作、指示或者选任有过错的，应当承担相应的责任。

考点2 安保义务人责任

1. 安保义务人的范围——经营场所、公共场所的经营者、管理者，群众性活动的组织者，因先行行为引发的安全保障义务的承受者；高空抛物情况下，物业服务企业等建筑物管理人有安保义务；自甘冒险活动中，活动组织者有安保义务。

2. 归责原则——过错责任：第三人侵权时，安保义务人未尽到安全保障义务的，承担相应的补充责任；其承担补充责任后，可以向第三人追偿。

考点3 教育机构责任

校内侵权 （学生互殴、教师侵权）	受害人为无民事行为能力人，教育机构承担过错推定责任。
	受害人为限制民事行为能力人，教育机构承担过错责任。
校外第三人侵权	民法角度——第三人承担侵权责任；教育机构未尽到管理职责的，承担相应的补充责任。
	民诉法角度——被侵权人仅起诉教育机构的，人民法院应当向原告释明申请追加实施侵权行为的第三人为共同被告。第三人不确定的，未尽到管理职责的教育机构先行承担与其过错相应的责任；教育机构承担责任后，可以向已经确定的第三人追偿。 **特别提醒：**这是《侵权责任编解释（一）》新增的内容，一定要注意其与民诉角度的诉讼当事人地位的结合考查。
被教唆侵权	教唆者承担侵权责任；无、限制民事行为能力人的监护人有过错的，承担与其过错相应的责任；教育机构承担过错责任或过错推定责任。 **特别提醒：**这里的监护人责任不是说与教唆者承担按份责任，而是在监护人过错范围内与教唆者对外连带！这也是《侵权责任编解释（一）》新增的规定，也要注意！

［做题技巧］学生受害：一看场合，决定教育机构是否承担责任；二看被谁害，决定教育机构是否承担补充责任。

疑难点拨：

1. 只有在教育机构负责的范围内，教育机构才需要承担责任。

2. 如果是校外第三人侵权，教育机构承担的就是补充责任；如果不涉及校外第三人，则教育机构承担的就不是补充责任。

本节命题角度分析——SUMMARIZE

本节属于主观题重要命题考点，尤其是用人者责任，历史考查频率将近10次。

1. 完全把握用人者责任，尤其注意劳务派遣责任以及民诉角度的诉讼当事人确定与第三人侵权时的责任。

2. 要能区分用人者责任与承揽合同，防止出现定性错误。

3. 安保义务人责任要能甄别出来，注意其承担补充责任的民诉当事人地位：不能只告补充责任人，否则应释明追加，拒绝追加则裁定驳回起诉。

4. 劳务派遣、教育机构责任涉及《侵权责任编解释（一）》的完善，需要特别注意责任的承担方式以及诉讼当事人的地位。

第二节 典型侵权

考点1 产品侵权

1. 产品责任VS产品瑕疵责任

（1）如果只是产品本身有问题，尚未造成其他人身、财产损失，则只属于产品瑕疵责任，只有合同责任，没有侵权责任；

（2）因产品缺陷危及他人人身、财产安全的，才属于产品责任，存在违约和侵权的竞合。(加害给付)

2. 产品侵权责任的承担适用何种归责原则？被侵权人能否主张精神损害赔偿？能否主张惩罚性赔偿？

（1）生产者、销售者承担不真正的连带责任（共同被告/第三人），运输者、仓储者等第三人承担的不是产品责任，其只有内部追责合同责任；

（2）生产者、销售者对外承担无过错责任；

（3）如果缺陷产品致人精神痛苦，则被侵权人可以请求精神损害赔偿；

（4）明知产品存在缺陷仍然生产、销售，或者没有依法采取有效补救措施，造成他人死亡或者健康严重损害的，被侵权人有权请求相应的惩罚性赔偿。

躲坑提醒：一定是出现了致人死亡、健康严重损害，才有民法上的惩罚性赔偿。

考点2 环境污染侵权

一、民法角度考点

1. 因污染环境、破坏生态造成他人损害的，侵权人应当承担侵权责任。（无过错责任）

2. 因第三人的过错污染环境、破坏生态的，被侵权人可以向侵权人请求赔偿，也可

以向第三人请求赔偿。侵权人赔偿后，有权向第三人追偿。（第三人原因不是免责事由）

3. 侵权人故意污染环境、破坏生态造成严重后果的，被侵权人可以主张惩罚性赔偿。

4. 环境污染侵权由被告证明损害结果与侵权行为之间没有法律上的因果关系。

二、民诉角度考点

1. 环境污染私益诉讼

（1）举证责任分配：原告证明侵害行为（被告实施了污染环境或者破坏生态的行为）、损害结果（原告人身、财产受到损害或者有遭受损害的危险和损失、费用等）；被告证明无因果关系以及减、免责事由。（《生态环境侵权证据规定》第2、4、6条）

另外，原告需提供被告行为与损害之间具有关联性的证据。（《生态环境侵权证据规定》第5条第1款）（防止滥诉，提高因果关系认定的准确性）

（2）管辖法院：被告住所地、侵权行为地人民法院。

2. 环境污染公益诉讼

（1）诉讼当事人：提起环境公益诉讼的主体为环保组织，该组织要满足两个条件：①依法在设区的市级以上人民政府民政部门登记；②专门从事环境保护公益活动连续5年以上且无违法记录。（《环境保护法》第58条第1款）

（2）举证责任分配：原告证明被告实施了污染环境或者破坏生态的行为，且该行为违反国家规定；生态环境受到损害或者有遭受损害的重大风险。（《生态环境侵权证据规定》第3条）

（3）管辖法院：第一审环境民事公益诉讼案件由污染环境、破坏生态行为发生地、损害结果地或者被告住所地的中级以上人民法院管辖。（《最高人民法院关于审理环境民事公益诉讼案件适用法律若干问题的解释》第6条第1款）

（4）环境民事公益诉讼案件审理过程中，被告以反诉方式提出诉讼请求的，人民法院不予受理。（《最高人民法院关于审理环境民事公益诉讼案件适用法律若干问题的解释》第17条）

3. 检察院公益诉讼

（1）人民检察院拟提起公益诉讼的，应当依法公告，公告期间为30日。公告期满，法律规定的机关和有关组织不提起诉讼的，人民检察院可以向人民法院提起诉讼。（《最高人民法院、最高人民检察院关于检察公益诉讼案件适用法律若干问题的解释》第13条第1、2款）

（2）人民检察院提起公益诉讼案件判决、裁定发生法律效力，被告不履行的，人民法院应当移送执行。（《最高人民法院、最高人民检察院关于检察公益诉讼案件适用法律若干问题的解释》第12条）

（3）民事公益诉讼案件审理过程中，人民检察院诉讼请求全部实现而撤回起诉的，人民法院应予准许。（《最高人民法院、最高人民检察院关于检察公益诉讼案件适用法律若干问题的解释》第19条）

4. 几个重要证据考点

（1）证据共通原则

❶概念：人民法院对于当事人提交申请的证据，无论该证据对提出者一方是否有利，

均作为本案的证据发生作用。

❷体现：某项证据在提交人民法院后，虽然可以被提交证据的一方当事人撤回，但不影响对方当事人援引该证据证明案件事实。

当事人向人民法院提交证据后申请撤回该证据，或者声明不以该证据证明案件事实的，不影响其他当事人援引该证据证明案件事实以及人民法院对该证据进行审查认定。

当事人放弃使用人民法院依其申请调查收集或者保全的证据的，按照前述规定处理。（《生态环境侵权证据规定》第 15 条）

（2）证明标准问题

三大诉讼证明标准并不相同。对于因证据不足、案件事实不清、未达到排除合理怀疑的刑事诉讼证明标准而作出的无罪判决，如果相关事实能够达到高度可能性的民事诉讼证明标准，则民事裁判应当认定该事实存在。

对于发生法律效力的刑事裁判、行政裁判因未达到证明标准未予认定的事实，在因同一污染环境、破坏生态行为提起的生态环境侵权民事诉讼中，人民法院根据有关事实和证据确信待证事实的存在具有高度可能性的，应当认定该事实存在。（《生态环境侵权证据规定》第 8 条）

（3）免证事实

对于人民法院在生态环境保护民事公益诉讼生效裁判中确认的基本事实，当事人在因同一污染环境、破坏生态行为提起的人身、财产损害赔偿诉讼中无需举证证明，但有相反证据足以推翻的除外。（《生态环境侵权证据规定》第 9 条）

（4）对于可能损害国家利益、社会公共利益的事实，双方当事人未主张或者无争议，人民法院认为可能影响裁判结果的，可以责令当事人提供有关证据。

考点 3 机动车交通事故责任

机动车交通事故责任，是指车辆驾驶人员、行人、乘车人以及其他在道路上进行与交通有关活动的人员，因违反《道路交通安全法》和其他道路交通管理法规、规章或存在过错行为，造成人身伤亡或财产损失所应承担的责任。

1. 机动车 VS 机动车——过错责任；机动车 VS 非机动车/行人——无过错责任。

2. 谁是“车方”？——一般原则：谁使用，谁担责。（与所有权没有太大关系！）

具体情形：

（1）出租、出借——使用人担责；所有人有过错的，承担按份责任。

（2）转让拼装车或已达到报废标准的车——转让人与受让人承担连带责任，如多次转让，由所有转让人与受让人承担连带责任。

躲坑提醒： 不论转让人、受让人是否知情，全部连带。这是《侵权责任编解释（一）》第 20 条的新增规定。

（3）盗窃、抢夺、抢劫的机动车发生交通事故——保险公司免责，但抢救费用可以由保险公司垫付；侵权人担责，所有人不担责。

（4）未依法投保强制保险的机动车发生交通事故造成损害，投保义务人和交通事故责任人不是同一人，被侵权人合并请求投保义务人和交通事故责任人承担侵权责任的，交通事故责任人承担侵权人应承担的全部责任；投保义务人在机动车强制保险责任限额范围内与交通事故责任人共同承担责任。（《侵权责任编解释（一）》第21条第1款）

（5）挂靠的机动车——挂靠人与被挂靠人连带。

（6）套牌机动车——允许他人套牌，连带；擅自套牌，套牌者担责。

（7）机动车培训中出事故——驾驶培训单位担责。

（8）4S店试驾出事故——店家担责；试驾人有过错的，减轻提供者责任。

3. 减责、免责事由

（1）行人、非机动车故意，机动车免责；

（2）行人、非机动车具有过失，适当减责；

（3）机动车能证明自己没有过错的，仅承担不超过10%的责任；

（4）非营运机动车造成无偿搭乘者损害，无故意、重大过失时应当减轻或者免除责任；

（5）机动车驾驶人离开本车后，因未采取制动措施等自身过错受到本车碰撞、碾压造成损害的，原则上保险公司免责。（《侵权责任编解释（一）》第22条）

特别提醒

机动车交通事故处理的是机动车与机动车、非机动车、行人之间的交通事故，而不包括机动车与物之间的碰撞。例如，车撞上飞出来的动物引发的纠纷，就不属于机动车交通事故责任，而只属于一般侵权。

4. 机动车交通事故责任认定书

（1）当事人对道路交通事故认定或者出具道路交通事故证明有异议的，可以自道路交通事故认定书或者道路交通事故证明送达之日起3日内提出书面复核申请。当事人逾期提交复核申请的，不予受理，并书面通知申请人。复核申请应当载明复核请求及其理由和主要证据。同一事故的复核以一次为限。（《道路交通事故处理程序规定》第71条）

对交通事故认定不服的，可以就交通事故纠纷提起侵权之诉。

（2）交通事故认定书属于公文书证，具有推定真实的效力，故谁主张推翻交通事故认定书认定的事实，谁应当承担证明责任。（也有观点认为其属于鉴定意见/勘验笔录，即存在观点展示的可能性）

（3）事故认定书不当然具有证明力。因为在诉讼中，交警大队出具的事故认定书只是证据的一种，其所证明的事实与案件其他证据所证明的事实是否一致，以及法院是否确信该事故认定书所确认的事实，法院有权根据案件的综合情况予以判断，即该事故认定书的证明力由法院判断后确定。

考点 4 建筑物和物件损害责任

1. 物件责任采取过错推定归责原则，推定物件的所有人、管理人、使用人存在过错。

2. 高空抛物责任

（1）知道具体侵权人的：（《侵权责任编解释（一）》第 24 条）

❶由具体侵权人赔偿；

❷物业服务企业等建筑物管理人未采取必要的安全保障措施防止从建筑物中抛掷物品或者从建筑物上坠落的物品造成他人损害的，承担与其过错相应的补充责任；

❸具体侵权人和物业服务企业等建筑物管理人作为共同被告，在判决中明确物业服务企业等建筑物管理人的补充责任即可。

（2）难以确定具体侵权人的：（一审法庭辩论终结前公安等机关依然未查明）（《侵权责任编解释（一）》第 25 条）

❶物业服务企业等建筑物管理人未尽到安保责任的，先承担与其过错相应的赔偿责任。

❷对未清偿的剩余部分，由可能加害的建筑物使用人给予适当补偿。可能加害的建筑物使用人补偿后，有权向具体侵权人追偿。

特别提醒

1. 因果关系的举证责任倒置。
2. 当事人问题：查不清楚时，物业+可能业主均可以作为被告；查清楚时，物业+侵权人为共同被告，但不能单独起诉物业，否则法院应当释明，让原告追加，不追加则裁定驳回起诉。

本节命题角度分析 SUMMARIZE

本节内容属于主观题重点命题考点，存在重复命题现象，考生需要高度警惕。

1. 产品责任数次命题，一定要注意加害给付情形下的救济方式以及每种方式的差别，这是其命题的重要趋势。

2. 环境污染尚未命题，其属于民法、民诉融合命题考点，务必重点关注，甚至可以结合刑法考查。

3. 机动车交通事故一定要注意事故认定书的民诉角度出题，如考查事故认定书的证据类型以及证明效力，这非常符合现行综合题中民诉法的命题风格。

4. 注意物件责任，其存在重复命题记录，并且，《侵权责任编解释（一）》对此有详细规定。一定要注意其与民诉角度的适格当事人结合考查。

第二编　民诉法考点演绎

第一分编　民诉法总论

第十三章　诉的基本理论

第一节　诉的分类与诉的合并

考点 1　诉的分类

一、确认之诉

确认之诉，是请求人民法院确认其主张的法律关系存在或不存在的诉。

请求确认其主张的法律关系存在的是积极的确认之诉；请求确认其主张的法律关系不存在的是消极的确认之诉。

[例] 关于合同解除之诉的种类问题[1]

讨论合同解除之诉的类型，需探究原告诉讼请求的本质，究竟为变动法律关系抑或确认既有法律关系或权利状态：前者为形成之诉，后者为确认之诉。

1. 通知解除所引发的诉讼是确认之诉

(1) 确认解除行为效力之诉

当事人提起确认解除行为效力之诉，目的在于请求法院确认解除行为的效力状态，而非请求法院通过判决直接解除合同，故其符合确认之诉的构成要件，属于确认之诉而非形成之诉。理由有二：

❶从诉讼请求视角看，该诉原告之诉请是确认解除行为的效力而非解除合同；

❷从诉讼标的视角看，普通形成权只能作为确认之诉而非形成之诉的诉讼标的。

(2) 确认合同解除主张之诉

确认合同解除主张之诉属于确认之诉，原告起诉之目的在于通过向法院提起诉讼的方

---

[1] 参见张海燕：《合同解除之诉的解释论展开》，载《环球法律评论》2022 年第 5 期。

式向对方作出解除合同的意思表示，请求法院确认其解除合同的主张符合法定或约定解除条件。此时合同解除这一形成效果仍然是基于解除权人通过法院送达起诉状副本将解除合同的意思表示通知对方而产生，而非基于法院生效判决而产生。

针对原告提出的请求解除合同的主张，法院的审理对象是原告解除合同的主张是否成立，其判决主文是确认原告解除合同的主张是否符合法定或约定解除条件，若符合便作出支持性确认判决，合同自起诉状副本送达对方时解除；若不符合则判决驳回原告诉讼请求。

2. 司法解除所引发的诉讼是形成之诉

依据我国法律规定，司法解除存在于情势变更和非金钱债务继续履行除外情形中，相应地，由此产生的诉讼也有两种情形：

(1) 情势变更时的合同解除之诉。情势变更情形发生后，受不利影响的当事人有权与对方进行再交涉，若失败，其有权诉请法院解除合同。解除权人须以诉讼的方式行使形成权，只有经法院判断符合法定的形成要件，才自判决确定时发生形成力。

(2) 非金钱债务继续履行除外情形下的合同解除之诉。违约方在出现非金钱债务继续履行除外情形且合同目的落空时诉请法院解除合同，该诉的类型为形成之诉，由此形成的支持性判决为形成判决，判决主文的内容是解除当事人之间的合同，该判决能够直接终止当事人之间的权利义务关系。

二、给付之诉

给付之诉，即请求法院判令被告履行一定给付义务的诉。

其中，要求对方给付财物的是财物的给付之诉；要求对方做出一定行为的是作为的给付之诉；要求对方不得做出一定行为的是不作为的给付之诉。

三、变更之诉（形成之诉）

变更之诉，即请求法院改变或者消灭其与对方当事人之间某种现存的民事法律关系的诉。

[例] 乔某起诉张某借款合同纠纷获得生效判决，申请法院执行张某在甲公司的股权，法院冻结了该部分股权。隐名股东周某提出执行异议被执行法院驳回，周某以自己是实际出资人为由提起诉讼，要求暂停执行并解除冻结。请判断该案中诉的性质。[1]

特别提醒

本案中涉及的诉的分类为何种类型？试说明理由。

[参考答题模板] 属于确认之诉。确认之诉，是请求人民法院确认其主张的法律关系存在或不存在的诉。本案中，原告的诉讼请求虽为解除合同，但原告起诉之目的在于通过向法院提起

---

[1] 变更之诉。变更之诉，又称形成之诉，是指原告请求法院以判决改变或消灭既存的某种民事法律关系的诉，具体可分为实体法上的变更之诉与程序法上的变更之诉。本案中，周某提起案外人异议之诉，其目的在于要求法院撤销执行机构的不当执行，因此属于变更之诉。

诉讼的方式向对方作出解除合同的意思表示，请求法院确认其解除合同的主张符合法定或约定解除条件。此时合同解除这一形成效果仍然是基于解除权人通过法院送达起诉状副本将解除合同的意思表示通知对方而产生，因此属于确认之诉。

考点2 诉的合并

1. 诉的主体（主观）合并，是指将数个当事人合并到同一诉讼程序中审理和裁判。（《民事诉讼法》第55条第1款）

2. 诉的客体（客观）合并，是指将同一原告对同一被告提起的2个以上的诉或者反诉与本诉合并到同一诉讼程序中审理。

（1）诉的单纯的客观合并

法院应具体审查各个诉讼标的之间是否存在牵连关系，各个诉讼标的在案件事实、证据调查、当事人诉辩等方面存在共同之处的，属于具有牵连关系的单纯合并之诉。如受诉法院对合并之诉其中之一享有管辖权且若干诉讼适用同一诉讼程序，则应当予以合并受理；反之，则属于无牵连关系的单纯合并，法院在立案阶段应对数个诉分别予以立案。

[例] A公司与B银行签订《综合授信合同》，约定流动资金贷款的综合授信额度为1000万元。A公司与B银行先后签订5份《流动资金贷款借款合同》，后A公司到期未归还欠款，B银行向法院提起诉讼，提交涉案的5份借款合同作为证据，要求A公司返还欠款1000万元及相应利息。

B银行以多个借款合同为证据起诉A公司，其本质上为数个互相独立的诉。然而，由于B银行提供证据证明上述借款均在同一《综合授信合同》项下，数个独立的诉之间构成事实上的牵连关系，法院应当予以合并受理。

[考点拓展] 单纯客观合并之诉的管辖问题

在地域管辖方面，同一原告向同一被告提出数个并列关系的诉讼标的且当事人未对地域管辖作出约定的，法院应依照法定管辖的具体规定确定全案管辖。具体分析如下：

❶各个单一之诉的法定管辖不一致时，受诉法院对其中任一诉讼标的享有法定管辖权的，对全案享有合并管辖权；

❷合并的诉讼标的部分存在管辖协议的，根据协议管辖优先于法定管辖原则，法院应当按照管辖协议确定全案管辖；

❸合并的诉讼标的均存在管辖协议且约定不一致时，任一约定管辖法院均可对全案行使管辖权；

❹各诉讼标的中有一个或多个为专属管辖时，由专属法院行使管辖权。

（2）诉的预备合并，是指原告将主请求与预备请求以特定顺序一并提出，若主请求成立，法院则不必就预备请求作出判决。同理，只有在主请求未获得法院支持的情况下，原告主张的预备请求才能得到法院的审理与裁判。

[例1] 宜春市利达房地产开发有限公司、袁何生合伙协议纠纷案［(2019) 最高法民申 1016 号］

在该案中，原告诉请：①请求确认袁何生为持有利达公司 18%股份的股东，并责令利达公司在 10 个工作日内完成袁何生股东登记工作；②若上述诉请不能得到支持，则请求判令利达公司支付拖欠袁何生的股权转让款及相应利息。

最高法院认为……袁何生提出的第二项诉讼请求是在第一项诉讼请求不能获得法院支持情况下的预备性诉讼请求，在诉讼法学理论上称之为预备合并之诉，并不违反我国民事诉讼法的相关规定。原审法院在审理后认为袁何生第一项诉讼请求不能成立的情况下对第二项诉讼请求予以审理并作出裁判，符合诉讼便利和经济的原则，也有利于法院对当事人争议裁判的协调统一，并无不当。利达公司认为本案应当驳回袁何生诉讼请求的再审理由不能成立。

[例2] C 公司与 D 公司签订《电子设备买卖合同》，约定由 C 公司出售电子设备并负责安装，合同总价为 500 万元。后 D 公司以通知函的形式告知 C 公司终止双方的买卖合同，双方的涉诉标的由第三方履行完毕。C 公司认为 D 公司单方解除合同缺乏依据，故诉至法院，请求判令 D 公司继续履行合同；若法院认为合同无法继续履行，则请求判令解除合同，D 公司支付相应违约金。

C 公司向受诉法院提出两个不能同时成立的诉讼请求：先位之诉请求法院确认 D 公司单方解除合同的行为无效，要求其继续履行合同；后位之诉在合同无法继续履行的情况下，要求 D 公司支付违约金。若法院认为 D 公司应当继续履行合同，则后位之诉无需审理；反之，则应对违约金的诉请进行审理。因此，本案属于预备合并之诉，法院应当合并审理。

[考点拓展] **预备合并之诉的管辖问题**

法院应当遵循先位之诉优先的原则确定预备合并案件的地域管辖。法院在预备合并之诉中若不认可先位诉请，则对后位诉请进行审理，故在先位诉请与后位诉请管辖不一致时，法院应根据先位诉请确定管辖。

本节命题角度分析
SUMMARIZE

本案中涉及的不同的诉能否合并审理？试说明理由。

[参考答题模板]

1. 本案中，原告甲公司对被告乙公司提出的多个诉可以合并审理，因为各个诉讼标的之间存在牵连关系，各个诉讼标的在案件事实、证据调查、当事人诉辩等方面存在共同之处，属于具有牵连关系的单纯合并之诉。受诉法院对合并之诉其中之一享有管辖权且本案涉及的若干诉讼适用同一诉讼程序，因此法院应当予以合并受理。(**诉的客体合并**)

2. 本案中，因为张三和李四分别提起的诉讼属于诉讼标的同一的诉讼，其诉讼标的均为同一买卖合同法律关系，故已构成必要共同诉讼，法院应当合并审理。(**诉的主体**

合并）

3. 本案中，原告提出的第二项诉讼请求是在第一项诉讼请求不能获得法院支持情况下的预备性诉讼请求，在理论上称之为预备合并之诉，并不违反我国《民事诉讼法》的相关规定。法院在审理后认为第一项诉讼请求不能成立的情况下对第二项诉讼请求予以审理并作出裁判，符合诉讼便利和经济的原则，也有利于法院对当事人争议裁判的协调统一，并无不当，因此法院可以合并审理。（**诉的预备合并**）

4. 法院可以合并审理。根据《民诉解释》第221条的规定，基于同一事实发生的纠纷，当事人分别向同一人民法院起诉的，人民法院可以合并审理。本案中，张三和李四向法院提起的诉讼都是基于同一事实发生的，因此法院可以合并审理。

第二节 反诉

考点 反诉的构成要件（《民诉解释》第232、233条）

概念	反诉是在诉讼程序中，本诉的被告针对本诉的原告向法院提出的独立的诉。	
反诉的识别与判断	主体要求	本诉的被告对本诉的原告提起。
	时间要求	本诉存续期间（一审法庭辩论结束前）。
		二审中提反诉：可以调解；调解不成，告知另行起诉。双方当事人同意由第二审人民法院一并审理的，第二审人民法院可以一并裁判。
	管辖要求	反诉应当向审理本诉的人民法院提起（若反诉属专属管辖则不可合并）。
	程序要求	适用同一诉讼程序。
	牵连关系	属于同一法律关系、基于同一原因事实或者本反诉请求有因果关系。

思考：再审中提出反诉的，如何处理？再审发回重审中提出反诉的，如何处理？[1]

［考点链接］民法、商法融合考查

（一）股东代表诉讼涉及民诉的考查角度（《九民纪要》第24~27条）

24.（何时成为股东不影响起诉）股东提起股东代表诉讼，被告以行为发生时原告尚未成为公司股东为由抗辩该股东不是适格原告的，人民法院不予支持。

---

〔1〕 1. 再审程序中，当事人提出增变反的新请求，不属于再审范围，符合另诉条件的，告知另诉。因为再审应当围绕再审请求进行审理，而再审请求应当以原审的诉讼请求为限，当事人超出原审范围增加、变更诉讼请求的，不属于再审审理范围，因此再审法院应不予审理，符合另诉条件的，告知另诉。

2. 再审裁定撤销原判决、裁定发回重审的案件，当事人申请提出反诉，符合下列情形之一的，人民法院应当准许：①原审未合法传唤缺席判决，影响当事人行使诉讼权利的；②追加新的诉讼当事人的；③诉讼标的物灭失或者发生变化致使原诉讼请求无法实现的；④当事人申请变更、增加的诉讼请求或者提出的反诉，无法通过另诉解决的。

25.（正确适用前置程序）根据《公司法》第151条（现为第189条）的规定，股东提起代表诉讼的前置程序之一是，股东必须先书面请求公司有关机关向人民法院提起诉讼。一般情况下，股东没有履行该前置程序的，应当驳回起诉。但是，该项前置程序针对的是公司治理的一般情况，即在股东向公司有关机关提出书面申请之时，存在公司有关机关提起诉讼的可能性。如果查明的相关事实表明，根本不存在该种可能性的，人民法院不应当以原告未履行前置程序为由驳回起诉。

26.（股东代表诉讼的反诉）股东依据《公司法》第151条第3款（现为第189条第3款）的规定提起股东代表诉讼后，被告以原告股东恶意起诉侵犯其合法权益为由提起反诉的，人民法院应予受理。被告以公司在案涉纠纷中应当承担侵权或者违约等责任为由对公司提出的反诉，因不符合反诉的要件，人民法院应当裁定不予受理；已经受理的，裁定驳回起诉。

27.（股东代表诉讼的调解）公司是股东代表诉讼的最终受益人，为避免因原告股东与被告通过调解损害公司利益，人民法院应当审查调解协议是否为公司的意思。只有在调解协议经公司股东会、董事会决议通过后，人民法院才能出具调解书予以确认。至于具体决议机关，取决于公司章程的规定。公司章程没有规定的，人民法院应当认定公司股东会为决议机关。

（二）建设工程施工合同中的反诉（《建设工程施工合同解释（一）》第16条）

发包人在承包人提起的建设工程施工合同纠纷案件中，以建设工程质量不符合合同约定或者法律规定为由，就承包人支付违约金或者赔偿修理、返工、改建的合理费用等损失提出反诉的，人民法院可以合并审理。

[考点拓展] **反诉VS抗辩**

抗辩，是指当事人通过主张与对方的主张事实所不同的事实或法律关系，以排斥对方所主张的事实的防御行为；反诉，是指在本诉的诉讼程序中，本诉的被告以本诉的原告为被告，提起的与本诉相关的诉。

（一）抗辩及其分类

抗辩属于一种诉讼行为，通常是针对原告请求权提出的防御主张，是对案件对方所主张的事实进行对抗或者提出异议，以达到排斥对方所主张事实的目的。根据依据的不同，抗辩一般包括实体抗辩和程序抗辩：

1. 实体抗辩

（1）权利障碍抗辩：相对方主张请求权未曾产生（如合同不成立、不发生效力、无效等）；

（2）权利消失抗辩：相对方主张请求权成立后已因特定事实而消灭（如债务已清偿或者抵销等）；

（3）权利排除抗辩：相对方主张请求权暂时或者永久被排除（如先履行抗辩权、不安抗辩权、同时履行抗辩权等）。

2. 程序抗辩

相对方以程序法关于特定事项的规定来对抗请求权，如管辖权异议、诉讼主体不适格、起诉条件欠缺、证据三性瑕疵等。

（二）抗辩与原告诉讼请求的关系

1. 对于原告的诉讼请求，抗辩属于防御型诉讼行为。此包括两方面含义：

（1）抗辩的目的在于对抗或者否定原告的诉讼请求，抗辩人通过主张不同的事实或者法律关系，以排斥原告的诉讼请求，抗辩与原告的诉讼请求之间互相否定、非此即彼，不可能出现抗辩与原告的诉讼请求均获得法院支持的情况。

（2）抗辩仅具有防御性，不具有攻击性或者反击性。抗辩仅针对原告的诉讼请求进行对抗和反驳，无论法院是否认可抗辩的效力和内容，都不会对抗辩对象的既有利益造成影响。

2. 在本诉项下，原告提出了诉讼请求并提供相应证据后，被告的抗辩（包括法律说理、事实答辩、提交证据等）须围绕原告的诉讼请求和相关证据展开，不能超出原告诉讼请求范围提出新的争议焦点，并且如果原告撤回或者变更其诉讼请求，抗辩通常也需对应调整。

总 结

判断被告方的主张应以抗辩还是反诉的形式提出：一般主要看被告的主张是否超越了原告的请求权所涉范围，若超越则为反诉，若未超则为抗辩。

本节命题角度分析
SUMMARIZE

1. 一审/二审/再审中原告新增独立的诉讼请求、被告提反诉的，法院如何处理？

[参考答题模板]

（1）法院应合并审理。在一审法庭辩论结束前，原告增加诉讼请求，被告提出反诉，第三人提出与本案有关的诉讼请求，可以合并审理的，人民法院应当合并审理。

（2）在第二审程序中，原审原告增加独立的诉讼请求或者原审被告提出反诉的，第二审人民法院可以根据当事人自愿的原则就新增加的诉讼请求或者反诉进行调解；调解不成的，告知当事人另行起诉。双方当事人同意由第二审人民法院一并审理的，第二审人民法院可以一并裁判。

（3）再审程序中，当事人提出增变反的新请求，不属于再审范围，符合另诉条件的，告知另诉。因为再审应当围绕再审请求进行审理，而再审请求应当以原审的诉讼请求为限，当事人超出原审范围增加、变更诉讼请求的，不属于再审审理范围，因此再审法院应不予审理，符合另诉条件的，告知另诉。

2. 本案中被告提出的主张属于反诉还是抗辩？试说明理由。

[参考答题模板] 属于反诉。本案中被告提出的主张是一个独立的诉讼请求，即使本诉没有提出，该诉讼请求也可以单独向法院提出，具有独立性。且被告的主张超越了原告的请求权所涉范围。

第十四章 当事人制度

当事人的列明

考点 常考的适格当事人（《民诉解释》第53~74条）

法人的分支机构	（1）法人非依法设立的分支机构，或者虽依法设立，但没有领取营业执照的分支机构，以设立该分支机构的法人为当事人； （2）法人的分支机构满足依法设立并领取营业执照的条件，可以作为当事人。
挂靠关系	（1）当事人请求挂靠人与被挂靠人共同承担民事责任的，两者为共同诉讼人； （2）当事人只主张挂靠人承担责任的，挂靠人为被告； （3）当事人只主张被挂靠人承担责任的，被挂靠人为被告。
职务行为	法人或者其他组织的工作人员执行工作任务造成他人损害的，该法人或者其他组织为当事人。
劳务关系	提供劳务一方因劳务造成他人损害，受害人提起诉讼的，以接受劳务一方为被告。
劳务派遣	（1）被派遣的工作人员因执行工作任务造成他人损害的，以接受劳务派遣的用工单位为当事人； （2）主张劳务派遣单位和接受派遣的用工单位共同承担责任的，二者为共同被告。
个体工商户	（1）有字号的，以营业执照上登记的字号为当事人（同时注明该字号经营者的基本信息）； （2）无字号的，以营业执照上登记的经营者为当事人； （3）无字号，营业执照上登记的经营者与实际经营者不一致的，以登记的经营者和实际经营者为共同诉讼人。
个人合伙	应将未依法登记领取营业执照的个人合伙的全体合伙人列为共同被告（个人合伙有依法核准登记的字号的，应在法律文书中注明登记的字号）。
无、限人侵权	无、限制民事行为能力人和其监护人为共同被告。
行为人做当事人	下列情形，以行为人为当事人： （1）法人或者其他组织应登记而未登记，行为人即以该法人或者其他组织名义进行民事活动的；

续表

行为人做当事人	（2）行为人没有代理权、超越代理权或者代理权终止后以被代理人名义进行民事活动的，但相对人有理由相信行为人有代理权的除外； （3）法人或者其他组织依法终止后，行为人仍以其名义进行民事活动的。
法　　人	（1）企业法人合并的，因合并前的民事活动发生的纠纷，以合并后的企业为当事人；企业法人分立的，因分立前的民事活动发生的纠纷，以分立后的企业为共同诉讼人。 （2）企业法人尚未注销，但是进入清算阶段的，以企业法人为当事人。清算组负责人代表其参加诉讼。 （3）企业法人未经清算即被注销的，以企业法人的股东、发起人或者出资人为当事人。
借用业务介绍信、合同专用章、盖章的空白合同书或者银行账户的	出借单位和借用人为共同诉讼人。
连带责任保证	（1）可以单独将债务人列为被告； （2）可以单独将连带责任保证人列为被告； （3）可将债务人与连带责任保证人列为共同被告。
一般保证	（1）可以单独将债务人列为被告。 （2）可以将债务人和一般保证人列为共同被告。 （3）单独起诉一般保证人的，法院应予以释明；释明后原告拒不追加的，法院应裁定驳回起诉。（《担保制度解释》第26条）
死者利益保护	对侵害死者遗体、遗骨以及姓名、肖像、名誉、荣誉、隐私等行为提起诉讼的，死者的近亲属为当事人。
遗产继承案件	在继承遗产的诉讼中，部分继承人起诉的，人民法院应通知其他继承人作为共同原告参加诉讼；被通知的继承人不愿意参加诉讼又未明确表示放弃实体权利的，人民法院仍应将其列为共同原告。
共有财产权受到他人侵害	部分共有权人起诉的，其他共有权人为共同诉讼人。

[考点链接] 民法、商法融合考查

股东代表诉讼 （《公司法》第189条）	原告：股东
	被告：董事、监事、高级管理人员（被告范围扩张至全资子公司的董事、监事、高级管理人员）
	第三人：公司
公司解散诉讼 （《公司法解释（二）》第4条第1款）	原告：单独或者合计持有公司全部股东表决权10%以上的股东
	被告：公司
	其他股东：同意解散，列为共同原告；不同意解散，做无独三

续表

公司决议诉讼 （《公司法解释（四）》第1~5条）	原告：公司股东、董事、监事
	被告：公司
	第三人：决议涉及的其他利害关系人
融资租赁合同 （《融资租赁合同解释》第13条）	（1）出卖人与买受人因买卖合同发生纠纷，或者出租人与承租人因融资租赁合同发生纠纷，当事人仅对其中一个合同关系提起诉讼，人民法院经审查后认为另一合同关系的当事人与案件处理结果有法律上的利害关系的，可以通知其作为第三人参加诉讼； （2）承租人与租赁物的实际使用人不一致，融资租赁合同当事人未对租赁物的实际使用人提起诉讼，人民法院经审查后认为租赁物的实际使用人与案件处理结果有法律上的利害关系的，可以通知其作为第三人参加诉讼； （3）承租人基于买卖合同和融资租赁合同直接向出卖人主张受领租赁物、索赔等买卖合同权利的，人民法院应通知出租人作为第三人参加诉讼。
建设工程款诉讼 （《建设工程施工合同解释（一）》第43条第2款）	实际施工人以发包人为被告主张权利的，人民法院应当追加转包人或者违法分包人为本案第三人，在查明发包人欠付转包人或者违法分包人建设工程价款的数额后，判决发包人在欠付建设工程价款范围内对实际施工人承担责任。
建设工程质量诉讼 （《建设工程施工合同解释（一）》第15条）	因建设工程质量发生争议的，发包人可以以总承包人、分包人和实际施工人为共同被告提起诉讼。
《民法典》侵权责任编	具体的侵权案件中，实际上可能承担责任的主体即为侵权案件的适格被告。
债权人代位权诉讼 （《合同编通则解释》第37条第1款）	债权人以债务人的相对人为被告向人民法院提起代位权诉讼，未将债务人列为第三人的，人民法院应当追加债务人为第三人。
债权人撤销权诉讼 （《合同编通则解释》第44条第1款）	债权人依据《民法典》第538、539条的规定提起撤销权诉讼的，应当以债务人和债务人的相对人为共同被告。

本节命题角度分析——SUMMARIZE

1. 本案中，××是否具有原告的主体资格？/本案中，××是否是适格原告？

［参考答题模板］××是本案的适格原告。因为其具有诉讼权利能力，且与本案有法律上的利害关系，因此是本案的适格原告，应当作为本案原告去起诉。（如涉及法人

的分支机构等非法人组织，需要强调法人的分支机构具有诉讼权利能力的前提是依法登记并且领取营业执照）

2. 本案中适格被告如何列明？/本案中，被告××能否申请追加××作为共同被告？

［参考答题模板］

（1）根据《民法典》的相关规定，××对原告应承担赔偿责任，因此应将其作为适格被告。（如交通事故案件中基于交强险应当承担先行赔付义务的保险公司）

（2）本案中，张三与甲公司之间存在挂靠关系。以挂靠形式从事民事活动，当事人请求由挂靠人和被挂靠人依法承担民事责任的，该挂靠人和被挂靠人为共同诉讼人。原告只主张挂靠人或被挂靠人其中一方承担责任的，可以单独以挂靠人或者被挂靠人为被告。因此，原告主张张三与甲公司共同承担责任的，将其列为共同被告；原告只主张张三承担责任的，将其单独列为被告。

（3）根据《民诉解释》的相关规定，法人或者其他组织的工作人员执行工作任务造成他人损害的，该法人或者其他组织为当事人。因此，A公司的工作人员小王造成第三人损害，应以A公司为被告，小王不是本案的适格被告。

3. 试分析本案中的适格当事人。/本案中列明的当事人是否正确？

［参考答题模板］张三是受害人，与案件的处理结果有直接的利害关系，属于适格原告。根据《民法典》的相关规定，建筑物、构筑物或者其他设施及其搁置物、悬挂物发生脱落、坠落造成他人损害，所有人、管理人或者使用人不能证明自己没有过错的，应当承担侵权责任。本题中，李四为楼房所有人，王五为楼房使用人，二人都为适格被告。

第二节 诉讼第三人

考点 有独立请求权第三人与无独立请求权第三人

（《民事诉讼法》第59条；《民诉解释》第81、82条）

有独立请求权第三人	概念：有独立请求权第三人必须对本诉诉讼标的物有独立请求权，一般而言，有独三主张的独立请求权基于物权或继承权产生。
	参诉理由：认为本诉的原告和被告的权利主张侵犯了自己的权利，因此将其一并作为被告，提起的独立的诉讼。
	诉讼地位：相当于有独三之诉的原告。
	参诉时间：①一审法庭辩论终结前；②一审未参加诉讼的有独三，申请参加二审程序的，二审法院可以予以调解，调解不成的，发回重审。

续表

无独立请求权第三人	概念：无独立请求权第三人对本诉诉讼标的物没有独立请求权，但与案件处理结果有法律上的利害关系。
	判断方法：一般而言，多数情况是基于债权关系才产生了这种利害关系。
	参诉方式：申请参加或者由法院依职权追加。
	相关权利：①无权提出管辖权异议，无权放弃、变更诉讼请求或者申请撤诉。②被判决承担责任的无独三有权上诉。③调解书中需要确认无独三承担义务的，需要经过无独三的同意；无独三在签收之前反悔的，调解书不生效，法院应当及时判决。

本节命题角度分析——
SUMMARIZE

主观题命题中一般不太会直接考查第三人诉讼地位的判断，主要是结合第三人撤销之诉的考点来考查案外第三人的救济途径。

第十五章　主管及管辖制度

第一节　仲裁与管辖之间的关系

考点　民商事仲裁 & 管辖之间的关系

或裁或审情形下仲裁协议效力的认定（《仲裁法解释》第7条）	当事人约定争议可以向仲裁机构申请仲裁也可以向人民法院起诉的，仲裁协议无效。但一方向仲裁机构申请仲裁，另一方未在《仲裁法》规定期间内提出异议的除外。管辖协议符合协议管辖规定的，可能有效。
约定“先仲裁，后起诉”的效力	当事人在仲裁协议中约定争议发生后“先仲裁，后诉讼”的，不属于无效情形，“先裁后诉”条款关于诉讼的约定无效，但不影响仲裁协议的效力。
主从合同中涉及仲裁问题的处理	当事人在主合同和从合同中分别约定诉讼和仲裁两种不同的争议解决方式的，应当分别按照主从合同的约定确定争议解决方式。

续表

主从合同中涉及仲裁问题的处理	当事人在主合同中约定争议解决方式为仲裁，从合同未约定争议解决方式的，主合同中的仲裁协议不能约束从合同的当事人，但主从合同当事人相同的除外。

本节命题角度分析——SUMMARIZE

本案中，当事人之间发生争议，能否向 ×× 仲裁委员会申请仲裁？

[参考答题模板]

(1) 能。本案中，张三与李四之间存在有效的仲裁协议，因此本案不属于法院管辖的范围，当事人应当向 ×× 仲裁委员会申请仲裁。

(2) 不能。本案中虽然存在仲裁协议，但由于双方当事人既约定可以仲裁，又约定可以向法院起诉，因此仲裁协议无效；管辖条款因符合协议管辖的相关规定而有效。因此，当事人不能向 ×× 仲裁委员会申请仲裁，但是可以向 ×× 法院起诉。

(3) 不能。本案中虽然存在仲裁协议，但该仲裁协议并非当事人的真实意思表示/约定的仲裁委员会不存在/约定的仲裁机构不明确，因此仲裁协议无效，当事人不能向 ×× 仲裁委员会申请仲裁，而应向法院起诉。

(4) 不能。向仲裁委员会申请仲裁需要以有效的仲裁协议作为前提，本案中，仲裁协议的缔约方是张三和李四，王五并非仲裁协议的缔约人，不受该仲裁协议约束，因此，王五不能依据张三和李四签订的仲裁协议向 ×× 仲裁委员会申请仲裁。

第二节 地域管辖

考点 1 集中管辖

破产法院的集中管辖	人民法院受理破产申请后，有关债务人的民事诉讼，只能向受理破产申请的人民法院提起。(《企业破产法》第 21 条)
破产法院集中管辖与仲裁的关系	债务人、债权人对债权表记载的债权有异议的，应当说明理由和法律依据。经管理人解释或调整后，异议人仍然不服的，或者管理人不予解释或调整的，异议人应当在债权人会议核查结束后 15 日内向人民法院提起债权确认的诉讼。当事人之间在破产申请受理前订立有仲裁条款或仲裁协议的，应当向选定的仲裁机构申请确认债权债务关系。(《破产法解释（三）》第 8 条)

考点2 专属管辖与协议管辖

专属管辖 （《民事诉讼法》第34条）	（1）不动产纠纷，由不动产所在地法院管辖。不动产纠纷包括：（《民诉解释》第28条第1、2款） ①物权纠纷——因不动产的权利确认、分割、相邻关系等引起的纠纷； ②合同纠纷——房屋租赁合同、建设工程施工合同、农村土地承包经营合同、政策性房屋买卖合同纠纷。
	（2）遗产纠纷，由被继承人死亡时住所地或者主要遗产所在地法院管辖。
协议管辖 （《民事诉讼法》第35条）	（1）适用范围：合同或者其他财产权益纠纷的一审案件； （2）形式：书面形式，口头的管辖协议无效； （3）选择范围：被告住所地、合同履行地、合同签订地、原告住所地、标的物所在地等与争议有实际联系的地点的法院； （4）不得违反级别管辖和专属管辖的规定。
	考查角度剖析： （1）合同转让的，合同的管辖协议对合同受让人有效，但转让时受让人不知道有管辖协议，或者转让协议另有约定且原合同相对人同意的除外。（《民诉解释》第33条） （2）通过格式条款订立管辖协议必须采用合理方式提醒消费者注意，否则消费者可以主张该管辖协议无效。（《民诉解释》第31条） （3）主合同与担保合同中的管辖问题（《担保制度解释》第21条） ①主合同或者担保合同约定了仲裁条款的，人民法院对约定仲裁条款的合同当事人之间的纠纷无管辖权； ②债权人一并起诉债务人和担保人的，应当根据主合同确定管辖法院； ③债权人依法可以单独起诉担保人且仅起诉担保人的，应当根据担保合同确定管辖法院。

考点3 特殊地域管辖（《民事诉讼法》第24～33条）

合同纠纷	由被告住所地或者合同履行地法院管辖。	
	合同已经实际履行	由被告住所地+合同履行地（约定与实际不一致，以约定地为准）法院管辖。
	合同未实际履行	约定的履行地在一方住所地：由被告住所地+合同履行地法院管辖。
		约定的履行地不在一方住所地：只有被告住所地法院有管辖权。
	关于合同履行地的判断（《民诉解释》第18~20条）	（1）有约定，从约定。
		（2）没有约定或者约定不明确 ①给付货币的，接收货币一方所在地为合同履行地。 ②交付不动产的，不动产所在地为合同履行地。

续表

合同纠纷	关于合同履行地的判断（《民诉解释》第18~20条）	③以信息网络方式订立合同： ◦通过信息网络交付标的的（线上交付）——买受人住所地为合同履行地 ◦通过其他方式交付标的的（线下交付）——收货地为合同履行地 ④财产租赁/融资租赁合同，租赁物使用地为合同履行地。 ⑤交付其他标的物的，履行义务一方所在地为合同履行地。
侵权纠纷	由侵权行为地或者被告住所地法院管辖。（《民事诉讼法》第29条）侵权行为地包括侵权行为实施地、侵权结果发生地。（《民诉解释》第24条）	
	产品服务侵权	由产品制造地、产品销售地、服务提供地、侵权行为地和被告住所地法院管辖。（《民诉解释》第26条）
	信息网络侵权	侵权行为实施地包括实施被诉侵权行为的计算机等信息设备所在地，侵权结果发生地包括被侵权人住所地。（《民诉解释》第25条）

本节命题角度分析——
SUMMARIZE

试分析本案中有管辖权的法院。/本案中有管辖权的法院有哪些？

[参考答题模板]

（1）甲市A区法院。本案的纠纷类型为房屋租赁合同纠纷/建设工程施工合同纠纷/不动产的确权纠纷/不动产的财产分割纠纷，属于不动产专属管辖的范围，应当由不动产所在地法院专属管辖，因此，本案有管辖权的法院为不动产所在地的甲市A区法院。

（2）甲市A区法院。本案中，张三与李四虽然签订了管辖协议，但是由于本案的纠纷类型为房屋租赁合同纠纷/建设工程施工合同纠纷，属于不动产专属管辖的范围，该管辖协议因违反专属管辖而无效，因此，本案有管辖权的法院为不动产所在地的甲市A区法院。

（3）甲市A区法院。本案当事人之间存在有效的管辖协议，因此可以向协议约定的甲市A区法院起诉。

（4）本案属于经营者采取格式条款的方式与消费者订立的管辖协议，但经营者没有采取合理的方式提醒消费者注意，因此，消费者可以主张该管辖协议无效。

（5）甲市A区法院、甲市B区法院。本案属于侵权纠纷，应由侵权行为地、被告住所地法院管辖。本案中，侵权行为地在甲市A区，被告住所地在甲市B区，因此，甲市A区法院、甲市B区法院有管辖权。

（6）甲市A区法院、甲市B区法院。本案属于合同纠纷，应由合同履行地、被告住所地法院管辖。本案中，被告住所地在甲市A区，故甲市A区法院有管辖权；双方当事人没有约定合同履行地，而本案争议标的为给付货币，应当由接收货币一方所在地为合同履行地，故合同履行地在甲市B区，甲市B区法院有管辖权。

第三节 裁定管辖

考点 裁定管辖（《民事诉讼法》第37、38条）

移送管辖	本质：错误立案的纠错程序。
	注意： （1）移送管辖只能移送一次，受移送法院认为自己也没有管辖权的，不得将案件再行移送，也不得将案件退回移送法院，只能报请上级法院指定管辖； （2）2个以上法院均有管辖权的案件，先立案法院不得将案件移送其他有管辖权的法院。
指定管辖	概念：在特殊情况下，由上级法院通过裁定的方式指定某一下级法院对某具体案件行使管辖权。
	常见情形： （1）有管辖权的法院由于特殊原因不能行使管辖权的，由上级法院指定管辖； （2）移送管辖中，受移送法院认为自己没有管辖权从而报请上级法院指定管辖； （3）因管辖权发生争议，协商解决不了的，报共同的上级法院指定管辖。

本节命题角度分析——SUMMARIZE

裁定管辖这部分的内容一般不会单独命题，可能需要结合案情判断法院的裁定管辖行为是否合法，或者需要结合管辖权异议和应诉管辖的相关考点进行分析。

第十六章 证据和证明制度

民事诉讼的证据制度

考点1 证据的理论分类

证　据	分类标准	解题技巧
本证 VS 反证	对证据所证明的事实，提出方是否承担证明责任： （1）负举证证明责任的人提供的为本证； （2）不负举证证明责任的人提供的为反证。	（1）第一步，该证据是证明什么事实的； （2）第二步，该事实由谁负举证证明责任； （3）第三步，该证据是由谁提供的。
直接证据 VS 间接证据	该证据是否能够单独完整地证明案件主要事实： （1）能单独证明的为直接证据； （2）不能单独证明的为间接证据。	关键看内容的完整性，不看效力。
原始证据 VS 传来证据	该证据是否源于案件事实： （1）案件中形成的为原始证据； （2）根据原始证据产生的为传来证据。	效力上，原始证据的证明力大于传来证据。

考点2 关于证据的特殊程序规定

证据提出命令（《民诉解释》第112、113条；《民诉证据规定》第99条第2款）	条　件	（1）书证、视听资料、电子数据在对方当事人控制之下的； （2）在举证期限届满前； （3）承担举证证明责任的当事人书面申请人民法院责令对方当事人提交。
	申请理由成立的	（1）人民法院应当责令对方当事人提交； （2）因提交证据所产生的费用，由申请人负担。
	违反的后果	（1）对方当事人无正当理由拒不提交的，人民法院可以认定申请人所主张的证据内容为真实； （2）持有证据的当事人以妨碍对方当事人使用为目的，毁灭有关证据或者实施其他致使证据不能使用行为的，人民法院可以依法对其处以罚款、拘留。

续表

<table>
<tr><td rowspan="4">证人证言</td><td rowspan="4">证人出庭作证</td><td>证人出庭程序：①由当事人在举证期限届满前申请；②也可以由人民法院依职权通知。（《民诉解释》第 117 条第 1、2 款）</td></tr>
<tr><td>未经人民法院通知，证人不得出庭作证，但双方当事人同意并经人民法院准许的除外。（《民诉解释》第 117 条第 3 款）</td></tr>
<tr><td>经人民法院通知，证人应当出庭作证。有下列情形之一的，经人民法院许可，可以通过书面证言、视听传输技术或者视听资料等方式作证：①因健康原因不能出庭的；②因路途遥远，交通不便不能出庭的；③因自然灾害等不可抗力不能出庭的；④其他有正当理由不能出庭的。（《民事诉讼法》第 76 条）</td></tr>
<tr><td>无正当理由未出庭的证人以书面等方式提供的证言，不得作为认定案件事实的根据。（《民诉证据规定》第 68 条第 3 款）</td></tr>
<tr><td rowspan="5">鉴定意见</td><td>鉴定的启动</td><td>依申请或者依职权。</td></tr>
<tr><td>申请鉴定的时间</td><td>举证期限内提出，但申请重新鉴定的除外。</td></tr>
<tr><td rowspan="3">鉴定人出庭
（《民诉证据规定》第 37~39 条；《民事诉讼法》第 81 条）</td><td>原因：①当事人对鉴定意见有异议；②人民法院认为鉴定人有必要出庭。</td></tr>
<tr><td>不出庭的后果：①鉴定意见不得作为认定事实的根据；②支付鉴定费用的当事人可以要求返还鉴定费用。</td></tr>
<tr><td>鉴定人应当提出书面鉴定意见。当事人对鉴定书的内容有异议的，法院应当要求鉴定人作出解释、说明或者补充。法院认为有必要的，可以要求鉴定人对当事人未提出异议的内容进行解释、说明或者补充。鉴定人书面解释说明后，当事人对鉴定意见仍有异议或者法院认为鉴定人有必要出庭的，鉴定人应出庭作证，出庭费用由提出异议的当事人预交，由败诉方负担。因鉴定意见不明确或者有瑕疵及鉴定费中包含出庭费的，出庭费用由鉴定人自行负担。</td></tr>
<tr><td rowspan="2">书　证</td><td>概　　念</td><td>书证，是指以文字、符号、图形等所记载的内容或表达的思想来证明案件真实的证据。</td></tr>
<tr><td>私文书证真实性的证明责任
（《民诉证据规定》第 92 条）</td><td>（1）私文书证的真实性，由主张以私文书证证明案件事实的当事人承担举证责任；
（2）私文书证由制作者或者其代理人签名、盖章或捺印的，推定为真实；
（3）私文书证上有删除、涂改、增添或者其他形式瑕疵的，人民法院应当综合案件的具体情况判断其证明力。</td></tr>
</table>

续表

电子数据	概　念	电子数据，是指借助于现代数字化电子信息技术及其存储、处理、传输、输出的一切证据。
	电子数据真实性的认定（《民诉证据规定》第94条）	电子数据存在下列情形的，人民法院可以确认其真实性，但有足以反驳的相反证据的除外： （1）由当事人提交或者保管的于己不利的电子数据； （2）由记录和保存电子数据的中立第三方平台提供或者确认的； （3）在正常业务活动中形成的； （4）以档案管理方式保管的； （5）以当事人约定的方式保存、传输、提取的。
		电子数据的内容经公证机关公证的，人民法院应当确认其真实性，但有相反证据足以推翻的除外。

本节命题角度分析——SUMMARIZE

1. 根据《民事诉讼法》及相关理论的规定，上述证据属于哪种法定种类？在理论上属于何种证据？（对于这类问题，回答时只需要给出结论，不需要进行说理分析，可以判断种类即可）

［参考答题模板］

（1）法定种类：××证据是通过记载的内容来证明案件事实，属于书证；××证据是通过外部的痕迹、特征来证明案件事实，属于物证；××证据是存储在电子介质中的数据资料，属于电子数据。

（2）理论分类：××证据直接来自于案件事实，属于原始证据；××证据能够单独、完整地证明案件事实，属于直接证据；××证据要证明的事实为××，该事实由原告/被告承担证明责任，而该证据是由原告/被告提供的，因此属于本证/反证。

2. ×××证据（往往是一种公文证据）是否当然就具有证明力？试说明理由。

［参考答题模板］×××证据不当然具有证明力。理由：在诉讼中，×××证据只是证据的一种，其所证明的事实与案件其他证据所证明的事实是否一致，以及法院是否确信×××证据所确认的事实，法院有权根据案件的综合情况予以判断，即该证据的证明力由法院判断后确定。

第二节 民事诉讼的证明制度

考点1 证明对象

1. 当事人无须举证证明的事实（《民诉证据规定》第10条）

事实	效力
已为人民法院发生法律效力的裁判所确认的基本事实	可以推翻或反驳
已为仲裁机构的生效裁决所确认的事实	
已为有效公证文书所证明的事实	

2. 自认制度（《民诉证据规定》第3~9条）

自认的对象		仅限于事实。
自认的效果		一方当事人在法庭审理中，或者在起诉状、答辩状、代理词等书面材料中承认于己不利的事实的，要受自己承认行为的约束，另一方当事人无需举证。
自认的形式	诉讼代理人的自认	（1）当事人委托诉讼代理人参加诉讼的，除授权委托书明确排除的事项外，诉讼代理人的自认视为当事人的自认； （2）当事人在场对诉讼代理人的自认明确否认的，不视为自认。
	共同诉讼中的自认	（1）普通共同诉讼中，共同诉讼人中一人或者数人作出的自认，对作出自认的当事人发生效力。 （2）必要共同诉讼中，共同诉讼人中一人或者数人作出自认而其他共同诉讼人予以否认的，不发生自认的效力。其他共同诉讼人既不承认也不否认，经审判人员说明并询问后仍然不明确表示意见的，视为全体共同诉讼人的自认。
自认的撤销		有下列情形之一，当事人在法庭辩论终结前撤销自认的，人民法院应当准许：①经对方当事人同意的；②自认是在受胁迫或者重大误解情况下作出的。人民法院准许当事人撤销自认的，应当作出口头或者书面裁定。

考点2 证明责任的分配

1. 原则：谁主张，谁举证（《民诉解释》第91条）

人民法院应当依照下列原则确定举证证明责任的承担，但法律另有规定的除外：

（1）主张法律关系存在的当事人，应当对产生该法律关系的基本事实承担举证证明责任；

（2）主张法律关系变更、消灭或者权利受到妨害的当事人，应当对该法律关系变更、消灭或者权利受到妨害的基本事实承担举证证明责任。

2. 体现

（1）合同纠纷

❶主张合同关系成立并生效的一方当事人对合同订立和生效的事实承担举证责任；

❷主张合同关系变更、解除、终止、撤销的一方当事人对引起合同关系变动的事实承担举证责任；

❸对合同是否履行发生争议的，由负有履行义务的当事人承担举证责任；

❹对代理权发生争议的，由主张有代理权一方当事人承担举证责任。

（2）侵权纠纷

❶原则：原告证明侵权构成要件，被告证明免责事由。

第一，过错责任中侵权构成要件为：行为、结果、因果关系、过错；

第二，无过错责任中侵权构成要件为：行为、结果、因果关系。

❷特殊情形

具体情形	归责原则	证明责任分配
搁置物、悬挂物脱落、坠落致人损害（《民法典》第1253条）	过错推定	所有人、管理人或者使用人对自己无过错举证。
		原告证明：行为、结果、因果关系；被告证明：无过错、免责事由。
共同危险（《民法典》第1170条）	过　错	由实施危险行为者对损害与自己无因果关系举证。
		原告证明：行为、结果、过错；被告证明：无因果关系、免责事由。
环境污染（《民法典》第1230条）	无过错	由污染者对污染行为和损害结果间无因果关系举证。
		原告证明：行为、结果；被告证明：无因果关系、免责事由。

考点3 证明标准

一般标准	对负有举证证明责任的当事人提供的证据，人民法院经审查并结合相关事实，确信待证事实的存在具有高度可能性的，应当认定该事实存在。（《民诉解释》第108条第1款）
	与诉讼保全、回避等程序事项有关的事实，人民法院结合当事人的说明及相关证据，认为有关事实存在的可能性较大的，可以认定该事实存在。（《民诉证据规定》第86条第2款）
特殊标准	当事人对欺诈、胁迫、恶意串通事实的证明，以及对口头遗嘱或者赠与事实的证明，人民法院确信该待证事实存在的可能性能够排除合理怀疑的，应当认定该事实存在。（《民诉解释》第109条）

注意：证明标准以证明责任为前提，只有承担证明责任的人需要提供证据将其主张的事实证明至相应的证明标准。

考点4 证明程序

1. 举证（《民诉解释》第99~102条；《民诉证据规定》第51条）

<table>
<tr><td>及时举证</td><td colspan="2">当事人对自己的主张应当及时提供证据。</td></tr>
<tr><td rowspan="3">举证期限</td><td>确定方式</td><td>（1）人民法院在审理前的准备阶段确定当事人的举证期限；
（2）当事人协商后经人民法院准许。</td></tr>
<tr><td>法院确定的举证期限</td><td>（1）第一审普通程序案件不得少于15日；
（2）当事人提供新证据的第二审案件不得少于10日；
（3）简易程序，不得超过15日；
（4）小额诉讼程序，一般不得超过7日。</td></tr>
<tr><td>举证期限的延长</td><td>当事人在举证期限内提供证据确有困难，可以在举证期限届满前向人民法院书面申请延长。</td></tr>
<tr><td>逾期提供证据的后果</td><td colspan="2">当事人逾期提供证据的，人民法院应当责令其说明理由；拒不说明理由或者理由不成立的，法院可以不采纳该证据，或者采纳该证据，但予以训诫、罚款。
（1）当事人因客观原因逾期提供证据，或者对方当事人对逾期提供证据未提出异议的，视为未逾期。
（2）当事人因故意或者重大过失逾期提供的证据，人民法院不予采纳。但该证据与案件基本事实有关的，人民法院应当采纳，并对当事人予以训诫、罚款。
（3）当事人非因故意或者重大过失逾期提供的证据，人民法院应当采纳，并对当事人予以训诫。</td></tr>
</table>

2. 法院调查取证（《民诉解释》第94~97条）

<table>
<tr><td rowspan="3">法院依申请调查收集证据</td><td>情　形</td><td>（1）证据由国家有关部门保存并须经法院依职权调取的档案材料；
（2）涉及国家秘密、商业秘密或者个人隐私的；
（3）当事人及其诉讼代理人因客观原因不能自行收集的其他证据。</td></tr>
<tr><td>申请时间</td><td>举证期限届满前。</td></tr>
<tr><td>质证方式</td><td>视为申请方当事人提出的证据进行质证。</td></tr>
<tr><td rowspan="2">法院依职权调查收集证据</td><td>情　形</td><td>（1）涉及可能损害国家利益、社会公共利益的；
（2）涉及身份关系的；
（3）涉及公益诉讼的；
（4）当事人有恶意串通损害他人合法权益可能的；
（5）涉及依职权追加当事人、中止诉讼、终结诉讼、回避等程序性事项的。
总结：上述五种情形可归纳为涉及国家、社会、第三人利益的，涉及身份关系的，以及程序性事项三大类。（身份程公）</td></tr>
<tr><td>质证方式</td><td>在庭审时出示，听取当事人意见，就调查收集情况予以说明。</td></tr>
</table>

本节命题角度分析
SUMMARIZE

1. 试分析本案中证明责任的分配问题。

[参考答题模板]

(1) 合同纠纷

根据“谁主张，谁举证”的原则，论述如下：

××事实为合同关系成立并生效的事实，应由主张合同订立并生效的××承担举证责任。

××事实为合同关系变更、解除、终止、撤销的事实，应由主张合同关系变更、解除、终止、撤销的××承担证明责任。

××事实为合同已经履行的事实，应由主张合同已经履行的××承担证明责任。

××事实为是否存在代理权的事实，应由主张有代理权的××承担证明责任。

(2) 侵权纠纷

本案属于环境污染类的侵权案件，属于因果关系的证明责任的情形，应当由原告就存在侵权行为、损害结果的事实承担证明责任，由被告就无因果关系和存在免责事由的事实承担证明责任。结合本案案情可知，原告主张的××事实为损害结果的主张，因此应当由原告承担证明责任；被告主张的××事实属于无因果关系的主张，因此应当由被告承担证明责任。

本案属于搁置物、悬挂物脱落、坠落致人损害的案件，应当由原告证明侵权行为、损害结果、行为与结果之间有因果关系的事实，被告证明无过错和存在免责事由。结合本案案情可知，原告主张的××事实为侵权事实的主张，因此应当由原告承担证明责任；被告主张的××事实为无过错的主张，因此应当由被告承担证明责任。

2. 就本案相关事实，分析证明责任分别应由谁来承担。(对于这类问题，需要从案情入手，结合案情中原告和被告主张的事实来分析证明责任的承担问题)

[参考答题模板] 根据“谁主张，谁举证”的证明责任分配的原则，主张积极事实的一方应当对相关事实承担证明责任。因此，本案中原告主张的1、2、3项事实应当由××承担证明责任，被告主张的1、2、3项事实应当由××承担证明责任。×××事实是与本案无关的事实，不是本案的待证事实，因此无需证明。

3. 针对本案中的××事实，应当由谁承担证明责任？若法院无法形成自由心证，则应如何判决？

[参考答题模板] 本案中，甲公司主张的××事实，应当由甲公司承担证明责任。若法院无法形成自由心证，案件事实陷入真伪不明，应当视为×××，应当判决××败诉。

第二分编　民诉法分论

第十七章　一审程序

第一节 起诉与受理

考点 1　起诉的条件（《民事诉讼法》第122条）

1. 原告是与本案有直接利害关系的公民、法人和其他组织。
2. 有明确的被告。
3. 有具体的诉讼请求和事实、理由。
4. 属于人民法院受理民事诉讼的范围和受诉人民法院管辖。

考点 2　重复起诉的判断（《民诉解释》第247、248条）

当事人就已经提起诉讼的事项在诉讼过程中或者裁判生效后再次起诉，同时符合下列条件的，构成重复起诉：

1. 后诉与前诉的当事人相同。
2. 后诉与前诉的诉讼标的相同。
3. 后诉与前诉的诉讼请求相同，或者后诉的诉讼请求实质上否定前诉裁判结果。

裁判发生法律效力后，发生新的事实，当事人再次提起诉讼的，人民法院应当依法受理。

本节命题角度分析 SUMMARIZE

1. 针对原告 × × 的起诉行为，一审法院应如何处理？

[参考答题模板]

（1）本案原告与案件的处理结果存在法律上的利害关系，属于适格原告，满足《民事诉讼法》第 122 条规定的起诉条件，因此法院应予以受理；

（2）本案被告虽然不适格，但起诉的条件中仅要求有明确的被告，并不要求被告适格，在满足《民事诉讼法》第 122 条规定的其他起诉条件的情况下，法院应予以受理；

(3) 本案中双方当事人之间存在有效的仲裁协议，因此不属于法院主管的范围，故法院应裁定不予受理。

2. 前诉和后诉是否构成重复起诉？原告已经起诉，法院已作出生效裁判，后以另一诉讼请求再起诉的，法院应如何处理？

[参考答题模板] 根据《民诉解释》第 247 条第 1 款的规定，前诉和后诉若构成重复起诉，需要同时满足：①后诉与前诉的当事人相同；②后诉与前诉的诉讼标的相同；③后诉与前诉的诉讼请求相同，或者后诉的诉讼请求实质上否定前诉裁判结果。根据本案案情可知，前诉的诉讼标的为 ×××，后诉的诉讼标的为 ××××，前诉和后诉的诉讼标的不同，不构成重复起诉，法院应予以受理。

或答：前诉和后诉在当事人、诉讼标的和诉讼请求上具有实质的同一性，虽然形式上不同，但实质上实现的法律效果还是一致的，因此构成重复起诉，法院应不予受理，已经受理的应裁定驳回起诉。

第二节 诉讼障碍

考点 诉讼中止的适用

1. 中止诉讼的法定情形（《民事诉讼法》第 153 条）

(1) 一方当事人死亡，需要等待继承人表明是否参加诉讼的；

(2) 一方当事人丧失诉讼行为能力，尚未确定法定代理人的；

(3) 作为一方当事人的法人或者其他组织终止，尚未确定权利义务承受人的；

(4) 一方当事人因不可抗拒的事由，不能参加诉讼的；

(5) 本案必须以另一案的审理结果为依据，而另一案尚未审结的；

(6) 其他应当中止诉讼的情形。

中止诉讼的原因消除后，恢复诉讼。

2. 债权人代位权中的诉讼中止

(1) 债权人提起代位权诉讼后，债务人或者相对人以双方之间的债权债务关系订有仲裁协议为由对法院主管提出异议的，人民法院不予支持。但是，债务人或者相对人在首次开庭前就债务人与相对人之间的债权债务关系申请仲裁的，人民法院可以依法中止代位权诉讼。（《合同编通则解释》第 36 条）

(2) 债权人向人民法院起诉债务人后，又向同一人民法院对债务人的相对人提起代位权诉讼，属于该人民法院管辖的，可以合并审理。不属于该人民法院管辖的，应当告知其

向有管辖权的人民法院另行起诉；在起诉债务人的诉讼终结前，代位权诉讼应当中止。（《合同编通则解释》第38条）

（3）在代位权诉讼中，债务人对超过债权人代位请求数额的债权部分起诉相对人，属于同一人民法院管辖的，可以合并审理。不属于同一人民法院管辖的，应当告知其向有管辖权的人民法院另行起诉；在代位权诉讼终结前，债务人对相对人的诉讼应当中止。（《合同编通则解释》第39条）

3. 与破产案件有关的诉讼或者仲裁中止（《企业破产法》第20条）

人民法院受理破产申请后，已经开始而尚未终结的有关债务人的民事诉讼或者仲裁应当中止；在管理人接管债务人的财产后，该诉讼或者仲裁继续进行。

本节命题角度分析 SUMMARIZE

诉讼中止的适用中最值得命题的情形是本案必须以另一案的审理结果为依据，而另一案尚未审结。如果问到某个案件或者事项对诉讼程序有何影响，一般是从这个角度进行考查。

第十八章 二审程序

第一节 二审的启动

考点 二审中当事人的诉讼地位（《民诉解释》第315～317条）

原则：谁上诉，谁是上诉人；对谁提，谁是被上诉人；都上诉，都是上诉人，没有被上诉人。

必要共同诉讼人的一人或者部分人提起上诉的，按下列情形分别处理：

1. 上诉仅对与对方当事人之间权利义务分担有意见，不涉及其他共同诉讼人利益的，对方当事人为被上诉人，未上诉的同一方当事人依原审诉讼地位列明。

2. 上诉仅对共同诉讼人之间权利义务分担有意见，不涉及对方当事人利益的，未上诉的同一方当事人为被上诉人，对方当事人依原审诉讼地位列明。

3. 上诉对双方当事人之间以及共同诉讼人之间权利义务承担有意见的，未提起上诉的其他当事人均为被上诉人。

本节命题角度分析——SUMMARIZE

本案二审中，当事人的诉讼地位应如何列明?

[参考答题模板] A提出上诉请求，为上诉人。上诉人A的上诉请求主要是对一审判决中其与××之间的权利义务分配有意见，因此，××是被上诉人。上诉人A对一审判决中其与××之间的权利义务分配没有意见，因此，××仍按照原审诉讼地位列明，为原审原告/被告/有独三。对于无独三B，由于一审并未判其承担责任，因此其没有上诉权，不能成为上诉主体。

第二节 二审的审理及结案

考点1 二审中的撤回上诉与撤回起诉（《民诉解释》第335、336条）

撤回上诉	条　　件	原则上，法院准许当事人撤回上诉，但当事人之间恶意串通损害国家利益、社会公共利益、他人合法权益，或原判决确有错误的，不准撤回上诉。
	法律效果	二审过程中撤回上诉后，一审判决生效。
原审原告在二审中撤回起诉	条　　件	(1) 法院同意：不损害国家利益、社会公共利益、他人合法权益； (2) 经其他当事人同意。
	效　　果	(1) 应当一并裁定撤销一审裁判； (2) 原审原告在第二审程序中撤回起诉后重复起诉的，人民法院不予受理。

考点2 二审的审理和裁判（《民诉解释》第321～332条；《民事诉讼法》第177条）

审理范围	原则——应当围绕当事人的上诉请求进行审理，当事人没有提出请求的，不予审理。
	例外——但一审判决违反法律禁止性规定，或者损害国家利益、社会公共利益、他人合法权益的除外。
可以不开庭审理	(1) 不服不予受理、管辖权异议和驳回起诉裁定的； (2) 当事人提出的上诉请求明显不能成立的； (3) 原判决、裁定认定事实清楚，但适用法律错误的； (4) 原判决严重违反法定程序，需要发回重审的。

续表

裁判方式	原裁定认定事实清楚，适用法律正确	裁定驳回上诉请求，维持原裁定。
	原判决认定事实清楚，适用法律正确	判决驳回上诉请求，维持原判决。
	原裁判认定事实、适用法律有瑕疵，裁判结果正确	纠正瑕疵，驳回上诉请求，维持原裁判。
	原裁定认定事实错误或者适用法律错误	裁定撤销或变更原裁定。
	原判决认定事实错误或者适用法律错误	直接改判。
	原判决认定基本事实不清	裁定撤销原判，发回重审或查清事实改判。
	原判决严重违反法定程序	裁定撤销原判，发回重审。
	认为违反专属管辖	裁定撤销原裁判，移送有管辖权的法院。
	认为不应由人民法院受理	裁定撤销原裁判，驳回起诉。
	必须参加诉讼的当事人或者有独三在一审中没有参加诉讼	可以调解；调解不成的，发回重审。
	当事人在一审中已经提出的诉讼请求，原审人民法院未作审理、判决	可以调解；调解不成的，发回重审。
	原审原告新增独立的诉讼请求或者原审被告提出反诉	可以调解；调解不成的，告知另诉。双方当事人同意由第二审人民法院一并审理的，第二审人民法院可以一并裁判。

本节命题角度分析 SUMMARIZE

1. 本案中，二审法院应如何作出裁判？/评价二审法院的行为是否合法。

[参考答题模板]

(1) 本案中，一审法院×××认定事实错误，因此二审法院应当依法改判，故二审法院直接撤销原判、发回重审的做法不符合法律规定；

(2) 本案中，一审法院未经开庭即作出一审判决（或者其他严重违反法定程序的情形)，属于严重违反法定程序的情形，针对此情形，二审法院应裁定撤销原判，发回重审。

2. 本案中，针对二审中出现的漏人/漏判/增变反的情形，二审法院应如何处理？

[参考答题模板]

(1) 本案中，一审法院遗漏必须参加诉讼的当事人×××/有独立请求权的第三人×××，因此二审法院可以组织当事人先调解，调解不成的，撤销一审裁判，发回重审。

(2) 本案中，一审法院遗漏原告提出的××诉讼请求，因此二审法院可以组织当事人先调解，调解不成的，撤销一审裁判，发回重审。

（3）本案中，当事人在二审中新提出独立的诉讼请求/被告在二审中提出反诉，二审法院可以组织当事人进行调解，调解不成的，告知当事人另行起诉；但当事人同意二审法院一并审理作出判决的，可以由二审法院一并审理作出判决。

第十九章　第三人撤销之诉

第一节 第三人撤销之诉的构成要件

考点 第三人撤销之诉的构成要件（《民事诉讼法》第59条；《民诉解释》第290、296、298条）

起诉条件	（1）本身可以作为本案的无独三或者有独三，但是因为不能归责于本人的事由未参加诉讼； （2）有证据证明发生法律效力的判决、裁定、调解书的部分或者全部内容错误，损害其民事权益。
起诉时间	自知道或者应当知道其民事权益受到损害之日起6个月内。
管辖法院	作出生效判决、裁定、调解书的法院。
当事人	人民法院应当将该第三人列为原告，生效判决、裁定、调解书的当事人列为被告，但生效判决、裁定、调解书中没有承担责任的无独立请求权的第三人列为第三人。
处理结果	（1）诉讼请求成立的，应当改变或撤销原判决、裁定、调解书内容的错误部分； （2）诉讼请求不成立的，驳回诉讼请求。
审理程序	应当适用一审普通程序审理，作出的判决可以上诉。

[考点链接]《九民纪要》

120.（债权人能否提起第三人撤销之诉）第三人撤销之诉中的第三人仅局限于《民事诉讼法》第56条（现为第59条）规定的有独立请求权及无独立请求权的第三人，而且一般不包括债权人。但是，设立第三人撤销之诉的目的在于，救济第三人享有的因不能归责于本人的事由未参加诉讼但因生效裁判文书内容错误受到损害的民事权益，因此，债权人在下列情况下可以提起第三人撤销之诉：

（1）该债权是法律明确给予特殊保护的债权的，如《合同法》第286条（现为《民法典》第807条）规定的建设工程价款优先受偿权，《海商法》第22条规定的船舶优先权；

（2）因债务人与他人的权利义务被生效裁判文书确定，导致债权人本来可以对《合同法》第74条（现为《民法典》第538条）和《企业破产法》第31条规定的债务人的行为享有撤销权而不能行使的；

（3）债权人有证据证明，裁判文书主文确定的债权内容部分或者全部虚假的。

债权人提起第三人撤销之诉还要符合法律和司法解释规定的其他条件。对于除此之外的其他债权，债权人原则上不得提起第三人撤销之诉。

本节命题角度分析 SUMMARIZE

1. 本案中，案外人张三在判决生效后欲主张权利的，应如何救济？

［参考答题模板］本案中，张三可以在知道或者应当知道权利受到损害之日起6个月内向作出该生效判决的法院提出第三人撤销之诉。法院应当以×××（原来诉讼中的原告、被告、有独三、原来诉讼中承担责任的无独三）为被告，以×××为第三人（原来诉讼中不承担责任的无独三）。因为提出第三人撤销之诉后，法院不会因此中止原生效裁判的执行，所以可以通过提出执行异议或者提供担保的方式来达到中止原生效裁判执行的效果。

2. 本案中，案外人××能否通过提出第三人撤销之诉的方式来救济自己的权益？

［参考答题模板］不能。因为案外人××不具备提起第三人撤销之诉的主体资格。案外人对原生效裁判不具有直接的利益关系，不符合《民事诉讼法》第59条第1、2款规定的第三人条件，其提起第三人撤销之诉的，人民法院不予受理。

第二节 第三人撤销之诉与其他程序之间的关系

考点1 第三人撤销之诉与审判监督程序的关系（《民诉解释》第299、300条）

原　则	第三人撤销之诉案件审理期间，人民法院对生效判决、裁定、调解书裁定再审的，受理第三人撤销之诉的人民法院应当裁定将第三人的诉讼请求并入再审程序。
	（1）按照第一审程序审理的，人民法院应当对第三人的诉讼请求一并审理，所作的判决可以上诉； （2）按照第二审程序审理的，人民法院可以调解，调解达不成协议的，应当裁定撤销原判决、裁定、调解书，发回一审法院重审，重审时应当列明第三人。

续表

例　外	但有证据证明原审当事人之间恶意串通损害第三人合法权益的，人民法院应当先行审理第三人撤销之诉案件，裁定中止再审诉讼。

考点2 第三人撤销之诉、执行异议和案外人申请再审的关系（《民诉解释》第301条）

第三人撤销之诉 & 执行异议	（1）第三人提起撤销之诉后，未中止生效判决、裁定、调解书执行的，第三人为了达到中止执行的目的，可以向执行法院提出执行异议，执行法院应予审查； （2）第三人不服驳回执行异议裁定，申请对原判决、裁定、调解书再审的，人民法院不予受理。
执行异议 & 案外人申请再审	案外人对人民法院驳回其执行异议裁定不服，认为原判决、裁定、调解书内容错误损害其合法权益的： （1）应当根据《民事诉讼法》第238条的规定申请再审； （2）提起第三人撤销之诉的，人民法院不予受理。

本节命题角度分析
SUMMARIZE

案情中，第三人撤销之诉和再审同时启动，法院应如何处理？

[参考答题模板] 法院应将第三人的诉讼请求并入再审程序一并审理。根据《民诉解释》的相关规定，原则上，第三人撤销之诉案件审理期间，人民法院对生效判决、裁定、调解书裁定再审的，受理第三人撤销之诉的人民法院应当裁定将第三人的诉讼请求并入再审程序。按照一审程序审理的，人民法院应当对第三人的诉讼请求一并审理，所作的判决可以上诉；按照二审程序审理的，人民法院可以组织当事人调解，调解不成的，应当裁定撤销原判决、裁定、调解书，发回一审法院重审，重审时应当列明第三人。本案因为×××，应适用一审/二审程序审理再审案件，因此法院应当对第三人的诉讼请求一并审理/可以组织当事人调解，调解不成的，应当裁定撤销原判决、裁定、调解书，发回一审法院重审，重审时应当列明第三人。

第二十章 审判监督程序

第一节 再审的启动程序

考点1 当事人/案外人申请再审

当事人申请的效力 （《民事诉讼法》第210条）	当事人申请再审的，不停止判决、裁定的执行。
当事人/案外人 申请再审的时间 （《民事诉讼法》第216条）	（1）当事人申请再审 ①原则上应在裁判文书、调解书生效后6个月内提出； ②裁判文书存在《民事诉讼法》第211条第1、3、12、13项规定情形（以下简称“四项特殊情形”）的，自知道或者应当知道之日起6个月内提出。（6个月均为不变期间）
	（2）案外人申请再审：案外人可以自知道或应当知道利益受损之日起6个月（也是绝对不变期间）内申请再审。
当事人申请再审的事由 （《民事诉讼法》 第211、212条）	针对生效的判决书、裁定书，当事人的申请符合下列情形之一的，人民法院应当再审： （1）有新的证据，足以推翻原判决、裁定的； （2）原判决、裁定认定的基本事实缺乏证据证明的； （3）原判决、裁定认定事实的主要证据是伪造的； （4）原判决、裁定认定事实的主要证据未经质证的； （5）对审理案件需要的主要证据，当事人因客观原因不能自行收集，书面申请人民法院调查收集，人民法院未调查收集的； （6）原判决、裁定适用法律确有错误的； （7）审判组织的组成不合法或者依法应当回避的审判人员没有回避的； （8）无诉讼行为能力人未经法定代理人代为诉讼或者应当参加诉讼的当事人，因不能归责于本人或者其诉讼代理人的事由，未参加诉讼的； （9）违反法律规定，剥夺当事人辩论权利的； （10）未经传票传唤，缺席判决的； （11）原判决、裁定遗漏或者超出诉讼请求的； （12）据以作出原判决、裁定的法律文书被撤销或者变更的； （13）审判人员审理该案件时有贪污受贿，徇私舞弊，枉法裁判行为的。

续表

当事人申请再审的事由（《民事诉讼法》第211、212条）	当事人对已经发生法律效力的调解书，提出证据证明调解违反自愿原则或者调解协议的内容违反法律的，可以申请再审。经人民法院审查属实的，应当再审。
当事人申请再审的法院（《民事诉讼法》第210条）	原则：向作出生效裁判的上一级法院申请再审。 例外：双方当事人都是公民或者当事人一方人数众多的，也可以向原作出生效裁判的法院申请再审。
对于当事人再审申请的处理（《民事诉讼法》第215条第1款）	法院自收到再审申请书之日起3个月内审查：①符合法定情形——裁定再审；②不符合法定情形——裁定驳回申请。
案外必要共同诉讼人（《民诉解释》第420条第1款）	执行前可直接申请再审；进入执行程序后，先异议，后再审。
案外第三人（《民事诉讼法》第238条）	先异议，后再审。

考点2 检察院启动的再审（《民事诉讼法》第219～224条；《民诉解释》第417条）

适用情形	（1）判决、裁定与当事人申请再审的法定情形相同； （2）调解书损害国家利益、社会公共利益。
启动方式	抗诉或检察建议。
	上抗下，抗诉书同级提；检察建议同级提，报上级检察院备案。
法律效果	（1）抗诉：接受抗诉的法院应当自收到抗诉书之日起30日内作出再审裁定。 （2）检察建议：法院收到再审检察建议后，应当组成合议庭，在3个月内审查，发现原判决、裁定、调解书确有错误，需要再审的，依法裁定再审；经审查，决定不予再审的，应当书面回复检察院。

［考点拓展］当事人在再审申请审查期间达成的和解协议中声明不放弃申请再审权利的，该声明的效力如何认定？

观点解析：《民诉解释》第400条第3项规定，再审申请审查期间，当事人达成和解协议且已履行完毕的，裁定终结审查，但当事人在和解协议中声明不放弃申请再审权利的除外。当事人在执行程序或者再审审查程序中达成和解协议并履行完毕，意味着当事人通过协商达成了新的协议处分自己的权利，并通过实际履行的方式了结了原有的纠纷。在此情形下，人民法院没有对生效裁判继续进行再审审查的必要，应终结审查。但考虑到实践中当事人达成和解协议的情形复杂，本条规定了但书条款，即当事人在和解协议中明确表示不放弃申请再审权利的，即便和解协议已经履行完毕，其申请再审的权利仍应得到保护。

本节命题角度分析——SUMMARIZE

本案中，当事人可以向什么法院申请再审？

[参考答题模板] 当事人可以向甲市中院申请再审。根据《民事诉讼法》的相关规定，当事人申请再审，原则上应向作出生效裁判的上一级法院申请，双方当事人都是公民或者一方当事人人数众多的，也可以向原作出生效裁判的法院申请。由于本案中，双方当事人都是法人，不满足可以向原审法院申请再审的例外情形，因此，当事人只能向上一级法院即甲市中院申请再审。

第二节 再审的审理程序

考点 再审的审理

1. 按照审判监督程序决定再审的案件，原则上裁定中止原判决、裁定、调解书的执行。(《民事诉讼法》第 217 条)

(1) 当事人申请再审时，不会停止原判决、裁定的执行；法院裁定再审后，一般应裁定中止原判决、裁定的执行，并在再审裁定中同时写明中止原判决、裁定、调解书的执行。

(2) 追索赡养费、扶养费、抚养费、抚恤金、医疗费用、劳动报酬等案件，可以不中止执行。

2. 再审的审理法院

(1) 当事人向法院申请再审的案件(《民事诉讼法》第 215 条第 2 款)

❶因当事人申请裁定再审的案件由中级以上法院审理，但当事人依法选择向基层法院申请再审的除外；

❷最高法院、高级法院裁定再审的案件，由本院再审或者交由其他法院再审，也可以交由原审法院再审。

(2) 检察院抗诉启动再审的案件(《民事诉讼法》第 222 条)

❶原则上由接受抗诉的法院审理(提审)；

❷有符合《民事诉讼法》第 211 条第 1~5 项规定的情形之一的，可以交下一级法院再审，但经该下一级法院再审的除外。

3. 再审所适用的程序（《民事诉讼法》第218条）

	适用程序	所作判决、裁定可否上诉
生效裁判是一审法院作的	一审程序	可以上诉
生效裁判是二审法院作的	二审程序	不得上诉
上级法院提审的		

4. 再审的审理范围（《民诉解释》第403条第1款）

（1）再审案件应当围绕当事人的再审请求进行审理和裁判。

（2）当事人的再审请求超出原审诉讼请求（包括原告提出新的诉讼请求，或者被告提出反诉）的：①原则上不予审理（包括不予调解）；②符合另案诉讼条件的，告知当事人可以另行起诉。

1. 本案中，再审法院应适用什么程序审理？

［参考答题模板］

（1）本案应适用一审程序审理。因为本案的生效裁判由一审法院作出，且本案中不存在提审的法定情形，因此应适用一审程序审理。

（2）本案应适用二审程序审理。因为本案中生效裁判由甲市A区法院作出，而当事人向甲市中院申请的再审，根据《民事诉讼法》及其司法解释的相关规定，只能由甲市中院进行再审的审理，因此属于提审的情形，应当适用二审程序进行审理。

2. 针对再审中的漏人/漏判/增变反的问题，法院应如何处理？

［参考答题模板］

（1）本案属于适用二审程序审理的再审案件，针对原一审中遗漏的××当事人，法院可以组织双方当事人进行调解，调解不成的，撤销原一、二审裁判，发回原一审法院重审。

（2）本案属于适用二审程序审理的再审案件，针对原一审中遗漏的××诉讼请求，因为当事人在二审提出上诉时也提出了，但二审法院仍未救济（或者认为二审法院的裁判仍然有错），因此法院可以组织双方当事人进行调解，调解不成的，撤销原一、二审裁判，发回原一审法院重审。

（3）对于再审中当事人新增的诉讼请求/提出的反诉，再审法院应不予审理，符合另诉条件的，告知另诉。因为再审的审理范围以原审的请求为限，当事人超出原审的范围增加、变更的诉讼请求，不属于再审的审理范围。

第二十一章 执行程序

第一节 执行管辖与执行异议

考点1 执行管辖

执行管辖（《民事诉讼法》第235条）	发生法律效力的民事判决、裁定，以及刑事判决、裁定中的财产部分	由第一审人民法院或者与第一审人民法院同级的被执行的财产所在地人民法院执行。
	法律规定由人民法院执行的其他法律文书（如仲裁裁决书和仲裁调解书）	由被执行人住所地或者被执行的财产所在地人民法院执行（仲裁找中院）。
对执行管辖的异议	提出时间	自收到执行通知书之日起10日内提出。
	处理方式	(1) 异议成立的，应当撤销执行案件，并告知当事人向有管辖权的人民法院申请执行；(2) 异议不成立的，裁定驳回。
	救　济	向上一级人民法院申请复议。

考点2 执行异议

执行异议	执行行为异议（《民事诉讼法》第236条）	救济途径为向上一级人民法院申请复议
	执行标的异议（《民事诉讼法》第238条）	与原裁判无关——提起执行异议之诉
		认为原裁判错误——申请再审

考点3 执行异议之诉（《民诉解释》第305、306、308、309条）

1. 执行异议之诉中当事人的判断

	原　告	被　告	共同被告	第三人
案外人异议之诉	案外人	申请执行人	被执行人（反对时）	被执行人（不反对时）
许可执行之诉	申请执行人	案外人	被执行人（反对时）	被执行人（不反对时）

2. 审理程序：人民法院审理执行异议之诉案件，适用普通程序。

3. 证明责任：案外人或者申请执行人提起执行异议之诉的，案外人应当就其对执行标的享有足以排除强制执行的民事权益承担举证证明责任。

1. 本案中，针对法院的生效裁判（仲裁委员会作出的仲裁裁决），当事人可以向什么法院申请强制执行？

［参考答题模板］本案中，当事人应向××法院申请强制执行。根据《民事诉讼法》的相关规定，当事人向法院申请强制执行生效的判决书、调解书，应向一审法院或与之同级的被执行财产所在地的法院申请。（仲裁裁决书：向被执行人住所地或者被执行财产所在地的中院申请）

2. 本案中，被执行人（利害关系人）/案外人应如何救济自己的权利？

［参考答题模板］本案中，案外人对执行标的主张权利，可以提出案外人对执行标的的异议。法院认为异议成立的，裁定中止执行；认为异议不成立的，裁定驳回。本案属于与原生效裁判无关的情形，因此对法院裁定不服的，应通过另诉救济，即提起执行异议之诉。

若法院裁定驳回，由案外人提起案外人异议之诉，应以案外人为原告，申请执行人为被告，被执行人反对案外人主张的，列为共同被告，不反对的，列为第三人；若法院裁定中止执行，申请执行人在法律规定的期间内未提起执行异议之诉的，法院应当自起诉期限届满之日起7日内解除对该执行标的采取的执行措施。

执行异议之诉应适用一审普通程序进行审理，由案外人就其对执行标的享有足以排除强制执行的民事权益承担举证证明责任。

第二节 执行和解

考点 执行和解（《执行和解规定》）

概　念	执行和解协议，是指双方当事人自行协商，就生效法律文书确定的权利义务关系达成的协议。 注意：人民法院在执行中不进行调解。

续表

效　　力	(1) 执行和解协议不具有法律上的强制执行力； (2) 当事人达成以物抵债执行和解协议的，法院不得据此作出以物抵债裁定； (3) 执行和解协议履行完毕后具有终结执行的效力。
履行完毕	和解协议已经履行完毕的，法院不得恢复原执行根据的执行。
	因债务人迟延履行、瑕疵履行遭受损害的，债权人可以向执行法院另行起诉。
和解协议可撤销或无效	当事人认为和解协议应予撤销或者无效的，可以向执行法院起诉请求确认该协议的效力。
	和解协议被确认无效或撤销后，债权人可以申请恢复执行原生效法律文书。
拒绝履行	暂缓执行期间届满，债务人拒绝履行：对方当事人可以申请恢复对原生效法律文书的执行，已履行部分应扣除；也可以依据执行和解协议向执行法院提起诉讼。
执行和解协议的履行情况对执行程序的影响	《执行和解规定》第19条规定，执行过程中，被执行人根据当事人自行达成但未提交人民法院的和解协议，或者一方当事人提交人民法院但其他当事人不予认可的和解协议，依照《民事诉讼法》第225条（现为第236条）规定提出异议的，人民法院按照下列情形，分别处理： (1) 和解协议履行完毕的，裁定终结原生效法律文书的执行； (2) 和解协议约定的履行期限尚未届至或者履行条件尚未成就的，裁定中止执行，但符合《民法典》第578条规定情形的除外； (3) 被执行人一方正在按照和解协议约定履行义务的，裁定中止执行； (4) 被执行人不履行和解协议的，裁定驳回异议； (5) 和解协议不成立、未生效或者无效的，裁定驳回异议。

本节命题角度分析
SUMMARIZE

本案中，若申请执行人与被执行人达成和解协议，会产生何种法律效果？（请根据可能出现的不同前提条件进行假设和分析）

[参考答题模板] 在执行中，当事人达成和解协议的，经执行人员记入笔录，当事人签字、盖章，法院可以裁定中止执行。执行和解协议履行完毕的，法院作执行结案处理。被执行人拒不履行执行和解协议的，权利人可以申请恢复原生效裁判的执行，也可以选择就执行和解协议向法院起诉。

第三节 与执行程序相关的其他规定

考点1 执行转破产程序（《民诉解释》第511、513条）

执行转破产程序的前提条件	（1）作为被执行人的公司满足资不抵债的情形； （2）经申请执行人之一或者被执行人同意（法院不能依职权执转破）。
执行转破产程序的管辖法院	被执行人住所地法院（一般级别上是中院，经高院批准可以移给基层法院）。
执行转破产程序对于执行程序的影响	执行程序先中止。
	（1）被执行人住所地人民法院裁定宣告被执行人破产的，执行法院应当裁定终结对该被执行人的执行； （2）被执行人住所地人民法院不受理破产案件的，执行法院应当恢复执行。
对原案件中被执行人财产保全措施的影响	被执行人住所地人民法院裁定受理破产案件的，执行法院应当解除对被执行人财产的保全措施。

考点2 对设立保留所有权的买卖合同的标的物的执行（《查封、扣押、冻结财产规定》第14、16条）

1. 被执行人将其财产出卖给第三人，第三人已经支付部分价款并实际占有该财产，但根据合同约定被执行人保留所有权的，人民法院可以查封、扣押、冻结；第三人要求继续履行合同的，向人民法院交付全部余款后，裁定解除查封、扣押、冻结。

2. 被执行人购买第三人的财产，已经支付部分价款并实际占有该财产，第三人依合同约定保留所有权的，人民法院可以查封、扣押、冻结。保留所有权已办理登记的，第三人的剩余价款从该财产变价款中优先支付；第三人主张取回该财产的，可以依据《民事诉讼法》的规定提出异议。

考点3 执行异议与排除强制执行（《执行异议和复议案件规定》第24、26～30条）

执行异议的审查内容	（1）案外人是否系权利人； （2）该权利的合法性与真实性； （3）该权利能否排除执行。

续表

金钱债权 VS 案外人 执行异议	金钱债权执行中，案外人依据执行标的被查封、扣押、冻结前作出的另案生效法律文书提出排除执行异议，人民法院应当按照下列情形，分别处理： （1）该法律文书系就案外人与被执行人之间的权属纠纷以及租赁、借用、保管等不以转移财产权属为目的的合同纠纷，判决、裁决执行标的归属于案外人或者向其返还执行标的且其权利能够排除执行的，应予支持； （2）该法律文书系就案外人与被执行人之间除前项所列合同之外的债权纠纷，判决、裁决执行标的归属于案外人或者向其交付、返还执行标的的，不予支持； （3）该法律文书系案外人受让执行标的的拍卖、变卖成交裁定或者以物抵债裁定且其权利能够排除执行的，应予支持。
	金钱债权执行中，案外人依据执行标的被查封、扣押、冻结后作出的另案生效法律文书提出排除执行异议的，人民法院不予支持。
非金钱债权 VS 案外人执行异议	非金钱债权执行中，案外人依据另案生效法律文书提出排除执行异议，该法律文书对执行标的的权属作出不同认定的，人民法院应当告知案外人依法申请再审或者通过其他程序解决。
金钱债权 VS 不动产买受人 的物权期待权	金钱债权执行中，买受人对登记在被执行人名下的不动产提出异议，符合下列情形且其权利能够排除执行的，人民法院应予支持： （1）在人民法院查封之前已签订合法有效的书面买卖合同； （2）在人民法院查封之前已合法占有该不动产； （3）已支付全部价款，或者已按照合同约定支付部分价款且将剩余价款按照人民法院的要求交付执行； （4）非因买受人自身原因未办理过户登记。
	金钱债权执行中，买受人对登记在被执行的房地产开发企业名下的商品房提出异议，符合下列情形且其权利能够排除执行的，人民法院应予支持： （1）在人民法院查封之前已签订合法有效的书面买卖合同； （2）所购商品房系用于居住且买受人名下无其他用于居住的房屋； （3）已支付的价款超过合同约定总价款的50%。
金钱债权 VS 物权预告登记	金钱债权执行中，对被查封的办理了受让物权预告登记的不动产，受让人提出停止处分异议的，人民法院应予支持；符合物权登记条件，受让人提出排除执行异议的，应予支持。

考点4 执行主体的追加与变更（《执行中变更、追加当事人规定》中的典型情形）

情　　形	处　　理	救　　济
法人/非法人组织合并、分立	可变更、追加合并、分立后的法人/非法人组织为被执行人	向上一级法院申请复议
合伙企业不能清偿债务	可变更、追加普通合伙人为被执行人	

续表

情　　形	处　　理	救　　济
营利法人不能清偿债务	可变更、追加未出资、未足额出资的股东、出资人或依《公司法》规定对该出资承担连带责任的发起人或者抽逃出资的股东、出资人在未缴纳出资或者抽逃出资的范围内承担责任	可自裁定书送达之日起15日内向执行法院提起执行异议之诉
一人有限责任公司不能清偿债务	股东不能证明公司财产独立于自己财产的，可变更、追加该股东为被执行人	

本节命题角度分析——SUMMARIZE

1. 本案中，若执行程序转入破产程序，对原来已经启动的执行程序有何影响?

［参考答题模板］执行程序先中止。被执行人住所地人民法院裁定宣告被执行人破产的，执行法院应当裁定终结对该被执行人的执行。被执行人住所地人民法院不受理破产案件的，执行法院应当恢复执行。

2. 本案中，针对保留所有权买卖合同中标的物的执行，案外人（所有权人）应如何救济?

［参考答题模板］案外人要求继续履行合同的，向法院交付全部余款后，法院可裁定解除查封、扣押、冻结措施。

3. 本案中，案外人提出的执行异议能否得到法院支持?

［参考答题模板］因本案属于金钱债权的执行，案外人依据执行标的被查封、扣押、冻结前作出的另案生效法律文书提出排除执行异议，该法律文书系就案外人与被执行人之间的权属纠纷，判决执行标的归属于案外人且其权利能够排除执行的，法院应予支持。

4. 本案中，法院是否应支持追加××作为被执行人的申请? 若法院支持，××应如何救济?

［参考答题模板］法院应支持追加被执行人的申请，在营利法人不能清偿债务的情况下，法院可追加未足额出资或者抽逃出资的股东、出资人在未缴纳出资或者抽逃出资的范围内承担责任。被追加的股东对法院作出的裁定不服的，可以自裁定送达之日起15日内向执行法院提起执行异议之诉。

第三分编 仲 裁 法

第二十二章 仲裁协议

考点 协议仲裁原则

双方当事人必须达成有效仲裁协议才能向仲裁机构申请仲裁（《仲裁法》第16条）	有效仲裁协议（《仲裁法》第17条）	(1) 双方必须具备完全民事行为能力。因仲裁协议的相对性，仲裁中没有第三人。 (2) 意思表示必须真实，胁迫达成的协议无效。 (3) 仲裁范围限于合同纠纷和其他财产权益纠纷。人身纠纷、行政纠纷、劳动纠纷（通过劳动仲裁解决）、农村承包经营纠纷不得仲裁。
	选定仲裁机构	仲裁机构属于民间组织。
		仲裁机构只能在设区的市以上设立，区、县没有仲裁机构。

考点1 仲裁协议的效力

或审或裁原则（《仲裁法》第20条第2款；《仲裁法解释》第7条）	原则上，同时约定可以向仲裁机构申请仲裁或向法院起诉的，仲裁协议无效；但是协议管辖符合法定条件的，可以有效。
	要在仲裁庭首次开庭前主张仲裁协议无效，否则仲裁庭可以继续仲裁。
约定的仲裁机构不存在的	例如约定由某县的仲裁机构仲裁，该仲裁协议无效。
对仲裁委员会约定不明确时（《仲裁法解释》第3~6条）	(1) 仲裁协议约定的仲裁机构名称不准确，但能够确定具体的仲裁机构的，应当认定选定了仲裁机构。

续表

对仲裁委员会约定不明确时 （《仲裁法解释》第3~6条）	（2）仲裁协议仅约定纠纷适用的仲裁规则的： ①按照约定的仲裁规则不能够确定仲裁机构的，视为未约定仲裁机构； ②但按照约定的仲裁规则能够确定仲裁机构的，视为约定了仲裁机构。
	（3）仲裁协议约定两个以上仲裁机构的： ①当事人可以协议选择其中的一个仲裁机构申请仲裁；（补充协议） ②当事人不能就仲裁机构选择达成一致的，仲裁协议无效。
	（4）仲裁协议约定由某地的仲裁机构仲裁： ①该地仅有一个仲裁机构的，该仲裁机构视为约定的仲裁机构。 ②该地有两个以上仲裁机构的，当事人可以协议选择其中的一个仲裁机构申请仲裁；当事人不能就仲裁机构选择达成一致的，仲裁协议无效。
合同未成立、合同成立后未生效或者被撤销 （《仲裁法解释》第10条）	不影响仲裁协议的效力。

考点 2 仲裁协议效力的确认

确认主体	向约定的仲裁委申请确认	有权确认管辖权问题的主体是仲裁委，不是仲裁庭。仲裁庭若要决定这个问题，必须获得仲裁委的授权。
	向法院申请确认	应向约定的仲裁机构所在地、仲裁协议签订地、双方当事人（申请人和被申请人）住所地的中级人民法院或者专门法院申请。（《最高人民法院关于审理仲裁司法审查案件若干问题的规定》第2条第1款）
确认时间	没有在仲裁庭首次开庭前向仲裁委申请确认仲裁协议的效力，而后请求法院确认的，法院不受理。（《仲裁法解释》第13条第1款）	
确认顺序	同时向法院和仲裁委申请确认的，法院的确认权优先，法院要组成合议庭审理。	
	申请仲裁机构确认后再向法院申请的，法院不受理。	

本节命题角度分析—— SUMMARIZE

仲裁法部分的内容单独考查的可能性较低，一般会结合法院的管辖问题考查或裁或审原则，所以重点在于仲裁协议效力的判断，考生应能够结合案情判断仲裁协议有效还是无效，以及仲裁协议确认的管辖法院问题。

第二十三章 仲裁程序

考点 仲裁庭的组成（《仲裁法》第30～32条）

仲裁庭仲裁	对仲裁组织的选择，有约定的，从约定；无约定的，由仲裁委员会主任指定。	当事人约定由 3 名仲裁员组成仲裁庭的，应当各自选定或者各自委托仲裁委员会主任指定 1 名仲裁员。
		首席仲裁员由当事人共同选定或者共同委托仲裁委员会主任指定。
仲裁员独任仲裁		当事人约定由 1 名仲裁员成立仲裁庭的，应当由当事人共同选定或者共同委托仲裁委员会主任指定仲裁员。

考点 1 仲裁的审理方式（《仲裁法》第39、40条）

1. 应当不公开进行，协议公开的，除涉及国家秘密的案件外，可以公开。
2. 应当开庭进行，协议不开庭的，可以不开庭。

考点 2 仲裁中的回避制度（《仲裁法》第36、37条）

回避的决定	仲裁员的回避	由仲裁委员会主任决定
	仲裁委员会主任的回避	由仲裁委员会集体决定
回避的法律后果	当事人可以请求仲裁程序重新进行。	
	是否重新进行，仲裁庭有决定权。	

考点3 仲裁中的保全（《仲裁法》第28、46、68条）

1. 仲裁中的保全应由当事人向仲裁机构提出书面申请。

2. 由仲裁机构向法院提交当事人的保全申请，由法院采取保全措施。

（1）证据保全。国内仲裁的证据保全，应提交证据所在地基层法院；涉外仲裁的证据保全，应提交证据所在地中级法院。

（2）财产保全。国内仲裁的财产保全，由财产所在地或被申请人住所地的基层法院管辖；涉外仲裁的财产保全，由财产所在地或被申请人住所地的中级法院管辖。

考点4 仲裁中的调解与和解（《仲裁法》第49～51条）

达成调解协议	应当依据调解协议制作调解书，或者根据调解协议制作裁决书。
	不能以调解协议的方式结案。
达成和解协议	可以依据和解协议制作裁决书。
和解后撤回仲裁申请的法律效果	原仲裁协议依然有效。
	就原纠纷向法院起诉，法院不受理。

考点5 仲裁裁决的作出（《仲裁法》第53～57条）

评　议	（1）实行少数服从多数的原则，不能形成多数意见时，按照首席仲裁员的意见作出裁决； （2）少数仲裁员的不同意见可以记入笔录。
效　力	裁决书自作出之日起发生法律效力，不得就原纠纷再申请仲裁或者起诉。
	具有给付内容的裁决书具有强制执行力。

本节命题角度分析——SUMMARIZE

仲裁程序问题仅需简要熟悉考点或者法条的位置，这部分考查的可能性较低，能够熟悉考点并清晰定位法条位置即可。

第二十四章　仲裁裁决的司法审查

考点1 仲裁裁决撤销的条件及法律后果（《仲裁法》第58~61条）

申请主体	仲裁申请人、被申请人。
申请时间	自收到仲裁裁决书之日起6个月内。
管辖法院	撤销仲裁裁决由仲裁委员会所在地中院管辖。
适用情形（《仲裁法》第58条第1款）	（1）没有仲裁协议的； （2）裁决的事项不属于仲裁协议的范围或者仲裁委员会无权仲裁的； （3）仲裁庭的组成或者仲裁的程序违反法定程序的； （4）裁决所根据的证据是伪造的； （5）对方当事人隐瞒了足以影响公正裁决的证据的； （6）仲裁员在仲裁该案时有索贿受贿，徇私舞弊，枉法裁决行为的。
审查结果	（1）没有发现撤销理由的，裁定驳回撤销仲裁裁决申请，驳回后，原仲裁裁决具有执行力； （2）发现法定撤销理由的，裁定撤销仲裁裁决。
撤销仲裁裁决的后果	仲裁裁决被撤销后，当事人可以重新达成仲裁协议申请仲裁，也可以向法院起诉。

考点2 法院通知仲裁庭重新仲裁（《仲裁法解释》第21、22条）

通知重新仲裁的理由	如果发现裁决所依据的证据是伪造的或对方当事人隐瞒了足以影响公正裁决的证据，法院可以通知仲裁庭重新仲裁。
通知重新仲裁的后果	同时中止撤销程序，在通知中说明要求重新仲裁的理由。
	对于该通知，仲裁庭可以决定是否采纳。如果仲裁庭在法院指定期限内重新仲裁，法院应当裁定终结撤销程序；如果仲裁庭拒绝重新仲裁，法院应当裁定恢复撤销程序。

第二节 仲裁裁决的不予执行

考点 1 仲裁裁决不予执行的条件及法律后果

适用情形	与撤销仲裁裁决的情形一致。
管辖法院 （《仲裁法解释》第 29 条）	由受理执行申请的法院管辖，即由被执行人住所地或被执行财产所在地的中级法院管辖。
不予支持不予执行仲裁裁决的情形 （《仲裁法解释》第 26~28 条）	（1）当事人请求不予执行仲裁调解书或者根据当事人之间的和解协议作出的仲裁裁决书的，法院不予支持； （2）当事人在仲裁程序中未对仲裁协议的效力提出异议，在仲裁裁决作出后以仲裁协议无效为由主张撤销仲裁裁决或者提出不予执行抗辩的，法院不予支持； （3）当事人向法院申请撤销仲裁裁决被驳回后，又在执行程序中以相同理由提出不予执行抗辩的，法院不予支持。
不予执行仲裁裁决的后果	当事人可以重新达成仲裁协议，也可以向法院起诉。

考点 2 仲裁裁决撤销与仲裁裁决不予执行的关系

撤销 VS 执行 （《仲裁法解释》第 25 条）	人民法院受理当事人撤销仲裁裁决的申请后，另一方当事人申请执行同一仲裁裁决的，受理执行申请的人民法院应当在受理后裁定中止执行。
撤销 VS 不予执行 （《最高人民法院关于人民法院办理仲裁裁决执行案件若干问题的规定》第 20 条第 2 款）	在不予执行仲裁裁决案件审查期间，当事人向有管辖权的人民法院提出撤销仲裁裁决申请并被受理的，人民法院应当裁定中止对不予执行申请的审查；仲裁裁决被撤销或者决定重新仲裁的，人民法院应当裁定终结执行，并终结对不予执行申请的审查；撤销仲裁裁决申请被驳回或者申请执行人撤回撤销仲裁裁决申请的，人民法院应当恢复对不予执行申请的审查；被执行人撤回撤销仲裁裁决申请的，人民法院应当裁定终结对不予执行申请的审查，但案外人申请不予执行仲裁裁决的除外。

本节命题角度分析——SUMMARIZE

关于仲裁裁决的撤销或者不予执行问题，重点把握当事人申请撤销仲裁裁决或者不予执行仲裁裁决的管辖法院及法律后果，其余部分熟悉考点即可。

第三编　商法考点演绎

第一分编　公　司　法

第二十五章　股东的出资和股东资格

考点1　股东的出资方式

		内容精要	法条速查
货　币		(1) 货币无金额限制；(1元钱可以设立公司) (2) 货币无来源限制，所占即所得。(以贪污、受贿、侵占、挪用等违法犯罪所得的货币出资后取得股权的，对违法犯罪行为予以追究、处罚时，应当采取拍卖或者变卖的方式处置其股权)	《公司法解释（三）》第7条第2款
非货币		标准：可用货币估价，并且可以依法转让。	《公司法》第48条第1款
	股　权	出资人以其他公司股权出资，需要符合：(概括为：股权属性清晰，权能完整) (1) 出资的股权由出资人合法持有并依法可以转让； (2) 出资的股权无权利瑕疵或者权利负担； (3) 出资人已履行关于股权转让的法定手续； (4) 出资的股权已依法进行了价值评估。	《公司法解释（三）》第11条第1款
	无处分权财产出资	出资人以不享有处分权的财产出资的，参照“无权处分，善意取得”的规定处理。(受让公司善意+受让公司支付合理价格+不动产登记/动产交付)	《公司法解释（三）》第7条第1款
	交付和过户分离	(1) 交付未过户 ①办理权属变更后，该出资瑕疵补正； ②实际交付财产给公司使用时享有相应股东权利。(交付后享有)	《公司法解释（三）》第10条

续表

		内容精要	法条速查
非货币	交付和过户分离	（2）过户未交付 ①公司或其他股东可主张其向公司交付； ②实际交付财产给公司使用时享有相应股东权利。（交付后享有）	同　前

★ 股东出资方式常见设问及回答范例：

1. 股东××以受贿所得货币出资是否符合法律规定？为什么？

答：合法有效。

根据《公司法解释（三）》的相关规定，以违法犯罪所得的货币出资后取得股权的，对违法犯罪行为予以追究、处罚时，应当采取拍卖或者变卖的方式处置其股权。

本案中，股东××以受贿所得货币出资，基于货币“所占即所得”的特殊属性，股东××的出资合法有效。若日后对其受贿行为予以追究时，应采取拍卖或者变卖的方式处置其股权。

2. 股东××用于出资的不享有处分权的财产，公司能否善意取得？为什么？

[答案1] 可以。

根据《公司法解释（三）》的相关规定，股东以不享有处分权的财产出资的，人民法院可以依照“无权处分，善意取得”的规定予以认定。

本案中，股东××用于出资的财产实际上是租赁所得，其并不享有处分权。而公司对此并不知情，且该财产已经实际交付给公司使用，故公司符合“善意取得”的条件，因此可以善意取得该财产。

[答案2] 不可以。

根据《公司法解释（三）》的相关规定，股东以不享有处分权的财产出资的，人民法院可以依照“无权处分，善意取得”的规定予以认定。

本案中，股东××用于出资的财产实际上归属于××，其并不享有处分权。但其在公司成立后担任该公司董事长、法定代表人，故其主观恶意可视为所代表公司的恶意。因此，该公司不符合善意取得的条件，不能取得该财产的所有权。

考点2 违反出资义务的认定和法律责任

一、违反出资义务的认定

	内容精要	法条速查
出资不足	股东以货币出资的，未将货币出资足额存入有限责任公司在银行开设的账户。	《公司法》 第49条第2款

续表

<table>
<tr><th></th><th>内容精要</th><th>法条速查</th></tr>
<tr><td>出资不足</td><td>股东以非货币财产出资的，未依法办理财产权的转移手续。</td><td>同 前</td></tr>
<tr><td rowspan="2">出资不实</td><td>作为出资的非货币财产经评估确定的价额显著低于章程所定价额的。</td><td>《公司法解释（三）》第9条</td></tr>
<tr><td>例外：客观贬值
出资人以符合法定条件的非货币财产出资后，因市场变化或者其他客观因素导致出资财产贬值的，无需承担补足责任。但是，当事人另有约定的除外。</td><td>《公司法解释（三）》第15条</td></tr>
<tr><td>抽逃出资</td><td>公司成立后，股东的行为符合下列情形之一且损害公司权益的，应当认定该股东抽逃出资：
（1）制作虚假财务会计报表虚增利润进行分配；
（2）通过虚构债权债务关系将其出资转出；
（3）利用关联交易将出资转出；
（4）其他未经法定程序将出资抽回的行为。</td><td>《公司法解释（三）》第12条</td></tr>
</table>

二、违反出资义务的法律责任

<table>
<tr><th colspan="2"></th><th>内容精要</th><th>法条速查</th></tr>
<tr><td rowspan="3">对公司</td><td>出资不足</td><td rowspan="2">（1）向公司足额缴纳；
（2）对给公司造成的损失承担赔偿责任；
（3）设立时的其他股东与该股东在出资不足（出资不实）的范围内承担连带责任。</td><td rowspan="2">《公司法》第49条第3款、第50条</td></tr>
<tr><td>出资不实</td></tr>
<tr><td>抽逃出资</td><td>（1）应当返还抽逃的出资；
（2）给公司造成损失的，负有责任的董事、监事、高级管理人员应当与该股东承担连带赔偿责任；
（3）协助抽逃出资的其他股东、董事、高级管理人员或者实际控制人对上述返还责任承担连带责任。</td><td>《公司法》第53条第2款；《公司法解释（三）》第14条第1款</td></tr>
<tr><td rowspan="3">对公司的债权人</td><td>出资不足</td><td rowspan="2">（1）在未出资本息范围内对公司债务不能清偿的部分承担补充赔偿责任。
（2）发起人对上述补充赔偿责任承担连带责任；发起人承担责任后，可以向瑕疵股东追偿。</td><td rowspan="2">《公司法解释（三）》第13条第2、3款</td></tr>
<tr><td>出资不实</td></tr>
<tr><td>抽逃出资</td><td>（1）在抽逃出资本息范围内对公司债务不能清偿的部分承担补充赔偿责任；
（2）协助抽逃出资的其他股东、董事、高级管理人员或者实际控制人对上述不能清偿的部分承担连带责任。</td><td>《公司法解释（三）》第14条第2款</td></tr>
</table>

续表

		内容精要	法条速查
出资 加速到期 （新增）	全面 加速到期	公司不能清偿到期债务的，公司或者已到期债权的债权人有权要求已认缴出资但未届出资期限的股东提前缴纳出资。[1] 思考：债权人能否直接要求未届出资期限的股东对公司不能清偿的债务承担补充赔偿责任？	《公司法》第54条

考点3 公司内部对瑕疵股东的权利限制

		内容精要	法条速查
一般限制		股东未履行或者未全面履行出资义务、抽逃出资（统称为“瑕疵股东”），公司根据章程或者股东会决议，可对其利润分配请求权、新股优先认购权、剩余财产分配请求权等股东权利作出相应的合理限制[2]。	《公司法解释（三）》第16条
严重限制 （失权） （新增）	前提	股东未按期足额缴纳公司章程规定的出资。	《公司法》第51条第1款、第52条
	程序	（1）由公司向该股东发出书面催缴书，其中可以载明缴纳出资的宽限期；宽限期自公司发出催缴书之日起，不得少于60日。 （2）宽限期届满，股东仍未履行出资义务的，公司经董事会决议可以向该股东发出失权通知。	
	后果	（1）自通知发出之日起，该股东丧失其未缴纳出资的股权； （2）丧失的股权应当依法转让，或者相应减少注册资本并注销该股权； （3）6个月内未转让或者注销的，由公司其他股东按照其出资比例足额缴纳相应出资。	
	救济	股东对失权有异议的，应当自接到失权通知之日起30日内，向人民法院提起诉讼。	
最严重 限制 （除名）	前提	股东未履行出资义务或者抽逃全部出资，经公司催告缴纳或者返还，其在合理期间内仍未缴纳或者返还出资。	《公司法解释（三）》第17条
	程序	经股东会决议解除其股东资格。	
	后果	（1）该股东自决议作出之日起丧失股东资格； （2）公司应当及时办理法定减资程序或者由其他股东或者第三人缴纳相应的出资； （3）在办理法定减资程序或者其他股东或者第三人缴纳相应的出资之前，公司债权人可以请求相关当事人承担相应责任。	

〔1〕除了此处列举的加速到期外，股东出资可以加速到期的情形还有解散加速到期和破产加速到期。

〔2〕“相应合理限制”即瑕疵股东按照实缴的出资比例行使权利。

本节命题角度分析 SUMMARIZE

股东出资这部分内容是主观题中的常规命题重点，务必要掌握。

1. 对于股东出资的考查，一般从股东的出资方式是否合法，如果不合法，需要承担何种法律责任，对瑕疵股东的权利限制等角度展开设问。

2. 新《公司法》新增了股东失权制度、全面加速到期制度，务必重点掌握。

第二节 股东资格

考点1 股东资格的取得和确认

一、确认股东资格的相关文件

<table>
<tr><th></th><th colspan="2">内容精要</th><th>法条速查</th></tr>
<tr><td rowspan="2">出资证明书</td><td colspan="2">有限责任公司成立后，应当向股东签发出资证明书，记载下列事项：①公司名称；②公司成立日期；③公司注册资本；④股东的姓名或者名称、认缴和实缴的出资额、出资方式和出资日期；⑤出资证明书的编号和核发日期。</td><td rowspan="2">《公司法》第55条第1款</td></tr>
<tr><td>性质</td><td>出资证明书是公司签发的证明股东出资额的凭证。（因此，即使公司没有签发出资证明书，也不能仅以此否定股东资格）</td></tr>
<tr><td rowspan="2">股东名册</td><td colspan="2">有限责任公司应当置备股东名册，记载下列事项：①股东的姓名或者名称及住所；②股东认缴和实缴的出资额、出资方式和出资日期；③出资证明书编号；④取得和丧失股东资格的日期。
记载于股东名册的股东，可以依股东名册主张行使股东权利。</td><td rowspan="2">《公司法》第56条</td></tr>
<tr><td>性质</td><td>股东名册是股东身份或股东资格的法定证明文件。</td></tr>
<tr><td rowspan="3">公司登记（新增）</td><td colspan="2">公司登记事项包括：①名称；②住所；③注册资本；④经营范围；⑤法定代表人的姓名；⑥有限责任公司股东、股份有限公司发起人的姓名或者名称。公司登记机关应当将前述公司登记事项通过国家企业信用信息公示系统向社会公示。</td><td>《公司法》第32条</td></tr>
<tr><td colspan="2">（1）公司登记事项发生变更的，应当依法办理变更登记；
（2）公司登记事项未经登记或者未经变更登记，不得对抗善意相对人。</td><td rowspan="2">《公司法》第34条</td></tr>
<tr><td>性质</td><td>公司登记仅具有程序性意义，但基于登记的公信力，该记载具有对抗效力。（因此，未经公司登记，不得否定股东资格）</td></tr>
</table>

二、股权归属争议的解决

	内容精要	法条速查
证明标准	当事人之间对股权归属发生争议，一方请求人民法院确认其享有股权的，应当证明以下事实之一： (1) 已经依法向公司出资或者认缴出资，且不违反法律法规强制性规定； (2) 已经受让或者以其他形式继受公司股权，且不违反法律法规强制性规定。	《公司法解释（三）》第22条
其他因素	股权归属应当综合认定，要判断是否向公司出资、股东身份是否为外界知晓、是否实际行使股东权利等。	—

需要在案情中准确判断“某人和公司的关系”是股权关系还是债权关系；重点掌握“股权归属应当综合认定”的因素。

[例] A公司拟增资扩股，遂与外人丙协商，由丙出资100万元占A公司30%股权。丙将款项打入了A公司账户，A公司会计凭证记载为“实收资本”，但A公司并未发给丙出资证明书，股东名册未记载丙，也并未变更公司登记中的注册资本和股东姓名。之后，丙多次参加A公司股东会讨论相关经营事宜，并且参与了A公司的分红。

问：丙和A公司形成何种法律关系?[1]

★ 股东资格常见设问及回答范例：

1. ××和公司之间是什么法律关系？为什么？

答：股权法律关系，××是该公司的股东。

根据《公司法解释（三）》的相关规定，当事人之间对股权归属发生争议，一方请求人民法院确认其享有股权的，应当证明“已经依法向公司出资或者认缴出资，或者已经受让或者以其他形式继受公司股权，且不违反法律法规强制性规定”。

本案中，虽然××主张自己是借贷关系中的债权人，也未被登记为公司股东，但其在公司设立时出于自己的真实意思表示，愿意出资成为股东，对此，其他股东均表示同意。并且，××实际交付了××万元出资，参与了分红及公司的经营，这些行为均非债权人可为。因此，××具备实际出资人的地位，在公司内部也享有实际出资人的权利。此外，从民商法的诚信原则考虑，也应认可××为实际出资人或实际股东，而非债权人。

---

〔1〕 丙是A公司的股东，丙和A公司之间是股权法律关系。股东身份的确认应根据当事人的出资情况以及股东身份是否以一定的形式为公众所知等因素进行综合判断。本案中，丙多次参加A公司股东会讨论公司经营事宜，并且A公司会计凭证记载丙的款项为“实收资本”，即使A公司没有将丙记载于股东名册并办理变更登记，但相关证据仍可认定丙具有股东资格。

2. ××能否向公司主张权利？为什么？

答：不能。

根据《公司法解释（三）》的相关规定，当事人之间对股权归属发生争议，一方请求人民法院确认其享有股权的，应当证明“已经依法向公司出资或者认缴出资，或者已经受让或者以其他形式继受公司股权，且不违反法律法规强制性规定”。

本案中，大股东××是以自己的名义和××签订投资协议，款项也是转入大股东××的个人账户，××并未登记为公司股东，则该投资协议仅存在于投资人××和大股东××个人之间。××和公司之间不存在法律关系，因此不能向公司主张任何权利，只能向大股东××主张违约责任，请求返还所给付的投资款以及承担相应的损害赔偿责任。

考点2 代持股关系

<table>
<tr><th></th><th colspan="2">内容精要</th><th>法条速查</th></tr>
<tr><td rowspan="2">内部关系</td><td rowspan="2">名义股东-实际出资人</td><td>（1）代持股协议原则有效：
有限责任公司的实际出资人与名义出资人订立合同，约定由实际出资人出资并享有投资权益，以名义出资人为名义股东，实际出资人与名义股东对该合同效力发生争议的，如无法律规定的无效情形，应当认定该合同有效。</td><td rowspan="2">《公司法解释（三）》第24条第1、2款</td></tr>
<tr><td>（2）投资权益归实际出资人：
①实际出资人与名义股东因投资权益的归属发生争议的，实际出资人可以其实际履行了出资义务为由向名义股东主张权利；
②名义股东不得以公司股东名册记载、公司登记机关登记为由否认实际出资人权利。</td></tr>
<tr><td>外部关系</td><td>实际出资人-公司</td><td>（1）明示同意
实际出资人经公司其他股东半数以上同意，可以请求公司变更股东、签发出资证明书、记载于股东名册、记载于公司章程并办理公司登记机关登记。
（2）默示同意
实际出资人能够提供证据证明有限责任公司过半数的其他股东知道其实际出资的事实，且对其实际行使股东权利未曾提出异议的，也可以请求登记为公司股东。[1]</td><td>《公司法解释（三）》第24条第3款；《九民纪要》第28条</td></tr>
</table>

[1] 注：此处实际出资人显名是参照原《公司法》中股权对外转让的规则进行，但新《公司法》已取消股权对外转让需经过半数其他股东同意的要求，故此处先按公司法解释的规定来记。

续表

		内容精要	法条速查
外部关系	名义股东-善意第三人	(1) 名义股东处分股权-有权处分-参照善意取得： 名义股东将登记于其名下的股权转让、质押或者以其他方式处分，实际出资人以其对于股权享有实际权利为由，请求认定处分股权行为无效的，可以参照《民法典》有关善意取得的规定处理。 (2) 实际出资人可向名义股东主张赔偿： 名义股东处分股权造成实际出资人损失的，实际出资人可以请求名义股东承担赔偿责任。	《公司法解释（三）》第25条
	名义股东-公司债权人	(1) 对外由名义股东担责： 公司债权人以登记于公司登记机关的股东未履行出资义务为由，请求其对公司债务不能清偿的部分在未出资本息范围内承担补充赔偿责任，股东以其仅为名义股东而非实际出资人为由进行抗辩的，人民法院不予支持。 (2) 名义股东担责后，可向实际出资人追偿： 名义股东根据前述规定承担赔偿责任后，向实际出资人追偿的，人民法院应予支持。	《公司法解释（三）》第26条

名义股东处分股权的行为，定性为“有权处分”。因为股权代持法律关系已被公司法认可，并且相对于公司而言，名义股东已经记载于股东名册，可认定其是公司股东。法条措辞是“可以参照《民法典》第311条的规定处理”，说明仅是借用了“善意取得的处理”，但定性仍为“有权处分”[1]。

思考：**名义股东名下的股权被强制执行时，实际出资人以其是股权的实际所有人为由提出异议。该异议能否成立？对此存在不同观点：**

观点1[2]：成立。商事外观主义原则的适用范围不包括非交易第三人。如果名义股东的债权人仅仅因为债务纠纷而执行名义股东名下的股权来还债，则并无信赖利益保护的需要。若适用商事外观主义原则，将本应属于实际出资人的股权用以清偿名义股东的债务，将严重侵犯实际出资人的合法权利。故实际出资人的执行异议成立。（或简化为：根据穿透原则，应当保护股权的真正所有权人，即实际出资人的合法权利）

观点2[3]：不成立。根据商事外观主义原则，股权代持协议只能约束签订协议的双方

---

〔1〕 此处定性在理论上仍有争议，有观点认为定性是“无权处分”，但参考2012年司考真题（2012/3/94）以及2014年卷四第5题第3问，司法部官方给的答案都是“有权处分”，故本书采用“有权处分”的观点。

〔2〕 最高人民法院（2015）民申字第2381号。

〔3〕 最高人民法院（2016）最高法民申3132号；（2019）最高法民再45号。

当事人，对于合同以外的第三人没有约束力。第三人有权信赖工商登记对股东的形式记载，并可据此请求法院强制执行名义股东名下的股权。故实际出资人的执行异议不成立。（或简化为：商事外观主义原则适用于任何第三人，债权人有权信赖工商登记的记载，并可据此请求法院强制执行名义股东名下的股权）

上述两种观点均出自最高人民法院，考试时择一作答即可。

考点 3 一股二卖

一股二卖，顾名思义，指的是一项股权交易了两次，具体是指股权转让后尚未向公司登记机关办理变更登记，原股东将仍登记于其名下的股权转让、质押或者以其他方式处分。

对于一股二卖，其处理规则为：

	内容精要	法条速查
合同效力	两次股权转让的合同均有效。	《公司法解释（三）》第 27 条
股权归属	（1）第二次处分行为属于无权处分，可以参照《民法典》有关善意取得的规定予以认定。即第二次的受让股东符合善意的条件，则股权归第二次的受让人所有。 （2）第一次的股权受让人可以基于股权转让合同，请求转让股东承担违约赔偿责任。	

考点 4 冒名股东

冒名股东，是指冒用他人名义出资并将该他人作为股东在公司登记机关进行登记，被冒名人对此不知情。例如，张三捡到李四的身份证，以李四的名义设立了公司，但公司的实际出资人和运营人都是张三。

对冒名行为的处理规则如下：（《公司法解释（三）》第 28 条）

1. 冒用他人名义出资并将该他人作为股东在公司登记机关登记的，冒名登记行为人应当承担相应责任。

2. 公司、其他股东或者公司债权人以未履行出资义务为由，请求被冒名登记为股东的人承担补足出资责任或者对公司债务不能清偿部分的赔偿责任的，人民法院不予支持。

本节命题角度分析 SUMMARIZE

股东资格这部分内容是主观题中的常规命题重点，务必要掌握。

对于股东资格的考查，主要集中于股东资格的确认以及代持股法律关系中的相关问题。对于是否具有股东资格，需要综合各种因素进行判断，比如是否向公司出资、是否记载于股东名册、是否行使了有关股东权利、公司的其他股东是否知情等。在代持股关系中，实际出资人不能直接向公司主张分红，因为实际出资人和公司之间没有直接的法律关系，所以只能依据代持股协议去向名义股东主张投资收益。此外，要掌握名义股东处分股权的法律后果，以及名义股东名下的股权被法院强制执行的处理规则。

第二十六章 股东权利和股权转让

第一节 股东权利

考点1 知情权

		内容精要	法条速查
查阅内容	查阅并复制	股东有权查阅、复制公司章程、股东名册、股东会会议记录、董事会会议决议、监事会会议决议和财务会计报告。	《公司法》第57条第1款
	只查阅	股东可以要求查阅公司会计账簿、会计凭证。（修订） （1）股东应当向公司提出书面请求，说明目的； （2）公司有合理根据认为股东查阅会计账簿、会计凭证有不正当目的，可能损害公司合法利益的，可以拒绝提供查阅； （3）公司拒绝提供查阅的，股东可以向人民法院提起诉讼。	《公司法》第57条第2款
拒绝查阅的理由	有下列情形之一的，应当认定股东查阅会计账簿有“不正当目的”： （1）股东自营或者为他人经营与公司主营业务有实质性竞争关系业务的，但公司章程另有规定或者全体股东另有约定的除外； （2）股东为了向他人通报有关信息查阅公司会计账簿，可能损害公司合法利益的； （3）股东在向公司提出查阅请求之日前的3年内，曾通过查阅公司会计账簿，向他人通报有关信息损害公司合法利益的； （4）股东有不正当目的的其他情形。		《公司法解释（四）》第8条
不可实质剥夺	公司章程、股东之间的协议等实质性剥夺股东依据《公司法》规定查阅或者复制公司文件材料的权利，公司不得以此为由拒绝股东查阅或者复制。		《公司法解释（四）》第9条

续表

		内容精要	法条速查
知情权诉讼	当事人	(1) 原告必须具有股东资格。公司有证据证明原告在起诉时不具有公司股东资格的，法院应当驳回起诉。 例外：但原告有初步证据证明在持股期间其合法权益受到损害，请求依法查阅或者复制其持股期间的公司特定文件材料的除外。 (2) 被告为公司。因为是查阅公司的特定文件材料，所以被告为“公司”。	《公司法解释（四）》第7条第2款
	诉讼结果	(1) 对原告诉讼请求予以支持的，应当在判决中明确查阅或者复制公司特定文件材料的时间、地点和特定文件材料的名录； (2) 依据法院生效判决，在该股东在场的情况下，可由会计师、律师等辅助进行查阅。	《公司法解释（四）》第10条

有限责任公司的会计账簿涉及公司的商业秘密，所以只能查阅，不能复制。商法命题喜欢将查阅、复制两个词写在一起，考生要防止作答遗漏。

★ 股东知情权常见设问及回答范例：

1. 公司以“不正当目的”为由拒绝股东××查账，其理由是否合法？

答：不合法。

根据《公司法》的相关规定，股东可以要求查阅公司会计账簿、会计凭证。股东要求查阅公司会计账簿、会计凭证的，应当向公司提出书面请求，说明目的。公司有合理根据认为股东查阅会计账簿、会计凭证有不正当目的，可能损害公司合法利益的，可以拒绝提供查阅。

“不正当目的”是指：①股东自营或者为他人经营与公司主营业务有实质性竞争关系业务；②股东为了向他人通报有关信息查阅公司会计账簿，可能损害公司合法利益；③股东提出查阅请求之日前的3年内，曾通过查阅公司会计账簿，向他人通报有关信息损害公司合法利益。

本案中，不能仅因为该股东××和公司的经营范围相同，就认定其存在不正当目的。公司应当进一步举证证明二者构成实质性业务竞争关系，并且该股东查账是为了获取竞业利益。因此，公司拒绝查账的理由不合法。

2. 对于股东××查阅复制会计账簿和会计凭证的请求，公司能否拒绝？为什么？

答：公司不能拒绝股东××的查阅请求，但是可以拒绝其复制会计账簿和会计凭证。

根据《公司法》的相关规定，有限责任公司的股东可以要求查阅公司会计账簿、会计凭证，但是不能复制会计账簿、会计凭证。股东要求查阅公司会计账簿、会计凭证的，应当向公司提出书面请求，说明目的。公司有合理根据认为股东查阅会计账簿、会计凭证有不正当目的，可能损害公司合法利益的，可以拒绝提供查阅。

本案中，股东××书面请求查阅会计账簿和会计凭证，并不存在不正当目的，故公司不能拒绝其查阅请求。但是其无权复制会计账簿和会计凭证，公司可以拒绝其复制请求。

考点 2 利润分配请求权

	内容精要	法条速查
表　决	(1) 分红属于公司股东会的一般事项，只需过半数表决权通过即可； (2) 按认缴比例行使表决权。	《公司法》第65条、第66条第2款
前　提	公司分配当年税后利润时，应当提取利润的10%列入公司法定公积金。公司法定公积金累计额为公司注册资本的50%以上的，可以不再提取。	《公司法》第210条第1款
分配比例	公司弥补亏损和提取公积金后所余税后利润，有限责任公司按照股东实缴的出资比例分配利润，全体股东约定不按照出资比例分配利润的除外。	《公司法》第210条第4款
分配时间	股东会作出分配利润的决议的，董事会应当在股东会决议作出之日起6个月内进行分配。(新增)	《公司法》第212条
诉　讼	股东请求公司分配利润案件，应当列公司为被告。	《公司法解释（四）》第13条第1款
	(1) 股东提交载明具体分配方案的股东会的有效决议：法院判决分配利润； (2) 股东未提交载明具体分配方案的股东会决议：法院驳回其诉讼请求。(例外：违反法律规定滥用股东权利导致公司不分配利润，给其他股东造成损失的，法院可以判决分红)	《公司法解释（四）》第14、15条

★ 利润分配请求权常见设问及回答范例：

1. ××公司章程规定的关于公司前5年若有利润，甲得28%，其他几位股东各得18%，从第6年开始平均分配利润的内容是否有效？为什么？

答：有效。

根据《公司法》的相关规定，有限责任公司按照股东实缴的出资比例分配利润，全体股东约定不按照出资比例分配利润的除外。

本案中，××公司章程关于利润分配的规定，属于全体股东的合意，并未违反公司法的规定，故合法有效。

2. ××公司对分红决议进行表决，应当如何计算表决权的比例？为什么？

答：应当按照认缴出资比例计算表决权。

根据《九民纪要》的相关规定，在注册资本认缴制下，股东依法享有期限利益。股东所认缴的出资未届履行期限，对未缴纳部分的出资是否享有以及如何行使表决权等问题，应当根据公司章程来确定。公司章程没有规定的，应当按照认缴出资的比例确定。

本案中，××公司章程对于按何种比例行使表决权并未另行约定。因此，股东应当按照认缴出资比例行使表决权。

考点3 股权回购请求权

基于资本维持原则，股东在出资后不得抽逃出资，也不得随意退股，只能通过分红或者对外转让股权的方式实现其投资收益，或者通过法定减资程序退出公司。但在符合一定条件的情况下，股东可以请求公司按照合理价格回购其股权。

	内容精要	法条速查
异议股东请求公司回购其股权的情形	(1) 有下列情形之一的，对股东会该项决议投反对票的股东可以请求公司按照合理的价格收购其股权： ①公司连续5年不向股东分配利润，而公司该5年连续盈利，并且符合《公司法》规定的分配利润条件； ②公司合并、分立、转让主要财产； ③公司章程规定的营业期限届满或者章程规定的其他解散事由出现，股东会通过决议修改章程使公司存续。	《公司法》第89条第1、2款
	(2) 自股东会决议作出之日起60日内，股东与公司不能达成股权收购协议的，股东可以自股东会决议作出之日起90日内向人民法院提起诉讼。	
控股股东滥用权利（新增）	公司的控股股东滥用股东权利，严重损害公司或者其他股东利益的，其他股东有权请求公司按照合理的价格收购其股权。	《公司法》第89条第3款
后　果	公司收购的本公司股权，应当在6个月内依法转让或者注销。	《公司法》第89条第4款

口诀：五五合分转、该死不死改章程+控股股东滥用权利。

本节命题角度分析
SUMMARIZE

本节属于主观题中的常规命题重点，必须掌握。

1. 对于股东权利的考查，一般从知情权、分红权和股权回购请求权等角度进行命题。股东的知情权，不能通过公司章程或股东间的协议来实质性剥夺。此外要注意和民诉法结合的部分，即股东知情权之诉中当事人的列明、原告资格的要求等。

2. 对于股东的分红权，公司是否分红属于一般事项，只需要过半数表决权的股东同意即可。因此，公司也可以决定不分红，对此并不需要全体股东同意。至于具体按照什么比例来分，公司应当按实缴的出资比例进行分红，全体股东约定不按实缴比例分配的除外。

3. 有限责任公司股权回购的情形是法定的，只有对特定股东会决议投反对票的股东才可以要求公司回购股权。此外，2024 年施行的新《公司法》增加了一种回购请求，即控股股东滥用股东权利，严重损害公司或者其他股东利益的，其他股东有权请求公司回购其股权。对增资、减资、修改章程、公司解散等股东会决议投反对票的股东，无权要求公司回购其股权。

第二节 股权转让

考点 1 股权协议转让

<table>
<tr><th></th><th colspan="2">内容精要</th><th>法条速查</th></tr>
<tr><td>对　内</td><td colspan="2">有限责任公司的股东之间可以相互转让其全部或者部分股权。</td><td>《公司法》
第 84 条第 1 款</td></tr>
<tr><td>对　外</td><td colspan="2">(1) 股东向股东以外的人转让股权的，应当将股权转让的数量、价格、支付方式和期限等事项书面通知其他股东。
(2) 其他股东在同等条件下有优先购买权。
(3) 股东自接到书面通知之日起 30 日内未答复的，视为放弃优先购买权。
(4) 两个以上股东行使优先购买权的，协商确定各自的购买比例；协商不成的，按照转让时各自的出资比例行使优先购买权。</td><td>《公司法》
第 84 条第 2 款</td></tr>
<tr><td>损害优先购买权的救济</td><td colspan="2">(1) 股东对外转让股权，未就其股权转让事项征求其他股东意见，或者以欺诈、恶意串通等手段，损害其他股东优先购买权的，其他股东可主张按照同等条件购买该转让股权；
(2) 时间：其他股东自知道或者应当知道行使优先购买权的同等条件之日起 30 日内没有主张，或者自股权变更登记之日起超过 1 年没有主张的，不再享有优先购买权；
(3) 其他股东不能仅提出确认股权转让合同及股权变动效力等请求，而未同时主张按照同等条件购买转让股权；(但其他股东非因自身原因导致无法行使优先购买权，请求损害赔偿的除外)
(4) 股东以外的股权受让人，因股东行使优先购买权而不能实现合同目的的，可以依法请求转让股东承担相应民事责任。(违约责任)</td><td>《公司法解释（四）》
第 21 条</td></tr>
<tr><td>不享有优先购买权的情形</td><td>逾期未主张</td><td>(1) 股东自接到书面通知之日起 30 日内未答复的，视为放弃优先购买权；
(2) 未被通知的其他股东自知道或者应当知道行使优先购买权的同等条件之日起 30 日内没有主张，或者自股权变更登记之日起超过 1 年没有主张的，不再享有优先购买权。</td><td>《公司法》
第 84 条第 2 款；
《公司法解释（四）》
第 21 条第 1 款</td></tr>
</table>

续表

		内容精要	法条速查
不享有优先购买权的情形	转让股东反悔	(1) 有限责任公司的转让股东，在其他股东主张优先购买后又不同意转让股权的，其他股东不能再主张优先购买；(公司章程另有规定或者全体股东另有约定的除外) (2) 其他股东可以主张转让股东赔偿其合理损失。	《公司法解释（四）》第20条
	股权继承	有限责任公司的自然人股东因继承发生变化时，其他股东不得主张行使优先购买权。(公司章程另有规定或者全体股东另有约定的除外)	《公司法解释（四）》第16条
未届出资期限的股权转让		股东转让已认缴出资但未届出资期限的股权的，由受让人承担缴纳该出资的义务；受让人未按期足额缴纳出资的，转让人对受让人未按期缴纳的出资承担补充责任。(受让人第一位，转让人补充)	《公司法》第88条第1款
瑕疵股权转让		未按照公司章程规定的出资日期缴纳出资或者作为出资的非货币财产的实际价额显著低于所认缴的出资额的股东转让股权的，转让人与受让人在出资不足的范围内承担连带责任；受让人不知道且不应当知道存在上述情形的，由转让人承担责任。(转让人和受让人连带，除非受让人证明其不知且不应知)	《公司法》第88条第2款

[经典判例一]

指导案例67号：汤长龙诉周士海股权转让纠纷案

裁判要旨：有限责任公司的股权分期支付转让款中发生股权受让人延迟或者拒付等违约情形，股权转让人要求解除双方签订的股权转让合同的，不适用《合同法》第167条（现为《民法典》第634条）关于分期付款买卖中出卖人在买受人未支付到期价款的金额达到合同全部价款的1/5时即可解除合同的规定。

[经典判例二]

指导案例96号：宋文军诉西安市大华餐饮有限公司股东资格确认纠纷案

裁判要旨：国有企业改制为有限责任公司，其初始章程对股权转让进行限制，明确约定公司回购条款，只要不违反公司法等法律强制性规定，可认定为有效。有限责任公司按照初始章程约定，支付合理对价回购股东股权，且通过转让给其他股东等方式进行合理处置的，人民法院应予支持。

考点2 强制执行程序中的股权转让

1. 法院依强制执行程序转让股东的股权时，应当由法院通知公司及全体股东。
2. 其他股东在同等条件下享有优先购买权。

3. 其他股东自人民法院通知之日起满20日不行使优先购买权的，视为放弃优先购买权，则第三人可以通过强制执行程序受让该股权。

★ 股权转让常见设问及回答范例：

1. 股东A向股东B转让股权时，其他股东是否享有优先购买权？为什么？

答：不享有。

根据《公司法》的相关规定，有限责任公司的股东之间可以相互转让其全部或者部分股权，其他股东不享有优先购买权。

本案中，股东A向股东B转让股权，不会影响现有股东的“人合性”，因此，其他股东不享有优先购买权。

2. 股东A未全面履行出资义务，可否将其在甲公司的股权转让给第三人B？转让的法律后果是什么？

答：可以。法律后果是A和B在出资不足的范围内承担连带责任。

根据《公司法》的相关规定，未按照公司章程规定的出资日期缴纳出资或者作为出资的非货币财产的实际价额显著低于所认缴的出资额的股东转让股权的，转让人与受让人在出资不足的范围内承担连带责任；受让人不知道且不应当知道存在上述情形的，由转让人承担责任。据此可知，《公司法》并不禁止瑕疵股权的转让。

本案中，虽然股东A未全面履行出资义务，但是其股权仍然可以转让。受让人B是股东A的妻弟，按生活经验应当推定其知情。因此，股东A和受让人B应当对甲公司在出资不足的范围内承担连带责任。

本节命题角度分析——SUMMARIZE

本节属于主观题中的常规命题重点，必须掌握。

1. 在股权转让中，尤其要注意损害其他股东优先购买权的处理规则。其他股东可以主张优先购买权，但不能仅主张股权转让合同无效。若因其他股东主张优先购买权，导致外部的股权受让人不能实现合同目的，则受让人可以依据股权转让合同向转让股东主张违约赔偿责任。

2. 新《公司法》修订的有关“瑕疵股权的转让后果”以及“未届出资期限股权的转让后果”需重点掌握，后者不再是受让人概括承受，而是先由受让人承担，受让人到期不履行出资义务的，再由转让人补足。

第二十七章　公司的组织机构

第一节 董事、监事与高级管理人员

考点1 董事、监事、高级管理人员的义务

一、主要义务

		内容精要	法条速查
主要义务	忠实义务	董事、监事、高级管理人员应当采取措施避免自身利益与公司利益冲突，不得利用职权牟取不正当利益。	《公司法》第180条
	勤勉义务	董事、监事、高级管理人员执行职务应当为公司的最大利益尽到管理者通常应有的合理注意。	
	公司的控股股东、实际控制人不担任公司董事但实际执行公司事务的，适用上述规定。		

二、禁止行为

	内容精要	法条速查
禁止行为	董事、监事、高级管理人员不得有下列行为： （1）侵占公司财产、挪用公司资金； （2）将公司资金以其个人名义或者以其他个人名义开立账户存储； （3）利用职权贿赂或者收受其他非法收入； （4）接受他人与公司交易的佣金归为己有； （5）擅自披露公司秘密； （6）违反对公司忠实义务的其他行为。	《公司法》第181条

三、受限制行为（有修订，需重点掌握）

	内容精要	法条速查
关联交易	（1）行为表现 关联交易是指董事、监事、高管及其关联关系人，直接或者间接与本公司订立合同或者进行交易。	《公司法》第182条

续表

		内容精要	法条速查
关联交易		(2)(新增)程序(报告+决议) 应当就与订立合同或者进行交易有关的事项向董事会或者股东会报告，并按照公司章程的规定经董事会或者股东会决议通过。	同 前
		(3)(新增)关联人的范围 ①董事、监事、高级管理人员； ②董事、监事、高级管理人员的近亲属； ③董事、监事、高级管理人员或者其近亲属直接或者间接控制的企业； ④与董事、监事、高级管理人员有其他关联关系的关联人。	
谋取属于公司的商业机会	原 则	董事、监事、高级管理人员，不得利用职务便利为自己或者他人谋取属于公司的商业机会。	《公司法》第183条
	例 外	(新增)有下列情形之一的除外： (1)向董事会或者股东会报告，并按照公司章程的规定经董事会或者股东会决议通过；(报告+决议) (2)根据法律、行政法规或者公司章程的规定，公司不能利用该商业机会。	
同业竞争	原 则	董事、监事、高级管理人员不得自营或者为他人经营与其任职公司同类的业务。	《公司法》第184条
	例 外	(新增)向董事会或者股东会报告，并按照公司章程的规定经董事会或者股东会决议通过的除外。(报告+决议)	
关联董事回避(新增)		(1)董事会对关联董事进行关联交易、谋取属于公司的商业机会、与公司同业竞争等事项决议时，关联董事不得参与表决，其表决权不计入表决权总数； (2)出席董事会会议的无关联关系董事人数不足3人的，应当将该事项提交股东会审议。	《公司法》第185条
后 果		(1)董事、监事、高级管理人员违反特定义务所得的收入应当归公司所有； (2)董事、监事、高级管理人员执行职务违反法律、行政法规或者公司章程的规定，给公司造成损失的，应当承担赔偿责任； (3)若公司拒绝起诉或者怠于起诉，则会引发股东代表诉讼。	《公司法》第186、188、189条

考点2 关联交易

	内容精要	法条速查
概 念	关联交易，是指公司的控股股东[1]、实际控制人[2]、董事、	《公司法》第22条第1款

〔1〕控股股东，是指其出资额占有限责任公司资本总额50%以上或者其持有的股份占股份有限公司股本总额50%以上的股东；出资额或者持有股份的比例虽然不足50%，但依其出资额或者持有的股份所享有的表决权已足以对股东会的决议产生重大影响的股东。(《公司法》第265条第2项)

〔2〕实际控制人，是指虽不是公司的股东，但通过投资关系、协议或者其他安排，能够实际支配公司行为的人。

续表

	内容精要	法条速查
概　念	监事、高级管理人员利用关联关系[1]而和公司发生的交易。	同　前
规　定	公司的控股股东、实际控制人、董事、监事、高级管理人员不得利用关联关系损害公司利益。违反前述规定，给公司造成损失的，应当承担赔偿责任。 要点： (1) 公司法并不禁止合法的关联交易，只是禁止关联交易损害公司利益； (2) 关联交易即便履行了法定程序，仍不能豁免赔偿责任。	《公司法》第22条
后　果	(1) 关联交易损害公司利益，原告公司请求控股股东、实际控制人、董事、监事、高级管理人员赔偿所造成的损失，被告不得仅以该交易已经履行了信息披露、经股东会同意等法律、行政法规或者公司章程规定的程序为由抗辩； (2) 关联交易的核心是公平，尽管交易已经履行了相应的程序，但如果违反公平原则，损害公司利益，公司依然可以请求行为人承担损害赔偿责任； (3) 关联交易损害公司利益，公司没有提起诉讼的，符合条件的股东可以提起股东代表诉讼。	《公司法解释（五）》第1条
	关联交易合同存在无效、可撤销或者对公司不发生效力的情形，公司没有起诉合同相对方的，符合条件的股东可以提起股东代表诉讼。	《公司法解释（五）》第2条

特别提醒

1. 公司法并不禁止关联交易，只是禁止关联交易损害公司利益。关联交易损害公司利益的，应当承担赔偿责任。公司不提起诉讼的，符合条件的股东可以提起股东代表诉讼。
2. 正当的关联关系与抽逃出资的区别
   (1) 抽逃出资，其行为方式之一为“公司成立后，相关股东利用关联交易将出资转出且损害公司权益”；
   (2) 区别正当的关联关系和抽逃出资，关键是要判断是否具备“真实合法的商业目的”。

[例] 公司成立1个月后，股东甲因急需资金，向公司提出借款100万元。公司为此召开临时股东会议，作出如下决议：同意借给甲100万元，借期6个月，每月利息1万元。甲向公司出具了借条。虽甲至今仍未归还借款，但每月均付给公司利息。该案可追究甲的违约责任，但不能认定甲抽逃出资，因为甲的借款具备真实合法的商业目的。

(《公司法》第265条第3项)

[1] 关联关系，是指公司控股股东、实际控制人、董事、监事、高级管理人员与其直接或者间接控制的企业之间的关系，以及可能导致公司利益转移的其他关系。但是，国家控股的企业之间不仅因为同受国家控股而具有关联关系。(《公司法》第265条第4项)

考点3 股东代表诉讼

	内容精要	法条速查
诉讼原因	(1) 董事、监事、高级管理人员执行职务违反法律、行政法规或者公司章程的规定，给公司造成损失； (2) 他人侵犯公司合法权益，给公司造成损失； (3) 公司全资子公司的董事、监事、高级管理人员执行职务违反法律、行政法规或者公司章程的规定，给公司造成损失，或者他人侵犯公司全资子公司合法权益造成损失。(新增-双层股东代表诉讼)	《公司法》第188条，第189条第3、4款
原　　告	(1) 有限责任公司中提起股东代表诉讼的股东无条件限制，没有持股比例、持股时间的要求； (2) 股东提起股东代表诉讼，只要求起诉时具有股东资格，不要求侵权行为发生时具有股东资格。(何时成为股东不影响起诉)	《公司法》第189条第1款；《九民纪要》第24条
救济步骤	(1) 前置程序：股东向公司提请求，适用“交叉请求”规则。[1](董事、高管害公司，合格股东向监事会提出请求；监事、他人害公司，合格股东向董事会提出请求) (2) 董事会（监事会）接受股东书面请求，则公司提起诉讼。[原告是公司，监事会主席（或董事长）为诉讼代表人；被告是侵权人] (3) 董事会（监事会）拒绝提起诉讼，则股东提起“代表诉讼”。(原告→股东；被告→侵权人；公司→第三人)	《公司法》第189条第1~3款
诉讼结果	(1) 股东代表诉讼中，股东请求被告直接向其承担民事责任的，不予支持；(胜诉利益归公司) (2) 股东提起代表诉讼的案件，其诉讼请求部分或者全部得到法院支持的，公司应当承担股东因参加诉讼支付的合理费用，如股东支出的调查费、评估费、公证费等合理费用。	《公司法解释（四）》第25、26条

特别提醒

1. 何时成为股东不影响起诉。

股东提起股东代表诉讼，被告以行为发生时原告尚未成为公司股东为由抗辩该股东不是适格原告的，人民法院不予支持。(《九民纪要》第24条)

2. 正确适用前置程序。

根据《公司法》第189条的规定，股东提起代表诉讼的前置程序之一是，股东必须先书面

---

〔1〕 股东代表诉讼的前置程序并非一定要履行，前提是存在公司有关机关提起诉讼的可能性。如果公司的董事、监事联合损害公司利益，则说明不存在监事提起诉讼的可能性。此时，符合条件的股东可以直接提起股东代表诉讼。

请求公司有关机关向人民法院提起诉讼。一般情况下，股东没有履行该前置程序的，应当驳回起诉。但是，该项前置程序针对的是公司治理的一般情况，即在股东向公司有关机关提出书面申请之时，存在公司有关机关提起诉讼的可能性。如果查明的相关事实表明，根本不存在该种可能性的，人民法院不应当以原告未履行前置程序为由驳回起诉。（《九民纪要》第25条）

★ 股东代表诉讼常见设问及回答范例：

1. 董事损害公司利益，股东能否直接以自己的名义起诉？为什么？

答：不能。

根据《公司法》的相关规定，董事、高管损害公司利益，股东应当先向监事会提出书面请求，监事会拒绝起诉，或者自收到请求之日起30日内未提起诉讼，或者情况紧急、不立即提起诉讼将会使公司利益受到难以弥补的损害的，股东有权为公司利益以自己的名义直接向人民法院提起诉讼。

本案中，董事损害的是公司的利益，而不是股东自己的利益，并且也不存在前置程序的豁免情形。因此，股东提起股东代表诉讼必须履行前置程序，即先向监事会提出书面请求，而不能直接以自己的名义起诉。

2. 董事损害公司利益的行为发生时，尚未成为公司股东的，能否提起股东代表诉讼？为什么？

答：可以。

根据《九民纪要》的相关规定，股东提起股东代表诉讼，被告以行为发生时原告尚未成为公司股东为由抗辩该股东不是适格原告的，人民法院不予支持。（或回答：股东提起股东代表诉讼，只要求起诉时具有股东资格，不要求侵权行为发生时具有股东资格）

本案中，虽然在董事损害公司利益的侵权行为发生时，原告尚未成为该公司股东，但原告在起诉时具有股东资格，因此仍然可以提起股东代表诉讼。

本节命题角度分析 SUMMARIZE

本节属于主观题的常规命题重点，需要重点掌握关联交易和股东代表诉讼的相关规则。关联交易只要没有损害公司的合法利益，则该关联交易合法有效。但如果关联交易损害了公司利益，则需要承担相应的赔偿责任。

股东代表诉讼中要掌握前置程序适用的“交叉请求”规则，但在没有履行前置程序可能性的情况下，股东可以直接提起股东代表诉讼。此外，要注意股东代表诉讼中和民诉结合的部分，即股东代表诉讼的诉讼主体、反诉和调解等内容，需要结合《九民纪要》的相关规则熟练掌握。

第二节 股东会、董事会与监事会

考点1 股东会

1. 股东会的职权

重要职权	（1）人事权	选举和更换董事、监事，决定有关董事、监事的报酬事项。
	（2）审批权	①审议批准董事会、监事会（监事）的报告；②审议批准公司的利润分配方案和弥补亏损方案。
	（3）决定权	①增加或减少公司注册资本；②公司合并、分立、解散、清算或变更公司形式。

注意：对上述所列事项股东以书面形式一致表示同意的，可以不召开股东会会议，直接作出决定，并由全体股东在决定文件上签名、盖章。

2. 股东会会议的召集程序和表决规则

召集流程	具体要求
通知程序	（1）股东会会议召开15日以前通知全体股东；（但章程或全体股东可另有约定） （2）不得对通知中未列明的事项作出决议。
召集程序	（1）股东会会议由董事会召集，董事长主持（董事长不能履职或者不履职，由副董事长主持；副董事长不能履职或不履职，则由过半数董事共同推举1名董事主持）。 （2）董事会不能履行或不履行召集股东会会议职责的，由监事会召集和主持。 （3）监事会不召集和主持的，代表1/10以上表决权的股东可以自行召集和主持。 （董事会——监事会——1/10以上表决权的股东）
临时会议	代表1/10以上表决权的股东、1/3以上的董事、监事会提议召开临时会议的，应当召开临时会议。（《公司法》第62条第2款）
决议规则	（1）一般事项 ①章程优先；（《公司法》第66条第1款） ②章程无规定时，股东会作出决议，应当经代表过半数表决权的股东通过。（《公司法》第66条第2款）
	（2）重大事项 修改公司章程/增减注册资本/合并/分立/解散/变更公司形式→必须经代表2/3以上表决权的股东通过。（《公司法》第66条第3款）

特别提醒

股东出资期限届满前，未缴纳部分出资的表决权：(《九民纪要》第7条)

1. 是否有表决权，以及如何行使，应当根据公司章程来确定。

2. 公司章程没有规定的，应当按照认缴出资比例确定。

考点2 董事会和监事会

1. 董事会和监事会的重要职权

	董事会	监事会
人事权	(1) 决定聘任或者解聘公司经理及其报酬事项；决定聘任或者解聘公司副经理、财务负责人及其报酬事项。(聘高管) (2) 董事可被股东会有效决议无因解除。(无正当理由，在任期届满前解任董事的，该董事可以要求公司予以赔偿)	(1) 对董事、高管执行公司职务的行为进行监督； (2) 可建议罢免违法违章董事、高管； (3) 董事、高级管理人员[1]不得兼任监事。

2. 董事会的召集和表决

召　集	(1) 董事长召集和主持； (2) 董事长不能履职或者不履职，由副董事长召集和主持； (3) 副董事长不能履职或不履职，则由过半数董事共同推举1名董事召集和主持。 (董事长——副董事长——董事)
表　决	(1)(新增) 董事会会议应当有过半数的董事出席方可举行； (2) 董事会决议的表决，实行一人一票；(按人头) (3)(新增) 董事会作出决议，应当经全体董事的过半数通过。

3. 监事会

(1)(新增)经全体股东一致同意，也可以不设监事；(此外，董事会中设有审计委员会的，也可以不设监事)

(2) 董事、高级管理人员不得兼任监事。

本节命题角度分析

SUMMARIZE

本节并非传统命题重点，但要掌握上述机构的表决议事规则以及各自的人事任免权。尤其要

[1] 高级管理人员包括经理、副经理、财务负责人、上市公司董事会秘书和公司章程规定的其他人员。

掌握股东会的召集和表决，主观题中一般会结合决议效力进行考查。对于股东会职权中重大事项的表决，必须要经2/3以上（以上、以下包含本数）表决权同意，其余事项只需过半数表决权同意即可。特殊事项需要全体股东一致同意，比如不按实缴比例分红。

第二十八章　公司的决议

股东会、董事会决议，可分为“有效决议、无效决议、可撤销的决议、不成立的决议”四种。

<table>
<tr><th></th><th colspan="3">内容精要</th><th>法条速查</th></tr>
<tr><td>不成立的决议</td><td colspan="3">(1) 公司未召开会议而作出决议的。但依据《公司法》第59条第3款[1]或者公司章程的规定可以不召开股东会会议而直接作出决定，并由全体股东在决定文件上签名、盖章的除外。(未开会)
(2) 会议未对决议事项进行表决的。(未表决)
(3) 出席会议的人数或者所持表决权数不符合《公司法》或者公司章程规定的。(人不够或表决权不够)
(4) 会议的表决结果未达到《公司法》或者公司章程规定的通过比例的。(未达通过比例)
(5) 导致决议不成立的其他情形。</td><td>《公司法》第27条</td></tr>
<tr><td rowspan="4">成立的决议</td><td>有　效</td><td colspan="2">决议内容合法、作出决议的程序无瑕疵。</td><td>—</td></tr>
<tr><td>无　效</td><td colspan="2">决议内容违反法律、行政法规。</td><td>《公司法》第25条</td></tr>
<tr><td rowspan="2">可撤销</td><td>情　形</td><td>(1) 会议召集程序、表决方式违反法律、行政法规或者公司章程；
(2) 决议内容违反公司章程。</td><td rowspan="2">《公司法》第26条</td></tr>
<tr><td>撤销期限</td><td>(1) 股东自决议作出之日起60日内，可以请求人民法院撤销；
(2)（新增）未被通知参加股东会会议的股东自知道或者应当知道股东会决议作出之日起60日内，可以请求人民法院撤销；</td></tr>
</table>

[1]《公司法》第59条第3款规定，对于股东会职权所列重大事项（修改章程、增减注册资本、合并、分立、解散、变更公司形式），股东以书面形式一致表示同意的，可以不召开股东会会议，直接作出决定，并由全体股东在决定文件上签名或盖章。

续表

		内容精要		法条速查
成立的决议	可撤销	撤销期限	（3）自决议作出之日起1年内没有行使撤销权的，撤销权消灭。	同　前
		例　　外	股东会、董事会的会议召集程序或者表决方式仅有轻微瑕疵，对决议未产生实质影响的除外。（见下文）	

思考：未通知小股东参会的股东会决议效力如何？

未通知部分股东，但该股东仍参加了股东会	决议有效。虽然未通知某位股东参会，或虽然通知，但通知的期限不符合法律规定，但该股东通过其他渠道得知了股东会召开的时间、地点，并参加了股东会，即表明未通知的行为并未影响该股东实际行使表决权，决议仍可体现各股东的合意，因此并不影响股东会决议的效力。
未通知部分股东，该股东未参会	决议可撤销。未被通知参加股东会会议的股东自知道或者应当知道股东会决议作出之日起60日内，可以请求人民法院撤销；自决议作出之日起1年内没有行使撤销权的，撤销权消灭。
未通知其他股东，控股股东单方面作出决议	决议不成立。公司未召开股东会会议的，且不属于公司章程规定可以不召开股东会的情形的，公司股东、董事、监事可主张该股东会决议不成立。

总　结

程序瑕疵“三分法”：

决议程序瑕疵的表现形式多种多样，其严重程度亦有上、中、下之分。综合前述内容，实际上可以按决议瑕疵的严重程度分为三类，并分别适用不同的处理模式：①最严重的程序瑕疵，以至于不能认定决议存在的，适用决议不成立之诉；②法院认为显著轻微且不影响决议的程序瑕疵，适用裁量驳回制度，豁免被撤销；③处于上述两种情形之间的程序瑕疵，适用撤销之诉。[1]

[经典判例]

指导案例10号：李建军诉上海佳动力环保科技有限公司公司决议撤销纠纷案

裁判要旨：人民法院在审理公司决议撤销纠纷案件中应当审查：会议召集程序、表决方式是否违反法律、行政法规或者公司章程，以及决议内容是否违反公司章程。在未违反上述规定的前提下，解聘总经理职务的决议所依据的事实是否属实，理由是否成立，不属于司法审查范围。

---

〔1〕 李建伟：《公司法学》（第5版），中国人民大学出版社2022年版，第325页。

本节命题角度分析 SUMMARIZE

本节属于主观题中的命题重点，必须熟练掌握。

1. 对于一项决议的效力，主要从程序和内容两个方面进行判断。先判断决议是否成立，对于一项成立的决议才需要判断其是否存在可撤销或者无效的情形。

2. 对于不成立的决议和可撤销的决议，一定要注意区分具体的情形，尤其要注意未通知小股东参会时的决议效力。

第二节 公司担保决议

考点1 公司担保

	决议机关	债权人（相对人）的审查要符合善意	（法定代表人）越权担保的后果
非关联担保（为他人）	（1）依照章程的规定，由股东会或者董事会决议； （2）公司章程对担保的总额及单项担保的数额有限额规定的，不得超过规定的限额。	（1）“善意”，是指相对人在订立担保合同时不知道且不应当知道法定代表人超越权限（即未经股东会或者董事会决议）。 （2）债权人（相对人）有证据证明已对公司决议进行了合理审查，应当认定其构成善意。但是，公司有证据证明相对人知道或者应当知道决议系伪造、变造的除外。	（1）相对人善意的，担保合同对公司发生效力，公司承担担保责任。 （2）相对人非善意的，担保合同对公司不发生效力；相对人可请求公司承担赔偿责任。（缔约过失责任）
关联担保（为本公司股东或实控人）	（1）必须经股东会决议； （2）该项表决由出席会议的其他股东所持表决权过半数通过。		
例 外	未作出公司决议，但担保仍有效的情形： （1）一人公司为其股东提供担保，即使未开股东会，一人公司要承担担保责任； （2）公司为其全资子公司开展经营活动提供担保； （3）担保合同由单独或者共同持有公司2/3以上对担保事项有表决权的股东签字同意。		

担保决议效力判断步骤：

第一步：先看是否存在无需担保的四种例外；

第二步：看属于关联担保还是非关联担保；

第三步：看是否属于越权担保，以及相对人是否善意（即是否尽到形式审查义务）。

考点2 股权让与担保

	内容精要	法条速查
合同效力	结论：流质条款无效，担保部分有效。 股东和债权人约定将股权形式上转移至债权人名下，债务人不履行到期债务，股权归债权人所有的，该约定无效，但是不影响当事人有关提供担保的意思表示的效力。	《担保制度解释》第68条第2款
优先受偿	已经完成股权变更登记，股东不履行到期债务，债权人请求对该股权享有所有权的，人民法院不予支持；债权人请求参照《民法典》关于担保物权的规定对股权折价或者以拍卖、变卖该股权所得的价款优先受偿的，人民法院应予支持。	
“名义股东”无权无责	股东以将其股权转移至债权人名下的方式为债务履行提供担保，公司或者公司的债权人以股东未履行或者未全面履行出资义务、抽逃出资等为由，请求作为名义股东的债权人与股东承担连带责任的，人民法院不予支持。 结论：股权让与担保中的债权人仅仅为“名义股东”，即形式上的股东，不能享有实际股东的权利，也不用承担实际股东的义务。	《担保制度解释》第69条

本节命题角度分析——SUMMARIZE

本节属于主观题中的命题重点，必须熟练掌握。

1. 对于公司担保决议，一般会考查越权担保的处理。重点在于判断是否存在无需担保的四种例外、属于关联担保还是非关联担保、相对人是否尽到形式审查义务。对于上述内容，务必重点掌握。

2. 对于股权让与担保，通常会考查“股权转让合同”的效力。若存在“流质条款”，则并非全部有效或全部无效，而是“流质条款无效，担保部分有效”。此外，还会考查签订该“股权转让合同”，其他股东是否享有优先购买权，以及债权人作为“名义股东”能否行使相应的股东权利、能否在债务人股东不履行到期债务后主张股权归自己所有或就该股权拍卖、变卖后行使优先受偿权。对于上述内容，务必熟练掌握。

第二十九章 增资减资、合并分立与解散清算

第一节 增资与减资

		内容精要	法条速查
增资	比例	有限责任公司增加注册资本时，股东在同等条件下有权优先按照实缴的出资比例认缴出资。但是，全体股东约定不按照出资比例优先认缴出资的除外。	《公司法》第227条第1款
	程序	(1) 股东会会议作出增加注册资本的决议。(表决权2/3以上通过) (2) 增加注册资本时，股东按照实缴的出资比例认缴出资。但是，全体股东另有约定的除外。 (3) 办理变更登记、修改公司章程。	
减资	比例	(新增) 公司减少注册资本，应当按照股东出资的比例相应减少出资额，法律另有规定、有限责任公司全体股东另有约定的除外。	《公司法》第224条
	程序	(1) 股东会会议作出减少注册资本的决议；(表决权2/3以上通过) (2) 公司应当编制资产负债表及财产清单； (3) 公司应当自股东会作出减少注册资本决议之日起10日内通知债权人，并于30日内在报纸上或者国家企业信用信息公示系统公告；(债权人自接到通知之日起30日内，未接到通知的自公告之日起45日内，有权要求公司清偿债务或者提供相应的担保) (4) 办理变更登记、修改公司章程。	
	简易减资(新增)	(1) 公司依照《公司法》第214条第2款[1]的规定弥补亏损后，仍有亏损的，可以减少注册资本弥补亏损。减少注册资本弥补亏损的，公司不得向股东分配，也不得免除股东缴纳出资或者股款的义务。 (2) 为弥补亏损而减资的，不适用上述第3项减资程序，但应当自股东会作出减少注册资本决议之日起30日内在报纸上或者	《公司法》第225条

[1] 公积金弥补公司亏损，应当先使用任意公积金和法定公积金；仍不能弥补的，可以按照规定使用资本公积金。

续表

		内容精要	法条速查
减资	简易减资（新增）	国家企业信用信息公示系统公告。 （3）为了弥补亏损减少注册资本后，在法定公积金和任意公积金累计额达到公司注册资本 50% 前，不得分配利润。	《公司法》第 225 条
	违法减资的后果	（新增）违反规定减少注册资本的，股东应当退还其收到的资金，减免股东出资的应当恢复原状；给公司造成损失的，股东及负有责任的董事、监事、高级管理人员应当承担赔偿责任。	《公司法》第 226 条

特别提醒

1. 定向增资和定向减资均需要全体股东一致同意。不同比增资或减资会直接突破公司设立时的股权分配情况，如只需经代表 2/3 以上表决权的股东通过即可作出不同比增资或减资的决议，实际上是以多数决形式改变公司设立时经全体股东一致决所形成的股权架构。故对于不同比增资或减资，应当由全体股东一致同意。
2. 增资应当按照实缴比例认缴，全体股东一致同意可不按实缴比例认缴，并且原股东对其他股东放弃认缴的部分没有优先认缴权。

本节命题角度分析——SUMMARIZE

本节并非传统命题重点，但在 2017 年的主观题中考查过。考生需要掌握增资和减资的具体程序。新《公司法》新增了“简易减资”制度，考生务必重点掌握。

公司增资、减资均为公司重大事项，需要召开股东会进行决议，并且经代表 2/3 以上表决权的股东同意才能通过。减资还需要编制资产负债表及财产清单，要通知债权人并且要办理变更登记。但简易减资除外，只需在作出决议后 30 日内公告即可。

第二节 合并与分立

核心考点	具体程序	法条速查
共同规定	（1）合并、分立决议均需经代表 2/3 以上表决权的股东通过； （2）二者均要编制资产负债表及财产清单，均不进行法定清算； （3）二者均要通知债权人并公告；（公司应当自作出合并、分立决议之日起 10 日内通知债权人，并于 30 日内在报纸上或者国家企业信用信息公	《公司法》第 220 条、第 222 条第 1 款

续表

核心考点	具体程序		法条速查
共同规定	示系统公告) (4)二者均要办理变更登记。		同 前
公司合并	普通合并	(1)合并程序中，债权人自接到通知之日起30日内，未接到通知的自公告之日起45日内，可以要求公司清偿债务或者提供相应的担保；(分立程序中，债权人无此权利) (2)合并时，合并各方的债权、债务，应当由合并后存续的公司或者新设的公司承继。	《公司法》第220、221条
	简易合并(新增)	(1)公司与其持股90%以上的公司合并，被合并的公司不需经股东会决议，但应当通知其他股东，其他股东有权请求公司按照合理的价格收购其股权或者股份。 (2)公司合并支付的价款不超过本公司净资产10%的，可以不经股东会决议；但是，公司章程另有规定的除外。 (3)公司依照上述规定合并不经股东会决议的，应当经董事会决议。	《公司法》第219条
公司分立	(1)分立程序中，债权人无权要求公司清偿债务或者提供相应的担保。 (2)公司分立前的债务由分立后的公司承担连带责任。但是，公司在分立前与债权人就债务清偿达成的书面协议另有约定的除外。		《公司法》第223条

本节命题角度分析 SUMMARIZE

本节并非传统命题重点，需要掌握公司合并和分立的程序，以及合并和分立的后果，尤其要掌握在上述程序中债权人享有何种权利。新《公司法》新增了“简易合并”制度，需要了解。合并程序中，债权人可以要求公司清偿债务或者提供相应的担保。但是，分立程序中，债权人无上述权利，因为公司分立前的债务由分立后的公司承担连带责任。

第三节 解散与清算

考点1 公司解散

	内容精要	法条速查
一般解散	公司解散的一般原因： (1)公司章程规定的营业期限届满或者公司章程规定的其他解散	《公司法》第229条第1款

续表

<table>
<tr><th colspan="2"></th><th>内容精要</th><th>法条速查</th></tr>
<tr><td>一般解散</td><td colspan="2">事由出现；（但公司可以通过修改章程使公司存续）
（2）股东会决议解散；（关于公司解散的股东会决议，必须经代表2/3以上表决权的股东通过）
（3）因公司合并或者分立需要解散；
（4）依法被吊销营业执照、责令关闭或者被撤销；
（5）人民法院依照《公司法》第231条的规定予以解散。</td><td>同 前</td></tr>
<tr><td rowspan="6">司法解散</td><td>解散原因</td><td>公司经营管理发生严重困难，继续存续会使股东利益受到重大损失，通过其他途径不能解决的，持有公司10%以上表决权的股东，可以请求人民法院解散公司。（即“公司僵局”）
具体包括以下情形：
（1）公司持续2年以上无法召开股东会，公司经营管理发生严重困难的；
（2）股东表决时无法达到法定或者公司章程规定的比例，持续2年以上不能做出有效的股东会决议，公司经营管理发生严重困难的；
（3）公司董事长期冲突，且无法通过股东会解决，公司经营管理发生严重困难的；
（4）经营管理发生其他严重困难，公司继续存续会使股东利益受到重大损失的情形。
口诀：2年不开花、2年不结果、吵成一锅粥。</td><td>《公司法》第231条；《公司法解释（二）》第1条第1款</td></tr>
<tr><td>不支持的原因</td><td>股东以知情权、利润分配请求权等权益受到损害，或者公司亏损、财产不足以偿还全部债务，以及公司被吊销企业法人营业执照未进行清算等为由，提起解散公司诉讼的，人民法院不予受理。</td><td>《公司法解释（二）》第1条第2款</td></tr>
<tr><td rowspan="2">解散公司之诉</td><td>原告：提起解散公司诉讼的原告股东需满足单独或者合计持有公司全部股东表决权10%以上。</td><td rowspan="2">《公司法解释（二）》第1条第1款、第4条第1款</td></tr>
<tr><td>被告：公司。</td></tr>
<tr><td>同时申请清算</td><td>股东提起解散公司诉讼，同时又申请人民法院对公司进行清算的，人民法院对其提出的清算申请不予受理。人民法院可以告知原告，在人民法院判决解散公司后，依据相关法律及司法解释的规定，自行组织清算或者另行申请人民法院对公司进行清算。</td><td>《公司法解释（二）》第2条</td></tr>
<tr><td>申请保全</td><td>股东提起解散公司诉讼时，向人民法院申请财产保全或者证据保全的，在股东提供担保且不影响公司正常经营的情形下，人民法院可予以保全。</td><td>《公司法解释（二）》第3条</td></tr>
</table>

续表

		内容精要	法条速查
司法解散	调解	(1) 人民法院审理解散公司诉讼案件，应当注重调解。当事人协商同意由公司或者股东收购股份，或者以减资等方式使公司存续，且不违反法律、行政法规强制性规定的，人民法院应予支持。当事人不能协商一致使公司存续的，人民法院应当及时判决。 (2) 经人民法院调解公司收购原告股份的，公司应当自调解书生效之日起6个月内将股份转让或者注销。股份转让或者注销之前，原告不得以公司收购其股份为由对抗公司债权人。	《公司法解释（二）》第5条
	司法解散的后果	(1) 人民法院关于解散公司诉讼作出的判决，对公司全体股东具有法律约束力； (2) 人民法院判决驳回解散公司诉讼请求后，提起该诉讼的股东或者其他股东又以同一事实和理由提起解散公司诉讼的，人民法院不予受理。	《公司法解释（二）》第6条
解散加速到期〔1〕	(1) 公司解散时，股东尚未缴纳的出资均应作为清算财产。股东尚未缴纳的出资，包括到期应缴未缴的出资，以及依照《公司法》相关规定分期缴纳尚未届满缴纳期限的出资。 (2) 公司财产不足以清偿债务时，债权人可以主张未缴出资的股东，以及公司设立时的其他股东或者发起人在未缴出资范围内对公司债务承担连带清偿责任。		《公司法解释（二）》第22条

[经典判例]

指导案例8号：林方清诉常熟市凯莱实业有限公司、戴小明公司解散纠纷案

裁判要旨：《公司法》第183条（现为第231条）将“公司经营管理发生严重困难”作为股东提起解散公司之诉的条件之一。判断“公司经营管理是否发生严重困难”，应从公司组织机构的运行状态进行综合分析。公司虽处于盈利状态，但其股东会机制长期失灵，内部管理有严重障碍，已陷入僵局状态，可以认定为公司经营管理发生严重困难。对于符合公司法及相关司法解释规定的其他条件的，人民法院可以依法判决公司解散。

考点2 公司清算

		内容精要	法条速查
公司清算的类型	自行清算	(1) 公司解散的，应当清算。董事为公司清算义务人，应当在解散事由出现之日起15日内组成清	《公司法》第232条第1、2款

〔1〕 除了解散加速到期之外，还有破产加速到期，以及新《公司法》中规定的公司不能清偿到期债务时的全面加速到期。

续表

<table>
<tr><th colspan="2"></th><th>内容精要</th><th>法条速查</th></tr>
<tr><td rowspan="3">公司清算的类型</td><td>自行清算</td><td>算组进行清算。
（2）清算组由董事组成，但是公司章程另有规定或者股东会决议另选他人的除外。</td><td>同 前</td></tr>
<tr><td rowspan="2">指定清算</td><td>公司逾期不成立清算组进行清算或者成立清算组后不清算的，利害关系人可以申请人民法院指定有关人员组成清算组进行清算。人民法院应当受理该申请，并及时组织清算组进行清算。</td><td>《公司法》
第 233 条第 1 款</td></tr>
<tr><td>有下列情形之一，债权人、公司股东、董事或其他利害关系人申请人民法院指定清算组进行清算的，人民法院应予受理：①公司解散逾期不成立清算组进行清算的；②虽然成立清算组但故意拖延清算的；③违法清算可能严重损害债权人或者股东利益的。</td><td>《公司法解释（二）》
第 7 条第 2 款</td></tr>
<tr><td rowspan="3">清算中的法律责任</td><td>未及时成立清算组</td><td>有限责任公司的董事未在法定期限内成立清算组开始清算，导致公司财产贬值、流失、毁损或者灭失，债权人有权主张其在造成损失范围内对公司债务承担赔偿责任。</td><td rowspan="2">《公司法解释（二）》
第 18 条第 1、2 款</td></tr>
<tr><td>怠于履行清算义务</td><td>有限责任公司的董事因怠于履行义务，导致公司主要财产、账册、重要文件等灭失，无法进行清算，债权人有权主张其对公司债务承担连带清偿责任。</td></tr>
<tr><td>未经清算即注销</td><td>公司解散应当在依法清算完毕后，申请办理注销登记。公司未经清算即办理注销登记，导致公司无法进行清算，债权人有权主张有限责任公司的董事对公司债务承担清偿责任。</td><td>《公司法解释（二）》
第 20 条第 1 款</td></tr>
<tr><td>清算转破产</td><td colspan="2">清算组在清理公司财产、编制资产负债表和财产清单后，发现公司财产不足清偿债务的，应当依法向人民法院申请破产清算。</td><td>《公司法》
第 237 条第 1 款</td></tr>
</table>

考点 3 简易注销、主动注销

		内容精要	法条速查
简易注销	前　提	公司在存续期间未产生债务，或者已清偿全部债务的，经全体股东承诺，可以按照规定通过简易程序注销公司登记。	《公司法》第 240 条第 1 款

续表

		内容精要	法条速查
简易注销	程 序	通过简易程序注销公司登记，应当通过国家企业信用信息公示系统予以公告，公告期限不少于20日。公告期限届满后，未有异议的，公司可以在20日内向公司登记机关申请注销公司登记。	《公司法》第240条第2款
	后 果	公司通过简易程序注销公司登记，股东对公司已无债务的内容承诺不实的，应当对注销登记前的债务承担连带责任。	《公司法》第240条第3款
主动注销	前 提	公司被吊销营业执照、责令关闭或者被撤销，满3年未向公司登记机关申请注销公司登记。	《公司法》第241条第1款
	程 序	公司登记机关可以通过国家企业信用信息公示系统予以公告，公告期限不少于60日。公告期限届满后，未有异议的，公司登记机关可以注销公司登记。	《公司法》第241条第1款
	后 果	公司登记机关主动注销公司登记的，原公司股东、清算义务人的责任不受影响。	《公司法》第241条第2款

本节命题角度分析

SUMMARIZE

本节属于主观题的命题重点，需要重点掌握解散公司诉讼的法定事由以及清算中的法律责任。

1. 司法解散公司的情形只能是公司僵局，即公司经营管理发生严重困难。
2. 股东不得以知情权、分红权等受到损害为由请求解散公司。
3. 只有单独或者合计持有公司全部股东表决权10%以上的股东才能提起解散公司诉讼。
4. 掌握清算程序中的相关法律责任，尤其是怠于履行清算义务的法律责任。
5. 掌握简易注销和主动注销的前提、程序及后果。

第二分编 破 产 法

第三十章 破产受理后的相关问题

	内容精要	法条速查
新借款	（1）破产申请受理后，管理人可以为债务人继续营业而借款； （2）该项债权可优先于普通破产债权清偿；（共益债务） （3）但该项债权不得优先于此前已就债务人特定财产享有担保的债权清偿。	《破产法解释（三）》第2条第1款
清　偿	破产案件受理后，债务人对个别债权人的债务清偿无效。（由管理人按清偿方案统一清偿）	《企业破产法》第16条
合　同	（1）对破产申请受理前成立而债务人和对方当事人均未履行完毕的合同，管理人有权决定解除或者继续履行。 （2）管理人决定继续履行合同的，对方当事人应当履行；但是，对方当事人有权要求管理人提供担保。管理人不提供担保的，视为解除合同。	《企业破产法》第18条
诉讼和仲裁	（1）破产程序开始后，有关债务人的民事诉讼，只能向受理破产申请的法院提起。（新诉讼集中管辖） （2）已经开始而尚未终结的有关债务人的民事诉讼或者仲裁应当中止；在管理人接管债务人的财产后，该诉讼或者仲裁继续进行。 （3）当事人之间在破产申请受理前订立有仲裁条款或仲裁协议的，应当向选定的仲裁机构申请确认债权债务关系。	《企业破产法》第20、21条；《破产法解释（三）》第8条
保全和执行	人民法院受理破产申请后，有关债务人财产的保全措施应当解除，执行程序应当中止。	《企业破产法》第19条

特别提醒

1. 只有破产受理后的新诉讼才需要集中管辖，破产受理之前已经发生的诉讼仍然在原法院进行。只不过在破产受理后，原诉讼程序中止，在管理人接管债务人的财产后，由管理人代表债务人继续参加原诉讼。

2. 当事人在破产受理之前已经订立仲裁协议的，在破产受理后，依然可以请求原仲裁委仲裁，不再适用集中管辖。
3. 因管理人或者债务人请求对方当事人履行双方均未履行完毕的合同所产生的债务，应当作为共益债务来清偿。因此，管理人决定继续履行的，对方当事人不能拒绝，但可以要求管理人提供担保。若管理人不提供担保，则视为解除合同。

本节命题角度分析 SUMMARIZE

本节并非传统命题重点，结合民事诉讼法的内容，掌握破产受理后民事程序和破产程序的衔接问题即可。此外，要注意管理人对双方均未履行完毕合同的处理。

第二节 关联企业破产

		内容精要	法条速查
实质合并	适用前提	人民法院在审理企业破产案件时，关联企业成员之间存在法人人格高度混同、区分各关联企业成员财产的成本过高、严重损害债权人公平清偿利益的，可例外适用关联企业实质合并破产方式进行审理。	《破产会议纪要》第32~37条
	审查要素	需综合考虑关联企业之间资产的混同程度及其持续时间、各企业之间的利益关系、债权人整体清偿利益、增加企业重整的可能性等因素。	
	权利救济	相关利害关系人对受理法院作出的实质合并审理裁定不服的，可以自裁定书送达之日起15日内向受理法院的上一级人民法院申请复议。	
	管辖原则	(1) 采用实质合并方式审理关联企业破产案件的，应由关联企业中的核心控制企业住所地人民法院管辖。核心控制企业不明确的，由关联企业主要财产所在地人民法院管辖。 (2) 多个法院之间对管辖权发生争议的，应当报请共同的上级人民法院指定管辖。	
	法律后果	(1) 采用实质合并方式审理破产案件的，各关联企业成员之间的债权债务归于消灭，各成员的财产作为合并后统一的破产财产，由各成员的债权人在同一程序中按照法定顺序公平受偿；	

续表

		内容精要	法条速查
实质合并	法律后果	(2) 采用实质合并方式进行重整的，重整计划草案中应当制定统一的债权分类、债权调整和债权受偿方案。	同　前
	企业成员存续	(1) 适用实质合并规则进行破产清算的，破产程序终结后各关联企业成员均应予以注销。 (2) 适用实质合并规则进行和解或重整的，各关联企业原则上应当合并为一个企业。根据和解协议或重整计划，确有需要保持个别企业独立的，应当依照企业分立的有关规则单独处理。	
协调审理	适用前提	多个关联企业成员均存在破产原因但不符合实质合并条件的，人民法院可根据相关主体的申请对多个破产程序进行协调审理。	《破产会议纪要》第38、39条
	管辖原则	人民法院可根据程序协调的需要，综合考虑破产案件审理的效率、破产申请的先后顺序、成员负债规模大小、核心控制企业住所地等因素，由共同的上级法院确定一家法院集中管辖。	
	法律后果	(1) 协调审理不消灭关联企业成员之间的债权债务关系，不对关联企业成员的财产进行合并，各关联企业成员的债权人仍以该企业成员财产为限依法获得清偿； (2) 但关联企业成员之间不当利用关联关系形成的债权，应当劣后于其他普通债权顺序清偿，且该劣后债权人不得就其他关联企业成员提供的特定财产优先受偿。	

[经典判例一] 指导案例163号：

江苏省纺织工业（集团）进出口有限公司及其五家子公司实质合并破产重整案

裁判要旨：

1. 当事人申请对关联企业合并破产的，人民法院应当对合并破产的必要性、正当性进行审查。关联企业成员的破产应当以适用单个破产程序为原则，在关联企业成员之间出现法人人格高度混同、区分各关联企业成员财产成本过高、严重损害债权人公平清偿利益的情况下，可以依申请例外适用关联企业实质合并破产方式进行审理。

2. 采用实质合并破产方式的，各关联企业成员之间的债权债务归于消灭，各成员的财产作为合并后统一的破产财产，由各成员的债权人作为一个整体在同一程序中按照法定清偿顺位公平受偿。合并重整后，各关联企业原则上应当合并为一个企业，但债权人会议表决各关联企业继续存续，人民法院审查认为确有需要的，可以准许。

3. 合并重整中，重整计划草案的制定应当综合考虑进入合并的关联企业的资产及经营优势、合并后债权人的清偿比例、出资人权益调整等因素，保障各方合法权益；同时，可以灵活设计“现金+债转股”等清偿方案、通过“预表决”方式事先征求债权人意见并以此为基础完善重整方案，推动重整的顺利进行。

［经典判例二］ 指导案例164号：

江苏苏醇酒业有限公司及关联公司实质合并破产重整案

裁判要旨：在破产重整过程中，破产企业面临生产许可证等核心优质资产灭失、机器设备闲置贬损等风险，投资人亦希望通过试生产全面了解企业经营实力的，管理人可以向人民法院申请由投资人先行投入部分资金进行试生产。破产企业核心资产的存续直接影响到破产重整目的实现，管理人的申请有利于恢复破产企业持续经营能力，有利于保障各方当事人的利益，该试生产申请符合破产保护理念，人民法院经审查，可以准许。同时，投资人试生产在获得准许后，应接受人民法院、管理人及债权人的监督，以公平保护各方的合法权益。

［经典判例三］ 指导案例165号：

重庆金江印染有限公司、重庆川江针纺有限公司破产管理人申请实质合并破产清算案

裁判要旨：

1. 人民法院审理关联企业破产清算案件，应当尊重关联企业法人人格的独立性，对各企业法人是否具备破产原因进行单独审查并适用单个破产程序为原则。当关联企业之间存在法人人格高度混同、区分各关联企业财产的成本过高、严重损害债权人公平清偿利益情形时，破产管理人可以申请对已进入破产程序的关联企业进行实质合并破产清算。

2. 人民法院收到实质合并破产清算申请后，应当及时组织申请人、被申请人、债权人代表等利害关系人进行听证，并综合考虑关联企业之间资产的混同程度及其持续时间、各企业之间的利益关系、债权人整体清偿利益、增加企业重整的可能性等因素，依法作出裁定。

本节命题角度分析
SUMMARIZE

本节并非传统重点，对于关联企业的实质合并破产，仅在2019年的民事综合题中考查过一次。因此，需要结合《破产会议纪要》的部分内容，熟悉《破产会议纪要》中对于关联企业破产的相关规定，掌握关联企业实质合并审理和协调审理的程序要求以及法律后果。

第三十一章　破产中的重要权利

		内容精要	法条速查
追回权	对出资人未缴出资的追回	（1）管理人应当要求该出资人缴纳所认缴的出资，而不受出资期限的限制； （2）出资不受诉讼时效抗辩的限制； （3）其他发起人和负有监督股东履行出资义务的董事、高级管理人员，协助抽逃出资的其他股东、董事、高级管理人员、实际控制人：承担相应责任，并将财产归入债务人财产。	《企业破产法》第35条
	对管理层"非正常收入+侵占财产"的追回	（1）债务人的董事、监事和高级管理人员利用职权从企业获取的非正常收入和侵占的企业财产，管理人应当追回。 （2）非正常收入，是指债务人出现破产情形时，其董事、监事和高级管理人员利用职权获取的以下收入：①绩效奖金；②普遍拖欠职工工资情况下获取的工资性收入；③其他非正常收入。	《企业破产法》第36条；《破产法解释（二）》第24条第1款

本节命题角度分析——SUMMARIZE

本节并非传统命题重点，掌握追回权的范围和管理层非正常收入的范围即可。管理人的追回权包括对未缴出资的追回以及对董、监、高非正常收入的追回。

		内容精要	法条速查
取回权	权利人的取回权	（1）债务人基于仓储、保管、承揽、代销、借用、寄存、租赁等合同或者其他法律关系占有、使用的他	《破产法解释（二）》第2条

续表

		内容精要	法条速查
取回权	权利人的取回权	人财产→不属于债务人财产→该财产的权利人可以通过管理人取回； (2) 权利人行使取回权，应当在破产财产变价方案或者和解协议、重整计划草案提交债权人会议表决前向管理人提出。	同　前
	在途货物的取回	取回权的对象限于“在途标的物”。 (1) 人民法院受理破产申请时，出卖人已将买卖标的物向作为买受人的债务人发运，债务人尚未收到且未付清全部价款的，出卖人可以取回在运途中的标的物； (2) 但是，管理人可以支付全部价款，请求出卖人交付标的物。	《企业破产法》第 39 条；《破产法解释（二）》第 39 条

本节命题角度分析 SUMMARIZE

本节并非传统命题重点，取回权中需掌握对于债务人占有的不属于债务人的财产，原权利人有权取回；对于在途货物，出卖人有权取回。并且，取回权直接向破产管理人主张即可，无需单独申报债权。

主观案例实战演练

第一编 科目融合经典真题破译

2019年科目融合真题回忆版

一、题目（本题56分）

甲公司与乙公司签订借款合同，由乙公司借给甲公司8000万元。债务履行期届满后，甲公司、乙公司又达成了一份以物抵债协议，约定用甲公司的办公楼抵债，甲公司将办公楼交付给乙公司使用，但并未办理登记。甲公司的债权人丙公司得知该情况后，向法院主张撤销该抵债协议，因为甲公司的办公楼价值1.2亿元。乙公司主张，甲公司还有充足的财产可以偿债，故不应支持丙公司的诉讼请求。

甲公司因经营困难需要资金支持，为了获取资金，甲公司将一张以自己为收款人的汇票质押给王某以获取王某的借款，但该票据背书有“禁止转让”字样，甲公司在该票据上背书“质押”后交付给王某。甲公司股东张某同时为该笔借款提供保证担保。张某的妻子杨某对张某的担保行为并不知情。

甲公司将自己的厂房出租给丁公司，出租时厂房里面仍然有一些原料和半成品。丁公司见状，将这些原料和半成品予以使用。后甲公司的债权人戊公司主张甲公司与丁公司物料混同，故而构成人格混同，要求丁公司对甲公司的债务承担连带责任。

甲公司从厚大轮胎公司（以下简称“厚大公司”）购买一批轮胎，并将该批轮胎出卖给已公司。已公司支付了货款，由于甲公司没有按期交付轮胎，已公司将其诉至法院。判决生效后甲公司交付了轮胎，但已公司发现这些轮胎有严重质量问题，根本无法使用。于是已公司又起诉甲公司，要求解除该轮胎买卖合同。厚大公司要求甲公司付款遭到甲公司拒绝，双方发生争议。厚大公司将甲公司诉至法院，要求其给付货款，并在诉讼中对甲公司提出了财产保全请求，法院据此采取了相应的保全措施。

甲公司设立诸多全资子公司，统一调配包括母公司和各子公司在内的所有资金。当甲公司资金周转不足时，便无偿调用子公司的资金。各子公司如果存在资金短缺的问题，甲公司就在其所有全资子公司之间统一调度资金使用。该种做法导致甲公司与各子公司之间的账目混乱不清。现因甲公司无法清偿债务，债权人辛公司和庚公司申请甲公司及其全部子公司合并重整。

问题：

1. “以物抵债”协议效力如何？（6分）

2. 债权人丙公司申请撤销“抵债协议”的诉讼中，当事人的地位应当如何列明？（5 分）

3. 乙公司主张甲公司有足够的财产用以偿债，是否构成阻碍撤销之诉的理由？（5 分）

4. 票据质权是否设立？为什么？（5 分）

5. 王某能否要求杨某以夫妻共同财产对债务承担保证责任？（5 分）

6. 戊公司能否要求丁公司承担连带责任？（6 分）

7. 己公司是否构成重复起诉？（7 分）

8. 辛公司和庚公司能否向法院申请甲公司及其全部子公司合并重整？（5 分）

9. 如果甲公司及其全部子公司可以合并重整，重整程序开始后，已经发生的民事诉讼如何处理？（6 分）

10. 如果甲公司及其全部子公司可以合并重整，对于债权人有什么影响？（6 分）

法律关系图

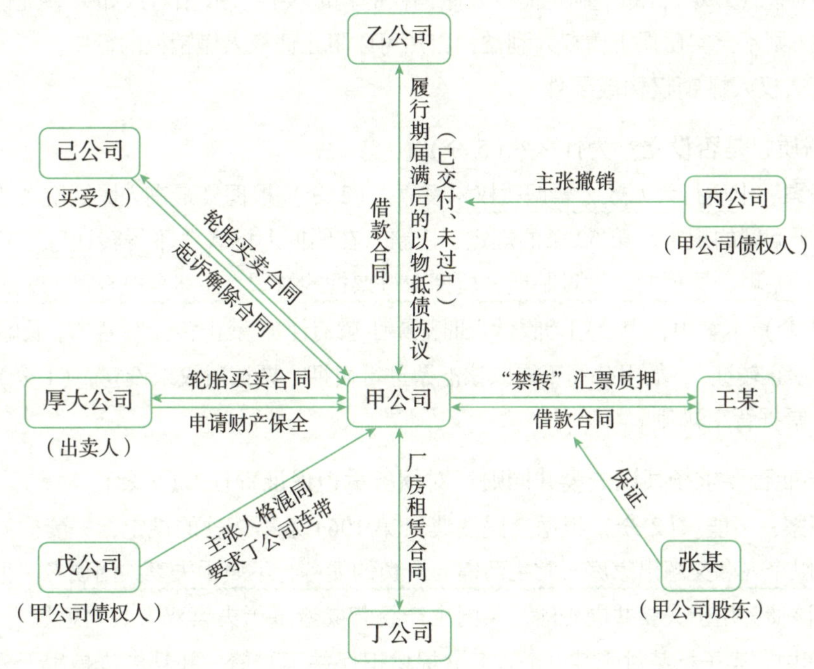

二、答案解析

1. “以物抵债”协议效力如何？（6 分）

参考答案：该协议有效。（2 分）根据《合同编通则解释》第 27 条第 1 款的规定，履行期限届满后达成的以物抵债协议属于诺成合同，抵债物未交付、过户不影响合同的效力。（2 分）该抵债协议虽然不对价，但价格并不影响合同效力，该合同没有其他无效事由，满足《民法典》第 143 条的规定，故而有效。（2 分）

考点 履行期限届满后的以物抵债；有效合同要件

2. 债权人丙公司申请撤销“抵债协议”的诉讼中，当事人的地位应当如何列明？（5 分）

参考答案：根据《合同编通则解释》第44条第1款的规定，债权人提起撤销权诉讼的，应当以债务人和债务人的相对人为共同被告。（2分）本题中，债务人实施了不当抵债行为，债权人要撤销该协议而提起的诉讼属于债权人撤销权之诉，故原告为债权人丙公司，债务人甲公司和受让人乙公司应该作为共同被告。（3分）

考点 债权人撤销权诉讼当事人地位

3. 乙公司主张甲公司有足够的财产用以偿债，是否构成阻碍撤销之诉的理由？（5分）

参考答案：构成。（2分）根据《民法典》第539条的规定，债务人以明显不合理的低价转让财产、以明显不合理的高价受让他人财产或者为他人的债务提供担保，影响债权人的债权实现，债务人的相对人知道或者应当知道该情形的，债权人可以请求人民法院撤销债务人的行为。（2分）由此可知，撤销权的行使必须是债务人的行为足以影响债权人债权实现。而如果能够证明债务人有足够的财产可以清偿债务，即可说明债务人的处分行为并不会对债权人的利益造成实质损害（1分），即不满足债权人撤销权的构成要件。故相对人如果举证证明债务人有充足财产，则不会实质损害债权人利益，自然可以阻止债权人撤销权的行使。

考点 债权人撤销权构成要件

4. 票据质权是否设立？为什么？（5分）

参考答案：出质行为无效，票据质权未设立。（2分）根据《最高人民法院关于审理票据纠纷案件若干问题的规定》第52条的规定，出票人在票据上记载"不得转让"字样，其后手以此票据进行贴现、质押的，通过贴现、质押取得票据的持票人主张票据权利的，人民法院不予支持。（2分）本案中，甲公司为收款人时汇票上就有了"禁止转让"背书，即说明是出票人记载了"禁止转让"，故甲公司不得以该汇票进行质押，票据质权未设立。（1分）

考点 票据背书规则

5. 王某能否要求杨某以夫妻共同财产对债务承担保证责任？（5分）

参考答案：不能。（2分）根据《民法典》第1064条第2款的规定，夫妻一方在婚姻关系存续期间以个人名义超出家庭日常生活需要所负的债务，不属于夫妻共同债务；但是，债权人能够证明该债务用于夫妻共同生活、共同生产经营或者基于夫妻双方共同意思表示的除外。（2分）本案中，妻子杨某对张某以个人名义提供担保并不知情，并且借贷是用于公司经营而非家庭日常生活，故该债务属于张某的个人债务（1分），杨某对此不承担责任。

考点 夫妻共同债务的判定

6. 戊公司能否要求丁公司承担连带责任？（6分）

参考答案：不能。（2分）根据《九民纪要》的精神，企业之间要构成人格混同，从而否认各法人之间的独立人格，要求企业之间具有关联关系，进行关联交易，财产、账目、人员等多方面存在混同。（2分）本题中，甲公司、丁公司之间并没有特殊的关系，案情中只表明丁公司使用甲公司的物料，并没有其他方面的混同的体现（2分），故尚未达到人格混同的地步，不宜轻易进行人格否认。

考点 关联企业人格混同的判定

7. 已公司是否构成重复起诉？（7 分）

参考答案：不构成。（2 分）根据《民诉解释》第 247 条第 1 款的规定，当事人就已经提起诉讼的事项在诉讼过程中或者裁判生效后再次起诉，同时符合下列条件的，构成重复起诉：①后诉与前诉的当事人相同；②后诉与前诉的诉讼标的相同；③后诉与前诉的诉讼请求相同，或者后诉的诉讼请求实质上否定前诉裁判结果。（2 分）根据《民诉解释》第 248 条的规定，裁判发生法律效力后，发生新的事实，当事人再次提起诉讼的，法院应当依法受理。（1 分）本案中，已公司对甲公司的两次诉讼，一次是主张继续履行，一次是因出现新情况而主张解除合同。两个诉讼请求内容不相同，且该冲突的内容是由于出现了新事实（轮胎质量问题），故不可认为后诉实质否认前诉。因此不宜认定为重复起诉。（2 分）

考点 重复起诉

8. 辛公司和庚公司能否向法院申请甲公司及其全部子公司合并重整？（5 分）

参考答案：能够申请甲公司及其全部子公司合并重整。（2 分）根据《破产会议纪要》第 32 条的规定，当关联企业成员之间存在法人人格高度混同、区分各关联企业成员财产的成本过高、严重损害债权人公平清偿利益时，可例外适用关联企业实质合并破产方式进行审理。（1 分）本案中，甲公司设立诸多全资子公司，统一调配资金。甲公司资金周转不足时，便无偿调用子公司的资金，表明甲公司与各个全资子公司账目混同，甲公司与各个子公司之间已构成法人人格高度混同（2 分），可例外适用关联企业实质合并破产方式进行审理。故债权人辛公司和庚公司能够申请对甲公司及其全资子公司进行合并重整。

考点 法人人格混同；实质合并破产程序

9. 如果甲公司及其全部子公司可以合并重整，重整程序开始后，已经发生的民事诉讼如何处理？（6 分）

参考答案：已经开始而尚未终结的诉讼应当中止，诉讼中的保全措施应当解除。（2 分）根据《企业破产法》第 19 条的规定，人民法院受理破产申请后，有关债务人财产的保全措施应当解除，执行程序应当中止。（2 分）又根据《企业破产法》第 20 条的规定，人民法院受理破产申请后，已经开始而尚未终结的有关债务人的民事诉讼或者仲裁应当中止；在管理人接管债务人的财产后，该诉讼或者仲裁继续进行。（2 分）本题中，涉及债务人的几个诉讼均在进行中，故在重整程序开始后应当中止，等待管理人接管财产后继续进行。厚大公司对债务人甲公司提出的财产保全措施也应当解除。

考点 破产对程序的影响

10. 如果甲公司及其全部子公司可以合并重整，对于债权人有什么影响？（6 分）

参考答案：根据《破产会议纪要》第 36 条的规定，人民法院裁定采用实质合并方式审理破产案件的，各关联企业成员之间的债权债务归于消灭（2 分），各成员的财产作为合并后统一的破产财产（2 分），由各成员的债权人在同一程序中按照法定顺序公平受偿（2 分）。本案中，甲公司与其子公司合并重整的，其财产作为合并后统一的破产财产，由各成员的债权人在同一程序中按照法定顺序公平受偿。

考点 实质合并破产的法律后果

2020年科目融合真题回忆版

一、题目（本题56分）

甲公司（位于西上市东河区）有A、B两个股东，各自持有公司50%的股权。乙公司（位于东下市西河区）从事房地产开发，是成明公司所设立的全资子公司。A和B以个人名义找到乙公司并与之协商，A和B以甲公司一块地的土地使用权出资，与乙公司一起进行房地产开发合作事宜，达成合作开发协议并约定如下：①以乙公司为项目运营的商事主体；②A和B不参与乙公司的事务管理，由乙公司全权负责房地产开发管理（包括投资、以土地使用权设定抵押、建设工程施工、准备相应资质权证等）；③成明公司分别转让其在乙公司20%的股权给A和B，待房地产开发完成后，A和B可以分得总共40%的房产；④A和B取得房产后，即应无偿将持有的乙公司的股权转至成明公司名下；⑤履行协议过程中若发生争议，由被告所在地法院管辖。协议签订后，乙公司对其股权进行了变更，并根据股权的调整完成了工商变更登记。

乙公司为建设工程施工需要，与丙公司签订融资租赁合同，租赁丙公司2台铲车，租期5年，年租金25万元。约定铲车的所有权归丙公司，但未办理登记。后乙公司又就自己现有以及将有的财产（包括2台铲车）与丁银行签订动产浮动抵押合同，并办理了抵押登记，从丁银行处借款2亿元，借期5年。自然人C、D明确表示为乙公司的借款债务提供连带责任保证，丁银行表示接受。

乙公司为了暂缓资金压力，将2台铲车出售给了自然人E，E支付1950万元的货款后取得铲车。但这2台铲车在使用过程中经常出现质量问题，E一直与乙公司交涉未果。

乙公司为了获取更多融资款，便与戊信托商签订信托计划，向戊信托商借款1亿元，借期5年。丑用自己的房屋（价值1500万元）为乙公司的借款债务提供了抵押担保，并办理了抵押登记；子为乙公司的借款债务提供保证，但子和丑并不知道对方的存在。

楼盘建成后，乙公司陆续对外销售了15%的房屋。其中一套房屋出售给了自然人F，F在取得房屋后发现房屋的面积、容积率、配套设施均与宣传有很大差距。房屋与合同约定的事项不一致，F欲向乙公司索赔，乙公司一直推脱。

之后乙公司大规模融资，又迅速对外销售大量房屋（已经超过半数）。A和B发现此现象后，对乙公司的行为产生怀疑，于是请求乙公司为其办理40%房屋的所有权登记。乙公司一直忙于其他事务，而且认为还没到合同约定的履行期，就对A、B的请求置之不理。A、B见请求无望，以乙公司违约为由将其诉至西河区人民法院。后A、B与乙公司经过协商，撤回起诉，法院予以准许。

乙公司为了响应《民法典》的贯彻落实，与辛社会福利机构签订了每年捐赠1000万元的赠与合同，并经过当地的记者、新闻报道，且乙公司完成了当年的赠与。

不久后，因为乙公司资金出现问题，A、B申请乙公司破产，法院受理破产申请后，指定管理人接管了乙公司。

问题：

1. 甲公司的债权人能否直接请求 A、B 对甲公司的债务承担连带责任？（5 分）

2. 法院受理乙公司的破产申请后，A、B 能否向管理人要求取回合同约定的 40%的房屋？（5 分）

3. A 和 B 起诉乙公司要求交付 40%的房屋应当由哪个（些）法院管辖？A 和 B 可否要求撤销乙公司的卖房合同？（7 分）

4. 自然人 E 取得铲车后，铲车在使用过程中经常出现质量问题，E 应向谁主张违约责任？（3 分）

5. 丁银行的抵押权能否对抗自然人 E？（5 分）

6. 丁银行如何主张自己的担保权？自然人 C、D 为乙公司的借款债务提供连带责任保证，其诉讼地位如何列明？（6 分）

7. 乙公司的债权人能否撤销乙公司的赠与？乙公司自己能否行使任意撤销权撤销自己的赠与？（6 分）

8. 乙公司将房屋大规模出售，对 A、B 是否构成违约？A、B 如何救济？（6 分）

9. 自然人 F 取得房屋后，发现房屋各项与宣传和合同约定不符，其是否有权向乙公司主张《消费者权益保护法》规定的 3 倍惩罚性赔偿？若 F 起诉申请鉴定，乙公司对鉴定意见不服提出重新鉴定，法院应当如何处理？（7 分）

10. 戊信托商如何行使抵押权？如果丑为了自己的房产不被执行，代乙公司偿还了 1500 万元的债务，其对子享有什么权利？（6 分）

法律关系图

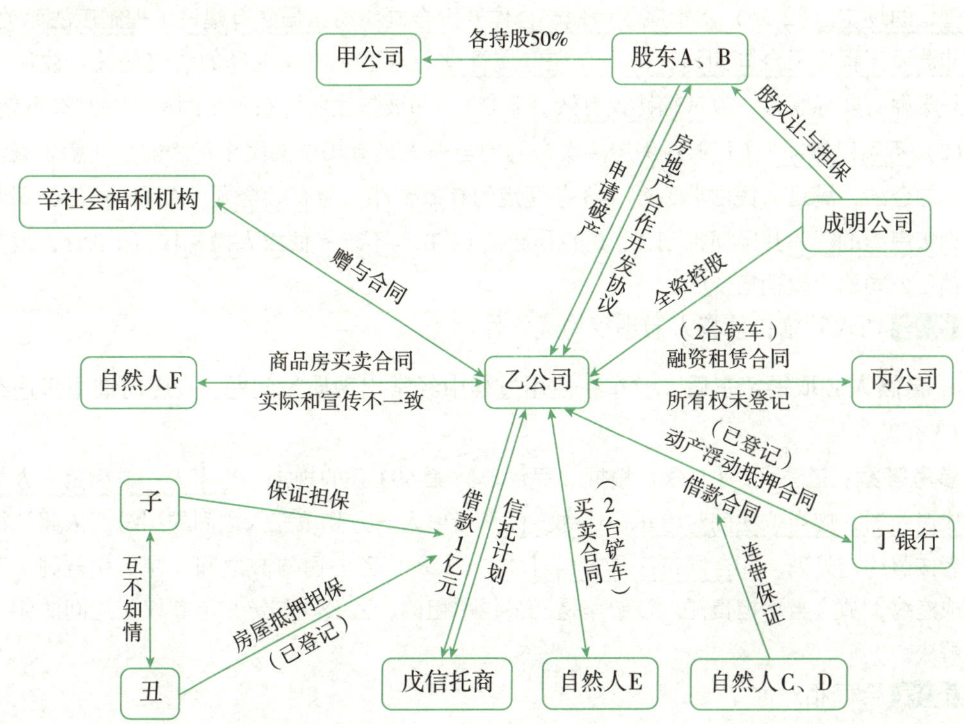

二、答案解析

1. 甲公司的债权人能否直接请求A、B对甲公司的债务承担连带责任？(5分)

参考答案：不可以。(2分) 法人具有独立人格，公司股东受有限责任保护 (1分)，故债权人要求股东承担连带责任必须以否认公司人格为前提，即必须先通过法人人格否认之诉才能主张股东承担连带责任，而不能直接要求股东承担连带责任。(2分)

考点 法人独立人格；有限责任；法人人格否认

2. 法院受理乙公司的破产申请后，A、B能否向管理人要求取回合同约定的40%的房屋？(5分)

参考答案：不能。(2分) 根据《企业破产法》第38条的规定，人民法院受理破产申请后，债务人占有的不属于债务人的财产，该财产的权利人可以通过管理人取回。但是，本法另有规定的除外。(2分) 基于法律行为引起的物权变动必须公示，不动产必须完成登记。而本案中，A、B和乙公司约定取得40%的房产，实际上尚未过户，A、B尚未取得房屋所有权。(1分) 故该40%的房产不属于A、B的财产，A、B不能行使取回权。

考点 不动产物权变动；破产取回权

3. A和B起诉乙公司要求交付40%的房屋应当由哪个（些）法院管辖？A和B可否要求撤销乙公司的卖房合同？(7分)

参考答案：

(1) 东下市西河区法院管辖。(1分) 根据《民事诉讼法》第35条的规定，合同纠纷中，双方当事人可以约定由与合同纠纷有实际联系地点的法院管辖，协议管辖不得违反级别管辖和专属管辖的规定。(2分) 本案属于房地产合作开发合同纠纷，虽然有建设工程施工法律关系，但并非建设工程施工合同纠纷，故不存在专属管辖。当事人协议选择的法院是被告住所地法院，与案件有实际联系，故管辖协议有效 (1分)，即被告住所地东下市西河区法院有管辖权。

(2) 不可以撤销。(1分) 房屋买卖合同的当事人具有相应的民事行为能力，意思表示真实，标的合法，满足《民法典》第143条规定的有效要件，为有效合同。(1分) 乙公司对外正常销售房屋的行为并未损害到A、B的利益，A、B也不享有债权人撤销权 (1分)，故其无权撤销乙公司的房屋销售合同。

考点 协议管辖；债权人撤销权构成要件

4. 自然人E取得铲车后，铲车在使用过程中经常出现质量问题，E应向谁主张违约责任？(3分)

参考答案：乙公司。(1分) 根据《民法典》第593条的规定，当事人一方因第三人的原因造成违约的，应当依法向对方承担违约责任。当事人一方和第三人之间的纠纷，依照法律规定或者按照约定处理。即合同责任具有相对性。(2分) 乙公司与E之间存在买卖合同，乙公司构成违约，故应当承担责任。该铲车是乙公司承租的，乙公司与铲车所有权人之间的纠纷应另案解决。

考点 合同相对性

5. 丁银行的抵押权能否对抗自然人E？（5分）

参考答案：可以。（1分）根据《民法典》第404条的规定，以动产抵押的，不得对抗正常经营活动中已经支付合理价款并取得抵押财产的买受人。（2分）又根据《担保制度解释》第56条第1款第2项的规定，购买出卖人的生产设备，不属于正常经营活动。（1分）本案中，E就属于购买出卖人生产设备的买受人，不属于正常买受人，不受特殊保护。（1分）丁银行的抵押权既然已经办理了登记，自然就可以对抗自然人E。

考点 动产抵押登记对抗；正常买受人

6. 丁银行如何主张自己的担保权？自然人C、D为乙公司的借款债务提供连带责任保证，其诉讼地位如何列明？（6分）

参考答案：

（1）丁银行应先就乙公司的浮动抵押财产实现抵押权，无法获得清偿时，再要求保证人承担责任。（1分）根据《民法典》第392条的规定，混合担保中，债务人提供物保的，债权人实现担保权具有顺序限制，应先实现债务人的物保。（2分）本案就属于此种情形，故应当先实现债务人乙公司的浮动抵押财产。

（2）C、D与债务人对债权人承担连带责任，此时尊重原告的处分权（1分）：如果债权人仅起诉债务人，法院可以不追加保证人C、D为共同被告；如果债权人在起诉债务人的同时起诉C、D，则法院应将C、D列为共同被告。债权人也可以仅起诉保证人C、D，法院可以不追加债务人为共同被告。（2分）

考点 混合担保；连带责任保证人诉讼地位

7. 乙公司的债权人能否撤销乙公司的赠与？乙公司自己能否行使任意撤销权撤销自己的赠与？（6分）

参考答案：乙公司的债权人可以主张撤销赠与合同（1分），但乙公司自己不能行使任意撤销权（1分）。乙公司在负担债务后实施了无偿处分自己财产的行为，损害了债权人的利益，根据《民法典》第538条的规定，满足债权人撤销权的构成要件，因此乙公司的债权人可以撤销赠与合同。（1分）但根据《民法典》第658条的规定，赠与人在赠与财产的权利转移之前可以撤销赠与。经过公证的赠与合同或者依法不得撤销的具有救灾、扶贫、助残等公益、道德义务性质的赠与合同，不适用前款规定。（1分）所以对于已经完成的赠与以及具有公益性质的赠与，不能任意撤销。（1分）本案中，对于已经完成的当年的赠与，不能撤销；未完成的部分，因具有公益性质也不能任意撤销。（1分）

考点 债权人撤销权；赠与合同中赠与人的任意撤销权

8. 乙公司将房屋大规模出售，对A、B是否构成违约？A、B如何救济？（6分）

参考答案：

（1）构成违约，属于预期违约。（1分）《民法典》第578条规定，当事人一方明确表示或者以自己的行为表明不履行合同义务的，对方可以在履行期限届满前请求其承担违约责任。此为预期违约。根据乙公司大规模的融资与大量卖房的行为已经足以推定乙公司将不履行合同，可以认定其构成预期违约。（1分）

（2）此时A、B可以主张违约责任，要求乙公司履行合同。经过催告后如其仍未履行，则二人可以主张解除合同，请求乙公司赔偿损失。（1分）本案中，乙公司以股权为合同的履行作了担保，本质属于让与担保。（1分）根据《担保制度解释》第68条第2款的规定，如乙公司无法履行房屋过户义务，则A、B可以分别主张拍卖乙公司20%的股权，并可以就股权转让款在违约损害赔偿范围内主张优先受偿。（2分）

考点 预期违约；股权让与担保

9. 自然人F取得房屋后，发现房屋各项与宣传和合同约定不符，其是否有权向乙公司主张《消费者权益保护法》规定的3倍惩罚性赔偿？若F起诉申请鉴定，乙公司对鉴定意见不服提出重新鉴定，法院应当如何处理？（7分）

参考答案：

（1）根据《消费者权益保护法》第55条第1款的规定，3倍惩罚性赔偿的适用条件为：①买受人为消费者；②以生活消费为目的购买、使用商品或者接受服务；③经营者存在欺诈行为。（1分）

关于能否适用《消费者权益保护法》规定的3倍惩罚性赔偿，存在不同观点：

［观点1］有权。《消费者权益保护法》并未明确排除商品房属于商品，故以生活消费为目的购买商品房的消费者自然也属于《消费者权益保护法》所保护的范围，开发商在缔约过程中存在欺诈，满足3倍惩罚性赔偿适用条件。（2分）

［观点2］无权。《消费者权益保护法》所保护的消费者购买商品是以生活消费为目的，不宜将商品房购买认定为生活消费，而且房屋价值太高，与一般欺诈行为之间具有不相当性，对开发商适用3倍惩罚性赔偿过于严厉，故不能主张惩罚性赔偿。从实务来看，并不支持商品房买卖适用《消费者权益保护法》规定的3倍惩罚性赔偿。（2分）（考生只需要写一种观点即可）

（2）根据《民诉证据规定》第37条第3款、第38条第1款的规定，对方对鉴定意见存在异议的，法院应当要求鉴定人作出解释、说明或者补充。（1分）当事人在收到鉴定人的书面答复后仍有异议的，法院应当通知有异议的当事人预交鉴定人出庭费用，并通知鉴定人出庭。（1分）有异议的当事人不预交鉴定人出庭费用的，视为放弃异议。（1分）对于重新鉴定的要求，如果没有《民诉证据规定》第40条第1款规定的情形，即鉴定人不具备相应资格的、鉴定程序严重违法的、鉴定意见明显依据不足的、鉴定意见不能作为证据使用的其他情形，则法院应不予支持。（1分）

考点 消费者身份的认定；鉴定意见异议与重新鉴定规则

10. 戊信托商如何行使抵押权？如果丑为了自己的房产不被执行，代乙公司偿还了1500万元的债务，其对子享有什么权利？（6分）

参考答案：

（1）根据《民法典》第410条第1、2款的规定，戊信托商可以与丑协议以抵押财产折价或者以拍卖、变卖该抵押财产所得的价款优先受偿。戊信托商与丑未就抵押权实现方式达成协议的，戊信托商可以请求人民法院拍卖、变卖抵押财产。（2分）

(2) 丑无权向子追偿或者要求子承担保证责任，只能向债务人乙公司追偿。(2分) 丑和子之间对担保责任的承担没有作出约定，不知道彼此的存在，故根据《担保制度解释》第13条第3款的规定，丑承担责任后不能向子追偿。(1分) 又根据《担保制度解释》第14条的规定，丑承担担保责任是在担保责任的范围内受让了债权人的债权，本质仍属于承担担保责任(1分)，对其他担保人并没有取得相应的权利。

考点 担保物权的实现方式；担保人追偿权

2022年科目融合真题回忆版

一、题目（本题56分）

2021年1月，南峰市鹿台区的甲公司因扩大经营需要，拟发行公司债券融资。平远市凤凰区乙公司的大股东兼法定代表人李某也是甲公司股东，为帮助甲公司销售债券，李某找到平远市金龙区丙公司的总经理吴某，要求丙公司帮忙购买甲公司债券。

2021年4月1日，甲公司债券（3年期，年利率8%）正式发行。4月5日，甲公司与丙公司在南峰市鹿台区签订《债券认购及回购协议》，约定丙公司认购甲公司5000万元债券；甲公司允诺1年后以5500万元进行回购，如逾期未回购，甲公司向丙公司支付1000万元的违约金。合同还载明，因本合同产生的一切纠纷，均应提交甲公司所在地的南峰市鹿台区法院解决。

2021年4月8日，李某代表乙公司与丙公司在平远市金龙区签订《担保合同》，约定乙公司为甲公司的回购义务及违约责任等提供“充分且完全的担保”。该担保合同载明，“因本合同发生的纠纷，双方应友好协商，协商无法解决的，应提交平远仲裁委员会解决”。在签约前，丙公司询问李某是否获得了股东会的同意，李某向丙公司提供了一份微信群聊天记录，显示李某曾就担保一事征求乙公司其他两位股东张某、孙某的意见，二人均微信回复“无异议”。

同日，李某个人应丙公司请求，就甲公司的回购义务及违约责任等向丙公司提供担保，并明确约定担保方式为：丙公司曾向李某个人借款3000万元，将于2021年7月31日到期；到期后，丙公司可以暂不返还该借款，以此作为李某为甲公司的回购义务及违约责任等的担保。2021年7月31日，丙公司未向李某返还该笔借款。

2022年4月，回购日期届至，甲公司未履行回购义务。丙公司与之沟通无果，遂向鹿台区法院起诉甲公司、乙公司，提出如下诉讼请求：①甲公司履行回购义务并支付违约金1000万元；②乙公司对甲公司上述义务承担连带责任。甲公司在答辩期间提交答辩状，认为违约金过高，请求法院予以减少。乙公司在答辩期间也提交了答辩状，未提出管辖权异议，但在庭审中提出，担保合同中存在仲裁协议，鹿台区法院对案件无管辖权。乙公司其他两位股东张某、孙某知悉该诉讼的消息后，向法院表示，依照公司章程，公司对外担保应经过股东会决议，乙公司为甲公司的回购义务及违约责任等提供的担保，仅为李某个人的意思，未经公司股东会决议，应为无效。李某则表示，虽没有召开股东会，但其通过微信聊天征求过张某和孙某的意见，他们均未表示反对；李某提供了一份三人微信聊天记录截图的纸质打印件，并表示因为手机更换，只能提供当时聊天记录截图的纸质打印版。丙公司另行向平远市凤凰区法院起诉李某，请求确认李某对其享有的3000万元债权已因承担担保责任而消灭。

后丙公司发现，乙公司本身已无有价值的财产，但其全资控股丁公司（主营建筑业务）。丙公司认为，丁公司长期与乙公司混用财务人员、其他工作人员和工作场所，账目不清，其财产无法与乙公司财产相区分，应与乙公司承担连带责任。丁公司承揽的戊公司的建设工程已竣工验收，但戊公司尚未依照合同约定的时间支付价款1000万元，因此丙公司希望丁、戊两公司一并承担责任。戊公司接到法院的通知后表示自己确实没有钱，完全没有清偿能力。

问题：（对于有不同观点的问题，请说明各种观点以及理由）

1. 甲公司与丙公司之间的《债券认购及回购协议》应如何评价？甲公司能否主张该协议因违反债权人公平受偿原则而无效？（6分）

2. 甲公司是否应当支付违约金？甲公司请求法院予以减少违约金的主张能否得到支持？（5分）

3. 张某、孙某提出乙公司担保合同无效的主张是否成立？（4分）

4. 如果乙公司需要承担担保责任，其提供的为何种担保？（4分）

5. 李某与丙公司之间的约定效力如何？（6分）

6. 张某、孙某在乙、丙公司的诉讼中是否有权举证证明担保合同无效？（6分）

7. 打印的微信聊天记录截图的证据能力和证明力如何？（6分）

8. 针对丙公司对李某提起的诉讼，法院应当如何处理？（4分）

9. 乙公司在庭审中提出管辖权异议，法院应当如何处理？（3分）

10. 丙公司能否主张丁公司承担连带责任？（4分）

11. 若丙公司在执行过程中申请法院追加丁、戊两公司为被执行人，法院应当如何处理？如法院裁定追加，丁、戊两公司不同意追加，有何救济措施？（8分）

法律关系图

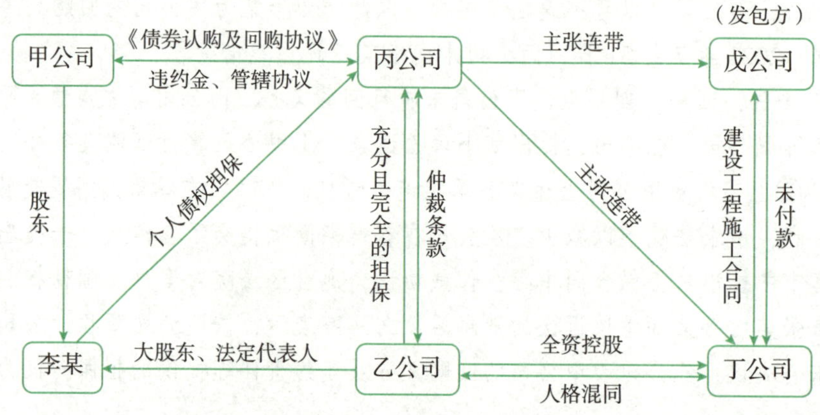

二、答案解析

1. 甲公司与丙公司之间的《债券认购及回购协议》应如何评价？甲公司能否主张该协议因违反债权人公平受偿原则而无效？（6分）

参考答案：

（1）《债券认购及回购协议》属于民间借贷与债权让与担保法律关系，即甲公司将债券让与给丙公司以担保丙公司对甲公司的借贷之债。（1分）公司债券作为一种有价证券，可以用来设立担保，属于一种非典型担保。根据《担保制度解释》第63条的规定，债权人与担保人订立担保合同，约定以法律、行政法规尚未规定可以担保的财产权利设立担保，当事人主张合同无效的，人民法院不予支持，故让与担保合同有效。（2分）而对于民间借贷合同，该借贷合同是以生产、经营为目的而为之，符合《民间借贷规定》第10条的规定，且不具有《民间借贷规定》第13条规定的无效事由，年利率为10%，也在LPR的4倍以内，故该合同最终有效。（1分）

（2）不能主张无效。（1分）甲公司和丙公司之间的民间借贷是以债券作为担保，债券作为一种有凭证的有价证券，已经交付给丙公司，根据《担保制度解释》第68条第3款的规定，属于已经完成权利变动公示，担保权设立，丙公司可以主张优先受偿。（1分）

考点 民间借贷合同利率规则；让与担保

2. 甲公司是否应当支付违约金？甲公司请求法院予以减少违约金的主张能否得到支持？（5分）

参考答案： 应当支付违约金，违约金调整的请求能够得到法院支持。（1分）该违约金的本质属于借贷合同的逾期利率。（1分）根据《民间借贷规定》第28条第1款的规定，借贷双方对逾期利率有约定的，从其约定，但是以不超过合同成立时1年期贷款市场报价利率4倍为限。（2分）本案中的逾期利率为20%，高于LPR的4倍，故而可以主张调整违约金。（1分）

[另一个角度说理：根据《民法典》第585条第1、2款的规定，当事人可以约定一方违约时应当根据违约情况向对方支付一定数额的违约金，也可以约定因违约产生的损失赔偿额的计算方法。约定的违约金低于造成的损失的，人民法院或者仲裁机构可以根据当事人的请求予以增加；约定的违约金过分高于造成的损失的，人民法院或者仲裁机构可以根据当事人的请求予以适当减少。（2分）因此，民间借贷中也可以约定违约金条款，如果违约金过分高于实际损失，可以主张调整。对于借贷合同的违约金是否过分高于实际损失，可以参照民间借贷的利率规则。（1分）本案中的违约金折合成年利率为20%，属于过分高于实际损失（2分），故而甲公司主张调整违约金可以得到支持。]

考点 民间借贷合同的违约金规则

3. 张某、孙某提出乙公司担保合同无效的主张是否成立？（4分）

参考答案： 关于如何理解《担保制度解释》第8条第1款第3项的规定，存在不同意见，故本问存在两个答案：

[答案1] 不成立。（1分）根据《担保制度解释》第8条第1款第3项的规定，担保合

同系由单独或者共同持有公司2/3以上对担保事项有表决权的股东签字同意，则公司对外提供担保即不再需要召开股东会。（1分）本案中，提供担保的意思经过了公司另外两位股东同意，虽未写在担保合同中，但从该制度规定的目的来看，对公司对外担保作出各种限制是为了保护公司其他股东的利益，故只要能够确定是股东真实意思表示，即无须否认担保合同效力。（2分）从案情来看，股东张某、孙某虽否认合同效力，但并没有否认“无异议”这件事，即可以认定该担保合同已经过全体股东同意，故而有效。

［答案2］成立。（1分）根据《担保制度解释》第8条第1款第3项的规定，担保合同系由单独或者共同持有公司2/3以上对担保事项有表决权的股东签字同意，则公司对外提供担保即不再需要召开股东会。基于对公司与其他股东利益的保护，该项规定不可进行扩大解释。（2分）本案中，股东张某、孙某并没有在担保合同上签字，故依然需要由股东会对担保事项作出决议，根据《担保制度解释》第7条第1、3款的规定，债权人未审查决议，不构成善意，故担保合同无效。（1分）（本题只需要写出一种观点，两个观点得分一样）

考点 公司对外提供担保制度

4. 如果乙公司需要承担担保责任，其提供的为何种担保？（4分）

参考答案：属于一般保证。（1分）根据《担保制度解释》第36条第1款的规定，第三人向债权人提供差额补足、流动性支持等类似承诺文件作为增信措施，具有提供担保的意思表示，债权人请求第三人承担保证责任的，人民法院应当依照保证的有关规定处理。又根据《民法典》第686条第2款的规定，当事人在保证合同中对保证方式没有约定或者约定不明确的，按照一般保证承担保证责任。（2分）本案中，乙公司承诺提供“充分且完全的担保”，则可以明确其具有担保意思并且属于全额担保，但并没有承担责任的顺序的表达（1分），应视为约定不明，故为一般保证。

考点 保证的认定；保证方式的判定

5. 李某与丙公司之间的约定效力如何？（6分）

参考答案：该约定本质上属于以债权为担保的合同，属于非典型担保（1分），是双方真实意思表示，满足《民法典》第143条规定的有效要件，故而有效（1分）。至于是否能够设立担保权，则存在不同观点：

一种观点认为，以债权提供担保属于应收账款担保，根据物权法定原则，应该以登记作为公示方式，即只有办理了登记才能设立。本案中，丙公司没有为该债权办理登记，故不享有债权担保权。（2分）

另一种观点认为，以债权提供担保应该属于金钱质权，因此只要债权人控制金钱即可认定已经交付，债权质权设立。本案中，丙公司已经实际占有该笔金钱，故金钱质权设立。（2分）

考点 非典型担保

6. 张某、孙某在乙、丙公司的诉讼中是否有权举证证明担保合同无效？（6分）

参考答案：本问应为观点展示，存在两种观点：

［观点1］无权。（1分）本案是有关公司纠纷的诉讼，股东与公司诉讼的结果虽然有间接利益，但不具有直接利益。（1分）股东与公司进行的民事诉讼的处理结果具有法律上的间

接利害关系，但股东的利益和意见已经在诉讼过程中由公司所代表和表达，故不应再追加股东作为第三人参加诉讼。（1分）至于不同股东之间的分歧所导致的利益冲突，应由股东与股东之间、股东与公司之间依法另行处理。本案中，股东并非第三人，不属于诉讼当事人，故没有举证的权利。

［观点2］有权。（1分）虽然本案是有关公司纠纷的诉讼，股东在正常情形下不具有诉讼当事人资格，但本案存在特殊情形，公司的利益可能受到损害，而公司在诉讼中并没有积极采取有效措施防止损害结果发生。（1分）本案中，公司的法定代表人的特殊身份已经决定公司不会积极举证，公司利益面临现实损害，根据《九民纪要》第25条的规定，应该允许公司股东基于代位诉讼权而采取相应措施来维护公司利益（1分），即两个股东有权代公司进行举证。

考点 股东代位诉讼；民事当事人制度

7. 打印的微信聊天记录截图的证据能力和证明力如何？（6分）

参考答案：微信聊天记录要作为证据使用，必须具有真实性、合法性、关联性。（1分）针对微信聊天记录能否作为证据使用以及证明力如何，存在不同观点：

一种观点认为，微信聊天记录属于电子数据，取证时的证据状态确定后，对该证据的复制、打印、拍照、录制等，均不影响证据的原始属性，故即便打印出来，也不改变其电子数据的属性。（1分）微信聊天记录要作为证据，必须要通过法定方式进行取证，必须能够与原设备进行核对，能够进行真实性认定，否则不能作为证据使用。本案中，该证据已经无法与原设备进行核对，无法保证真实性，故不能作为证据使用。（2分）

另一种观点认为，该证据已经被打印出来，不再依赖专业设备，以内容证明待证事实，故属于书证，需要用书证的规则判定。（1分）微信聊天记录无法与原设备进行核对，只能说明证明力比较弱，无法单独作为定案依据，需要与其他证据进行印证，而不能直接否认其证据属性以及证明力。（1分）（考生一定要围绕三性来分析是否属于证据，以及证明力如何）

考点 电子数据与书证；取证与认证；证据的证明力

8. 针对丙公司对李某提起的诉讼，法院应当如何处理？（4分）

参考答案：法院不应受理，应告知其向鹿台区法院提起诉讼，由鹿台区法院一并审理。（1分）丙公司的请求是以实现担保权作为基础，而担保权具有从属性（1分），根据《担保制度解释》第21条第2、3款的规定，债权人一并起诉债务人和担保人的，应当根据主合同确定管辖法院。债权人依法可以单独起诉担保人且仅起诉担保人的，应当根据担保合同确定管辖法院。而本案中，李某提供的债权担保属于一种非典型物保，根据《担保制度解释》第45条第3款的规定，债权人以诉讼方式行使担保物权的，应当以债务人和担保人作为共同被告。因此，本案不属于依法可以单独起诉担保人的情形，应该根据主合同确定管辖法院，即由鹿台区法院管辖。（2分）综上，本案并不满足《民事诉讼法》第122条规定的起诉条件，法院应当不予受理。

［本问也可以回答另一个观点，该种观点可以得3分：法院应当受理，受理后中止审理，待丙公司与甲公司的诉讼终结后再继续审理。（1分）丙公司所提的诉讼为以抵销为目的的消极确认之诉，丙公司抵销权的实现以李某需要承担担保责任为前提，即此诉讼

必须以原债权债务之诉的裁判结果作为依据。（1分）丙公司与李某之间存在债权债务关系，具有原告资格，凤凰区法院作为被告李某住所地的法院，对案件有管辖权，故根据《民事诉讼法》第122条的规定，本案满足起诉条件，法院应当受理。（1分）但由于此诉讼必须以前一个诉讼的结果作为依据，故应当中止审理。]

考点 抵销权的行使方式；担保的从属性；诉的合并与中止审理

9. 乙公司在庭审中提出管辖权异议，法院应当如何处理？（3分）

参考答案：法院应当不予处理或驳回异议。（1分）有效的仲裁协议虽排斥诉讼管辖，但根据《仲裁法》第26条的规定，另一方在首次开庭前未对人民法院受理该案提出异议的，视为放弃仲裁协议，人民法院应当继续审理。（2分）本案中，乙公司虽然为被告，但已经应诉答辩，应当视为双方当事人放弃了仲裁协议的约定，人民法院具有管辖权。

考点 主管与管辖；应诉管辖

10. 丙公司能否主张丁公司承担连带责任？（4分）

参考答案：关于是否承认逆向人格否认的问题，存在两种不同的观点，故而本问有两种答案：

[答案1] 可以要求丁公司承担连带责任。（1分）根据《公司法》第23条第3款的规定，只有一个股东的公司，股东不能证明公司财产独立于股东自己的财产的，应当对公司债务承担连带责任。从这条规定可知，一人公司的股东原则上与公司承担连带责任。（1分）故而股东负债，要求一人公司承担连带责任并无不妥，其同样有助于规制股东滥用公司独立地位和股东有限责任以逃避债务。（1分）本案中，丁公司属于乙公司的全资子公司，即一人公司，同时根据案情可知，其已经与股东财产混同，满足逆向人格否认情形，故应当承担连带责任。（1分）

[答案2] 不能要求丁公司承担连带责任。（1分）因为现行《公司法》规定的人格否认制度仅限于否认公司独立人格从而要求股东对公司债务承担责任，不存在逆向要求公司为股东个人债务承担责任的情况。（2分）故不应支持连带责任请求，否则将有损公司独立人格。（本问只需要答出一种观点，第一种观点满分，第二种观点3分）

考点 逆向人格否认制度

11. 若丙公司在执行过程中申请法院追加丁、戊两公司为被执行人，法院应当如何处理？如法院裁定追加，丁、戊两公司不同意追加，有何救济措施？（8分）

参考答案：

（1）应当裁定追加丁公司为被执行人。（1分）根据《执行中变更、追加当事人规定》第20条的规定，作为被执行人的一人有限责任公司，财产不足以清偿生效法律文书确定的债务，股东不能证明公司财产独立于自己的财产，申请执行人可以申请追加该股东为被执行人。（1分）同理，一人公司股东的财产不足以清偿债务的，也可以逆向人格否认从而追加该一人公司为被执行人。（自然，上一问采取不支持逆向人格否认观点的，此问的说理就是相反的，但法条均为同一条）根据《执行中变更、追加当事人规定》第32条的规定，被申请人对执行追加裁定不服的，可以自裁定书送达之日起15日内，向执行法院以申请人为被告提起执行异议之

诉。（2分）

（2）应当裁定追加戊公司为被执行人。（1分）根据《最高人民法院关于人民法院执行工作若干问题的规定（试行）》第45条第1款、第48条第1款的规定，对于到期债权可以代位执行，第三人提出自己没有清偿能力并不构成有效的异议，法院可以执行第三人财产。（1分）本案中，戊公司对法院的执行通知只表示自己没有清偿能力，不属于实质异议（1分），故法院可以将戊公司作为被执行人。戊公司如果不服，则属于对执行行为有异议。根据《执行中变更、追加当事人规定》第30条的规定，第三人对执行追加裁定不服的，可以自执行裁定书送达之日起10日内向上一级法院申请复议。（1分）

考点 执行追加与救济；代位执行

2023年科目融合真题回忆版

一、题目（本题56分）

2023年3月25日，乙公司向西河市法院提起诉讼，以甲公司、王某、李某为共同被告，提出如下诉讼请求：

1. 要求甲公司继续履行《设备买卖合同》，一次性支付全部剩余价款，赔偿迟延履行损失；同时要求甲公司的股东王某、王某的配偶李某对此承担连带责任。

2. 要求甲公司支付《培训合同》费用20万元，赔偿迟延履行损失；同时要求甲公司的股东王某、王某的配偶李某对此承担连带责任。

案件事由：

2017年，王某全资设立甲公司。后王某与李某结婚，婚后李某担任甲公司的财务负责人至今。为了扩大经营、增加生产线，2022年7月，甲公司与乙公司签订《设备买卖合同》，购买乙公司价值200万元的生产设备。合同约定，甲公司支付首付款100万元，余款分10期支付，每个月支付10万元，至2023年4月底前支付完毕；如发生纠纷，由乙公司所在地西河市法院管辖。同时，王某提供担保，表示："若甲公司不清偿款项，我将无条件承担担保责任。"王某在《设备买卖合同》中签字，李某未签字。甲公司支付了4期价款后就未再付款。后乙公司了解到，甲公司工人因不熟悉机器从而操作失误，导致设备无法正常使用。为此，乙公司与甲公司经协商签订了《培训合同》，约定乙公司为甲公司提供设备使用培训，培训费20万元，甲公司于2022年12月底付清。随后，乙公司派遣技术人员至甲公司，甲公司员工接受了培训。但到12月底，甲公司并没有支付培训费。乙公司反复催告甲公司支付设备价款和培训费，但甲公司并不配合，只在2023年1月向乙公司转账15万元，注明"履行与乙公司之间的合同"。乙公司询问这笔款项是哪一笔价款，甲公司并未回应。

乙公司遂起诉，诉讼请求为解除与甲公司的《设备买卖合同》，并要求甲公司承担相应的责任。西河市法院受理后向甲公司送达了起诉状副本，甲公司答辩并提出异议，反对解除合同。后乙公司经调查了解到，甲公司实际上并没有什么财产，诉讼也没有实质意义，且甲公司财务管理混乱，王某经常将甲公司的财物用于自家消费。乙公司在开庭时向法院申请撤诉，在未得到被告甲公司同意的情况下，西河市法院即裁定准许撤诉。但在2023年3月25日，乙公司再次起诉。

甲公司在接到起诉状副本后，提出如下抗辩：

1. 生产设备已经安装完毕，无法移动，应属于不动产，应当适用专属管辖，由不动产所在地东山市法院管辖，西河市法院没有管辖权。

2.《设备买卖合同》中约定的管辖法院是西河市法院，但是《培训合同》中并没有约定管辖法院，合同履行地与被告住所地都是东山市，因此西河市法院对双方因《培训合同》产生的纠纷没有管辖权。

3.《设备买卖合同》和《培训合同》没有实质关联，法院不能合并审理。

4. 乙公司的起诉状副本已经送达甲公司，故甲公司与乙公司的《设备买卖合同》已经解除，乙公司第二次起诉要求履行合同的请求是不成立的，且乙公司并非适格原告。

王某同意甲公司的抗辩，承认自己应对《设备买卖合同》承担连带保证责任，但主张自己不应对《培训合同》承担连带责任。

李某同意甲公司的抗辩，但认为自己在两份合同中都没有签字，不应当承担连带责任，自己不是适格被告。

诉讼过程中，乙公司提出了保全申请，申请查封A房屋。法院经审查发现，王某曾于2021年与丁房地产开发商签订A房屋买卖合同。该房屋坐落于某高档小区，面积为150平方米，总价款为600万元，王某支付了400万元首付款，剩余房款自丙银行办理了按揭贷款，并为丙银行办理了A房屋抵押预告登记。2022年1月，房屋建成；2023年2月，房屋办理权属初始登记，登记在丁房地产开发商名下。乙公司申请保全时，房屋尚未过户给王某。经查明，王某是故意拖延不办理过户。另外，法院查明，王某名下并无其他房屋，该房屋属于王某的首套住房。法院作出准予查封A房屋的裁定，但由于王某没有取得房屋所有权，故无法进行查封登记。法院工作人员上门查封时，王某、李某均在场，工作人员在小区院内张贴了查封公告。法院还查明，乙公司发现甲公司将生产设备卖给了不知情的某公司，获得的价款均用于装修A房屋。

后A房屋被乙公司申请执行，丙银行提出异议，认为该房屋上有自己的抵押预告登记，不能被执行。为求稳妥，丙银行专门向律师咨询了此事，律师提出了两个对丙银行不利的因素：①王某没有取得房屋所有权；②该房屋被查证属于王某的首套住房。

问题：

1. 乙公司申请撤诉，西河市法院没有经过甲公司同意就裁定准许撤诉的做法是否合法？(3分)

2. 请结合诉的管辖、当事人、诉讼请求、诉的合并，分析法院应如何评价甲公司、王某、李某的抗辩。(20分)

3. 法院对A房屋的查封是否生效？(5分)

4. 乙公司要求王某、李某对《设备买卖合同》债务承担连带责任的请求能否得到支持？（4分）

5. 对于丙银行提出的关于A房屋的执行异议，法院是否应当支持？（5分）

6. 乙公司要求王某、李某对《培训合同》债务承担连带责任的请求能否得到支持？（4分）

7. 乙公司要求甲公司一次性支付剩余的60万元并赔偿迟延履行损失的主张能否得到支持？（5分）

8. 乙公司要求甲公司支付20万元培训费并赔偿迟延履行损失的主张能否得到支持？（5分）

9. 律师提出的不利因素是否会对丙银行的优先受偿权产生影响？（5分）

法律关系图

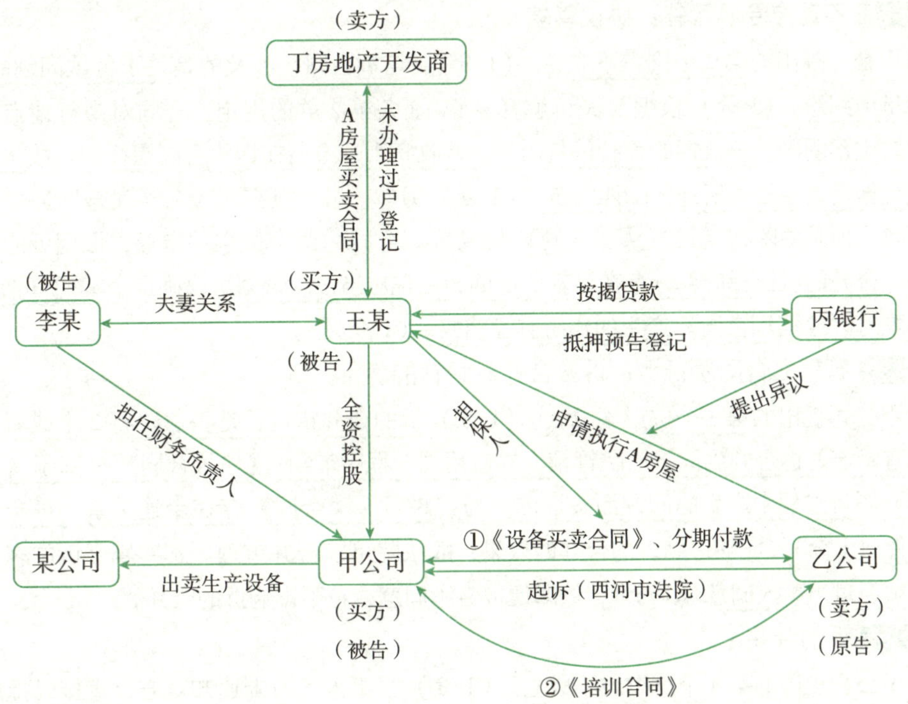

二、答案解析

1. 乙公司申请撤诉，西河市法院没有经过甲公司同意就裁定准许撤诉的做法是否合法？（3分）

参考答案：合法。（1分）根据《民诉解释》第238条第2款的规定，法庭辩论终结后原告申请撤诉，被告不同意的，人民法院可以不予准许。（1分）本案中，原告乙公司在一审庭审中申请撤诉，此时法庭辩论尚未终结（1分），西河市法院裁定准许撤诉不需要被告甲公司的同意。因此，法院的做法合法。

考点 撤诉

2. 请结合诉的管辖、当事人、诉讼请求、诉的合并，分析法院应如何评价甲公司、王某、李某的抗辩。(20 分)

参考答案：

(1) 关于甲公司的抗辩：

❶甲公司提出的第 1 个抗辩不成立。(1 分) 根据《民诉解释》第 28 条第 1、2 款的规定，适用专属管辖的不动产纠纷包括因不动产的权利确认、分割、相邻关系等引起的物权纠纷，以及农村土地承包经营合同纠纷、房屋租赁合同纠纷、建设工程施工合同纠纷、政策性房屋买卖合同纠纷。(1 分) 本案中，设备已经安装完毕，无法移动，并不影响双方法律关系的实质只是动产买卖合同法律关系，不应适用不动产专属管辖。《设备买卖合同》中约定的管辖法院属于原告住所地法院，与争议有实际联系，且不违反级别管辖和专属管辖规定 (1 分)，因此管辖协议有效。

考点 不动产专属管辖；协议管辖

❷甲公司提出的第 2 个抗辩不成立。(1 分)《培训合同》涉及的是关于付款问题的纠纷，即给付货币纠纷。(1 分) 根据《民诉解释》第 18 条第 2 款的规定，合同对履行地点没有约定或者约定不明确，争议标的为给付货币的，接收货币一方所在地为合同履行地。故本案中的合同履行地就是原告住所地，即西河市。(1 分) 另外，虽然只有《设备买卖合同》中约定了管辖法院，但是法院将《设备买卖合同》与《培训合同》两个诉合并审理，根据诉的客体合并理论，合并的诉讼标的部分存在管辖协议的，法院应当按照管辖协议确定全案的管辖。故西河市法院对因《培训合同》产生的纠纷有管辖权。(1 分)

考点 管辖之合同履行地；诉讼合并时管辖的确定

❸甲公司提出的第 3 个抗辩不成立。(1 分) 诉的合并审理，是指法院将 2 个或者 2 个以上彼此有牵连的诉合并到同一法院管辖，并适用同一程序审判。《培训合同》是基于《设备买卖合同》履行过程中产生的问题而签订的，与《设备买卖合同》存在牵连关系，符合诉的合并的条件 (1 分)，能够达到诉的合并的效果，故法院可以合并审理。本案属于诉的客体的合并，无须经过当事人同意 (1 分)，故即便被告不同意，也不影响诉的合并。

考点 诉的合并

❹甲公司提出的第 4 个抗辩也不成立。(1 分) 当事人一方未通知对方，直接以提起诉讼的方式主张解除合同，撤诉后再次起诉主张解除合同，人民法院经审理支持该主张的，合同自再次起诉的起诉状副本送达对方当事人时解除。但是，当事人一方撤诉后又通知对方解除合同且该通知已经到达对方的除外。本案中，乙公司撤诉后，并没有在第二次起诉前再向甲公司主张解除合同，故合同尚未解除 (1 分)，甲公司以合同已经解除为由拒绝付款的抗辩不成立。另外，根据《民诉解释》第 214 条第 1 款的规定，原告撤诉或者人民法院按撤诉处理后，原告以同一诉讼请求再次起诉的，人民法院应予受理。即乙公司再次起诉不属于后诉实质否认前诉，并不构成重复起诉 (1 分)，满足《民事诉讼法》第 122 条规定的起诉条件，乙公司作为合同当事人，与案件有直接利害关系，属于适格当事人。因此，甲公司的抗辩不成立。(1 分)

考点 撤诉的实体法与诉讼法效果

(2) 王某主张自己不应对《培训合同》承担连带责任的抗辩得不到支持。(1 分) 根据

《公司法》第23条第3款的规定，只有一个股东的公司，股东不能证明公司财产独立于股东自己的财产的，应当对公司债务承担连带责任。（1分）甲公司是由王某一人出资设立的，且王某转移公司财产归个人使用，王某与甲公司间存在人格混同（1分），其应当对公司债务承担连带责任。

考点 法人人格否认

（3）李某的抗辩也不成立。（1分）李某没有在《设备买卖合同》中签字，只代表其不需要承担个人保证责任。（1分）虽然甲公司的股东形式上只有王某，但李某作为王某的配偶，担任公司重要职务，实质参与公司经营管理，故甲公司实际上属于夫妻共同事业。所以对于甲公司的负债，即便李某未签字，也不可否认上述两项债务都属于夫妻共同债务，应以夫妻共同财产承担责任。（1分）

考点 个人行为与公司行为；夫妻共同债务的认定

3. 法院对A房屋的查封是否生效？（5分）

参考答案： 已经发生效力。（1分）根据《查封、扣押、冻结财产规定》第7条的规定，查封不动产的，人民法院应当张贴封条或者公告，并可以提取保存有关财产权证照。查封、扣押、冻结已登记的不动产、特定动产及其他财产权，应当通知有关登记机关办理登记手续。未办理登记手续的，不得对抗其他已经办理了登记手续的查封、扣押、冻结行为。（2分）可知，未办理查封登记并不影响查封的效力。另外，根据该司法解释第8条的规定，查封尚未进行权属登记的建筑物时，人民法院应当通知其管理人或者该建筑物的实际占有人，并在显著位置张贴公告。（1分）本案中，从王某进行装修的行为可知，王某已经实际占有该房屋，该房屋只是因为王某恶意逃避法律义务而未过户，故查封该房屋并无不妥。虽王某未办理所有权登记，但法院实施了小区院内公告，可以视为已经完成了公告（1分），查封已经生效。

考点 未取得所有权的不动产的查封

4. 乙公司要求王某、李某对《设备买卖合同》债务承担连带责任的请求能否得到支持？（4分）

参考答案： 能够得到支持。（2分）《担保制度解释》第25条第2款规定，当事人在保证合同中约定了保证人在债务人不履行债务或者未偿还债务时即承担保证责任、无条件承担保证责任等类似内容，不具有债务人应当先承担责任的意思表示的，人民法院应当将其认定为连带责任保证。（1分）本案中，王某曾作出无条件对《设备买卖合同》债务承担担保责任的意思表示，故其应当对甲公司债务承担连带责任。第2问已经分析过甲公司属于夫妻共同事业，故该债务属于夫妻共同债务，应以夫妻共同财产承担责任，因此李某也需要承担连带责任。（1分）

考点 保证方式的识别；夫妻共同债务的认定

5. 对于丙银行提出的关于A房屋的执行异议，法院是否应当支持？（5分）

参考答案： 不应当支持。（1分）根据《担保制度解释》第52条第1款的规定，当只存在抵押预告登记时，预告登记权利人请求就抵押财产优先受偿，经审查已经办理建筑物所有权首次登记，且不存在预告登记失效等情形的，人民法院应予支持，并应当认定抵押权自预告登记之日起设立。（1分）本案中，A房屋已经办理了首次登记，王某基于规避合同义务的目的而拖延过户导致无法办理抵押权正式登记，预告登记并未失效，故丙银行享有对A房屋的抵押权。（1分）因此，丙银行确实可以提出执行异议，法院也应当受理，但法院并不会中止对该房屋的执行，因为享有担保物权等优先权的异议人享有的是一种顺位权，其完全可以通过参与分配等方式保证自身利益（1分），故其所享有的权利不属于足以排除强制执行的民事权利，法院不能中止执行（1分）。

考点 预告登记；执行标的异议与中止执行

6. 乙公司要求王某、李某对《培训合同》债务承担连带责任的请求能否得到支持？（4分）

参考答案：能够得到支持。（1分）首先，甲公司属于一人公司。根据《公司法》第23条第3款的规定，只有一个股东的公司，股东不能证明公司财产独立于股东自己的财产的，应当对公司债务承担连带责任。（1分）本案中，法院查明，王某有挪用甲公司资产供个人使用的行为，王某与甲公司间存在人格混同，因此其应对《培训合同》债务承担连带责任。（1分）其次，夫妻一方设立一人公司，如果配偶实质参与公司经营管理，则该一人公司属于夫妻共同事业，应以夫妻共同财产对公司债务承担连带责任。（1分）本案中，李某在与王某结婚后担任甲公司的财务负责人，其也应对上述债务承担连带责任。

考点 一人公司的人格否认

7. 乙公司要求甲公司一次性支付剩余的60万元并赔偿迟延履行损失的主张能否得到支持？（5分）

参考答案：均能得到支持。（2分）根据《民法典》第634条第1款的规定，分期付款买卖合同中，买受人未支付到期价款的数额达到全部价款的1/5，经催告后在合理期限内仍未支付到期价款的，出卖人即可要求买受人一次性付清剩余价款或者主张解除合同。（1分）本案中，乙公司并没有发出有效的解除合同的意思表示，《设备买卖合同》中未履行的到期价款的数额已经超过总价款的1/5，故乙公司要求甲公司一次性付清剩余价款的主张能够得到支持。（1分）甲公司无正当理由迟延履行，应当承担迟延履行责任。根据《民法典》第577条的规定，当事人一方不履行合同义务或者履行合同义务不符合约定的，应当承担继续履行、采取补救措施或者赔偿损失等违约责任。而对于金钱之债，在没有约定迟延履行的损失赔偿标准时，可参照民间借贷利率标准支付迟延履行的部分利息，该利息本质上属于法定违约金。（1分）

考点 分期付款合同；违约责任

8. 乙公司要求甲公司支付20万元培训费并赔偿迟延履行损失的主张能否得到支持？（5分）

参考答案：仅5万元培训费及迟延履行损失赔偿能够得到支持。（1分）《民法典》第560条规定，债务人对同一债权人负担的数项债务种类相同，债务人的给付不足以清偿全部债务的，除当事人另有约定外，由债务人在清偿时指定其履行的债务。债务人未作指定的，应当优先履行已经到期的债务；数项债务均到期的，优先履行对债权人缺乏担保或者担保最少的债务；均无担保或者担保相等的，优先履行债务人负担较重的债务；负担相同的，按照债务到期的先后顺序履行；到期时间相同的，按照债务比例履行。（1分）本案中，虽然甲公司转账时有备注，但备注不清晰，故应视为没有指定。甲公司给付这15万元时，两笔款项都已经到期，第一笔款项有王某提供连带责任保证（1分），而第二笔款项是没有担保的，故这15万元应视为对第二个合同的履行（1分），即该15万元的债务因履行而消灭，故乙公司请求支付20万元培训费的主张无法得到支持，只能判决支持其中5万元。该债务依然属于金钱债务，故迟延履行的损失赔偿即为迟延履行利息，也能得到法院支持。（1分）

考点 清偿的抵充规则；金钱之债的迟延履行责任

9. 律师提出的不利因素是否会对丙银行的优先受偿权产生影响？（5分）

参考答案：不会产生影响。（1分）首先，根据《查封、扣押、冻结财产规定》第17条的规定，被执行人购买需要办理过户登记的第三人的财产，已经支付部分或者全部价款并实际占有该财产的，虽未办理产权过户登记手续，依然不影响法院查封。（1分）王某为了逃避债务而恶意不办理过户登记，严重违反诚信原则，且王某已经向丁开发商支付了400万元首付款，故该房屋实际上应该属于王某，法院可以对该房屋进行执行。（1分）其次，根据《查封、扣押、冻结财产规定》第5条的规定，对于超过被执行人及其所扶养家属生活所必需的房屋，在保障被执行人及其所扶养家属最低生活标准所必需的居住房屋后，可予以执行。（2分）从地理位置、居住面积和价格来说，该房屋已经超过一般生活居住之住房水平，故即便其是王某的唯一住房，也不影响执行。因此，律师提出的不利因素不会对丙银行的优先受偿权产生影响。

考点 未取得所有权的不动产的执行；唯一住房的执行

2024年科目融合真题回忆版

一、题目（本题56分）

珠东市的甲公司是从事建筑行业的企业法人，张龙是甲公司的法定代表人。甲公司因为工程建设需要借款。张龙找了姐姐张凤，张凤是上市公司乙公司的法定代表人和控股股东。张凤找了长期从事借贷业务的李丽，希望李丽能够放贷给弟弟的甲公司。李丽表示，提供贷款没有问题，但需要乙公司提供担保。张凤表示，乙公司对外提供担保的决议程序太复杂，有些麻烦，她愿意以个人名义为李丽提供担保。李丽提出，不用签担保合同，签借款合同就行，这样就不会有麻烦了。李丽、张凤、张龙、甲公司四方磋商的全部过程均写在《备忘录》中，由各方签字、盖章。《备忘录》一式两份，李丽、张凤各持一份。

李丽、甲公司、乙公司、张凤最终签订了四方借款合同。借款合同约定："李丽为出借人；借款人一方为借款人1甲公司（法定代表人张龙）、借款人2乙公司（法定代表人张凤）、借款人3张凤，借款1500万元，借款期限1年，年利率10%，三方对还款承担连带义务。"法院查明，实际上，该笔借款全部打入了甲公司账户，由甲公司实际使用。

1年借款期限届满后，甲公司未如期清偿借款。李丽只单独将乙公司起诉至法院，要求乙公司还款。此时，乙公司已经进行股权变更登记，张凤不再是乙公司的法定代表人和控股股东。乙公司提出抗辩：李丽应追加其他债务人共同参加诉讼；本公司对借款合同不知情，其是张凤的个人行为，而张凤已经离职，不是本公司的股东，故本公司不应担责。乙公司提出，法院可以调取《备忘录》，还原这个案件的全过程。

甲公司和九州市的丙公司之间存在建设工程施工合同，由甲公司负责丙公司位于九州市的楼盘工程施工。后丙公司欠付甲公司 2000 万元工程款无法清偿，于是甲公司和丙公司签订了《抵债协议 1》，约定以丙公司所建的荷塘风光小区的第 5、7、9 栋楼抵偿工程款。李丽知道后，和甲公司达成协议，甲公司同意将其中的第 7、9 栋楼过户给李丽以抵偿其所欠的 1500 万元借款，并签订了《抵债协议 2》；丙公司在《抵债协议 2》上盖上合同专用章，并记载“认可该协议，承诺同意配合过户，把两栋楼直接过户给李丽”。后来丙公司因为种种原因，对案涉三栋楼均未办理过户登记。甲公司多次催告丙公司履行过户义务无果，也没有偿还李丽的借款。

李丽于是起诉甲公司和丙公司，要求丙公司履行过户义务。丙公司抗辩称：自己与李丽之间完全没有合同关系，不是适格当事人。甲公司抗辩称：丙公司没有向自己过户房子，自己也没办法。

问题：

1. 李丽仅起诉乙公司的，法院是否应当追加借款合同中的其他当事人参加诉讼？请根据《民法典》的相关规定和民事诉讼法规则予以说明。(6 分)

2. 李丽和乙公司是什么关系？李丽可以向乙公司主张什么权利？(9 分)

3. 乙公司提出请求法院调取《备忘录》属于什么证据规则？(4 分)

4. 乙公司能否要求张凤承担民事责任？(4 分)

5. 甲公司与张凤是否应当承担连带还款义务？(5 分)

6. 《抵债协议 1》是什么性质？效力如何？(5 分)

7. 李丽起诉甲公司、丙公司，要求丙公司履行过户义务，哪些法院有管辖权？(7 分)

8. 李丽要求丙公司履行过户义务的诉讼请求能否得到法院支持？(9 分)

9. 2023 年 10 月，法院判决丙公司向李丽过户，丙公司的抵押权人中华银行发现后，认为这会损害其抵押权，遂向作出判决的法院提起第三人撤销之诉。请根据《民事诉讼法》第 59 条第 3 款的规定，分析法院是否应当受理中华银行的第三人撤销之诉。(7 分)

法律关系图

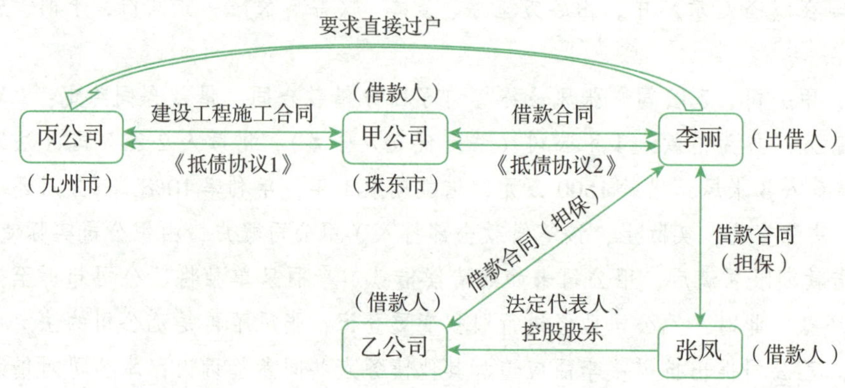

二、答案解析

1. 李丽仅起诉乙公司的，法院是否应当追加借款合同中的其他当事人参加诉讼？请根据《民法典》的相关规定和民事诉讼法规则予以说明。(6 分)

参考答案： 不应当追加为共同被告；如果基于查明案件事实的需要，可以追加为无独立请求权的第三人或者共同被告。(1 分)《民法典》第 518 条第 1 款规定了连带债务规则：债务人为 2 人以上的，债权人可以请求部分或者全部债务人履行全部债务。根据《民间借贷规定》第 4 条第 1 款的规定，保证人为借款人提供连带责任保证，出借人仅起诉保证人的，人民法院可以追加借款人为共同被告。(2 分)《民事诉讼法》及其司法解释并没有规定连带债务或者连带责任保证诉讼必须追加，其按照民诉法理应该属于类似必要共同诉讼，而只有固有必要共同诉讼才是必须追加。(2 分) 故本案中，不论是按照共同民间借贷关系进行审理，还是尊重实质，按照民间借贷以及共同连带责任保证进行审理，均不应当追加借款合同中的其他当事人为共同被告。此时，尊重原告处分权，被告并没有请求追加的权利，故法院不应当追加。(1 分) 但甲公司、张凤与本案存在利害关系，为了查清案件事实，法院可以追加其为共同被告或者无独立请求权的第三人。

考点 连带责任保证当事人诉讼地位；诉讼当事人地位

2. 李丽和乙公司是什么关系？李丽可以向乙公司主张什么权利？(9 分)

参考答案：

(1) 李丽和乙公司是保证合同关系，而非借贷合同关系。(2 分) 根据《合同编通则解释》第 15 条的规定，人民法院认定当事人之间的权利义务关系，不应当拘泥于合同使用的名称，而应当根据合同约定的内容。(2 分) 故法院应当根据事实认定当事人之间的实际民事法律关系。本案中，虽然从形式上看，李丽和乙公司属于共同借贷关系，但从案情交代的真实《备忘录》约定来看，实际上的借款人为甲公司，乙公司和张凤均为保证人。(1 分)

(2) 李丽可以主张乙公司对甲公司不能清偿的部分承担与其过错相应的（缔约过失）责任。(1 分) 根据《担保制度解释》第 17 条的规定，担保人对担保合同无效存在过错的，应当承担与其过错相应的责任。(1 分) 本题中，不论民间借贷合同效力如何，李丽和乙公司之间的真实合同均为担保合同。根据《担保制度解释》第 7、9 条以及《公司法》第 15 条的规定，上市公司的法定代表人并没有法定对外提供担保的权利，李丽作为相对人，也不可能构成善意，故乙公司可以主张该担保合同无效。(2 分) 因债权人李丽、担保人乙公司对此均存在过错，故乙公司在债务人甲公司不能清偿的部分承担与其过错相应的责任。

考点 名不符实合同的定性；担保合同无效；担保合同无效时担保人的责任

3. 乙公司提出请求法院调取《备忘录》属于什么证据规则？(4 分)

参考答案： 文书提出命令规则。(2 分) 根据《民诉解释》第 112 条的规定，书证在对方当事人控制之下的，承担举证证明责任的当事人可以在举证期限届满前书面申请人民法院责令对方当事人提交。申请理由成立的，人民法院应当责令对方当事人提交，因提交书证所产生的费用，由申请人负担。对方当事人无正当理由拒不提交的，人民法院可以认定申请人所主张的

书证内容为真实。(2分)

考点 文书提出命令规则

4. 乙公司能否要求张凤承担民事责任?(4分)

参考答案:可以。(2分)根据《合同编通则解释》第20条第3款的规定,原则上,法人承担民事责任后,向有过错的法定代表人追偿因越权代表行为造成的损失的,人民法院依法予以支持。(2分)

考点 越权担保的内部责任

5. 甲公司与张凤是否应当承担连带还款义务?(5分)

参考答案:应当。(2分)根据上述分析可知,在本案的借贷合同关系中,真正的借款人为甲公司,不论借贷合同是否有效,甲公司都必须承担还款义务(基于合同或者不当得利)。(1分)而张凤没有任何认识上的错误,其属于债务加入还是提供担保,法院需要综合考虑。从《备忘录》的约定可以看出,张凤作出了明确的承担连带责任保证的意思表示,故其对债权人李丽承担连带责任。(2分)

考点 保证与债务加入的辨析

6.《抵债协议1》是什么性质?效力如何?(5分)

参考答案:《抵债协议1》属于履行期限届满后达成的以物抵债协议,是债的清偿方式的约定,有效。(2分)根据《合同编通则解释》第27条第1款的规定,债务人或者第三人与债权人在债务履行期限届满后达成以物抵债协议,不存在影响合同效力情形的,人民法院应当认定该协议自当事人意思表示一致时生效。(2分)本案中,《抵债协议1》不存在无效事由,满足《民法典》第143条的规定,完全有效。(1分)

考点 以物抵债

7. 李丽起诉甲公司、丙公司,要求丙公司履行过户义务,哪些法院有管辖权?(7分)

参考答案:甲公司住所地珠东市法院或者李丽住所地法院。(不用强调级别,只关注地域即可)(2分)根据《合同编通则解释》第27条第2款的规定,债务履行期限届满后达成以物抵债协议,债务人经催告后在合理期限内不履行义务的,债权人可以请求履行原债务或者以物抵债协议。本案中,李丽起诉甲公司要求履行过户义务,即代表李丽选择了履行以物抵债协议。但其起诉丙公司,只能通过代位权诉讼的方式实现。本案属于诉的主体合并(主观重叠之诉/主观合并之诉的表述都行),李丽与甲公司之间的以物抵债协议诉讼属于先位之诉,即只有李丽针对甲公司提出的诉讼请求得到法院支持,其与丙公司之间的代位权诉讼请求才有可能得到支持。故合并审理时,应根据先位之诉确定全案的管辖法院,即应根据以物抵债协议确定管辖法院。(2分)以物抵债协议纠纷一般根据原法律关系确定管辖,即根据借贷合同关系确定管辖,故应该由被告住所地与合同履行地法院管辖。根据《民间借贷规定》第3条的规定,借贷双方就合同履行地未约定或者约定不明确,事后未达成补充协议,按照合同相关条款或者交易习惯仍不能确定的,以接受货币一方所在地为合同履行地。(2分)先位之诉的被告为甲公司,接受货币一方为李丽,故甲公司住所地珠东市法院、李丽住所地法院均有管辖权。(这里也可以存在第二个答案：以物抵债协议作为合同，没有专门的管辖规则，故本案属于一般合同纠纷，由被告住所地与合同履行地法院管辖。根据《民诉解释》第18条第2款的规定，合同对履行地点没有约定或者约定不明确，争议标的为交付不动产的，不动产所在地为合同履行地。本案是要求交付房屋，而房屋所在地为九州市，即合同履行地为九州市，故最终管辖法院为甲公司住所地珠东市法院或者九州市法院。）（1分）

考点 以物抵债的管辖法院的确定；诉的主体合并

8. 李丽要求丙公司履行过户义务的诉讼请求能否得到法院支持？（9分）

参考答案： 能够得到支持。（2分）李丽可以基于代位权要求丙公司履行过户义务。（1分）《抵债协议2》属于由第三人履行的合同，而非债务承担行为。（1分）根据《民法典》第523条的规定，当事人约定由第三人向债权人履行债务，第三人不履行债务或者履行债务不符合约定的，债务人应当向债权人承担违约责任。（2分）基于合同的相对性，李丽无法直接要求丙公司承担合同的违约责任，但可以通过代位权诉讼实现这一目标。根据《民法典》第535条第1款的规定，因债务人怠于行使其债权或者与该债权有关的从权利，影响债权人的到期债权实现的，债权人可以向人民法院请求以自己的名义代位行使债务人对相对人的权利，但是该权利专属于债务人自身的除外。（2分）因甲公司并未起诉、仲裁丙公司，存在消极懈怠情形，且工程款请求权不具有人身专属性，可以代位，故满足债权人代位权的构成要件，李丽可以以自己的名义代位要求丙公司履行过户义务。（1分）

考点 向第三人履行的合同与债务承担行为的辨析；债权人代位权

9. 2023年10月，法院判决丙公司向李丽过户，丙公司的抵押权人中华银行发现后，认为这会损害其抵押权，遂向作出判决的法院提起第三人撤销之诉。请根据《民事诉讼法》第59条第3款的规定，分析法院是否应当受理中华银行的第三人撤销之诉。（7分）

参考答案： 不应当受理。（2分）根据《民事诉讼法》第59条第3款的规定，第三人提起撤销权之诉的前提条件是生效判决、裁定、调解书存在错误且直接损害第三人的利益。（1分）本案中，不论丙公司是否将房屋过户给李丽，中华银行在先设立的抵押权都不可能受到影响，因为根据《民法典》第406条第1款的规定，抵押财产转让的，抵押权不受影响。（2分）而且李丽也不属于能够排除抵押权实现的商品房购房人。故中华银行的抵押权不会因为该判决而受到实质影响，其不满足第三人撤销之诉的主体资格，根据《民事诉讼法》第122条第1项的规定，法院不应受理。（2分）

考点 三撤的当事人资格；不动产抵押后抵押物再转让的效果

扫码开通
本书配套听课权限

第二编 科目融合模拟演练

科目融合模拟案例一

一、题目（本题56分）

厚大公司（北京市房山区）是房地产开发商，其将自己的一个小区项目（上海市松江区）交由宣城公司（南京市玄武区）建设。该项目包含20栋商品房，每栋价值600万元，均必须在1年内完工交付，验收合格后6个月内，厚大公司支付工程款1.2亿元。

为了加快项目建设，经厚小公司的撮合，宣城公司将其中的3栋楼交由华商公司建设，三方签订了《劳务分包三方协议》，具体内容如下：宣城公司将1~3栋楼交由华商公司建设，华商公司自行负责安排施工并接受宣城公司的监督；所有楼房竣工验收后，宣城公司支付工程款，每栋楼500万元；华商公司需支付给厚小公司10%的工程款作为中介费用；厚小公司承诺对华商公司的施工质量负责，如存在质量问题，给宣城公司造成损失，华商公司需要赔偿违约金800万元，厚小公司需要承担连带责任。

在宣城公司采购钢材原料的过程中，建华公司找到宣城公司，表示愿意等宣城公司拿到工程款后再收取材料款，宣城公司因此与建华公司签订了《建材买卖合同》。

宣城公司从南海公司（合肥市瑶海区）采购了500吨水泥。后南海公司只交付了300吨水泥，并明确表示剩余的水泥自己交付不了，宣城公司要自行解决。宣城公司后来从其他地方采购了剩余的水泥，但由于价格上涨，多付了400万元价款。于是宣城公司起诉南海公司，要求南海公司赔偿自己400万元，并赔偿自己与南海公司的缔约成本费2万元、替代交易的缔约成本费3万元。法院经审查发现，宣城公司拖了5个月才购买了剩余200吨水泥，在南海公司违约时，水泥的市场价格大概上涨了10万元/吨。法院查明，南海公司之所以违约，是因为其供销商北山公司的违约行为，并且南海公司与北山公司的相关诉讼正在进行中。于是法院决定等南海公司与北山公司的诉讼终结后再审理此案，遂作出了中止审理的裁定。

1年后，华商公司所建的1~3栋楼经验收不合格，经2次修复才最终合格；剩下的17栋楼经验收合格，如期交付。由于1~3栋楼迟延交付的纠纷未得到解决，厚大公司只支付了一半工程款。宣城公司遂将华商公司与厚小公司起诉至法院，要求华商公司与厚小公司连带支付违约金800万元。

宣城公司以没有拿到全部工程款为由拒付建华公司材料款；而建华公司则认为，宣城公司已经从厚大公司处拿到的一部分工程款足够支付材料款，应该向其完成支付。双方因此发生纠纷，建华公司诉至法院。法院查明以下事实：①《建材买卖合同》中存在“宣城公司从发包人处取得全部工程款后才负有向建华公司支付材料款的义务"的条款；②宣城公司确实只拿到了一半工程款，还有一半工程款没有支付到位；③宣城公司在建华公司起诉前从未请求过厚大公司支付剩余工程款，且1~3栋楼确实存在验收不合格的情况。

宣城公司欠付华夏银行1.5亿元贷款未清偿，华夏银行起诉宣城公司并胜诉。后华夏银行发现厚大公司欠付宣城公司工程款一事，于是提起代位权诉讼，请求厚大公司支付剩余工程款，主张拍卖厚大公司开发的小区并优先受偿。宣城公司见此情形，也向该院提起诉讼，请求厚大公司支付剩余工程款。最终，厚大公司与华夏银行达成和解，约定由厚大公司向华夏银行交付位于北京的一套别墅（06号别墅）。双方请求法院制作调解书结案。

后华夏银行提起第二个代位权诉讼，要求华商公司和厚小公司连带支付违约金800万元。法院在审理过程中查明，宣城公司在1~3栋楼的建设过程中并未进行过实际的监督管理。

厚大公司因欠付招商银行贷款不能清偿，被招商银行起诉。诉讼中，招商银行要求厚大公司股东李某补足出资40万元；而李某则主张厚大公司欠自己40万元借款到期未还（经查属实），请求用该借款抵销自己的出资。招商银行要求厚大公司的另外三个股东郭某、王某、崔某对公司的债务承担连带责任，同时要求厚大公司的两个关联公司一起承担连带责任。法院查明事实如下：①大股东郭某是两个关联公司的控股股东，其利用控制权在三个公司之间随意转移资产，但没有将公司资产转移至自己名下；②股东王某曾从厚大公司转走20万元；③股东崔某没有任何不妥行为。此案判决生效后，招商银行申请法院查封了厚大公司名下的商品房（包括06号别墅）。华夏银行提出异议，表示06号别墅应该属于自己。执行过程中，招商银行发现厚大公司还有一个股东朝阳公司，该公司存在与厚大公司人格混同的情况，于是申请追加朝阳公司作为被执行人。

问题：

1. 对于宣城公司与南海公司的诉讼，哪些（个）法院有管辖权？法院作出中止审理的裁定的做法是否正确？（8分）

2. 宣城公司对南海公司的诉讼请求能否得到法院支持？（8分）

3. 对于建华公司的诉讼请求，法院应当如何裁判？（4分）

4. 华夏银行主张拍卖房屋并优先受偿的诉讼请求能否得到法院支持？法院对于宣城公司的起诉应当如何处理？（4分）

5. 如何评价《劳务分包三方协议》？华夏银行的第二个代位权诉讼请求能否得到法院支持？（11分）

6. 李某的抵销请求能否得到法院支持？（4分）

7. 招商银行的诉讼请求能否得到法院支持？（8分）

8. 执行法院是否应当追加朝阳公司为被执行人？如法院裁定驳回，招商银行对此不服而起诉，则本案的诉讼当事人如何列明？（5分）

9. 华夏银行的异议能否得到法院支持？（4分）

法律关系图

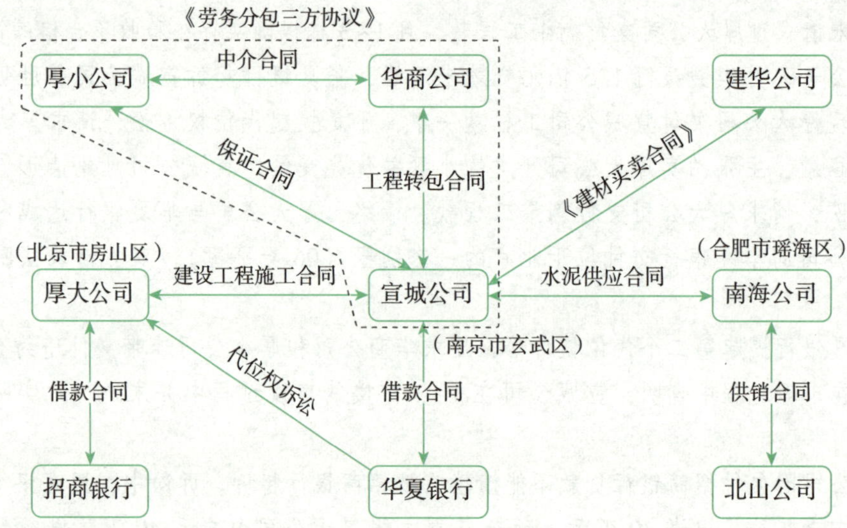

二、答案解析

1. 对于宣城公司与南海公司的诉讼，哪些（个）法院有管辖权？法院作出中止审理的裁定的做法是否正确？（8 分）

参考答案：

（1）合肥市瑶海区法院。（1 分）宣城公司与南海公司之间为买卖合同纠纷，根据《民事诉讼法》第 24 条的规定，应由被告住所地或者合同履行地法院管辖。（1 分）宣城公司的诉讼请求为要求南海公司承担违约责任，虽然表现为支付赔偿款，但合同的义务并非给付赔偿款，故不能认定为“给付货币”，而应当认定为“交付其他标的”。（2 分）根据《民诉解释》第 18 条第 2 款的规定，合同对履行地点没有约定或者约定不明确，争议标的为其他标的的，履行义务一方所在地为合同履行地。因被告、履行义务的一方均为南海公司，故应当由南海公司住所地合肥市瑶海区法院管辖。

（2）错误。（1 分）根据《民事诉讼法》第 153 条第 1 款第 5 项的规定，本案必须以另一案的审理结果为依据，而另一案尚未审结的，才应中止审理。（1 分）又根据《民法典》第 593 条的规定，因第三人的原因造成违约的，违约方不能以此为由主张免责。（1 分）合同的相对性决定了南海公司与北山公司的纠纷结果对南海公司与宣城公司的诉讼结果并没有影响（1 分），故法院中止审理的做法错误。

考点 管辖规则；合同的相对性；中止审理

2. 宣城公司对南海公司的诉讼请求能否得到法院支持？（8 分）

参考答案：

（1）赔偿 400 万元损失的诉讼请求不能完全得到支持，只能支持 200 万元。（1 分）违约方应当赔偿可得利益损失。根据《合同编通则解释》第 60 条第 2 款的规定，实施替代交易时的市场差价就是可得利益损失。故400万元属于可得利益损失的范畴。（1分）但根据《民法典》第591条的规定，非违约方有防止损失扩大的义务。当事人因防止损失扩大而支出的合理费用，由违约方负担。（1分）没有采取适当措施导致损失扩大的，扩大的损失不予赔偿。南海公司已经明确表示违约后，宣城公司拖了5个月才购买剩余水泥的行为属于没有采取适当措施，故其市场差价的计算不应以400万元为标准，而应以违约时的市价为标准，法院只能判决支持200万元。

（2）赔偿2万元缔约成本费的诉讼请求不能得到支持。（1分）该笔费用属于南海公司与宣城公司的缔约成本损失，不论南海公司是否违约，该笔费用都是必不可少的，即该笔费用并非违约行为所造成的，故不应赔偿。（2分）（从违约不赔偿合同的信赖利益损失角度回答也对）

（3）赔偿3万元替代交易的缔约成本费的诉讼请求能够得到支持。因为其属于为防止损失扩大措施而支出的合理费用。（2分）

考点 违约损害赔偿范围；防止损失扩大义务

3. 对于建华公司的诉讼请求，法院应当如何裁判？（4分）

参考答案：法院应当判决宣城公司支付全部价款。（1分）建华公司与宣城公司之间关于付款义务附加了条件，该条件属于双方当事人的真实意思表示，不违反公平原则，应为有效。（1分）宣城公司未获得全部工程款是由于其自身过错，且其未要求发包人厚大公司支付，可以认定宣城公司属于不正当地阻止条件成就，根据《民法典》第159条的规定，应当视为条件已经成就，如此才有利于保护遵守诚信原则的一方当事人的利益。（2分）

考点 “背靠背”协议效力

4. 华夏银行主张拍卖房屋并优先受偿的诉讼请求能否得到法院支持？法院对于宣城公司的起诉应当如何处理？（4分）

参考答案：

（1）主张优先受偿的诉讼请求不能得到支持。（1分）根据《民法典》第535条第1款的规定，债权人可以代位行使属于债务人的从债权，但该债权具有人身专属性的除外。建设工程价款优先权是为保护建筑工人的利益而设立的，具有人身专属性（1分），故不能代位行使。

（2）应当裁定不予受理。（1分）根据《合同编通则解释》第39条的规定，在代位权诉讼中，只有对于超过代位请求数额的部分，债务人才能提起诉讼；对于债权人代位的部分，债务人不能再起诉，否则会实际构成重复起诉。（1分）故法院应当裁定不予受理。

考点 建设工程价款优先权；债权人代位权

5. 如何评价《劳务分包三方协议》？华夏银行的第二个代位权诉讼请求能否得到法院支持？（11分）

参考答案：

（1）《劳务分包三方协议》中包含三个民事法律关系：①宣城公司与华商公司之间的工程转包合同关系；②厚小公司与华商公司之间的中介合同关系；③厚小公司与宣城公司之间的保证合同关系。三个合同均无效。（3分）不能拘泥于合同使用的名称，而应当根据合同的内容认定合同的性质。（1分）该协议虽然名为劳务分包，但从合同的内容来看，宣城公司完全将部分主体工程交由华商公司自行建设，且根据宣城公司并未进行实际的监督管理等事实可以发现，其本质并非工程劳务分包，而是主体工程的部分转包。法律禁止主体工程转包，故工程转包合同因违法而无效。（1分）中介合同约定的中介事项系促成违反法律、行政法规强制性规定的无效的建设工程施工合同，该合同扰乱建筑市场秩序，损害社会公共利益，违背公序良俗，根据《民法典》第153条的规定，应属无效合同。（1分）厚小公司承诺对工程质量负连带责任，但没有明确是否属于债务加入，故应视为提供保证。（1分）担保合同具有从属性，主合同无效的，担保合同也无效。故厚小公司无须承担保证责任。（1分）

（2）不能得到支持。（1分）该800万元违约金条款属于主合同建设工程转包合同中的责任条款。违约金条款并不属于具有独立性的“争议解决条款”，由于主合同无效，违约金条款也无效。因此，其诉讼请求不能得到支持。（2分）

考点 名不符实合同的处理；争议解决条款的效力；公序良俗原则；保证与债务加入的识别

6. 李某的抵销请求能否得到法院支持？（4分）

参考答案：不能。（1分）股东的出资义务与股东对公司的债权的性质并不相同（1分），在公司没有足够的清偿能力的情况下，如允许抵销，则实际上构成个别清偿（2分），这对其他债权人不公平，故该请求不能得到支持。

考点 抵销；公平原则

7. 招商银行的诉讼请求能否得到法院支持？（8分）

参考答案：

（1）要求郭某和两个关联公司承担连带责任的诉讼请求能够得到支持。（2分）根据《公司法》第23条第1、2款的规定，郭某作为控股股东，滥用控制权，造成厚大公司与其他公司人格混同，应当对公司债务承担连带责任；因三个公司之间已经存在人格混同现象，故各公司应当对任一公司的债务承担连带责任。（2分）

（2）王某仅存在单笔转移公司资金的行为，并没有与公司发生人格混同，也并非利用控制权严重损害公司债权人利益，故不应判决其对厚大公司债务承担连带责任。（1分）可参照抽逃出资，判决其对厚大公司债务不能清偿的部分在其转移资金的金额及相应利息的范围内承担补充赔偿责任。（1分）

（3）只有实施了滥用公司法人独立地位和股东有限责任行为的股东才对公司债务承担连带清偿责任，而股东崔某不存在上述行为，不应承担此责任，其依然受有限责任保护，只在出资范围之内承担责任。（2分）

考点 法人人格否认

8. 执行法院是否应当追加朝阳公司为被执行人？如法院裁定驳回，招商银行对此不服而起诉，则本案的诉讼当事人如何列明？（5分）

参考答案：

（1）不应当。（1分）《执行中变更、追加当事人规定》中只规定了在一人公司与其股东存在人格混同的情形下，法院能够追加该股东为被执行人，而厚大公司并非一人公司（1分），根据个案个判原则，朝阳公司即便与厚大公司存在人格混同的现象，也必须要经过人格否认诉讼才能最终认定（1分），不宜直接追加为被执行人，否则会出现以执代审的问题。

（2）原告为债权人招商银行，被告为朝阳公司。由于已经起诉过债务人厚大公司，因此基于一事不再理原则，其不能再为被告；由于该诉讼为人格否认诉讼，与厚大公司存在利害关系，因此可以追加其为第三人。（2分）

考点 变更、追加当事人；人格否认诉讼当事人

9. 华夏银行的异议能否得到法院支持？（4分）

参考答案： 不能得到支持。（1分）根据《合同编通则解释》第27条第3款的规定，当事人在诉讼中请求法院制作的以物抵债调解书并不具有对抗善意第三人的效力，其只属于具有给付内容的文书。（2分）06号别墅尚未过户时，华夏银行只享有履行请求权，该权利为债权，不属于足以排除强制执行的权利，故其异议不能得到支持。（1分）

考点 诉讼中的以物抵债调解书效力；执行标的异议

科目融合模拟案例二

一、题目（本题56分）

厚小房地产开发公司于2016年10月10日获得位于上海市松江区一块土地的使用权。厚小公司准备用该土地建设“法治之光”小区，在尚未取得建设规划许可证时就将该小区建设项目发包给弘毅建筑公司（1年后取得规划许可证），且在还未取得预售许可证时就预售房屋，崔某购买了其中一套商品房（A房屋）。

2017年1月，该小区由于变成学区房而价格猛涨。厚小公司觉得当初卖给崔某的房屋实在太过便宜，咨询律师后主动去法院起诉，请求确认与崔某的房屋预售合同无效，理由为自己尚未取得预售许可证。

2018年10月，张某从厚小公司处购买B房屋并办理了B房屋的所有权预告登记。后厚小公司拒绝将房屋过户给张某而被张某起诉。诉讼中法院查明，纠纷的原因在于，B房屋买卖合同是厚小公司试用期员工小崔所签订，公司规定，试用期员工是不能签订合同的，并且所收房款并没有汇入厚小公司账户，而是被小崔私下截收。而张某则主张，小崔构成表见代理，厚小公司应当承担相应后果。

2019年10月，工程竣工验收合格后，厚小公司无法及时付清全部工程款，于是与弘毅公司达成补充协议，约定以108号、109号两栋楼房抵偿所欠剩余工程款。但由于厚小公司尚未取得预售许可证，故暂时未办理这两栋房屋的过户手续，约定等以后方便时再过户。

2019年11月，厚小公司又接着开发“纳尔达斯”新楼盘（位于南京）。2020年2月，王某欲购买其中的C房屋，于是向中国建设银行南京分行借贷，双方签署由建行南京分行

出具的《借贷担保合同》，合同约定：王某从银行借款567万元，用于购买C房屋，并以C房屋为该笔借款提供抵押担保，办理抵押预告登记。合同中还约定：贷款人与借款人的借贷关系解除的，借款人应当立即返还其所欠贷款的本金、利息、罚息以及实现债权的费用。

2021年5月，厚小公司股东李某发现厚小公司资金运转困难，便将自己的股权以200万元的价格快速低价转让给罗某。据查，该股权出资于2023年10月1日到期，李某已经完成100万元出资，还有500万元的出资未履行到位。

2021年10月，厚小公司资金链断裂，"纳尔达斯"楼盘房屋烂尾，无法履行房屋买卖合同。王某遂解除了与厚小公司的C房屋买卖合同，并以此为由主张解除与建行南京分行的借贷合同。建行南京分行表示，如果王某返还剩余借款本金与利息，就同意解除合同。王某拒绝，双方由此产生争议。

2022年1月，厚小公司由于负债甚多，被债权人申请强制执行。执行法院查封了厚小公司名下的不动产，其中包括108号、109号房屋。弘毅公司提出异议，认为这两栋房屋不应被执行。法院驳回了弘毅公司的异议。弘毅公司只好要求厚小公司继续履行给付工程款的义务，但遭到拒绝，于是弘毅公司将厚小公司诉至上海市松江区法院。厚小公司提出管辖权异议，认为双方属于抵债协议纠纷，不应该由松江区法院管辖，而应该由被告住所地北京市海淀区法院管辖。

2022年5月，厚大公司起诉厚小公司，要求厚小公司清偿100万元的债务。厚小公司提出异议，认为厚大公司已经在之前提起代位权诉讼，要求华谊公司清偿该100万元。法院查明，厚大公司确实起诉过厚小公司的债务人华谊公司并主张执行，但由于华谊公司暂无可供执行的财产而终结了执行。于是法院认定厚大公司构成重复起诉，故作出不予受理此案的裁定。

2022年10月，厚小公司财务危机依然无法解除，被债权人申请破产，法院受理了该破产申请。

问题：

1. 如果你是法官，是否支持厚小公司确认与崔某合同无效的诉讼请求？该诉讼判决能否引起房屋所有权的变动？（7分）

2. 厚小公司与弘毅公司的建设工程合同效力如何？如厚小公司一直未取得规划许可证，则弘毅公司能否就建设工程款主张优先受偿？（7分）

3. 关于张某与厚小公司的纠纷，小崔是否构成表见代理由谁承担证明责任？（3分）

4. 在建行南京分行不同意的情况下，王某能否主张解除合同？（3分）

5. 如果一审法院以合同中明确约定王某需承担返还义务为由要求其承担还款义务，是否妥当？（5分）

6. 如果一审法院以王某属于借贷合同当事人为由要求其承担还款义务，是否妥当？（5分）

7. 弘毅公司的执行标的异议能否得到法院支持？异议如被驳回，应该如何救济？（7分）

8. 弘毅公司与厚小公司的诉讼中，厚小公司的管辖权异议是否成立？（6 分）

9. 关于厚大与厚小两公司之间的纠纷，法院作出不予受理裁定是否正确？（4 分）

10. 关于尚未到期的 500 万元出资，厚小公司的债权人是否有权要求股东在 500 万元的范围内承担清偿责任？谁来承担该责任？（9 分）

法律关系图

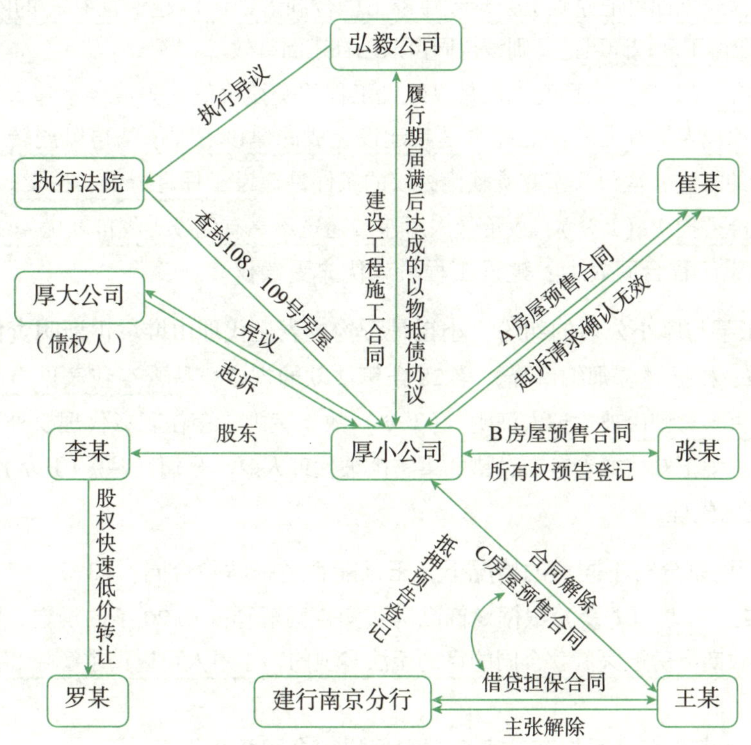

二、答案解析

1. 如果你是法官，是否支持厚小公司确认与崔某合同无效的诉讼请求？该诉讼判决能否引起房屋所有权的变动？（7 分）

参考答案：

（1）不支持。（1 分）根据《合同编通则解释》第 16 条第 1 款第 4 项的规定，当事人一方虽然在订立合同时违反强制性规定，但是在合同订立后其已经具备补正违反强制性规定的条件却违背诚信原则不予补正，则该合同不因违反强制性规定而无效。（2 分）本题中，厚小公司能够补办而拒不补办，属于恶意逃避法律义务，严重违反诚信原则。法院应判决不予支持合同无效请求，责令其补办预售许可证后继续履行合同。（1 分）

（2）不能。（1 分）根据《物权编解释（一）》第 7 条的规定，能够引起物权变动的判决书应为物权形成之诉判决。而本案属于债权确认之诉，诉讼判决并不能引起物权变动。（2 分）确认归谁所有则所有权自始属于谁。

考点 《商品房买卖合同解释》第 2 条的适用问题；诚信原则；非基于法律行为的物权

变动

2. 厚小公司与弘毅公司的建设工程合同效力如何？如厚小公司一直未取得规划许可证，则弘毅公司能否就建设工程款主张优先受偿？（7分）

参考答案：

（1）有效。（1分）根据《建设工程施工合同解释（一）》第3条第1款的规定，发包人未取得建设工程规划许可证原则上会导致建设工程合同无效，但起诉前补正的除外。（2分）厚小公司最终取得了规划许可证，则该合同可以因补正而有效。

（2）不享有。（1分）工程优先权是以建设工程的交换价值优先清偿承包人享有的建设工程价款债权。承包人享有优先权的前提是其建设完成的建设工程依法可以流转。根据《民法典》第807条的规定，承包人享有价款优先权的条件是建设工程宜折价、拍卖。（2分）而违章建筑不宜折价、拍卖（1分），故承包人对违章建筑不享有建设工程价款优先受偿权。

考点 建设工程合同效力；建设工程价款优先受偿权

3. 关于张某与厚小公司的纠纷，小崔是否构成表见代理由谁承担证明责任？（3分）

参考答案：根据《总则编解释》第28条第2款的规定，是否存在表见事由由相对人证明，相对人是否善意则由被代理人证明。（2分）故本案中，存在职务代理权外观的事实由张某证明，张某主观上知情或者存在过错的事实由被代理人厚小公司证明。（1分）

考点 表见代理

4. 在建行南京分行不同意的情况下，王某能否主张解除合同？（3分）

参考答案：可以。（1分）根据《商品房买卖合同解释》第20条的规定，因商品房买卖合同解除等导致商品房担保贷款合同的目的无法实现的，当事人可以请求解除商品房担保贷款合同。（2分）

考点 商品房买卖合同与商品房抵押担保贷款合同关系

5. 如果一审法院以合同中明确约定王某需承担返还义务为由要求其承担还款义务，是否妥当？（5分）

参考答案：不妥。（1分）《借贷担保合同》属于格式合同，其相关格式条款要求购房者在既未取得所购房屋亦未实际占有购房贷款的情况下归还贷款，明显不合理地加重了购房者的责任（2分），根据《民法典》第497条第2项的规定，该格式条款无效，对购房者不具有拘束力（2分）。

考点 公平原则；无效格式条款

6. 如果一审法院以王某属于借贷合同当事人为由要求其承担还款义务，是否妥当？（5分）

参考答案：若按合同约定的权利义务关系处理，则在购房者对合同解除无过错的情况下，仍要求其对剩余贷款承担还款责任，明显不合理地加重了其负担，各方权利义务失衡，有违公平原则。（2分）必须充分考虑商品房按揭贷款商业模式下各合同之间的密切联系和各方权利义务关系的平衡问题，避免因强调单个合同的相对性而造成三方权利义务的失衡。（1分）且

《商品房买卖合同解释》第19条也明文规定（2分），此时应该突破合同相对性，由出卖人承担返还本金与利息等义务。

考点 商品房买卖合同；合同相对性例外

7. 弘毅公司的执行标的异议能否得到法院支持？异议如被驳回，应该如何救济？（7分）

参考答案：

（1）可以得到支持。（1分）根据《民法典》第807条的规定，建设工程施工合同的承包人对工程价款享有优先受偿权。（1分）本案中，该两栋房屋本质上属于工程价款的物权化载体，背后代表工程价款优先受偿权（1分），故弘毅公司对房屋享有的权利属于足以排除强制执行的民事权利（1分），根据《民诉解释》第463条第1款第2项的规定，执行法院应当裁定中止执行。

（2）自收到驳回异议裁定后的15日内提起执行异议之诉。（1分）根据《民事诉讼法》第238条的规定，案外人对驳回执行标的异议不服，认为原判决、裁定错误的，依照审判监督程序办理；与原判决、裁定无关的，可以自裁定送达之日起15日内起诉。（1分）本案执行依据为债权给付判决，弘毅公司并不认为原判决本身有错（1分），故应该通过提起执行异议之诉的方式予以救济。

考点 工程款优先权；执行标的异议

8. 弘毅公司与厚小公司的诉讼中，厚小公司的管辖权异议是否成立？（6分）

参考答案：不成立。（1分）本案中的以房抵债协议是在债务履行期限届满后达成的，属于合同履行方式的变通，而非合同性质的变更，双方之间依然属于建设工程施工合同关系（2分），并且只有债务人实际履行抵债协议后才会消灭原债权债务关系（1分）。但本案中抵债协议尚未履行，原建设工程施工合同关系依然存在。故该诉讼依然属于《民诉解释》第28条所规定的专属管辖案件，由不动产所在地法院专属管辖（2分），厚小公司的管辖权异议不能成立。

考点 以物抵债性质判定；专属管辖

9. 关于厚大与厚小两公司之间的纠纷，法院作出不予受理裁定是否正确？（4分）

参考答案：不正确。（1分）本案中，由于次债务人并未实际履行，故债权人与债务人之间的法律关系并未消灭。（1分）《民诉解释》第247条第1款规定了重复起诉的构成要件，判断是否构成重复起诉的主要标准是看当事人、诉讼标的、诉讼请求是否相同，或者后诉的诉讼请求是否实质上否定前诉裁判结果。（1分）代位权诉讼与对债务人的诉讼并不相同，从当事人角度看，代位权诉讼以次债务人为被告，而对债务人的诉讼则以债务人为被告，两者被告身份不具有同一性。从诉讼标的及诉讼请求看，代位权诉讼虽然要求次债务人直接向债权人履行清偿义务，但针对的是债务人与次债务人之间的债权债务；而对债务人的诉讼则是要求债务人向债权人履行清偿义务，针对的是债权人与债务人之间的债权债务。两者在标的范围、法律关系等方面亦不相同。代位权诉讼与对债务人的诉讼并非同一事由，两者仅具有法律上的关联性。（1分）故此案不构成重复起诉，法院应当予以受理。

考点 代位权诉讼后果；重复起诉的认定

10. 关于尚未到期的500万元出资，厚小公司的债权人是否有权要求股东在500万元的范围内承担清偿责任？谁来承担该责任？（9分）

参考答案：

（1）可以。（1分）根据《企业破产法》第35条的规定，法院受理破产申请后，尚未完全履行的出资义务加速到期。（1分）本案中，虽然该股权尚未到出资期限，但由于厚小公司已经被法院受理破产，故出资义务加速到期，股东不再享有出资期限利益，应当补足出资。又根据《公司法解释（三）》第13条第2款的规定，债权人可以要求未全面履行出资义务的股东对公司不能清偿的债务在未出资本息范围内承担补充赔偿责任。（1分）

（2）罗某需要承担补足责任（1分），李某承担补充责任（1分），公司其他发起人承担连带责任（1分）。《公司法》第88条第1款规定，股东转让已认缴出资但未届出资期限的股权的，由受让人承担缴纳该出资的义务；受让人未按期足额缴纳出资的，转让人对受让人未按期缴纳的出资承担补充责任。（2分）李某将未到期股权转让给罗某，应当由罗某承担出资责任，李某作为转让人应当承担补充责任。又根据《公司法解释（三）》第13条第3款的规定，厚小公司的债权人也可以请求厚小公司的发起人承担连带补充赔偿责任。（1分）

考点 出资加速到期情形；享有期限利益股权转让的处理

科目融合模拟案例三

一、题目（本题56分）

厚大公司系以房地产建造与销售为业的有限责任公司，其有股东四人，分别为甲、乙、丙、丁。2019年1月，厚大公司通过拍卖获得某地块建设用地使用权后，预备在该地上开发一小区。为筹集资金，其自轩城公司处借款3000万元，以上述建设用地使用权设立抵押，并办理了抵押登记。

2019年5月，厚大公司将该建设工程发包给了四维公司，双方签订了承包合同，约定工程款为1000万元。施工过程中，厚大公司为筹集建设资金，向浦发银行借款2000万元，并以在建小区的房屋设立抵押，且办理了抵押预告登记。

四维公司在承建该小区后，开始采购机械设备。2019年8月，四维公司自北风公司处采购一批建设钢材，价款为150万元，约定于2020年5月10日之前支付，且约定禁止双方转让债权。为担保该价款的支付，四维公司与北风公司签订了另一份以物抵债协议，约定四维公司将名下A房屋过户给北风公司，如四维公司到期未能支付价款，以A房屋抵债；如完成清偿，则A房屋再过户给四维公司。随后四维公司完成了A房屋的过户登记。

2020年3月1日，北风公司将其对四维公司享有的150万元债权先后转让给了南方公司、东方公司，东方公司先通知了四维公司。2020年4月3日，四维公司将自己名下的一辆吊车（价值300万元）以200万元的价格出售给了李某。李某对于四维公司欠付诸多债务之事并不知情。李某获得吊车后，为担保自己欠郝某的100万元债务，遂将该吊车出质给了郝某。2020年5月10日，四维公司将150万元支付给了南方公司，因为其知晓北风公司是先和南方公司签订的债权转让协议，由此与东方公司之间发生纠纷。

2020年6月10日，该小区经竣工验收，厚大公司为小区的房屋办理了所有权登记。此后，厚大公司将小区里的B房屋出售给了董某，总价款为160万元，董某支付了100万元首付款，余款由董某从某银行贷款支付。但由于审批程序问题，暂未办理过户登记。经查，B房屋系董某名下的首套房屋。

由于厚大公司欠付四维公司工程款600万元未付，四维公司遂提起诉讼，请求对该小区的房屋进行拍卖，并就拍卖所得价款优先受偿700万元（工程款600万元与违约金100万元）。法院判决四维公司可就建设工程拍卖所得价款优先受偿700万元。四维公司遂对此申请执行。执行过程中，浦发银行认为其优先受偿的范围过大，遂对此提起诉讼，请求撤销该判决。此外，法院在执行过程中，对B房屋也进行了拍卖，董某遂向执行法院提出了异议，认为不应执行B房屋。

浦发银行发现，厚大公司曾在2020年5月与赵某的诉讼纠纷中达成一份调解书，厚大公司在该调解书中放弃了对赵某的大量权利。浦发银行认为该行为损害了自身权利，遂向法院申请撤销该调解书。

2020年9月，因出现债权债务纠纷，厚大公司内部的管理发生混乱，四名股东之间意见完全不统一，导致公司根本无法正常开展经营。乙遂向法院提起诉讼，要求解散厚大公司，而其他股东参加诉讼后表示厚大公司能够正常营利，不应解散。

问题：

1. 轩城公司对厚大公司开发的小区的房屋是否享有优先受偿权？（3分）

2. 如何评价四维公司与北风公司之间的以物抵债协议？（6分）

3. 东方公司有哪些救济途径？（5分）

4. 四维公司可否以约定禁止债权转让为由，拒绝向南方公司/东方公司支付价款？（3分）

5. 若四维公司无力偿还债务，其债权人可否请求撤销四维公司出售吊车的行为？如提起诉讼，本案的管辖法院如何确定？（5分）

6. 对于调解书，浦发银行是否具有诉讼主体资格？诉讼当事人如何列明？（8分）

7. 对于法院针对四维公司作出的判决，浦发银行是否有权提起撤销权诉讼？（6分）

8. 浦发银行请求撤销法院针对四维公司作出的判决的主张是否成立？若法院驳回浦发银行的主张，浦发银行可否就前诉判决申请再审？（6分）

9. 董某的异议是否成立？若法院驳回董某的异议，董某有何途径进行救济？（9分）

10. 其他股东主张厚大公司能够正常营利从而对抗解散是否成立？为什么？（5分）

法律关系图

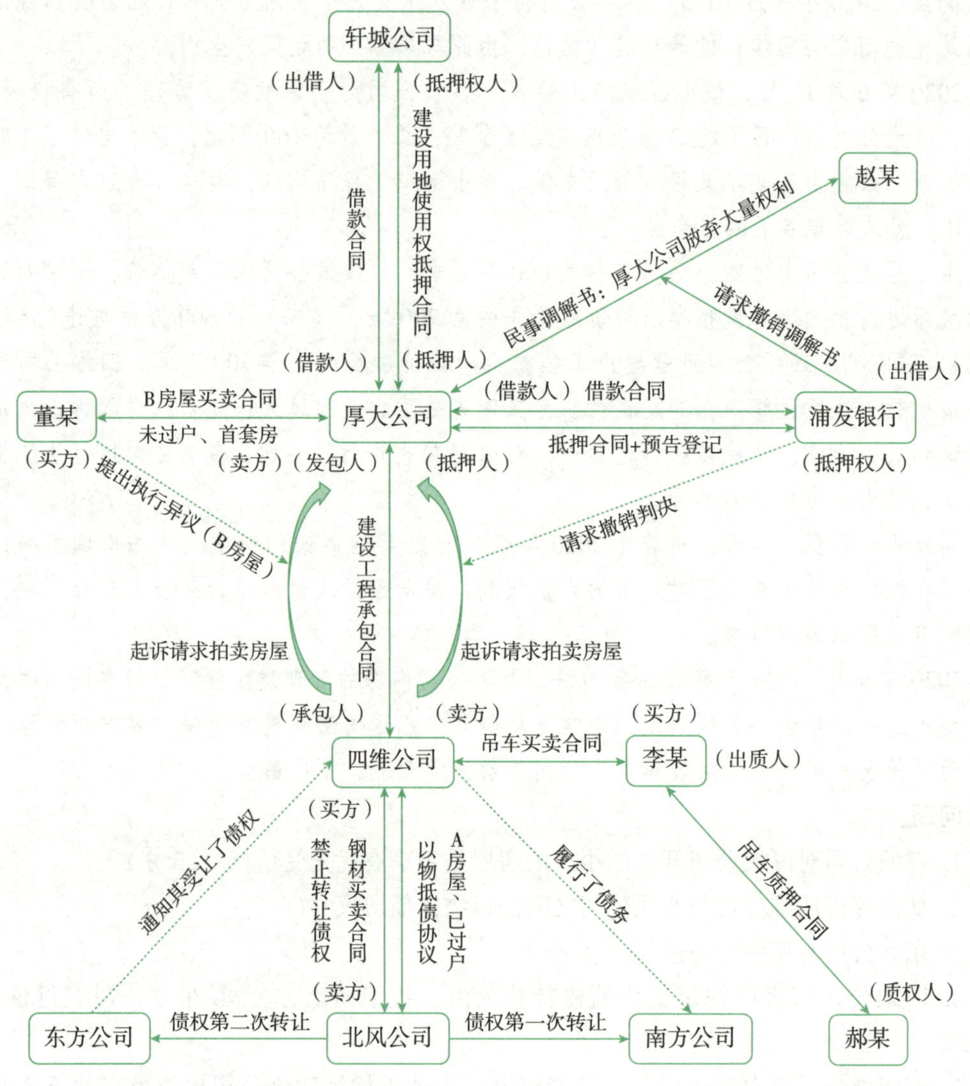

二、答案解析

1. 轩城公司对厚大公司开发的小区的房屋是否享有优先受偿权？（3分）

参考答案： 不享有。（1分）根据《民法典》第417条的规定，建设用地使用权抵押后，该土地上新增的建筑物不属于抵押财产。厚大公司将该建设用地使用权抵押给轩城公司时，该土地上并未建造房屋，因此此后建造的房屋不属于轩城公司抵押权的客体，其对新建造的房屋不享有优先受偿权。（2分）

考点 不动产抵押的房地一体主义原则与例外

2. 如何评价四维公司与北风公司之间的以物抵债协议？（6分）

参考答案： 该以物抵债协议属于履行期限届满前达成的协议，根据《合同编通则解释》

第 28 条第 2 款的规定，该协议具有担保功能。（1 分）四维公司通过让与 A 房屋所有权的方式进行担保，本质上构成让与担保，且存在流担保条款。（2 分）根据《担保制度解释》第 68 条第 2 款的规定，流担保条款部分无效，但是不影响当事人有关提供担保的意思表示的效力。故北风公司不能直接获得 A 房屋的所有权（1 分），但不影响担保的意思（1 分）。由于已经完成不动产过户，因此，北风公司可以获得 A 房屋的优先受偿权。（1 分）

考点 以物抵债协议的定性

3. 东方公司有哪些救济途径？（5 分）

参考答案：东方公司可以要求北风公司承担违约责任或者要求四维公司再次履行，但原则上不得要求南方公司返还。（2 分）根据《合同编通则解释》第 50 条第 1 款的规定，让与人将同一债权转让给 2 个以上受让人，债务人以已经向最先通知的受让人履行为由主张其不再履行债务的，人民法院应予支持。债务人明知接受履行的受让人不是最先通知的受让人，最先通知的受让人请求债务人继续履行债务或者依据债权转让协议请求让与人承担违约责任的，人民法院应予支持；最先通知的受让人请求接受履行的受让人返还其接受的财产的，人民法院不予支持，但是接受履行的受让人明知该债权在其受让前已经转让给其他受让人的除外。（2 分）本案中，最先通知的受让人是东方公司，四维公司清偿错误，故东方公司可以要求四维公司再次履行或者要求北风公司承担违约责任，但未交代南方公司知情，故不能要求南方公司返还。（1 分）

考点 一债数转规则

4. 四维公司可否以约定禁止债权转让为由，拒绝向南方公司/东方公司支付价款？（3 分）

参考答案：不能。（1 分）根据《民法典》第 545 条第 2 款的规定，当事人约定金钱债权不得转让的，不得对抗第三人。（2 分）本题中转让的债权即属于金钱债权，因此对于北风公司将债权转让的行为，四维公司不得拒绝支付价款。

考点 债权禁止转让约定的效果

5. 若四维公司无力偿还债务，其债权人可否请求撤销四维公司出售吊车的行为？如提起诉讼，本案的管辖法院如何确定？（5 分）

参考答案：

（1）不能。（1 分）虽然四维公司以低价转让吊车，但是该行为属于有偿行为，而受让人李某并不知晓四维公司的其他债务，其不具备恶意（1 分），不满足《民法典》第 539 条所规定的债权人撤销权的行使条件，因此，四维公司的债权人不能请求撤销该出售行为。

（2）根据《合同编通则解释》第 44 条第 1 款的规定，债权人依法提起撤销权诉讼的，应当以债务人和债务人的相对人为共同被告，由债务人或者相对人的住所地人民法院管辖，但是依法应当适用专属管辖规定的除外。（2 分）本案不属于专属管辖的范围，应该由被告住所地法院管辖，即由四维公司或者李某住所地法院管辖。（1 分）

考点 债权人撤销权

6. 对于调解书，浦发银行是否具有诉讼主体资格？诉讼当事人如何列明？（8 分）

参考答案：

（1）具有诉讼主体资格。（1分）根据《民事诉讼法》第59条第3款的规定，有权提起第三人撤销之诉的当事人为原案的有独三、无独三，债权人原则上不能提起第三人撤销之诉。（1分）但根据《九民纪要》第120条的规定，如果债权人满足债权人撤销权行使条件，但由于生效裁判文书导致其无法行使债权人撤销权，则可以提起第三人撤销之诉。（2分）本案中，厚大公司负担债务后在调解书中放弃大量权利的行为损害了债权人浦发银行的债权，故浦发银行满足债权人撤销权的行使条件（1分），其对调解书具有提起第三人撤销之诉的原告主体资格。

（2）根据《民诉解释》第296条的规定，第三人撤销之诉中，第三人为原告，生效判决、裁定、调解书的当事人为被告，没有承担责任的无独三为第三人。（1分）故本案中的诉讼当事人地位如下：浦发银行为原告，厚大公司与赵某为被告。如果该调解书中有不承担责任的第三人，则依然列为第三人撤销之诉的第三人。（2分）

考点 第三人撤销权诉讼的主体与当事人地位

7. 对于法院针对四维公司作出的判决，浦发银行是否有权提起撤销权诉讼？（6分）

参考答案：有权。（2分）根据《建设工程施工合同解释（一）》第36条的规定，建设工程价款优先受偿权优于抵押权和其他债权。（2分）即浦发银行享有的抵押权劣后于四维公司享有的建设工程价款优先受偿权，建设工程价款优先受偿的范围将影响抵押权的实现范围。因此，浦发银行与该案件的处理结果具有利害关系（2分），满足《民事诉讼法》第59条第3款规定的第三人撤销之诉的主体资格，有权提起第三人撤销之诉。

考点 建设工程价款优先受偿权顺位；第三人撤销权诉讼的主体

8. 浦发银行请求撤销法院针对四维公司作出的判决的主张是否成立？若法院驳回浦发银行的主张，浦发银行可否就前诉判决申请再审？（6分）

参考答案：

（1）成立。（1分）根据《建设工程施工合同解释（一）》第40条第2款的规定，建设工程价款优先受偿权的优先范围不包括违约金。因此，法院判决100万元的违约金优先受偿错误，应当予以撤销。（2分）

（2）不能。（1分）根据《民诉解释》第301条的规定，第三人撤销之诉与案外人申请再审均属于纠错程序，只能择一主张。（2分）浦发银行提起第三人撤销之诉后，不能再就同一判决申请再审，否则将会出现重复救济的问题。

考点 建设工程价款优先受偿权的范围；第三人撤销之诉与案外人申请再审的关系

9. 董某的异议是否成立？若法院驳回董某的异议，董某有何途径进行救济？（9分）

参考答案：

（1）成立。（2分）董某在法院拍卖B房屋之前已经与厚大公司签订书面的房屋买卖合同，其已经支付了全部购房款，且其购买房屋系为了居住，根据《最高人民法院关于商品房消费者权利保护问题的批复》第2条第1款的规定，董某对B房屋享有的权利优先于建设工程价款优先受偿权，因此法院不能对B房屋进行拍卖。（2分）

（2）董某可提起执行异议之诉。（2分）根据《民事诉讼法》第238条的规定，案外人、当事人对执行标的异议裁定不服，认为原判决、裁定错误的，依照审判监督程序办理；与原判决、裁定无关的，可以自裁定送达之日起15日内向人民法院提起诉讼。（2分）本案中，B房屋的执行与原判决无关（1分），因此，董某可提起执行异议之诉。

考点 商品房消费者权利保护；执行标的异议被驳回后的救济

10. 其他股东主张厚大公司能够正常营利从而对抗解散是否成立？为什么？（5分）

参考答案：不成立。（2分）根据《公司法》第231条的规定，公司经营管理发生严重困难，继续存续会使股东利益受到重大损失，通过其他途径不能解决的，即满足解散公司的法定事由，是否营利并非法定事由。（2分）乙以公司存在股东冲突，无法正常开展经营为由起诉要求解散公司，其要求解散的理由是公司的经营管理出现问题，与公司是否营利并无关系，故厚大公司能够正常营利不能对抗司法解散的适用。（1分）

考点 公司的司法解散情形

科目融合模拟案例四

一、题目（本题56分）

2018年3月，杜某、梁某、华某三人共同发起设立黄河公司（上海市松江区），专门从事某种装修材料的生产与销售。三人约定，每人出资50万元，在2023年年底前完成全部出资即可。杜某任黄河公司的法定代表人。经过考查，黄河公司将工厂建在了合肥市肥东县大户村。杜某同时是宏运建筑有限公司（以下简称“宏运公司”）的控股股东。

黄河公司从纳尔达斯公司购买了1000斤生产原料，由纳尔达斯公司送货上门，黄河公司收货后1个月内支付价款。宏运公司出具了《担保函》，为黄河公司的付款义务承担无条件的担保责任。后黄河公司的员工签收了运单并取走了货物。1个月后，黄河公司只支付了80%的价款，其主张当初纳尔达斯公司实际只送了800斤生产原料。纳尔达斯公司将黄河公司起诉至法院，索要剩余价款，并要求宏运公司承担担保责任。诉讼中，谁也无法证明当初纳尔达斯公司是否存在“缺斤少两”行为，运单上的记载为1000斤。宏运公司抗辩称，自己提供的担保属于关联担保，没有经过股东会决议，应为无效，自己没有担保责任。法院查明，《担保函》经过了宏运公司有效的董事会决议。

由于与纳尔达斯公司关系破裂，黄河公司开始寻找新供货商。其与超然公司（北京市海淀区）进行磋商，双方对于每次磋商成果都会签订一份阶段协议。经过3次磋商，其他条款都已经谈妥，唯独对超然公司要求“买家在合同成立后7日内一次性付款，付款后发货”的条款，双方均不退让，最后只好不欢而散。黄河公司去松江区法院起诉超然公司，认为其是故意为之，欲追究超然公司的违约责任。超然公司则提出管辖权异议：松江区法院没有管辖权，应由被告住所地北京市海淀区法院管辖。法院查明，双方第二份阶段协议中有一条款：“本合同产生的一切纠纷由松江区法院管辖。”

2019 年 1 月，为了存放货物，黄河公司与华商公司签订了 10 年期的租赁合同，约定黄河公司租赁华商公司的 10 间仓库，每年支付 20 万元租金。

2020 年 2 月，宏运公司从中建八局处拿下 A 大学教学楼建设项目，双方签订了《逸夫楼建设工程分包合同》，约定由宏运公司以中建八局项目队的名义履行具体的合同施工义务，中建八局作为施工管理者，承担管理义务，宏运公司必须接受中建八局的技术指导、施工安排与监督等。后在建设过程中，由于发现大楼开裂，经查为地质问题，工程因此停建。2022 年 10 月，中建八局去松江区法院起诉 A 大学，要求 A 大学支付欠付的工程款等。宏运公司因没有从中建八局处拿到工程款，得知此事后也起诉 A 大学，索要工人工程款。A 大学接到中建八局的起诉状副本后即提出异议，认为松江区法院没有管辖权，因为《建设工程施工合同》中有仲裁协议。法院查明，《建设工程施工合同》中确实有条款规定："如产生纠纷，双方应友好协商解决；协商不成的，先去北京仲裁委员会仲裁；对仲裁裁决不服的，可以再去双方住所地法院起诉。"

杜某与配偶赵某关系恶化，准备离婚。于是杜某开始处分自己名下的各种财产。杜某将自己持有的宏运公司 30%的股权转让给知晓婚变事实的孟某，并完成股权变更登记。后赵某发现此事，去法院起诉，主张杜某与孟某之间的股权转让合同无效，请求要回股权，并要求宏运公司直接将分红的一半给自己。法院查明，杜某是经过赵某同意后，以夫妻共有住房进行出资从而获得这 30%的股权，赵某未曾参与过公司的经营；孟某已实际支付股权转让款，并参与宏运公司的经营管理。

2020 年，大户村的很多村民都出现了身体问题，村里的河流也变得浑浊，养鱼户的鱼几乎全部死亡。村民们认为是黄河公司排污所致，遂起诉要求黄河公司停止生产，搬出村落，并赔偿村民损失。由于此案影响比较恶劣，引发社会关注，有关组织欲提起民事公益诉讼。黄河公司遭受了很大的影响，不得不在政府的要求下进行企业转型，于是希望解除与华商公司之间的租赁合同。华商公司认为黄河公司的战略转型与自己无关，拒绝解除租赁合同。于是黄河公司不再支付租金，华商公司就扣着黄河公司的货物不放，双方拖了 2 年也没谈妥。黄河公司只好诉至法院，要求解除租赁合同。

由于环境污染事件等纠纷，黄河公司经营出现困难。2023 年 1 月，债权人王某在执行中发现，黄河公司的现有资产不能清偿债务，于是申请追加黄河公司的股东作为被执行人，理由是黄河公司的股东还有 50%的出资没有履行到位。执行法院裁定驳回王某的追加申请。

问题：

1. 关于黄河公司与纳尔达斯公司的诉讼，法院应当如何裁判？宏运公司的抗辩理由是否成立？（8 分）

2. 黄河公司对超然公司的诉讼请求能否得到法院支持？法院此时应当如何处理？超然公司的管辖权异议是否成立？（9 分）

3. 如何评价《逸夫楼建设工程分包合同》？（5 分）

4. 对于中建八局的起诉，法院应当如何处理？对于宏运公司的起诉，法院应当如何

处理？（8 分）

5. 赵某要求宏运公司分红的诉讼请求能否得到法院支持？其关于股权转让合同无效的诉讼请求能否得到法院支持？（8 分）

6. 对于村民的起诉，举证责任应当如何分配？（5 分）

7. 对于有关组织提起的民事公益诉讼，原告的举证责任与私益诉讼有何区别？（4 分）

8. 如果你是法官，是否会支持黄河公司解除租赁合同的请求？（3 分）

9. 执行法院裁定驳回追加申请的做法是否存在问题？王某若不服，应当如何救济？（6 分）

法律关系图

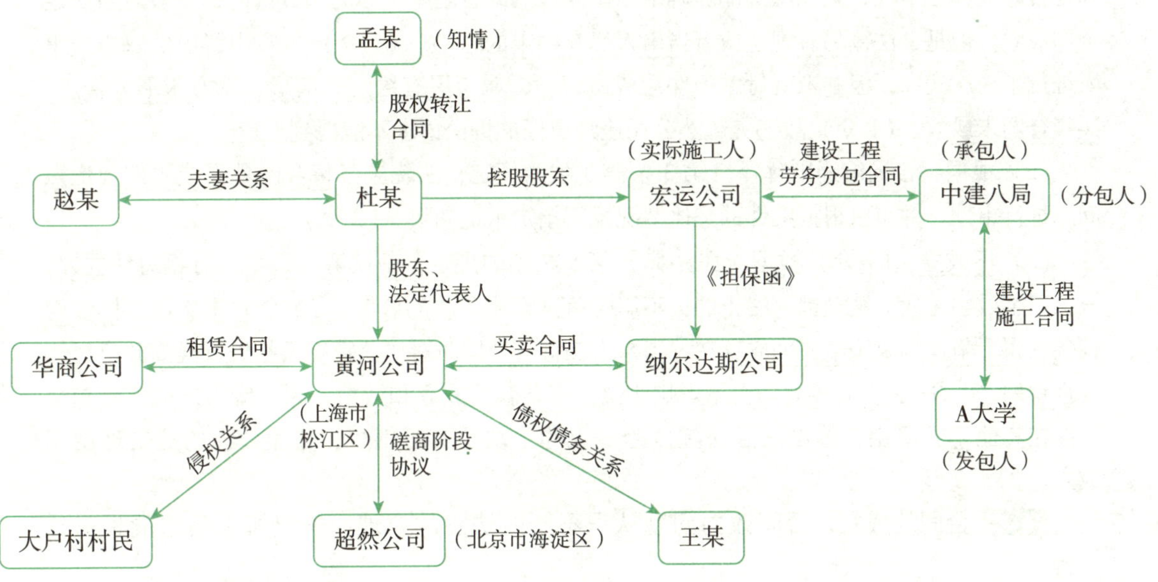

二、答案解析

1. 关于黄河公司与纳尔达斯公司的诉讼，法院应当如何裁判？宏运公司的抗辩理由是否成立？（8 分）

参考答案：

（1）法院应当支持纳尔达斯公司的诉讼请求。（1 分）当事实处于真伪不明时，谁负有举证责任，谁承担不利后果。（1 分）买受人有及时检验通知义务。根据《民法典》第 623 条的规定，当事人对检验期限未作约定，买受人签收的送货单、确认单等载明标的物数量、型号、规格的，推定买受人已经对数量和外观瑕疵进行检验，但是有相关证据足以推翻的除外。（1 分）本案中，买受人黄河公司在签单时没有提出异议，因此推定出卖人纳尔达斯公司的交付合格。黄河公司对履行瑕疵承担证明责任。由于其无法证明纳尔达斯公司事实上存在履行瑕疵，因此法院应当作出对其不利的推定，即推定纳尔达斯公司的履行合格。（1 分）黄河公司应当补交剩余货款。

（2）不成立。（1 分）根据《公司法》第 15 条第 2 款的规定，公司只有在为公司股东、实际控制人提供担保时才必须经股东会决议。（2分）该条款不能进行扩大解释，不能将具有关联关系解释为股东或者实际控制人。（1分）本案中，债务人黄河公司并非宏运公司的股东或者实际控制人，故并非必须经股东会决议，经董事会决议也可以。因此，宏运公司应当承担担保责任。

考点 买受人的检验通知义务；举证责任分配；公司对外担保

2. 黄河公司对超然公司的诉讼请求能否得到法院支持？法院此时应当如何处理？超然公司的管辖权异议是否成立？（9分）

参考答案：

（1）不能得到支持。（1分）根据《合同编通则解释》第3条第1款的规定，当事人对合同是否成立存在争议，人民法院能够确定当事人姓名或者名称、标的和数量的，一般应当认定合同成立。但是，法律另有规定或者当事人另有约定的除外。（1分）本案中，虽然双方当事人进行了3次磋商，但并未就付款条件达成协议，即属于另有约定的情形，双方未形成合意，买卖合同未成立。（1分）故追究超然公司违约责任的诉讼请求不能得到支持。

（2）根据《合同编通则解释》第3条第3款的规定，法院应当将合同是否成立作为焦点问题进行审理，并可以根据案件的具体情况重新指定举证期限。（2分）

（3）不成立。（1分）根据《民法典》第507条的规定，争议解决条款具有相对独立性，合同不生效、无效、被撤销、终止的，不影响争议解决条款的效力。（2分）本案中，协议管辖条款属于争议解决条款，独立存在，当事人在订立合同时对协议管辖条款进行磋商并已经达成合意的（1分），合同成立与否不影响协议管辖条款的成立和效力。因本案中未交代管辖协议存在其他无效事由，故松江区法院作为协议约定法院有管辖权，超然公司的抗辩理由不成立。

考点 合同的成立；合同效力问题认识不一时法院的处理；争议解决条款的相对独立性

3. 如何评价《逸夫楼建设工程分包合同》？（5分）

参考答案：该合同本质上属于建设工程劳务分包合同，而非建设工程分包合同（1分），应为有效合同（1分）。对于合同性质的评价，不应当拘泥于合同使用的名称，而应当根据合同约定的内容来确定。（1分）本案中，宏运公司以中建八局项目队的名义进行施工，且接受统一管理，对外仍然由中建八局承担责任，故其并非主体工程的分包，而是劳务分包。（1分）法律只禁止承包人进行主体工程的分包，但并不禁止劳务分包。（1分）该合同没有其他无效事由，符合《民法典》第143条规定的有效要件，故应有效。

考点 建设工程分包与劳务分包的识别

4. 对于中建八局的起诉，法院应当如何处理？对于宏运公司的起诉，法院应当如何处理？（8分）

参考答案：

（1）法院应当裁定驳回起诉，告知中建八局另行仲裁。（1分）本案中，《建设工程施工合同》中的约定明确存在先后关系，而非并列关系，属于“先裁后审”的约定，而非“或裁或审”的约定。（1分）根据《仲裁法》第9条第1款的规定，仲裁实行一裁终局的制度。故关于诉讼部分的约定，因违反一裁终局原则而无效；而仲裁协议部分选择了明确、唯一的仲裁委，符合规定，有效。（2分）根据或裁或审原则，有效的仲裁协议排除诉讼管辖，即便是专属管辖的案件，也可以进行仲裁，因此仲裁协议是有效的。（1分）故法院应当裁定驳回起诉，告知中建八局另行仲裁。

（2）法院应当裁定不予受理。（1分）根据《建设工程施工合同解释（一）》第44条的规定，实际施工人起诉发包人的诉讼为代位权诉讼（1分），而提起代位权诉讼的前提是承包人怠于行使权利（1分）。本案中，承包人中建八局已经起诉发包人A大学索要工程款，实际施工人宏运公司并不满足提起代位权诉讼的条件，故法院应当裁定不予受理。

考点 先裁后审条款的效力；代位权诉讼的构成要件

5. 赵某要求宏运公司分红的诉讼请求能否得到法院支持？其关于股权转让合同无效的诉讼请求能否得到法院支持？（8分）

参考答案：

（1）不能得到支持。（1分）股权属于复合型权利，既具有财产权的属性，也具有身份权的特征。不能认为以夫妻共同财产出资而获得的股权属于夫妻共有。（2分）杜某虽以夫妻共同财产出资，但因赵某并没有经营公司，也没有登记为宏运公司股东，故股东只能是杜某。（1分）因此，赵某要求分红的诉讼请求无法得到支持。不过股权价值应该属于夫妻共同财产，即如果夫妻离婚，对方可以主张享有一半的股权价值。（1分）

（2）不能得到支持。（1分）根据《民法典》第154条的规定，当事人之间恶意串通，损害他人合法权益的行为是无效的。（1分）恶意串通要求当事人主观上有共同侵害他人合法权益的通谋，客观上实施了损害他人合法权益的行为。本案中，虽然受让人孟某知道婚变事实，但不足以认定为恶意串通，因为孟某购买股权不是为了损害赵某的利益，也支付了正常的价款，该交易应为正常的商事交易。（1分）出卖人的动机如何不影响合同的效力。

考点 夫妻共同财产出资的股权处理；合同效力的认定

6. 对于村民的起诉，举证责任应当如何分配？（5分）

参考答案：本案属于环境污染侵权案件，根据《民法典》第1229、1230条的规定，应适用无过错归责原则，且因果关系倒置。（2分）故本案举证责任的分配最终如下：原告村民一方证明黄河公司有排污的行为及其实际遭受的具体损害；被告黄河公司证明村民遭受的损害与其排污行为之间不存在因果关系以及其他减、免责事由。但黄河公司是否存在过错不属于证明对象，也不是减、免责事由。（3分）（考生使用《生态环境侵权证据规定》来答题也是正确的）

考点 环境污染侵权案件的举证责任分配规则

7. 对于有关组织提起的民事公益诉讼，原告的举证责任与私益诉讼有何区别？（4分）

参考答案：根据《生态环境侵权证据规定》第2、3条的规定，民事公益诉讼与私益诉讼原告举证责任的区别在于：民事公益诉讼的原告要拿出被告实施的行为违反了国家规定的违法性证据，而私益诉讼则无此要求（2分）；私益诉讼的原告要证明其自身受到损害或者有遭受损害的危险，而民事公益诉讼的原告则要证明生态环境受到损害或者有遭受损害的重大风险

(2分)。

考点 环境污染公益诉讼和私益诉讼

8. 如果你是法官，是否会支持黄河公司解除租赁合同的请求?(3分)

参考答案: 会支持。(1分)根据《九民纪要》的精神，在一些长期性合同的履行过程中，双方形成合同僵局，符合违约方不存在恶意违约的情形，或者违约方继续履行合同，对其显失公平，或者守约方拒绝解除合同，违反诚实信用原则的条件的，对违约方请求解除合同的主张，法院应予支持。本案中，基于客观原因黄河公司继续履行租赁合同对其明显不公平，已经满足了可以解除合同的条件，故判决解除合同会更有利于纠纷的解决。(2分)法院判决解除合同的，违约方本应当承担的违约责任不会因此而减少或免除。

考点 合同僵局下的解除权

9. 执行法院裁定驳回追加申请的做法是否存在问题?王某若不服，应当如何救济?(6分)

参考答案:

(1)不存在问题。(1分)根据《执行中变更、追加当事人规定》第17条的规定，债权人可直接在执行程序中申请变更、追加股东为被执行人的前提是，该股东属于“未缴纳或未足额缴纳出资的股东”。(2分)该规定对于未届认缴出资期限的股东并不适用。本案中，黄河公司的股东出资期限未至，股东依然享有出资期限利益(1分)，不应追加。

(2)根据《执行中变更、追加当事人规定》第32条的规定，王某可以自裁定书送达之日起15日内，以被申请人为被告，向执行法院提起执行异议之诉。(2分)

考点 股东的执行追加与执行追加异议的救济方式

科目融合模拟案例五

一、题目(本题56分)

2019年3月，高某与周某发起设立厚小继续教育培训有限公司(以下简称“厚小公司”)，高某担任法定代表人。

2019年4月，厚小公司承租长江公司的3间商铺作为办公室。厚小公司与金泰融资租赁公司(以下简称“金泰公司”)签订融资租赁合同，金泰公司根据厚小公司的选择购买了中产公司的3套现代化教学设备，并出租给厚小公司。双方约定，租期5年，厚小公司每年支付15万元租金。融资租赁合同第12.1条约定:“所有与合同有关或在执行合同时产生的纠纷，将通过双方友好协商解决;如协商无法解决，则需提交仲裁解决。”第12.2条约定:“仲裁应由中国国际经济贸易仲裁委员会(以下简称“贸仲”)按其仲裁规则和程序在北京进行。”厚大公司向金泰公司出具函件:“本公司承诺为厚小公司的融资租赁合同提供担保，与厚小公司承担相同责任。”

2019年5月，厚小公司与轩城公司签订房屋租赁合同，承租轩城公司的一栋房屋作为面授培训基地。因该房屋过于老旧，存在严重的安全隐患，相关部门已经认定该房屋属于危房，责令轩城公司予以拆除。轩城公司告知厚小公司该房屋的实际情况，但厚小公司贪图租金便宜，依然与其签订房屋租赁合同。房屋租赁合同中存在仲裁条款，约定发生争议的，由南京仲裁委仲裁。

2020年培训期间，该房屋上的砖块脱落，导致学员吕某受重伤。厚小公司与轩城公司互相推诿，谁都不愿意赔偿。于是吕某起诉厚小公司。一审判决作出后，吕某不服，提起上诉。二审中，顶不住舆论压力的厚小公司与吕某达成和解协议，约定厚小公司以1辆汽车抵偿赔偿款，吕某撤回上诉。后厚小公司依然收到了执行通知书，原来是吕某拿着一审的生效判决书申请执行。厚小公司提出异议，因为其已经履行了和解协议，将汽车交付给了吕某（确实如此）。

后厚小公司因砸人赔偿一事不再向轩城公司支付租金。轩城公司即根据房屋租赁合同的约定申请仲裁，要求厚小公司支付租金。厚小公司的代理律师提出抗辩：房屋租赁合同无效，仲裁协议也无效，仲裁委无权受理该案件；该案件属于不动产纠纷，系专属管辖案件，仲裁委无权管辖。

长江公司对起源公司享有600万元债权。该笔债务到期，起源公司无法履行。于是两公司达成以物抵债协议，约定：起源公司将名下A房屋抵偿给长江公司，欠款就算清偿了；起源公司要在半年内履行交房以及过户义务，否则需要赔偿100万元违约金。双方签订以物抵债协议时A房屋的价格大概为550万元。后来没过多久，当地房屋价格不断下跌，A房屋的价格已经不足500万元。长江公司又要求起源公司还款，被拒，双方为此发生争议。长江公司将起源公司诉至法院，要求起源公司还款，而起源公司则主张履行以物抵债协议。在法庭辩论中，长江公司主张以物抵债协议严重不公平，应为无效，而且自己应该有选择权，可以选择哪种履行方式。而起源公司则主张达成以物抵债协议时，原债就消灭了，只能履行以物抵债协议；就算原债不消灭，选择权也应该归自己，因为自己是债务人。

2023年，因厚小公司没有如约支付租金，金泰公司以厚小公司、厚大公司为仲裁被申请人，向贸仲提出仲裁申请。贸仲受理了仲裁申请。收到仲裁申请书后，厚大公司即向贸仲提交了仲裁管辖权异议申请书，但被贸仲驳回。后贸仲作出0578号仲裁裁决，裁令厚小公司、厚大公司对金泰公司承担返还相应款项及利息等责任。厚大公司对该裁决不服，认为贸仲无权仲裁，但依然收到了执行通知书。

2023年4月8日，工商银行和金泰公司签订了《基本额度完善项目合同》，约定贷款额度为8000万元，为期3年。道德公司与工商银行签订了《最高额抵押合同》，约定道德公司以1栋楼房为金泰公司的贷款提供抵押担保，并办理了抵押登记。同年11月5日，工商银行与厚小公司签订了《借款合同》，向厚小公司提供1年期100万元的借款。同日，工商银行与金泰公司、厚小公司签订了《补充协议》，确认将《借款合同》纳入《基本额度完善项目合同》，作为其中分合同，但道德公司对此并不知情。借款到期后，厚小公司未能按约还款。

2024年，高某被同住在楼上的周某家的小孩丢下的烟灰缸砸中。高某因不方便起诉周某，就起诉了物业文山公司。

问题：

1. 厚小公司收到执行通知书后可以如何救济？针对其救济手段，执行法院应如何处理？（4分）

2. 厚小公司的代理律师提出的抗辩理由是否成立？（9分）

3. 厚大公司属于何种担保人？（5分）

4. 厚大公司对该裁决不服的，在收到执行通知书后可以采取哪些（种）救济途径？（4分）

5. 贸仲驳回仲裁管辖权异议申请并继续仲裁的做法是否有问题？存在不同观点的，请分别展示。（9分）

6. 如果你是长江公司起诉案件的审理法官，请归纳本案的争议焦点，并给出最终意见。（10分）

7. 如果起源公司到期不履行以物抵债协议，也不还款，长江公司请求支付违约金100万元，起源公司在证明实际损失只有20万元的情况下，能否主张适用《民法典》第585条第2款的规定而降低违约金？（4分）

8. 《补充协议》是何性质？对厚小公司不能偿还的借款，工商银行能否主张拍卖道德公司的楼房以优先受偿？（6分）

9. 法院对于高某的起诉应如何处理？（5分）

法律关系图

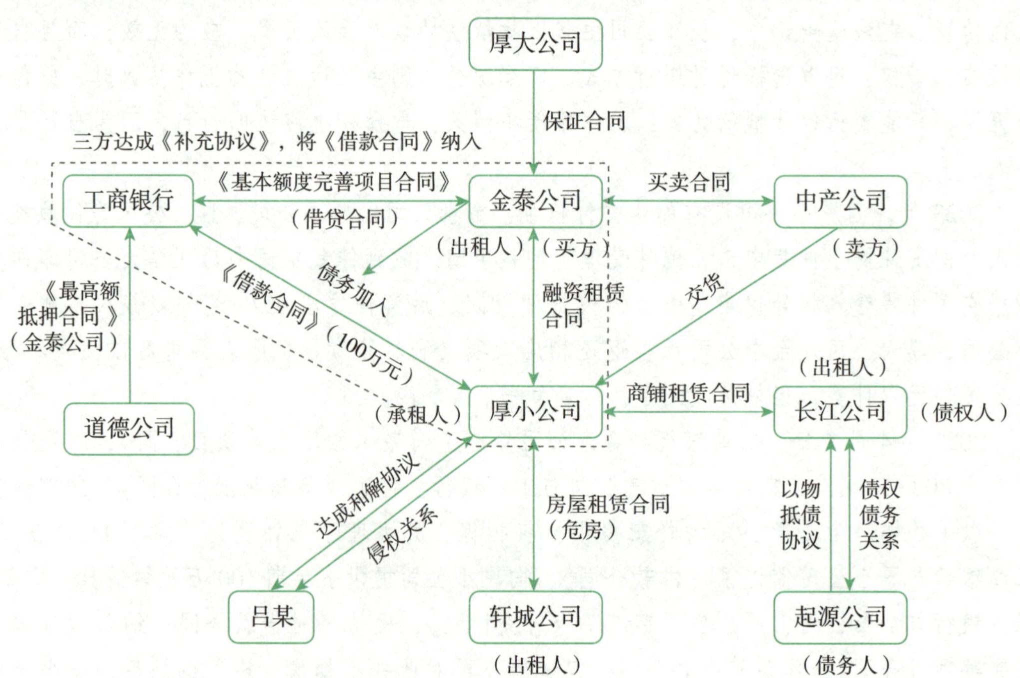

二、答案解析

1. 厚小公司收到执行通知书后可以如何救济？针对其救济手段，执行法院应如何处理？（4 分）

参考答案：厚小公司可以提出执行行为异议（1 分），执行法院应当裁定终结执行（1 分）。根据《民事诉讼法》第 236 条的规定，当事人、利害关系人认为执行行为违反法律规定的，可以向负责执行的人民法院提出书面异议。针对当事人提出的执行异议，法院可以参照《执行和解规定》第 19 条的规定，对和解协议的效力及履行情况进行审查，进而确定是否应当终结执行。（2 分）本案中，由于和解协议已经实际履行完毕，因此法院经审查，应裁定终结执行。

考点 执行行为异议；执行和解

2. 厚小公司的代理律师提出的抗辩理由是否成立？（9 分）

参考答案：

（1）房屋租赁合同无效的抗辩理由成立。（1 分）根据《民法典》第 153 条第 2 款的规定，违背公序良俗的民事法律行为无效。（1 分）厚小公司与轩城公司的房屋租赁合同以危房经营，危害公共安全。（1 分）因此，房屋租赁合同的内容违背公序良俗，应当认定为无效。

（2）仲裁协议无效的抗辩理由不成立。（1 分）根据《民法典》第 507 条的规定，合同不生效、无效、被撤销或者终止的，不影响合同中有关解决争议方法的条款的效力。（2 分）本案中，仲裁条款属于争议解决条款，不受房屋租赁合同无效的影响。因此，该仲裁条款有效，南京仲裁委享有管辖权。

（3）管辖权的抗辩理由不成立。（1 分）尽管厚小公司与轩城公司之间的纠纷属于房屋租赁合同纠纷，系不动产纠纷（1 分），但是不动产纠纷的专属管辖仅针对法院的管辖，并不限制仲裁，根据或裁或审原则（1 分），该抗辩理由不成立。

考点 违背公序良俗原则的判定；争议解决条款的独立性；或裁或审原则

3. 厚大公司属于何种担保人？（5 分）

参考答案：连带责任保证人。（2 分）厚大公司提供担保的意思表示为其与债务人厚小公司承担相同责任，即需要以自身全部财产承担责任，应当为保证责任。（1 分）根据《担保制度解释》第 25 条第 2 款的规定，保证合同中不具有债务人应当先承担责任的意思表示的，人民法院应当将其认定为连带责任保证。（1 分）本案中，“相同责任”是非常明显的没有责任承担先后顺序的意思表示（1 分），故应当认定为连带责任保证。

考点 保证方式判定

4. 厚大公司对该裁决不服的，在收到执行通知书后可以采取哪些（种）救济途径？（4 分）

参考答案：可以申请不予执行仲裁裁决或者申请撤销仲裁裁决。（2 分）根据《仲裁法》第 58 条第 1 款第 2 项、第 59 条的规定，当事人认为仲裁委无权仲裁的，应当自收到裁决书之日起 6 个月内向仲裁委所在地的中级法院申请撤销仲裁裁决。（1 分）又根据《民事诉讼法》

第 248 条第 2 款第 2 项的规定，被申请人认为仲裁机构无权仲裁的，可以申请不予执行仲裁裁决。（1 分）因本案已经进入执行程序，故厚大公司可以主张不予执行仲裁裁决。

考点 仲裁裁决的救济

5. 贸仲驳回仲裁管辖权异议申请并继续仲裁的做法是否有问题？存在不同观点的，请分别展示。(9 分)

参考答案： 本案的主合同融资租赁合同中存在仲裁条款，但厚大公司作为保证人，其与债权人金泰公司之间并没有仲裁条款。关于主合同的仲裁条款能否适用于担保合同（1 分），存在以下不同观点，由此得出不同结论：

［观点 1］有问题。(1 分）根据自愿仲裁原则，主合同的仲裁条款对担保合同没有约束力。(2 分）不能类推适用《担保制度解释》第 21 条第 2 款关于管辖的规定，因为诉讼和仲裁在管辖问题上有本质区别。(1 分）在担保合同的当事人不具有请求仲裁的意思的情况下，直接将主合同的仲裁条款适用于担保合同的当事人，有违自愿仲裁原则。

［观点 2］没有问题。(1 分）担保具有从属性。根据《担保制度解释》第 21 条第 2 款的规定，债权人一并起诉债务人和担保人的，应当根据主合同确定管辖法院。(2 分）既然管辖可以因从属性而由主合同确定，那么参照上述司法解释的规定，就确定主从合同的仲裁管辖问题，根据主合同的仲裁条款来确定并无不妥。(1 分)

考点 自愿仲裁原则；担保的从属性

6. 如果你是长江公司起诉案件的审理法官，请归纳本案的争议焦点，并给出最终意见。(10 分)

参考答案： 本案的争议焦点主要有两个：①以物抵债协议的效力与效果；②是否存在选择权以及选择权由谁享有。(2 分)

（1）以物抵债协议应为有效。(1 分）本案中的以物抵债协议属于履行期限届满后达成的以物抵债协议，根据《合同编通则解释》第 27 条第 1 款的规定，不存在影响合同效力情形的，人民法院应当认定该协议自当事人意思表示一致时生效。(1 分）该以物抵债协议是双方当事人自愿且真实的意思表示，不违反公平原则，没有其他无效事由，故为有效。

（2）根据《合同编通则解释》第 27 条第 2 款的规定，债务人或者第三人履行以物抵债协议后，人民法院应当认定相应的原债务同时消灭；债务人或者第三人未按照约定履行以物抵债协议，经催告后在合理期限内仍不履行，债权人可以选择请求履行原债务或者以物抵债协议。(1 分）本案中，债务人起源公司尚未履行，其抗辩理由不成立，选择权并没有消灭。(1 分）根据《民法典》第 515 条的规定，标的有多项而债务人只需履行其中一项的，原则上债务人享有选择权。享有选择权的当事人在约定期限内或者履行期限届满未作选择，经催告后在合理期限内仍未选择的，选择权转移至对方。(2 分）《合同编通则解释》第 27 条第 2 款的表述也是符合《民法典》第 515 条规定的，其强调债权人享有选择权的前提是债务人不履行以物抵债协议；如债务人愿意履行以物抵债协议，债权人就没有选择权。(1 分）本案中，债务人起源公司愿意履行以物抵债协议，故长江公司不享有选择权。以物抵债协议是双方自愿达成的，并且没有实现上的障碍，在债务人愿意履行以物抵债协议时，债权人反悔的做法违反诚信原

则，法院不予支持。（1分）

考点 以物抵债协议；选择之债规则；诚信原则

7. 如果起源公司到期不履行以物抵债协议，也不还款，长江公司请求支付违约金100万元，起源公司在证明实际损失只有20万元的情况下，能否主张适用《民法典》第585条第2款的规定而降低违约金？（4分）

参考答案：不能。（1分）《民法典》第585条第2款规定的违约金调整规则适用于事先达成违约金条款的情形。（1分）在实际违约后才达成的违约金条款，属于双方当事人的真实意思表示，不适用《民法典》第585条第2款规定的违约金调整规则。（1分）起源公司反悔的行为违反了诚信原则，属于二度违约，可以认定为恶意违约，故根据《合同编通则解释》第65条第3款的规定（1分），法院不应支持其减少违约金的调整请求。

考点 违约金调整规则；诚信原则

8. 《补充协议》是何性质？对厚小公司不能偿还的借款，工商银行能否主张拍卖道德公司的楼房以优先受偿？（6分）

参考答案：

（1）《补充协议》的本质是债务加入（1分），即金泰公司加入了厚小公司的债务，与厚小公司一并承担连带还款义务。金泰公司将厚小公司的债务归于自己的借贷合同额度，实际上就是自愿承担了100万元债务，并且没有明确表示厚小公司不再清偿债务，故应当属于债务加入行为。（2分）

（2）不能。（1分）道德公司是为金泰公司的债务提供担保，而非为厚小公司的债务提供担保。（1分）根据《民法典》第422条的规定，最高额抵押担保的债权确定前，抵押权人与抵押人可以通过协议变更债权范围。即要改变债权范围，必须经过抵押人同意；未经抵押人同意的，不能发生变更效果。（1分）故道德公司无须对厚小公司的债务承担责任，工商银行不能主张就楼房优先受偿。

考点 债务加入的识别；最高额担保规则

9. 法院对于高某的起诉应如何处理？（5分）

参考答案：法院应当释明，要求高某追加周某与周某的小孩为共同被告；如其拒绝追加，则法院应当裁定驳回起诉。（2分）根据《侵权责任编解释（一）》第24条的规定，物业在第三人高空抛物致人损害纠纷中承担的是补充责任。（1分）故物业享有顺位利益，被侵权人不能只起诉物业（1分），否则法院应当释明，要求其追加第一责任人为共同被告，不追加的，裁定驳回起诉。根据《民诉解释》第67条的规定，被监护人侵权时，应当以被监护人与监护人为共同被告。（1分）故应将周某与周某的小孩作为共同被告。

考点 高空抛物责任；诉讼当事人地位

科目融合模拟案例六

一、题目（本题56分）

2018年8月1日，延海公司（住所地为北京）以建设用地使用权作抵押向甲银行借款5000万元，借期3年，双方办理了抵押登记。同时，由天安公司为该笔借款提供了连带责任保证，海天公司以一套价值1000万元的西湖海景别墅作为抵押担保。2018年10月1日，延海公司向张某借款1000万元，借期1年，双方签订了书面合同。10月7日，张某将借款一次性支付到位。

延海公司计划在该土地上建设"楚天星座"小区（位于杭州市西湖区），通过招标将该工程发包给碧海蓝天建筑有限公司（登记地为上海市黄浦区，主要营业地在南京市建邺区）双方签订了建设工程施工合同，且约定如果因合同履行发生纠纷，应由北京市A法院管辖。该工程建设过程中，工人王某在施工时不慎将工具掉落砸死了路过的行人李某，由此引发纠纷。

2019年10月，延海公司欠张某的该笔借款到期，但延海公司无法按期付息还款。双方达成补充协议："张某购买延海公司B别墅一套，价款为1200万元，张某出借之款项的本息之和视为已付房款，剩余部分房款待房屋交付后再分期补齐，借款合同不再履行。"根据该协议，延海公司与张某签订了《商品房预售合同》，但未办理备案登记，并且合同签订时延海公司尚未取得房屋的预售许可证明（房屋建成前1个月才取得）。1个月后，双方办理了预告登记。

2020年6月1日，因延海公司未按期支付工程款，碧海蓝天公司将其诉至北京市A法院。在审理过程中，延海公司提出抗辩，称自己未支付工程款是因为工程质量部分存在问题。

2021年3月，"楚天星座"小区因变成了学区房而价格猛涨。张某起诉延海公司，请求延海公司履行房屋过户义务，但延海公司予以拒绝。延海公司认为自己与张某之间的买卖合同的本质是让与担保合同，因此主张继续履行借款合同，返还借款。法院查明，2020年1月房屋建成时B房屋已经出卖并过户给卢某。

2021年8月1日，延海公司到期无法偿还甲银行的借款，甲银行欲主张自己的担保权。海天公司为防止自己的海景别墅被执行，替延海公司偿还了5000万元的债务。

2021年10月2日，碧海蓝天公司又起诉延海公司，要求其交付D别墅。诉讼中法院查明，延海公司由于尚欠400万元工程款无法支付，于是承诺以D别墅（当时价值600万元）抵债，但由于别墅涨价而欲反悔。碧海蓝天公司最终胜诉（01号生效判决）。而此时康辉公司（延海公司的债权人）得知此事，认为延海公司现在的清偿能力很弱，碧海蓝天公司与延海公司之间关于D别墅的约定严重损害自身利益，01号判决如执行将会损害自己的债权，于是去法院起诉，请求撤销碧海蓝天公司与延海公司的抵债协议，后又起诉撤销01号生效判决。

2022年，碧海蓝天公司因负债而被债权人崔某起诉，崔某主张长城公司应该对债务清偿承担连带责任。法院查明，碧海蓝天公司与长城公司是母子公司关系，二者之间存在多次建材买卖交易。长城公司提供了交易记录，证明存在真实的资金往来账目。但崔某证明碧海蓝天公司与长城公司交易的价格过分高于市价，两个公司已经构成人格混同，应该承担连带责任。

问题：

1. 张某与延海公司之间的借贷合同关系何时生效？为什么？（3分）

2. 对于张某与延海公司之间的纠纷，法院应当按照民间借贷法律关系审理还是房屋买卖合同关系审理？为什么？（5分）

3. 张某能否请求延海公司将B房屋过户给自己，为什么？（4分）

4. 李某的近亲属应向谁主张侵权赔偿责任？如何确定本案的管辖法院？（8分）

5. 北京市A法院受理碧海蓝天公司诉讼的做法是否正确？A法院应当如何处理？（5分）

6. 如何评价海天公司清偿债务的行为？其能否取得对天安公司的保证权？（10分）

7. 法院对康辉公司关于撤销抵债协议的诉讼应如何处理？（5分）

8. 康辉公司是否有权撤销01号生效判决？（6分）

9. 长城公司与碧海蓝天公司之间的系列交易如何评价？（5分）

10. 法院是否会支持崔某的请求？（5分）

法律关系图

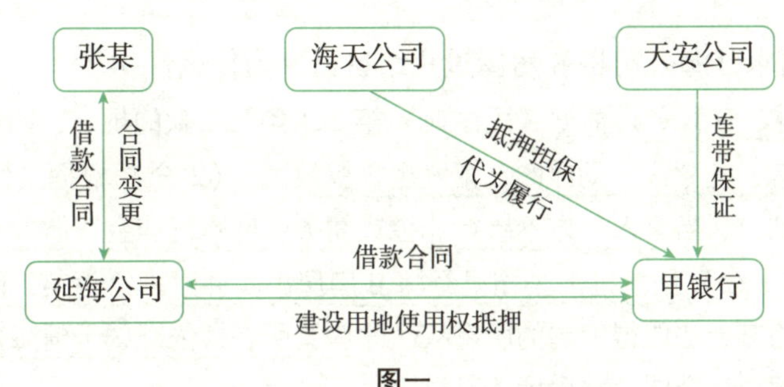

图一

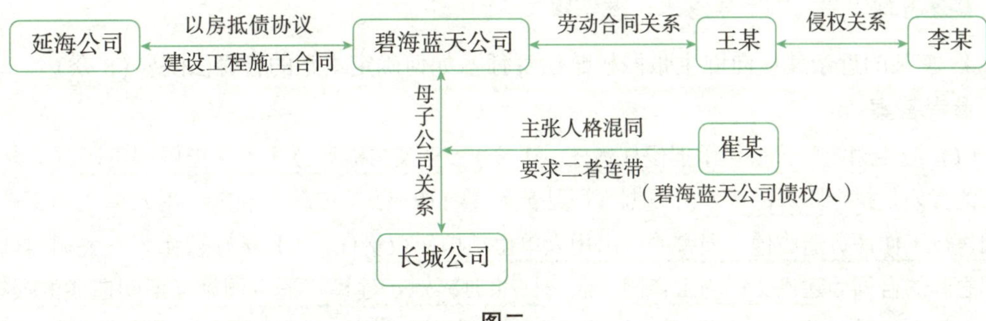

图二

二、答案解析

1. 张某与延海公司之间的借贷合同关系何时生效？为什么？（3分）

参考答案：2018年10月1日，而非2018年10月7日。（1分）根据《民间借贷规定》第9条、《民法典》第502条第1款的规定，除自然人之间的借款合同外，当事人主张民间借贷合同自合同成立时生效的，人民法院应当予以支持。（2分）只有自然人之间的借款合同是实践合同，自提供借款时生效。其他的借贷合同都是诺成合同，自合同成立时生效。本案中，张某与延海公司之间的合同是自然人与企业之间的借款合同，因此属于诺成合同，自2018年10月1日合同成立之日起生效。

考点 民间借贷合同的成立规则

2. 对于张某与延海公司之间的纠纷，法院应当按照民间借贷法律关系审理还是房屋买卖合同关系审理？为什么？（5分）

参考答案：应按照买卖合同关系审理。（2分）《民法典》第543条规定，当事人协商一致，可以变更合同。（1分）让与担保是在借贷合同订立时所签订的，以房屋所有权为担保的合同。（1分）而本案中的买卖合同是在借款合同履行期限届满后才签订的。补充协议以及根据补充协议签订的商品房买卖合同等系在延海公司长期拖欠借款利息，已确定无能力偿还借款本金及利息的情况下，双方经协商同意，借款期限提前到期，并将借款本息转为购房款，将双方之间的借款合同关系转变为商品房买卖合同关系，对房屋交付、尾款支付、违约责任等权利义务内容亦作出了约定。（1分）所以本案的本质属于合同当事人协商一致的合同变更，即将借款合同变更为商品房买卖合同，而非让与担保，因此不是借贷法律关系。

考点 合同变更与让与担保的辨析

3. 张某能否请求延海公司将B房屋过户给自己，为什么？（4分）

参考答案：有权。（1分）根据《民法典》第221条第1款的规定，预告登记后，未经预告登记的权利人同意，处分该不动产的，不发生物权效力。（2分）根据《民法典》第580条第1款的规定，原则上，当事人一方不履行非金钱债务或者履行非金钱债务不符合约定的，对方可以请求履行。（1分）虽然延海公司已经将B房屋出卖并过户给卢某，但因为该房屋上存在预告登记，因此卢某无法取得房屋的所有权，即房屋所有权依旧属于延海公司，因此张某在法律上能够请求继续履行合同，将房屋予以过户。

考点 预告登记的法律效果；继续履行

4. 李某的近亲属应向谁主张侵权赔偿责任？如何确定本案的管辖法院？（8分）

参考答案：

（1）应由碧海蓝天公司承担侵权责任（1分），王某与延海公司不承担侵权责任（1分）。王某的行为是执行职务的行为。根据《民法典》第1191条第1款的规定，用人单位的工作人员因执行工作任务造成他人损害的，由用人单位承担侵权责任。（1分）碧海蓝天公司与延海公司之间的合同为建设工程施工合同，而《民法典》对于建设工程合同施工期间造成的损害，并没有特别条款的规定。根据《民法典》第808条的规定，建设工程合同没有特别规定的，适用承揽合同的有关规定。（1分）根据《民法典》第1193条的规定，承揽人在完成工作过程中造成第三人损害或者自己损害的，定作人不承担侵权责任。但是，定作人对定作、指示或者选任有过错的，应当承担相应的责任。（1分）本案中并没有交代延海公司有选任、指示错误，故无需承担责任，应由承包人碧海蓝天公司承担责任。

（2）本案属于侵权纠纷，根据《民事诉讼法》第29条的规定，由侵权行为地或者被告住所地法院管辖。（2分）根据《民诉解释》第3条的规定，法人或者其他组织的住所地是指法人或者其他组织的主要办事机构所在地。法人或者其他组织的主要办事机构所在地不能确定的，法人或者其他组织的注册地或者登记地为住所地。被告为碧海蓝天公司，题目中对碧海蓝天公司的主要办事机构所在地未予明确，无法确定，故应由登记地上海市黄浦区法院管辖（1分）；侵权行为地杭州市西湖区法院也有管辖权。

考点 职务侵权；建设工程合同与承揽合同关系应用；承揽人责任；侵权案件管辖法院

5. 北京市A法院受理碧海蓝天公司诉讼的做法是否正确？A法院应当如何处理？（5分）

参考答案：不正确，应移送给西湖区法院。（2分）根据《民事诉讼法》第35条的规定，协议管辖不得违反级别管辖与专属管辖。（1分）根据《民诉解释》第28条第2款的规定，建设工程施工合同纠纷属于专属管辖的范围。（2分）因此建设工程施工合同纠纷不可以进行协议管辖。故北京市A法院没有管辖权，真正有管辖权的法院为建设工程施工地法院即杭州市西湖区法院。因此A法院受理后应当移送给杭州市西湖区法院审理此案。

考点 专属管辖；协议管辖；移送管辖

6. 如何评价海天公司清偿债务的行为？其能否取得对天安公司的保证权？（10分）

参考答案：

（1）海天公司在别墅价值（1000万元）的范围内清偿债务的行为本质属于承担担保责任（1分），而超过别墅价值部分（4000万元）的清偿行为本质为第三人代为履行，可以因此取得债权人对债务人的权利（2分）。《担保制度解释》第14条规定，同一债务有2个以上第三人提供担保，担保人受让债权的，人民法院应当认定该行为系承担担保责任。受让债权的担保人作为债权人请求其他担保人承担担保责任的，人民法院不予支持。由此可知，在担保责任范围内受让债权或者代为清偿，本质属于承担担保责任。（2分）本案中，海天公司提供的是房屋抵押，其担保责任的范围为1000万元。因此其在1000万元的范围内清偿债务的行为都属于承担担保责任，在4000万元的部分清偿债务的行为属于第三人代为履行。

（2）在1000万元的范围内不能要求天安公司承担责任，在4000万元的范围内可以要求天安公司承担保证责任。（2分）根据《担保制度解释》第13条的规定，担保人只有在约定承担连带共同担保、约定相互追偿及分担份额，以及在同一合同上签字、盖章或者按指印时，才能互相追偿，否则只能向债务人追偿。（1分）本案中，海天公司与天安公司之间没有上述可以相互追偿的情形，故海天公司在1000万元的担保责任内不能向天安公司追偿。但海天公司清偿1000万元之外的4000万元属于第三人代为履行。根据《民法典》第524条第2款的规定，原则上，债权人接受第三人履行后，其对债务人的债权转让给第三人。因此海天公司将在4000万元的范围内取得天安公司的保证权。（2分）

考点 担保人内部追偿权；第三人代为清偿

7. 法院对康辉公司关于撤销抵债协议的诉讼应如何处理？（5分）

参考答案：裁定中止审理。（2分）根据《民事诉讼法》第153条第1款第5项的规定，本案必须以另一案的审理结果为依据，而另一案尚未审结的，法院应当中止审理。（2 分）本案中，抵债协议属于已经被生效判决保护的协议，只有撤销生效判决，才有可能撤销抵债协议。此案必须以撤销抵债协议的诉讼结果为依据（1 分），故应当裁定中止审理。

考点 诉讼中止

8. 康辉公司是否有权撤销 01 号生效判决？（6 分）

参考答案：有权。（2 分）第三人撤销之诉中的第三人限于《民事诉讼法》第 59 条第 1、2 款规定的有独立请求权及无独立请求权的第三人，一般不包括债权人。（1 分）但是，设立第三人撤销之诉的目的在于，救济第三人享有的因不能归责于本人的事由未参加诉讼但因生效裁判文书内容错误受到损害的民事权益。（1 分）故《九民纪要》规定了在一些特殊情形下债权人可以提起第三人撤销之诉，其中一种情形就是：不撤销生效裁判文书，债权人就无法行使债权人撤销权。（2 分）本案中，该生效判决确认的法律关系为抵债协议，债务人与他人所为的抵债协议价格过低，影响其他债权人利益，满足《民法典》第 539 条规定的债权人撤销权情形。但由于已经有生效判决，导致债权人康辉公司无法行使债权人撤销权，故应允许其通过第三人撤销之诉的方式撤销生效判决。

考点 第三人撤销之诉当事人资格；债权人撤销权

9. 长城公司与碧海蓝天公司之间的系列交易如何评价？（5 分）

参考答案：该系列交易属于关联交易，合同均为有效。（2 分）《公司法》第 22 条第 1 款明确规定："公司的控股股东、实际控制人、董事、监事、高级管理人员不得利用关联关系损害公司利益。"（1 分）这一强制性规定体现了法律对关联交易的基本态度，即《公司法》并不禁止关联交易，只是会对不当关联交易造成公司损害的内部人员进行追责。本案中，该系列关联交易真实，不是虚假意思表示，虽然价格不合理，但并不会导致合同无效，只是会损害碧海蓝天公司利益，但并不否认交易行为本身的效力。（2 分）

考点 关联交易；合同效力

10. 法院是否会支持崔某的请求？（5 分）

参考答案：不会。（1 分）根据《九民纪要》第 11 条第 2 款的规定，控制股东或实际控制人控制多个子公司或者关联公司，滥用控制权使多个子公司或者关联公司财产边界不清、财务混同，利益相互输送，丧失人格独立性，沦为控制股东逃避债务、非法经营，甚至违法犯罪工具的，可以综合案件事实，否认子公司或者关联公司法人人格，判令承担连带责任。由此可知，关联公司之间的人格否认需要谨慎适用。（2 分）本案中，即便崔某证明了两个公司之间存在不当的关联交易，但由于账目均能查明，并没有发生人格混同（1 分），因此不能主张否认人格从而要求两公司承担连带责任。崔某的正确做法应该是主张债权人撤销权撤销碧海蓝天公司从事的不当交易行为。（1 分）

考点 人格否认的认定；债权人撤销权

科目融合模拟案例七

一、题目（本题56分）

HD公司是一家涉及多项业务的集团公司，在北京、上海、广州、深圳等地设有分支机构，另设有经营房地产开发业务的A控股子公司、酒店服务的B全资子公司。某日，A公司为竞买一块建设用地使用权欲向甲银行借贷5000万元，HD公司为了使其能够成功获得贷款，遂向甲银行发出一份函件，函件内容为："请放心放贷给A公司，HD公司愿意提供差额补足，提供的差额补足义务为无条件的、不可撤销的连带义务。当债务人未履行或未完全履行主合同项下的任何义务和责任时，贵方均有权直接要求我方立即承担差额补足义务。"甲银行收到通知后，立即将贷款发放给A公司，但并未回复HD公司。

A公司成功获得建设用地使用权后将其工程发包给C建筑有限责任公司（以下简称"C公司"）。C公司因此与厚小建材公司（以下简称"厚小公司"）签订《买卖合同》。合同中约定如下：①C公司就A公司工程建设所需要的建筑材料均由厚小公司提供，随时需要随时提供；②基于双方合作共赢、风险共担，乙方（厚小公司）认可，即使达到本合同支付条件，由于建设单位拖欠或延迟支付甲方（C公司）工程款或支付比例不足，甲方将按照建设单位实际支付的工程款比例同比例支付乙方相应货款，乙方不得以任何理由要求甲方垫资支付货款或向甲方索取利息及相关费用；③甲方支付货款时间为收到建设单位实际支付工程款的10日内。后来由于C公司一直未支付价款，厚小公司就将其诉至法院。C公司抗辩自己未支付价款是因为还没有收到A公司的工程款。法院查明，A公司确实未支付C公司工程款，原因是认为C公司所建建筑存在问题，而C公司也一直未索要工程款。

A公司的另一个工程项目完工后无法支付承包人H公司的工程款，而此时该工程因为A公司欠付乙银行的借款未清偿还被强制执行。H公司知情后立即向执行法院提出异议，申请参与分配。

B公司从E家具制造公司（以下简称"E公司"）购买一批高档床具（1000套）投入酒店经营。为了融资，E公司2年前即将自己的生产设备、原材料等为乙银行设立了浮动抵押权，并办理了登记。现E公司无法清偿债务，乙银行找到B公司，认为其购买1000套高档床具属于典型的"数量超过一般买受人"，主张就该家具优先受偿。B公司见状，立即将该批家具转卖并交付给知情的F酒店。

由于A公司还有2000万元无法偿还，甲银行要求HD公司补足，但HD公司提出抗辩：①差额补足的函件是HD公司法定代表人擅自签订，并无公司决议（事实确实如此，是HD公司的法定代表人罗某伪造了股东会决议）；②甲银行并没有表示接受该函件。于是甲银行直接将HD公司起诉至法院，法院要求其追加A公司作为共同被告。

上海分公司因为进购一批货物未付款与债权人G产生纠纷，HD公司表示自己没有授权分公司从事该合同行为，不予追认，由此引发纠纷，G将上海分公司诉至法院并胜诉。

该判决生效后，HD 公司认为该判决有错，主张撤销判决。与此同时，上海分公司与广州分公司由于市场争夺引发纠纷，上海分公司将广州分公司诉至法院。

HD 公司经营管理不善，资金链断裂，被债权人主张破产。而 B 公司也因为疫情的巨大影响，无法继续经营，自行申请破产。A 公司的债权人也申请宣告 A 公司破产，此时 J 公司正在建设 A 公司的一个小区，也因此停工。法院发现 HD 公司经常调用各分支机构、子公司的财产，账务混同不清，一团乱麻。债权人 N 公司主张就 HD 公司的一套设备行使别除权，因为其享有抵押权。管理人发现 N 公司确实是有抵押权，但该抵押并没有办理登记手续。

问题：

1. C 公司是否应当向厚小公司支付工程款？(5 分)

2. 如何评价 HD 公司的“差额补足”的函件性质？属于债务加入还是担保？HD 公司的两个抗辩理由是否成立？(8 分)

3. 法院要求甲银行追加 A 公司作为共同被告的做法是否正确？(5 分)

4. 对于 H 公司的执行标的异议，执行法院是否应当中止执行？H 公司能否主张直接参与分配？(7 分)

5. B 公司是否属于正常买受人？乙银行能否就 B 公司所购 1000 套家具主张实现抵押权？(6 分)

6. HD 公司对 G 的抗辩是否成立？对于 HD 公司撤销判决的诉讼，法院应当如何处理？(6 分)

7. 对于上海分公司起诉广州分公司的诉讼，法院应当如何处理？(3 分)

8. A 公司与 J 公司之间的纠纷要如何解决？(4 分)

9. 对 HD 公司和 A、B 公司的破产，法院能否实质合并审理？管辖法院应如何确定？能否适用快速审理方式进行审理？(8 分)

10. N 公司对 HD 公司的设备是否享有破产别除权？(4 分)

法律关系图

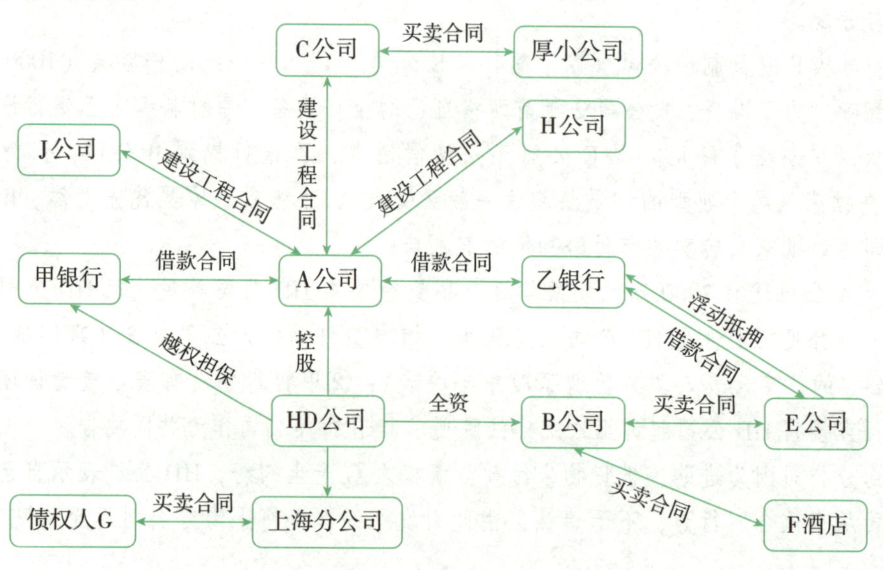

二、答案解析

1. C公司是否应当向厚小公司支付工程款？（5分）

参考答案：应当支付。（1分）《买卖合同》中对付款附加了条件，即以第三人履行为前提，此为“背靠背”条款，该条款的本质属于附付款条件。（1分）根据《民法典》第159条的规定，附条件的民事法律行为，当事人为自己的利益不正当地阻止条件成就的，视为条件已经成就；不正当地促成条件成就的，视为条件不成就。（2分）本案中，C公司由于自身原因导致付款条件不成就，并且存在消极懈怠行为，应当认定为不正当地阻止条件成就（1分），故视为条件已经成就，即应当支付价款。

考点 “背靠背”条款；附生效条件的民事法律行为

2. 如何评价HD公司的“差额补足”的函件性质？属于债务加入还是担保？HD公司的两个抗辩理由是否成立？（8分）

参考答案：

（1）该函件应该视为提供保证的意思表示。（1分）根据《担保制度解释》第36条第3款的规定，第三人向债权人提供的差额补足、流动性支持等类似承诺文件难以确定是保证还是债务加入的，人民法院应当将其认定为保证。（2分）本案中能够看出HD公司有实质承担责任的意思，但无法确定是债务加入还是保证，故应认定为保证。

（2）均不成立。（2分）《民法典》第685条第2款规定，第三人单方以书面形式向债权人作出保证，债权人接收且未提出异议的，保证合同成立。（1分）根据《公司法》第15条第1、2款的规定，法定代表人没有独立提供担保的权限，必须提供股东会等相关决议，否则为越权担保，不得对抗善意相对人。根据《担保制度解释》第7条第1、3款的规定，对于公司决议，债权人只需要进行形式审查即可以主张为善意相对人，从而主张担保合同有效。（2分）本案中，即便决议是伪造的，但并没有交代债权人为恶意，应推定为善意。甲银行没有明确表示拒绝，故视为接受该担保。

考点 担保与债务加入的区分；保证合同的成立方式；公司担保规则

3. 法院要求甲银行追加A公司作为共同被告的做法是否正确？（5分）

参考答案：不正确。（1分）根据《担保制度解释》第25条第2款的规定，当事人在保证合同中约定了保证人在债务人不履行债务或者未偿还债务时即承担保证责任、无条件承担保证责任等类似内容，不具有债务人应当先承担责任的意思表示的，人民法院应当将其认定为连带责任保证。（2分）从函件内容可以明确看出HD公司在差额的范围内没有承担责任的先后顺序的意思，其应该视为连带责任保证人。（1分）又根据《担保制度解释》第26条第1款的规定，债权人仅起诉一般保证人，法院才能要求其追加债务人。至于债权人仅起诉连带责任保证人，法院应尊重债权人的处分权。（1分）故法院的做法不正确。

考点 保证方式与保证人诉讼地位

4. 对于H公司的执行标的异议，执行法院是否应当中止执行？H公司能否主张直接参与分配？（7分）

参考答案：

（1）法院不应中止执行程序。（1分）H公司属于承包人，对其所建工程享有优先受偿权。虽然其权利具有优先性，但并不足以排除其他担保权人。（1分）因为根据《民诉解释》第364条的规定，同一财产上有多个担保物权，登记在先的担保物权尚未实现的，不影响后顺位的担保物权人申请实现担保物权。（2分）由此可知，顺位在先的担保权并不能阻止顺位在后的权利的实现。

（2）可以申请参与分配。（1分）根据《民诉解释》第506条第2款的规定，对人民法院查封、扣押、冻结的财产有优先权、担保物权的债权人，可以直接申请参与分配，主张优先受偿权。本案中，H公司即属于享有优先权的人，可以直接主张参与分配，且优先于执行申请人获得清偿。（2分）

考点 建设工程价款优先权；执行标的异议；参与分配

5. B公司是否属于正常买受人？乙银行能否就B公司所购1000套家具主张实现抵押权？（6分）

参考答案：

（1）属于正常买受人。（1分）判断是否属于"数量明显超过一般买受人"不是只看数量本身，而是要看用途。法律之所以特殊保护正常买受人，是因为其属于消费者。故只要所购商品属于消费使用的，均应属于正常买受人。（2分）本案中，虽然B公司购买的数量比较多，但其均是用于自身经营活动需要，用于消费使用，故而应认定为正常买受人。

（2）不能。（1分）根据《民法典》第404条的规定，动产抵押权不得对抗正常经营活动中已经支付合理价款并取得抵押财产的买受人。（2分）本案中的E公司出卖家具属于正常经营活动，B公司购买用于自身消费使用，构成正常买受人。因此即便乙银行的抵押权已经登记，也不能对抗B公司。

考点 抵押物转让规则；正常买受人判定

6. HD公司对G的抗辩是否成立？对于HD公司撤销判决的诉讼，法院应当如何处理？（6分）

参考答案：

（1）不成立。（1分）分支机构属于非法人组织。（1分）根据《民法典》第102条第1款的规定，非法人组织是不具有法人资格，但是能够依法以自己的名义从事民事活动的组织。（1分）本案中，上海分公司在经营范围内是具有签约能力的，其所签合同原则上有效，无需总公司授权。

（2）裁定不予受理。（1分）根据《民事诉讼法》第59条第3款的规定，申请撤销生效判决的主体只能是第三人。（1分）而分公司没有独立人格，其属于总公司的组成部分。故HD公司并非本案的第三人，不具有第三人撤销之诉的主体资格，根据《民事诉讼法》第122条第1项的规定，法院应当裁定不予受理。（1分）

考点 分公司的诉讼地位

7. 对于上海分公司起诉广州分公司的诉讼，法院应当如何处理？（3分）

参考答案：法院应当裁定不予受理。（1 分）《民事诉讼法》第 122 条第 4 项规定，起诉必须属于人民法院受理民事诉讼的范围和受诉人民法院管辖。不满足起诉的条件，人民法院不予受理。（1 分）本案中，分支机构之间的纠纷本质属于公司内部纠纷，不属于法院受理范围（1 分），故应当裁定不予受理。已经受理的，裁定驳回起诉。

考点 分公司性质判定；起诉条件

8. A 公司与 J 公司之间的纠纷要如何解决？（4 分）

参考答案：由破产管理人决定是否解除合同。（2 分）根据《企业破产法》第 18 条的规定，对于破产申请受理前成立且双方均未履行完毕的合同，管理人有权决定解除或继续履行，并通知对方当事人。管理人自破产申请受理之日起 2 个月内未通知对方当事人，或者自收到对方当事人催告之日起 30 日内未答复的，视为解除合同。管理人决定继续履行合同的，对方当事人应当履行；但是，对方当事人有权要求管理人提供担保。管理人不提供担保的，视为解除合同。（2 分）故对于 A 公司与 J 公司之间的纠纷，应当由破产管理人决定是否解除合同。

考点 破产管理人的任意解除权

9. 对 HD 公司和 A、B 公司的破产，法院能否实质合并审理？管辖法院应如何确定？能否适用快速审理方式进行审理？（8 分）

参考答案：

（1）可以。（1 分）因为 HD 公司与 A、B 公司属于关联公司，且 HD 公司作为控制公司，经常调用各分支机构、子公司的财产，账务混同不清，存在法人人格实质否认情形，故根据《破产会议纪要》的规定，可以采取实质合并审理。（2 分）

（2）根据《破产会议纪要》第 35 条的规定，采用实质合并方式审理关联企业破产案件的，应由关联企业中的核心控制企业住所地人民法院管辖。核心控制企业不明确的，由关联企业主要财产所在地人民法院管辖。多个法院之间对管辖权发生争议的，应当报请共同的上级人民法院指定管辖。（2 分）

（3）不可以。（1 分）对于债权债务关系明确、债务人财产状况清楚、案情简单的破产清算、和解案件，人民法院可以适用快速审理方式。破产案件具有下列情形之一的，不适用快速审理方式：债务人存在未结诉讼、仲裁等情形，债权债务关系复杂的；债务人系上市公司、金融机构，或者存在关联企业合并破产等情形。本案存在多个纠纷未终结，且存在关联企业合并破产情形，故不宜适用快速审理方式审理该案件。（2 分）

考点 破产合并审理；破产快速审理制度；法人人格否认

10. N 公司对 HD 公司的设备是否享有破产别除权？（4 分）

参考答案：不享有。（1 分）根据《担保制度解释》第 54 条第 4 项的规定，动产抵押权未经登记，不得对抗破产债权人。（2 分）既然不能对抗破产债权人，即说明其抵押权不能对破产债权人产生不利影响，故其不能就该设备主张优先受偿，即不享有破产别除权。（1 分）

考点 破产别除权；动产抵押登记对抗效力

科目融合模拟案例八

一、题目（本题56分）

2016年10月1日，张某、李某和王某三人发起设立A贸易公司（以下简称“A公司”），其中张某以500万元现金出资，李某以一栋房屋（M房屋）作价500万元出资，王某以一块建设用地使用权（N地）作价600万元出资，均已经完成出资义务。为了更好发展，A公司以股东会过半数通过作出了3年不分红决议，股东张某对此持反对意见，因此引发纠纷，诉至法院，法院查明A公司章程并没有约定分红问题。后张某将A公司的股权质押给崔某，担保对崔某的借款，并办理了股权质押登记。借款到期后，崔某一直未主张债权，诉讼时效经过后，张某又以该股权出资，设立了P公司。

2017年10月10日，A公司去中国移动办理了移动商业套餐业务，移动公司为此赠送给A公司10台微波炉。后1台微波炉爆炸，引发火灾，给A公司造成了重大损失，由于投保火灾险，A公司从乙保险公司获得50万元保险金。乙保险公司因为追偿问题与移动公司发生纠纷。

2017年10月20日，A公司打算在N地上建设厂房，于是将该工程交付给C公司建设。约定厂房建成验收合格后，工程款由A公司分期支付，每年1月底支付100万元，共计支付5年。约定任何一方违约导致该施工合同解除的，必须赔偿对方200万元违约金。

2017年11月，王某欲将自己的股权转让给汤某，双方签订了《股权转让协议》《股款分期付款协议》。双方约定王某将自己持有的A公司的股权转让给汤某，股权合计110万元。汤某分四期付清，双方约定此协议双方签字生效，永不后悔。汤某按期支付了第一期价款，但第二期并未支付。王某催告后向汤某送达《关于解除协议的通知》。汤某收到通知后的第二日即支付了第二期价款，并按照约定的时间、数额履行了剩余几期款项。王某以合同已经解除为由，如数退还。汤某遂起诉到法院。据查，该股权已经变更至汤某名下。法院还查明，王某之所以坚持解除合同是因为其欲将股权以更高价格卖给刘某。

2017年11月10日，郑某欲对A公司进行投资，为了消除郑某的疑虑，A公司与郑某签订了《战略投资协议》，协议中约定郑某以100万元现金出资，享有5%的股权。2年后如A公司的年营业额无法达到5000万元，则A公司需在之后的5年内每年补偿郑某20万元。

2019年1月1日，A公司设立后为生产经营需要，向甲银行借贷200万元，借期2年，以M房屋为抵押，并设立抵押登记。

2019年底，C公司如期完工并交付厂房，A公司迟迟未如约支付工程款。2021年8月，未获得任何工程款的C公司将A公司诉至法院，主张分期付款的解除权，提出请求如下：①解除合同；②A公司一次性支付剩余价款；③支付200万元违约金。庭审中，双方围绕能否适用《民法典》第634条进行了激烈的辩论。

2019年，A公司的年营业额没有达到5000万元，故郑某要求A公司履行协议，补偿自己20万元，遭到拒绝，郑某将A公司诉至法院。法院审查后驳回了郑某的请求。2020年，郑某又就此事诉至法院，要求A公司补偿自己。

2020年5月1日，M房屋被B县政府征收，获得征收补偿款600万元。B县政府将该笔款项汇至A公司账户，A公司将该笔款项作为货款支付给了D公司。

2020年10月，A公司发现办公室电话无法使用，去移动公司询问才知道当初办理的套餐业务格式合同中有两个条款：其一，充值后费用不退，3年后，中国移动有权终止合同；其二，双方发生纠纷应由上海仲裁委仲裁。A公司将其诉至法院，认为其没有尽到提示说明义务，要求其承担擅自终止服务的违约责任。中国移动提出了管辖权异议，双方都没办法证明是否尽到提示说明义务。

2021年，甲银行债权到期得不到清偿，要求B县政府给付600万元补偿金，而B县政府认为自己已经支付过，拒绝给付。双方因此引发纠纷，诉至法院，法院审理中发现甲银行早就得知拆迁事实，但未采取过任何措施。

注：《民法典》第634条：分期付款的买受人未支付到期价款的数额达到全部价款的1/5，经催告后在合理期限内仍未支付到期价款的，出卖人可以请求买受人支付全部价款或者解除合同。出卖人解除合同的，可以向买受人请求支付该标的物的使用费。

问题：

1. 公司作出3年不分红决议效力如何？（4分）

2. 张某以已经出质的股权出资是否存在问题？为什么？（5分）

3. 乙保险公司是否有权向移动公司追偿？（5分）

4. A公司与C公司的纠纷中，如果你是法官，你是否会适用《民法典》第634条支持C公司的解除请求？（6分）

5. C公司能否既要求解除合同，又要求一次性支付全部工程款？（5分）

6. 在王某与汤某的股权转让纠纷中，假如你是法官，是会支持合同解除还是支持继续履行？（6分）

7. 郑某与A公司之间的《投资协议》效力如何？法院是否支持郑某诉讼请求的考量是什么？郑某的第二次诉讼是否构成重复起诉？（8分）

8. 甲银行是否有权要求B县政府支付600万元补偿金？该案的诉讼当事人如何列明？（6分）

9. 甲银行是否有权向D公司主张追回该笔款项，并就该笔款项主张优先受偿？（5分）

10. 关于A公司与移动公司的诉讼，移动公司的管辖权异议是否成立？A公司是否有权追究移动公司的违约责任？（6分）

法律关系图

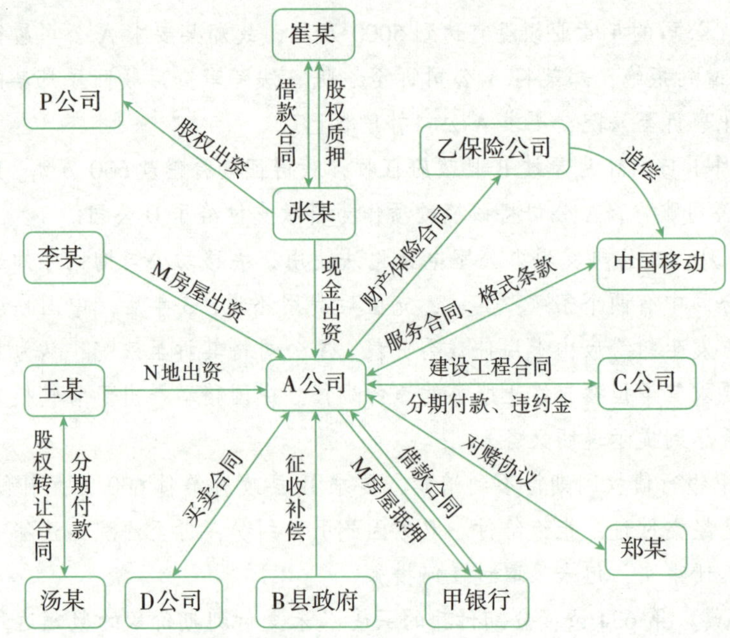

二、答案解析

1. 公司作出3年不分红决议效力如何？（4分）

参考答案： 有效。（1分）《公司法》及其司法解释并没有强制性规定公司必须在几年内分红，只规定了一旦决定分红，应该在1年内完成利润分配。（2分）既然没有强制性规定，且分红问题属于一般事项（1分），决议经过股东会表决权过半数通过就是有效的。本案的决议经过了股东会过半数表决权通过，故而有效。

考点 分红规则；决议效力

2. 张某以已经出质的股权出资是否存在问题？为什么？（5分）

参考答案： 不存在问题。（1分）股权出资要求股权没有权利瑕疵或者权利负担。（1分）本案中的股权虽然已经被质押，但该质权实际上已经消灭。（1分）因为根据《担保制度解释》第44条第3款的规定，股权质权人应该在主债权诉讼时效期间内行使质权，否则质权消灭。（2分）本案中，股权质押担保的债权诉讼时效已经经过，故股权质权消灭，因此该股权之上没有权利瑕疵。张某的出资不存在问题。

考点 担保权的实现期间规则

3. 乙保险公司是否有权向移动公司追偿？（5分）

参考答案：［答案1］有权。（1分）根据《保险法》第60条第1款的规定，财产保险中，保险公司在承担保险责任后对第三人享有追偿权。（2分）本案中，微波炉虽然是移动公司的赠与物，但其本质上并非无偿，而是一种销售手段，因此移动公司应视为销售者。（1分）

因产品缺陷造成损害的，生产者与销售者承担不真正连带责任。（1分）故A公司可以请求移动公司承担侵权责任，故乙保险公司在支付完赔偿金后享有对侵权责任人的保险代位权。

［答案2］无权。（1分）根据《保险法》第60条第1款的规定，财产保险中，保险公司在承担保险责任后对第三人享有追偿权。（2分）本案中，移动公司对于微波炉不构成持续销售，不能被视为销售者，故其不承担产品责任，而应该由生产者承担。（2分）故乙保险公司也不能代位对移动公司进行追偿，只能向生产者进行追偿。

考点 捆绑销售行为的定性；保险人代位权；产品责任

4. A公司与C公司的纠纷中，如果你是法官，你是否会适用《民法典》第634条支持C公司的解除请求？（6分）

参考答案：支持。（2分）根据《民法典》第634条第1款的规定，分期付款的买受人未支付到期价款的数额达到合同总价款的1/5，经催告后在合理期限内仍未支付到期价款的，出卖人可以请求解除合同或者请求买受人支付全部价款。根据《民法典》第646条的规定，其他有偿合同，法律没有特别规定的，参照适用买卖合同的规定处理。（2分）本案中的合同虽然属于建设工程合同，但是法律对于工程款的分期支付并没有特殊规定（2分），故可以参照适用买卖合同分期付款的相关规定。

考点 买卖合同参照适用规则

5. C公司能否既要求解除合同，又要求一次性支付全部工程款？（5分）

参考答案：可以。（2分）根据《民法典》第566条第1款的规定，合同解除后，已经履行的，根据履行情况和合同性质，当事人可以请求恢复原状或者采取其他补救措施，并有权请求赔偿损失。（2分）本案中，合同解除后，不适宜恢复原状，为弥补C公司的损失，可以要求一次性支付剩余价款。（1分）

考点 合同解除效果

6. 在王某与汤某的股权转让纠纷中，假如你是法官，是会支持合同解除还是支持继续履行？（6分）

参考答案：支持继续履行合同。（1分）理由如下：

（1）虽然本案符合《民法典》第634条的适用规则，但该条文除了规定可以解除之外，也规定了继续履行。而本案的协议中双方通过“签字生效，永不后悔”的约定排除了解除权的行使，此为双方当事人真实的意思表示，故而应当予以尊重。因此判决继续履行符合当事人真实意思。（2分）

（2）股权转让合同与普通的买卖合同还是有所区别的，其更追求合同目的的实现与快速解决纠纷、促使合同的全面履行。（1分）本案中，股权已经完成变更登记，买受人汤某也已经按协议的约定支付了全部的剩余价款，因此支持继续履行合同更有利于实现股权转让合同目的的实现，快速解决纠纷，也更有利于交易安全的维护。并且，王某主张解除合同的目的也有违诚信原则，判决继续履行更能体现诚信原则。（2分）

考点 合同解除权；诚信原则

7. 郑某与A公司之间的《投资协议》效力如何？法院是否支持郑某的诉讼请求的考量是什么？郑某的第二次诉讼是否构成重复起诉？（8分）

参考答案：

（1）协议有效。（1分）该投资协议的本质属于对赌协议。该对赌协议不存在法定无效事由，是双方当事人的真实意思表示，满足《民法典》第143条规定的有效要件，故而有效。（1分）

（2）根据《九民纪要》的规定，对于与目标公司的金钱补偿类的对赌协议的实际履行请求权，人民法院应当依据《公司法》关于“股东不得抽逃出资”和关于利润分配的强制性规定进行审查。经审查，目标公司没有利润或者虽有利润但不足以补偿投资方的，人民法院应当驳回或者部分支持其诉讼请求。（3分）

（3）不构成重复起诉。（1分）重复起诉的前提是没有新事实和新理由，而补偿性回购是根据当年的经营营利具体情况作出的判决。新一年的经营情况，属于新的事实。（1分）而且《九民纪要》也规定，今后目标公司有利润时，投资方还可以依据该事实另行提起诉讼。（1分）因此郑某的第二次诉讼不构成重复起诉。

考点 对赌协议

8. 甲银行是否有权要求B县政府支付600万元补偿金？该案的诉讼当事人如何列明？（6分）

参考答案：

（1）无权主张。（1分）抵押权人享有物上代位权，根据《担保制度解释》第42条第2款的规定，关键在于抵押权人是否履行了通知义务：给付义务人已经向抵押人给付，抵押权人请求给付义务人向其给付的，人民法院不予支持，但是给付义务人接到抵押权人要求向其给付的通知后仍然向抵押人给付的除外。（2分）本案中，抵押权人甲银行并没有通知，因此B县政府向A公司的给付是有效的。

（2）根据《担保制度解释》第42条第3款的规定，抵押权人请求给付义务人向其给付保险金、赔偿金或者补偿金的，人民法院可以通知抵押人作为第三人参加诉讼。（1分）故本案中的当事人诉讼地位如下：抵押权人甲银行为原告，给付义务人B县政府为被告，抵押人A公司为无独立请求权第三人。（2分）

考点 抵押物物上代位性

9. 甲银行是否有权向D公司主张追回该笔款项，并就该笔款项主张优先受偿？（5分）

参考答案：无权追回，没有优先权。（2分）抵押权人享有物上代位性，可以就担保物毁损、灭失的补偿金等主张优先受偿。但根据金钱占有即所有的规则，金钱担保必须特定化，当金钱担保丧失特定性时，就不再属于抵押担保的范围。（2分）本案中，该笔款项已经被第三人取得，丧失特定性，故不再属于担保范围，甲银行没有优先权。（1分）

考点 金钱担保

10. 关于A公司与移动公司的诉讼，移动公司的管辖权异议是否成立？A公司是否有权追究移动公司的违约责任？（6分）

参考答案：管辖权异议不成立，可以追究移动公司的违约责任。（2 分）对消费者有重要影响的格式条款，提供格式条款的一方当事人需要尽到提示、说明义务，而该义务的举证责任由提供者承担（1 分），故当事实处于真伪不明的状态时，推定格式条款的提供者没有尽到提示、说明义务，则根据《民法典》第 496 条第 2 款的规定，对方可以主张该条款不成为合同的内容（2 分）。因此，本案中的仲裁条款与移动公司的单方解除条款均不成为合同的内容，故管辖权异议不成立，移动公司也没有解除权，其擅自停止服务构成违约，应当承担违约责任。（1 分）

考点 格式合同规则；举证责任

第三编　商法真题破译

2023年商法真题回忆版

一、题目（本题28分）

2019年1月，甲公司、乙公司、张三、李四共同出资设立A公司，持股比例分别为49%、34%、10%、7%，注册资本为3000万元。公司章程规定："自然人股东需在公司设立时缴纳全部出资，法人股东在公司设立时需缴纳认缴出资的50%，剩余出资5年内缴足。法定代表人对外签订100万元以上的合同必须经过股东会决议"。董事会由赵六（甲公司委派）、刘七（乙公司委派）、张三、李四组成。其中，赵六担任法定代表人兼总经理。

乙公司在其他股东放弃优先购买权的前提下，将股权转让给了外部的丙公司并办理了变更登记。之后，为了公司股东的稳定，赵六提议召开股东会修改公司章程，决议"股东5年内不得对外转让股权"。持股7%的股东李四对此投反对票，其他股东均同意。由于公司相关人员的疏忽，并未将修改后的公司章程进行变更登记。

李四和外部的第三人王五签订股权转让合同，伪造了其他股东放弃优先购买权的声明，隐瞒"股东5年内不得对外转让股权"的章程规定。之后，王五请求A公司办理股权变更登记被拒绝。

赵六擅自以A公司的名义和D公司签订担保协议，为外部的C公司和D公司之间60万元的买卖合同提供担保。后因赵六和甲公司的董事长不合，于是书面辞去A公司的法定代表人职务，但是尚未办理法定代表人的变更手续。

B公司是A公司的老客户，且不知道赵六已经离职。B公司有个项目找到赵六，赵六为了A公司的利益，便以A公司的名义与B公司签订了合作协议。

2022年3月，E公司对A公司享有的800万元债权到期，A公司未能清偿。E公司取得法院的胜诉判决后，申请法院强制执行A公司的法人股东甲公司未缴足的出资。

问题：

1. A公司章程中"股东5年内不得对外转让股权"的规定，对投反对票的股东李四是否具有约束力？为什么？（5分）

2. 李四和王五之间的股权转让合同是否有效？王五能否善意取得该股权？为什么？（4分）

3. D公司能否要求A公司承担担保责任？为什么？（5分）

4. 赵六辞去法定代表人的职务是否生效？为什么？（5 分）

5. 赵六和 B 公司签订的合同是否有效？为什么？（4 分）

6. E 公司能否申请强制执行法人股东甲公司未缴足的出资？为什么？（5 分）

法律关系图

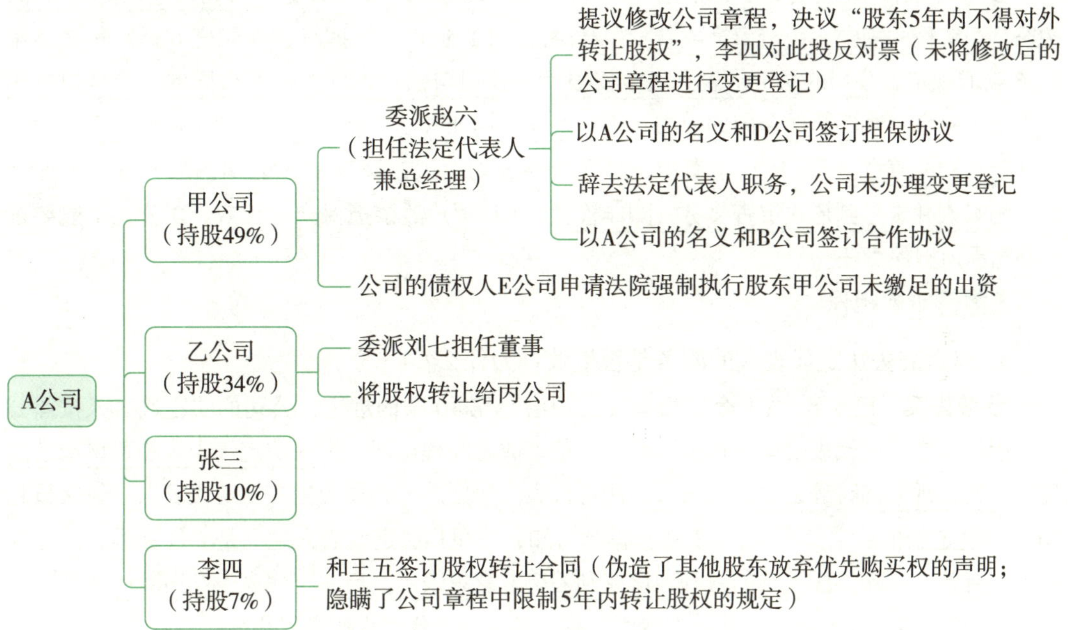

二、答案解析

1. A 公司章程中“股东 5 年内不得对外转让股权”的规定，对投反对票的股东李四是否具有约束力？为什么？（5 分）

参考答案：具有约束力。（1 分）根据《公司法》第 84 条第 3 款的规定，公司章程对股权转让另有规定的，从其规定。（1 分）本案中，A 公司章程中“股东 5 年内不得对外转让股权”的规定并非禁止性规定，只是限制性规定，故并不违法。（2 分）公司基于人合性的考虑，可以作出有关股权转让的限制性规定。并且，公司修改章程属于重大事项之一，需 2/3 以上表决权通过。本案中，李四持股 7%，达不到否决该决议效力的比例。因此，该决议对李四具有约束力。（1 分）

考点 股权转让

2. 李四和王五之间的股权转让合同是否有效？王五能否善意取得该股权？为什么？（4 分）

参考答案：股权转让合同有效，王五不能善意取得该股权。（2 分）虽然 A 公司章程规定股东 5 年内不得转让股权，但是该规定属于内部规定，不得对抗外部第三人。（1 分）李四转让股权属于有权处分，不适用善意取得制度。（1 分）因此，李四和王五之间的股权转让合同合法有效，且其他股东并未主张行使优先购买权，故受让人王五可以合法取得该股权，但不是善意取得。

考点 股权转让

3. D公司能否要求A公司承担担保责任？为什么？（5分）

参考答案：不能。（1分）根据《公司法》第15条第1款的规定，公司为他人提供担保，按照公司章程的规定，由董事会或者股东会决议。（1分）另根据《担保制度解释》第7条第1、3款的规定，公司的法定代表人超越权限代表公司与相对人订立担保合同的，应当根据相对人是否善意来判断担保合同的效力。相对人有证据证明已对公司决议进行了合理审查的，应当认定其构成善意。（2分）本案中，赵六未经公司决议，擅自以A公司的名义签订担保合同，相对人并未尽到形式审查义务，即非善意。（1分）故该担保合同无效，D公司不能要求A公司承担担保责任。

考点 越权担保

4. 赵六辞去法定代表人的职务是否生效？为什么？（5分）

参考答案：已生效。（1分）根据《公司法》第10条的规定，公司的法定代表人按照公司章程的规定，由代表公司执行公司事务的董事或者经理担任。担任法定代表人的董事或者经理辞任的，视为同时辞去法定代表人。法定代表人辞任的，公司应当在法定代表人辞任之日起30日内确定新的法定代表人。（2分）据此可知，公司和法定代表人之间是委任关系，法定代表人享有单方解除委托关系的权利，该权利为单方意思表示，自法定代表人作出辞任意思表示到达公司时生效。（2分）因此，本案中，赵六辞去法定代表人职务已生效。

考点 法定代表人辞任

5. 赵六和B公司签订的合同是否有效？为什么？（4分）

参考答案：有效。（1分）根据《公司法》第34条的规定，公司登记事项发生变更的，应当依法办理变更登记。公司登记事项未经登记或者未经变更登记，不得对抗善意相对人。（2分）本案中，虽然赵六已辞任，但是因公司未办理法定代表人的变更手续，故不能对抗外部的善意第三人。外部第三人B公司以为赵六仍然是A公司的法定代表人，即B公司属于善意相对人。（1分）故赵六和B公司签订的合同合法有效。

考点 公司登记

6. E公司能否申请强制执行法人股东甲公司未缴足的出资？为什么？（5分）

参考答案：［答案1］不可以。（1分）根据《公司法》第54条的规定，公司不能清偿到期债务的，公司或者已到期债权的债权人有权要求已认缴出资但未届出资期限的股东提前缴纳出资。（2分）本案中，A公司不能清偿到期债务，则债权人E公司有权要求未缴足出资的股东甲公司提前缴纳出资。但此处的加速到期是向“公司”缴纳，而不是直接向公司的债权人清偿。（2分）故债权人E公司不能请求强制执行甲公司未缴足的出资。

［答案2］可以。（1分）根据《公司法》第54条的规定，公司不能清偿到期债务的，公司或者已到期债权的债权人有权要求已认缴出资但未届出资期限的股东提前缴纳出资。（2分）

本案中，A 公司不能清偿到期债务，则债权人 E 公司有权要求未届出资期限的股东甲公司提前缴纳出资，即在未出资的本息范围内对 A 公司不能清偿的部分承担补充赔偿责任。（2 分）故债权人 E 公司可以请求强制执行甲公司未缴足的出资。

考点 出资加速到期

2024 年商法真题回忆版

一、题目（本题 28 分）

利达公司于 2021 年 9 月 10 日成立，股东甲、乙、丙、丁、戊分别持股 37%、4%、5%、6%、48%，其中，甲担任法定代表人和董事，董事会成员为 3 人。公司章程规定，出资期限为 3 年。

2023 年 8 月，甲经董事会同意后，与其妻子刘某控制的 A 公司签订了一份设备买卖合同。后利达公司发现该笔订单价格偏高，且购买的设备存在瑕疵，严重影响了利达公司的产能。

2024 年 10 月 10 日，甲在实缴了一半出资后，告知其他股东，其将以 400 万元的价格对外转让股权。其他股东召开股东会（未通知甲），经一致决议不同意转让。2024 年 11 月 12 日，甲将股权转让给了金某，并对金某声称已经缴纳全部出资。后金某请求利达公司变更股东名册和工商登记，利达公司以甲转让股权未经股东会同意为由拒绝。

2024 年 11 月 25 日，甲在转让全部股权后，又以利达公司的名义和 B 公司签订了产品买卖合同。后利达公司以甲不具有法定代表人身份为由，主张该产品买卖合同无效。

2024 年 12 月，利达公司请求甲和金某在出资不足的范围内承担连带责任，金某主张自己不应承担连带责任。

问题：

1. 对于甲以利达公司的名义和 A 公司签订的设备买卖合同，甲是否需要承担赔偿责任？（4 分）

2. 股东会决议不同意甲向金某转让股权，利达公司能否主张股权转让合同无效？（4 分）

3. 金某能否单独请求利达公司变更股东名册和工商登记？若利达公司拒绝，金某能否单独提起诉讼？（5 分）

4. 甲在转让全部股权后，是否立即丧失法定代表人和董事身份？（5 分）

5. 甲在转让全部股权后，又以利达公司的名义与 B 公司签订产品买卖合同，利达公司能否主张该产品买卖合同无效？（5 分）

6. 甲将股权转让给金某后，金某主张不承担连带责任是否成立？（5 分）

法律关系图

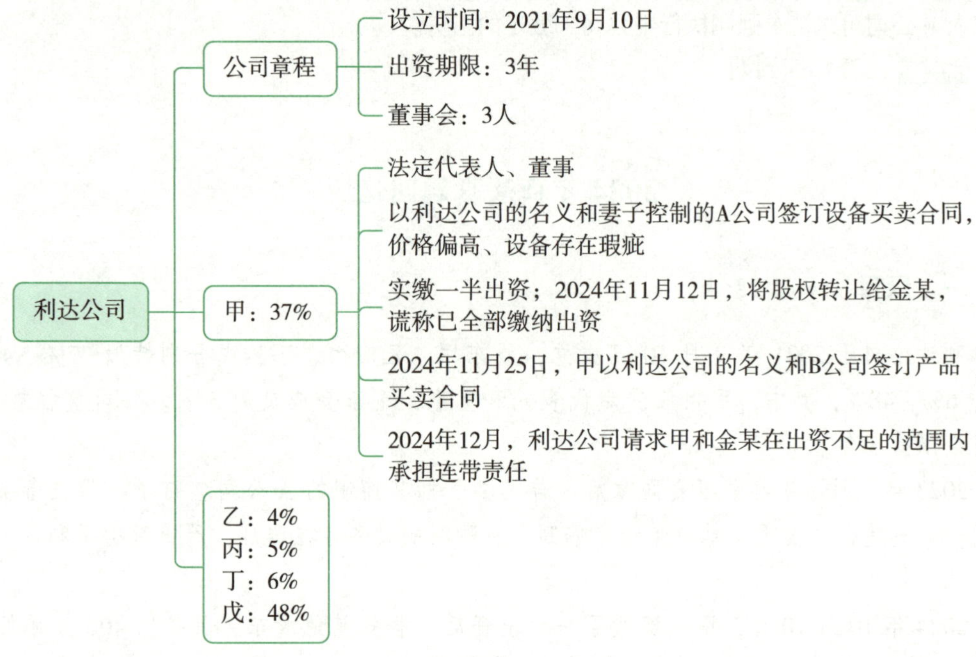

二、答案解析

1. 对于甲以利达公司的名义和A公司签订的设备买卖合同，甲是否需要承担赔偿责任？（4分）

参考答案：需要。（1分）根据《公司法》第182条第2款的规定，董事的近亲属直接或间接控制的企业与公司订立合同或者进行交易的，属于关联交易。又根据《公司法》第188条的规定，董事、监事、高级管理人员执行职务违反法律、行政法规或者公司章程的规定，给公司造成损失的，应当承担赔偿责任。（2分）（或根据《公司法解释（五）》第1条第1款的规定，关联交易损害公司利益，原告公司依法请求控股股东、实际控制人、董事、监事、高级管理人员赔偿所造成的损失，被告仅以该交易已经履行了信息披露、经股东会同意等法律、行政法规或者公司章程规定的程序为由抗辩的，人民法院不予支持）本案中，董事甲以利达公司的名义和其妻子刘某控制的A公司签订设备买卖合同，属于关联交易。由于订单价格偏高，且设备存在瑕疵，给利达公司造成了损失，因此，即便经过了董事会同意，对于给公司造成的损失，甲仍然要承担赔偿责任。（1分）

考点 关联交易

2. 股东会决议不同意甲向金某转让股权，利达公司能否主张股权转让合同无效？（4分）

参考答案：不能。（1分）根据《公司法》第84条第2款的规定，股东向股东以外的人转让股权的，应当将股权转让的数量、价格、支付方式和期限等事项书面通知其他股东，其他股东在同等条件下有优先购买权。（2分）可知，股东对外转让股权的，只需通知其他股东，无需经过股东会决议，也无需其他股东同意。（1分）本案中，股东甲向金某转让股权，虽然股东会决议不同意该转让事项，但不影响股权转让合同的效力。

考点 股权转让的程序

3. 金某能否单独请求利达公司变更股东名册和工商登记？若利达公司拒绝，金某能否单独提起诉讼？（5分）

参考答案：均可以。（2分）根据《公司法》第86条第1款的规定，股东转让股权的，应当书面通知公司，请求变更股东名册；需要办理变更登记的，并请求公司向公司登记机关办理变更登记。公司拒绝或者在合理期限内不予答复的，转让人、受让人可以依法向人民法院提起诉讼。（2分）本案中，股东甲向金某转让股权后，转让人甲和受让人金某都可以请求利达公司变更股东名册和工商登记。若利达公司拒绝，金某可以单独向法院提起诉讼。（1分）

考点 股权转让后的变更登记

4. 甲在转让全部股权后，是否立即丧失法定代表人和董事身份？（5分）

参考答案：不丧失。（1分）根据《公司法》第10条第1、2款的规定，公司的法定代表人按照公司章程的规定，由代表公司执行公司事务的董事或者经理担任。担任法定代表人的董事或者经理辞任的，视为同时辞去法定代表人。（2分）可知，担任法定代表人的董事甲辞任的，视为同时辞去法定代表人。但这并不代表股东身份丧失，就会导致法定代表人和董事身份的丧失。除非利达公司召开股东会，解任甲的董事职务，此时，其法定代表人身份才会丧失。（2分）因此，本案中，担任法定代表人和董事的甲在转让全部股权后，不会立即丧失法定代表人和董事身份。

考点 法定代表人和董事的变更

5. 甲在转让全部股权后，又以利达公司的名义与B公司签订产品买卖合同，利达公司能否主张该产品买卖合同无效？（5分）

参考答案：不能。（1分）根据《公司法》第11条第1款的规定，法定代表人以公司名义从事的民事活动，其法律后果由公司承受。（2分）如前问所述，甲在转让全部股权后，不会立即丧失法定代表人和董事身份。（1分）既然甲仍是利达公司的法定代表人，当然有权代表利达公司对外签订合同。（1分）因此，甲以利达公司的名义和B公司签订产品买卖合同，利达公司不能主张该产品买卖合同无效。

考点 法定代表人的代表行为

6. 甲将股权转让给金某后，金某主张不承担连带责任是否成立？（5分）

参考答案：成立。（1分）根据《公司法》第88条第2款的规定，未按照公司章程规定的出资日期缴纳出资的股东转让股权的，转让人与受让人在出资不足的范围内承担连带责任；受让人不知道且不应当知道存在上述情形的，由转让人承担责任。（2分）本案中，股东甲于2024年11月12日将股权转让给了金某，此时出资期限已届满，甲未缴足出资，其股权属于瑕疵股权，但受让人金某并不知情（2分），因此，金某主张不承担连带责任应当成立。

考点 瑕疵股权转让的后果

第四编　商法模拟演练

商法模拟案例一

一、题目（本题 28 分）

2019 年 4 月，甲、乙、丙、丁共同成立 A 公司，注册资本为 100 万元，四人分别持股 37%、30%、20%、13%，均为认缴出资，未实缴。公司章程规定，A 公司的出资期限为 2025 年 4 月；股东甲担任公司总经理、法定代表人。

2021 年 3 月 10 日，乙和第三人陈某签订了《借款合同》，约定乙向陈某借款 50 万元，借款期限为 6 个月。2021 年 4 月 10 日，乙和陈某签订了《股权转让协议》，约定：乙将其名下的股权转让给陈某，2021 年 9 月 10 日，乙将以 53 万元的价格回购该股权。若乙到期不履行回购义务，则股权归陈某所有。但由于疏忽，乙并未为陈某办理股权变更登记。

2022 年 5 月，A 公司召开股东会，包括甲、乙在内的全体股东均到会。股东会以占股 67% 的表决权通过了决议，决议内容为：A 公司给予甲、乙两位股东福利款 40 万元。丙、丁签字表示不同意。决议作出后，A 公司通过转账的方式向甲、乙支付了 40 万元。丙、丁诉至法院，请求确认上述股东会决议无效。诉讼中，丙、丁认为 A 公司发放的 40 万元是分红款，但 A 公司认为不是分红款，而是一种福利。

2023 年，A 公司欠了多笔债务，甲、乙、丙、丁四人经协商，共同签署了《合作终止协议》。在甲、乙、丙向公司登记机关申请注销登记时，丁未在申请书上签字。后丁向法院请求认定 A 公司仍处于经营状态，不具备强制解散的原因，请求法院判令 A 公司不予解散。

问题：

1. 若甲辞去 A 公司的总经理职务，还能否继续担任 A 公司的法定代表人？为什么？（4 分）

2. 如何评价乙和陈某之间的《股权转让协议》？若乙到期不履行回购义务，则陈某是否有权就该股权优先受偿？为什么？（6 分）

3. 丙、丁二人请求确认股东会决议无效的主张能否得到支持？为什么？（6 分）

4. 丁请求法院判令 A 公司不予解散的主张能否得到支持？为什么？（4 分）

5. 甲、乙、丙、丁四人均未实缴出资，A 公司的债务应当如何处理？（4 分）

6. 若甲、乙、丙、丁四人共同签署《债务清偿承诺书》（承诺 A 公司已清偿全部债务）后申请注销，经公司登记机关公告后，A 公司成功注销，则 A 公司的债权人该如何救济？（4 分）

法律关系图

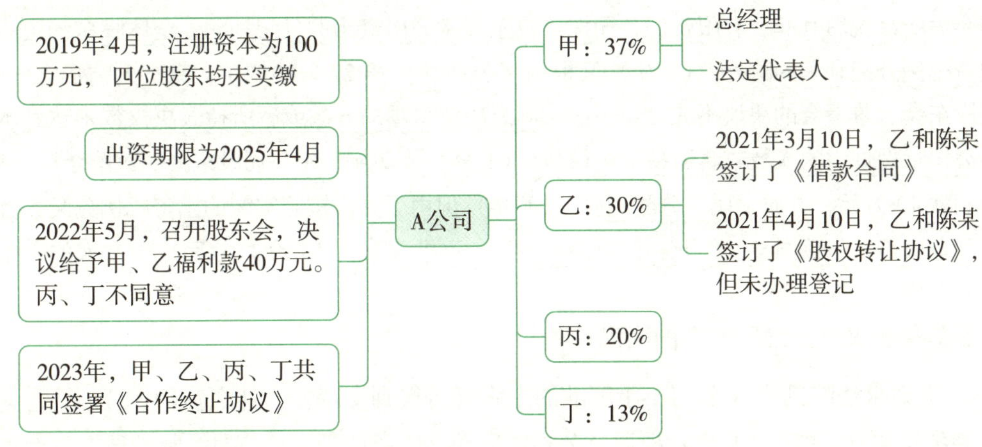

二、答案解析

1. 若甲辞去A公司的总经理职务，还能否继续担任A公司的法定代表人？为什么？（4分）

参考答案：不能。（1分）根据《公司法》第10条第2款的规定，担任法定代表人的董事或者经理辞任的，视为同时辞去法定代表人。（2分）本案中，若甲辞去A公司的总经理职务，则视为同时辞去法定代表人，不能再继续担任A公司的法定代表人。（1分）

考点 法定代表人的辞任

2. 如何评价乙和陈某之间的《股权转让协议》？若乙到期不履行回购义务，则陈某是否有权就该股权优先受偿？为什么？（6分）

参考答案：

（1）该《股权转让协议》在性质上为股权让与担保（1分），其中，关于“若乙到期不履行回购义务，则股权归陈某所有”的约定属于流质约款，该约定无效，但是不影响二人关于担保的意思表示的效力（1分）。

（2）若乙到期不履行回购义务，则陈某无权就该股权优先受偿。（1分）根据《担保制度解释》第68条第3款的规定，债务人与债权人约定将财产转移至债权人名下，在一定期间后再由债务人以交易本金加上溢价款回购，债务人到期不履行回购义务，财产归债权人所有的，应当认定该约定无效，但是不影响当事人有关提供担保的意思表示的效力。当事人已经完成财产权利变动的公示，债务人不履行回购义务的，债权人有权请求对财产折价或者以拍卖、变卖所得的价款优先受偿。（2分）本案中，股东乙和陈某之间的《股权转让协议》在性质上属于股权让与担保，其中，关于“若乙到期不履行回购义务，则股权归陈某所有”的约定属于流质约款，该约定无效，但是不影响二人关于担保的意思表示的效力。但由于并未办理股权变更登记（1分），因此，在乙到期不履行回购义务时，陈某无权就该股权优先受偿。

考点 股权让与担保

3. 丙、丁二人请求确认股东会决议无效的主张能否得到支持？为什么？（6分）

参考答案： 不能。（1分）根据《公司法》第210条第4款的规定，公司弥补亏损和提取公积金后所余税后利润，有限责任公司按照股东实缴的出资比例分配利润，全体股东约定不按照出资比例分配利润的除外。（2分）又根据《公司法》第27条的规定，有下列情形之一的，公司股东会、董事会的决议不成立：……④同意决议事项的人数或者所持表决权数未达到本法或者公司章程规定的人数或者所持表决权数。（1分）本案中，A公司股东会决议给予股东甲、乙福利款40万元，本质上属于分配利润。（1分）但由于并未按照实缴的出资比例分配，且并未达到全体股东一致同意，因此，该决议不成立，而非无效。（1分）故丙、丁二人的主张不能得到支持。

考点 决议效力（不成立的决议）

4. 丁请求法院判令A公司不予解散的主张能否得到支持？为什么？（4分）

参考答案： 不能。（1分）根据《公司法》第231条的规定，公司经营管理发生严重困难，继续存续会使股东利益受到重大损失，通过其他途径不能解决的，持有公司10%以上表决权的股东，可以请求人民法院解散公司。（1分）又根据《公司法》第229条第1款的规定，公司因下列原因解散：①公司章程规定的营业期限届满或者公司章程规定的其他解散事由出现；②股东会决议解散；（1分）③因公司合并或者分立需要解散；④依法被吊销营业执照、责令关闭或者被撤销；……本案中，甲、乙、丙、丁四人协商一致后共同签署了《合作终止协议》，属于股东会决议解散公司的情形，无需适用司法强制解散。（1分）因此，丁的主张不能得到支持。

考点 公司解散的一般情形

5. 甲、乙、丙、丁四人均未实缴出资，A公司的债务应当如何处理？（4分）

参考答案： 甲、乙、丙、丁四人应当在认缴出资的范围内对A公司债务承担连带清偿责任。（1分）根据《公司法解释（二）》第22条的规定，公司解散时，股东尚未缴纳的出资均应作为清算财产。股东尚未缴纳的出资，包括到期应缴未缴的出资，以及依法分期缴纳尚未届满缴纳期限的出资。公司财产不足以清偿债务的，债权人可以主张未缴出资股东，以及公司设立时的其他股东或者发起人在未缴出资范围内对公司债务承担连带清偿责任。（2分）可知，公司解散时，未届出资期限的股东出资均要加速到期。（1分）本案中，甲、乙、丙、丁四人自A公司成立后，始终未实缴出资，因此，在公司解散后，应当在各自认缴出资的范围内对A公司债务承担连带清偿责任。

考点 公司清算中的债务承担

6. 若甲、乙、丙、丁四人共同签署《债务清偿承诺书》（承诺A公司已清偿全部债务）后申请注销，经公司登记机关公告后，A公司成功注销，则A公司的债权人该如何救济？（4分）

参考答案： A公司的债权人可以请求甲、乙、丙、丁四人对A公司注销登记前的债务承担连带责任。（1分）根据《公司法》第240条第1、3款的规定，公司在存续期间未产生债务，或者已清偿全部债务的，经全体股东承诺，可以按照规定通过简易程序注销公司登记。公司通过简易程序注销公司登记，股东对公司已清偿全部债务的内容承诺不实的，应当对注销登记前的债务承担连带责任。（2分）可知，若甲、乙、丙、丁四人共同签署《债务清偿承诺书》，承诺A公司已清偿全部债务，但实际上并未全部清偿，则通过简易程序注销A公司后，A公司的债权人可以请求甲、乙、丙、丁四人对A公司注销登记前的债务承担连带责任。（1分）

考点 简易注销

商法模拟案例二

一、题目（本题28分）

材料公司成立于2006年3月，注册资本为100万元，股东为科技公司、建设公司、张某、余某，出资占比分别为40%、30%、20%、10%。公司章程规定，各股东最晚应当于2006年4月15日前缴足出资。科技公司委派董某担任材料公司的董事长、法定代表人，同时，董某也是科技公司的董事长、法定代表人。建设公司委派李某担任材料公司的监事。

2006年4月，科技公司以一套高新技术设备作为出资。后查明，该套设备为科技公司租赁所得，真正的所有权人是A公司。2006年5月，租期届满，A公司向材料公司主张返还该套设备。建设公司以一处厂房作价30万元作为出资，但该厂房的实际价值仅为20万元。张某、余某分别用现金实缴20万元、10万元。

2009年4月，董某以材料公司的名义和B公司签订买卖合同，但合同标的价格远高于市场价格，给材料公司造成了30万元的损失。对此，余某表示不满。

2013年，建设公司拟将其持有的材料公司的股权以31万元的价格（3日内一次性付清）转让给苏州公司，并向其余三位股东征询是否行使优先购买权。张某、余某均表示放弃；科技公司则在对材料公司近3年相关资料进行股权评估后，主张以16万元的价格购买建设公司持有的20%的股权。故建设公司提起诉讼，要求确认科技公司放弃优先购买权。

2014年10月，材料公司将注册资本增加至1000万元。其中，张某认缴出资200万元（实缴20万元），余某认缴出资100万元（实缴10万元），认缴期限均为2032年10月22日。2020年1月，余某将其股权转让给了张某。

2022年6月，法院作出生效判决，判令材料公司归还债权人蒋某借款及利息，经强制执行，材料公司无可供执行的财产。蒋某遂提起诉讼，要求材料公司的股东张某对材料公司的债务承担补充赔偿责任，余某作为股权转让人，对张某的上述责任承担连带责任。诉讼中，余某称其曾于2014年汇给材料公司100万元，材料公司也将该笔资金作为应付账款入账，故该100万元应作为其出资或至少应抵销其相应的出资义务。

问题：

1. A公司的主张能否得到支持？为什么？（4分）

2. 如何评价建设公司的出资？对此，建设公司应当承担何种责任？材料公司可以采取何种措施？（6分）

3. 对于董某以材料公司的名义和B公司签订买卖合同的行为，余某可以采取何种措

施？（4分）

4. 建设公司起诉要求确认科技公司放弃优先购买权的主张能否得到支持？为什么？（4分）

5. 债权人蒋某请求张某对材料公司不能清偿的债务承担补充赔偿责任、余某对此承担连带责任的主张能否得到支持？为什么？（6分）

6. 余某关于“其曾于2014年汇给材料公司100万元，该100万元应作为其出资或至少应抵销其相应的出资义务”的主张能否得到支持？为什么？（4分）

法律关系图

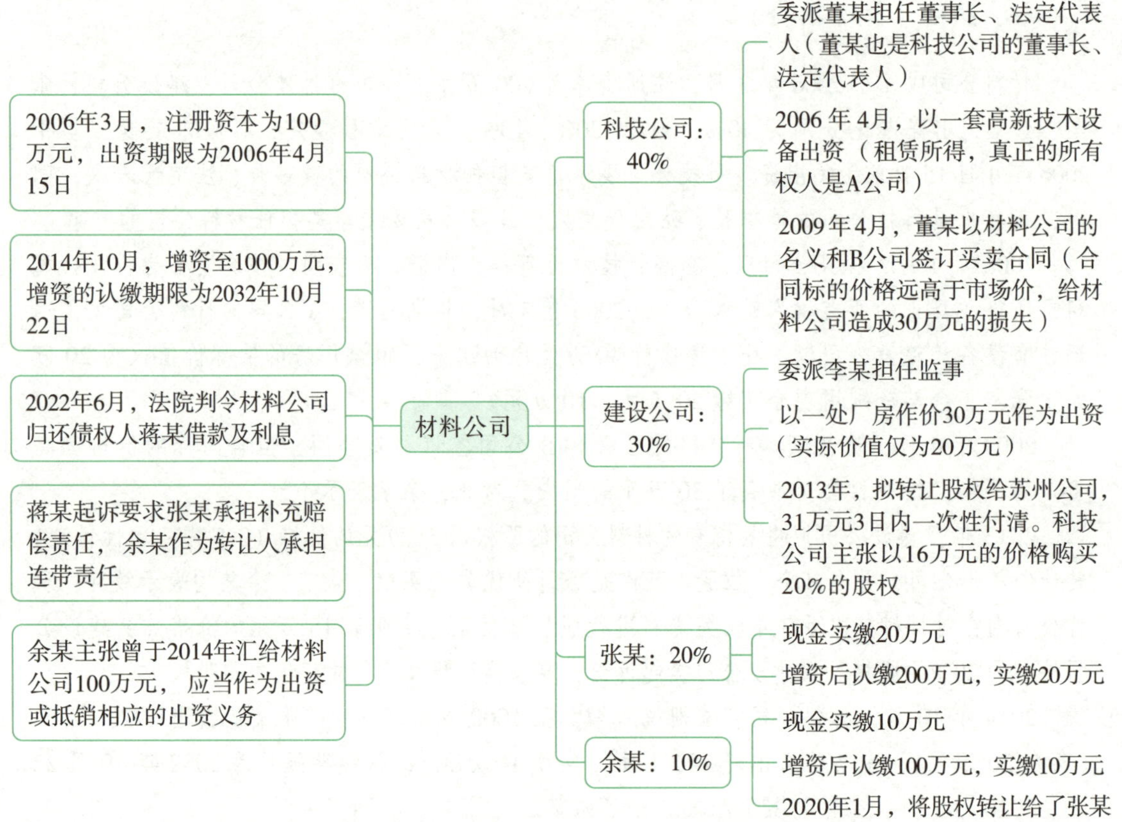

二、答案解析

1. A公司的主张能否得到支持？为什么？（4分）

参考答案：可以。（1分）根据《公司法解释（三）》第7条第1款的规定，出资人以不享有处分权的财产出资，当事人之间对于出资行为效力产生争议的，人民法院可以参照善意取得的规定予以认定。（2分）本案中，科技公司以一套租赁的高新技术设备作为出资，构成无权处分。其委派到材料公司担任董事长和法定代表人的董某同时是科技公司的董事长和法定代表人，因此，可以推定材料公司非善意，不能取得该套设备的所有权。（1分）故A公司请求返还该套设备的主张可以得到支持。

考点 以不享有处分权的财产出资的处理

2. 如何评价建设公司的出资？对此，建设公司应当承担何种责任？材料公司可以采取何种措施？（6分）

参考答案：建设公司属于出资不实（或虚假高估）。（1分）建设公司应当承担补足责任，其他三位发起人股东对此承担连带责任；此外，建设公司还要对给材料公司造成的损失承担赔偿责任。（1分）材料公司的董事会可以向建设公司发出催缴通知书（或材料公司可以要求建设公司在合理期限内补足出资）。（1分）根据《公司法》第49条第3款的规定，股东未按期足额缴纳出资的，除应当向公司足额缴纳外，还应当对给公司造成的损失承担赔偿责任。（1分）根据《公司法》第50条的规定，有限责任公司设立时，股东实际出资的非货币财产的实际价额显著低于所认缴的出资额的，设立时的其他股东与该股东在出资不足的范围内承担连带责任。（1分）根据《公司法》第51条第1款的规定，有限责任公司成立后，董事会应当对股东的出资情况进行核查，发现股东未按期足额缴纳公司章程规定的出资的，应当由公司向该股东发出书面催缴书，催缴出资。（1分）

考点 出资不实的法律责任

3. 对于董某以材料公司的名义和B公司签订买卖合同的行为，余某可以采取何种措施？（4分）

参考答案：余某可以书面请求监事李某对董某提起诉讼，若李某拒绝或30日内未起诉，则余某可以以自己的名义对董某提起股东代表诉讼。（1分）根据《公司法》第188条的规定，董事执行职务违反规定，给公司造成损失的，应当承担赔偿责任。又根据《公司法》第189条第1、2款的规定，有限责任公司的股东可以书面请求监事会向人民法院提起诉讼；监事会收到股东书面请求后拒绝提起诉讼，或者自收到请求之日起30日内未提起诉讼，或者情况紧急、不立即提起诉讼将会使公司利益受到难以弥补的损害的，股东有权为公司利益以自己的名义直接向人民法院提起诉讼。（2分）本案中，材料公司未设监事会，故由监事李某行使监事会的职权。董某签订的买卖合同的标的价格远高于市场价格，给材料公司造成了损失。股东余某可以书面请求监事李某对董某提起诉讼，若李某拒绝或30日内未起诉，则余某可以以自己的名义对董某提起股东代表诉讼。（1分）

考点 股东代表诉讼

4. 建设公司起诉要求确认科技公司放弃优先购买权的主张能否得到支持？为什么？（4分）

参考答案：可以。（1分）根据《公司法》第84条第2款的规定，股东向股东以外的人转让股权的，应当将股权转让的数量、价格、支付方式和期限等事项书面通知其他股东，其他股东在同等条件下有优先购买权。可知，股权对外转让中，其他股东必须以同等条件主张优先购买权。（2分）本案中，股东建设公司拟将其持有的材料公司的股权以31万元的价格（3日内一次性付清）转让给案外人苏州公司，而股东科技公司却主张以16万元的价格购买建设公司持有的20%的股权，其主张不符合行使优先购买权的“同等条件”。（1分）因此，可以认定科技公司已放弃优先购买权。

考点 主张优先购买权的同等条件

5. 债权人蒋某请求张某对材料公司不能清偿的债务承担补充赔偿责任、余某对此承担连带责任的主张能否得到支持？为什么？（6分）

参考答案： 请求张某承担补充赔偿责任的主张可以得到支持，请求余某对此承担连带责任的主张不能得到支持。（1分）根据《公司法》第88条第1款的规定，股东转让已认缴出资但未届出资期限的股权的，由受让人承担缴纳该出资的义务；受让人未按期足额缴纳出资的，转让人对受让人未按期缴纳的出资承担补充责任。（2分）又根据《公司法》第54条的规定，公司不能清偿到期债务的，公司或者已到期债权的债权人有权要求已认缴出资但未届出资期限的股东提前缴纳出资。（2分）本案中，股东余某将其股权转让给张某时，出资期限并未届满。对于债权人蒋某的债务，材料公司不能清偿时，蒋某有权要求已认缴出资但未届出资期限的股东张某承担补充赔偿责任，转让人余某对此承担补充责任，而非连带责任。（1分）故蒋某请求"张某对材料公司不能清偿的债务承担补充赔偿责任"的主张能够得到支持，"余某对此承担连带责任"的主张不能得到支持。

考点 未届期股权转让的责任承担；股东出资全面加速到期制度

6. 余某关于"其曾于2014年汇给材料公司100万元，该100万元应作为其出资或至少应抵销其相应的出资义务"的主张能否得到支持？为什么？（4分）

参考答案： 不能。（1分）根据《公司法》第49条第1、2款的规定，股东应当按期足额缴纳公司章程规定的各自所认缴的出资额。股东以货币出资的，应当将货币出资足额存入有限责任公司在银行开设的账户。（2分）本案中，余某在材料公司增资后认缴出资100万元，实缴10万元。其虽于2014年向材料公司转账100万元，但并未注明该笔资金为"投资款"或"出资款"，且材料公司将该笔资金作为应付账款入账，故该100万元不能认定为出资款，只能作为余某对材料公司享有的债权。（1分）因此，余某的主张不能得到支持。

考点 货币出资义务的履行

商法模拟案例三

一、题目（本题28分）

2010年4月，曾某、李某、朱某、A公司、B公司共同出资设立了乙有限责任公司（以下简称"乙公司"），注册资本为1870万元，各股东分别持股34.5%、25.5%、4.5%、24%、11.5%。公司章程规定，乙公司不设监事会，由曾某担任董事长、总经理兼法定代表人，李某担任财务负责人、监事。股东出资期限为2012年4月。

2012年6月，A公司向银行借款100万元。经2/3以上董事同意，董事会作出了同意乙公司为A公司向银行的借款债务提供担保的决议。据此决议，曾某代表乙公司和银行签订了《担保合同》。

2012年8月，朱某实际缴纳出资50万元，尚有34.15万元出资未缴纳。2012年9月，朱某将其名下的股权转让给了表弟高某。

2016年5月18日，经乙公司全体股东一致同意，决定引入外部投资者甲公司。2016年5月21日，甲公司与乙公司、曾某、李某、高某、A公司、B公司共同签订了《增资协议》，约定甲公司以增资扩股的方式向乙公司投资1500万元，占增资完成后乙公司股权的7.5%。同日，甲公司与乙公司、曾某、李某、高某、A公司、B公司签订了《补充协议》，约定：若乙公司2017年净利润未达到5000万元，则甲公司有权要求曾某、李某、高某、A公司、B公司或乙公司回购其持有的股权。回购价款的计算方式为：……

2016年5月23日，乙公司作出股东会决议，决定：公司注册资本由1870万元增加至2021万元，甲公司投资1500万元，其中151万元计入注册资本，曾某、李某、高某、A公司、B公司及甲公司的持股比例分别为32%、23.5%、4%、22%、11%、7.5%。

2018年5月11日，因乙公司2017年净利润未达到5000万元，甲公司分别向乙公司、曾某、李某、高某、A公司、B公司发送了《关于要求回购股权的函件》，以乙公司未完成净利润目标为由，要求乙公司、曾某、李某、高某、A公司、B公司回购其持有的乙公司全部股权。

问题：

1. 乙公司的组织机构的设置是否合法？为什么？（6分）
2. 曾某代表乙公司和银行签订的《担保合同》效力如何？为什么？（5分）
3. 乙公司是否需要对A公司的债务承担赔偿责任？为什么？（4分）
4. 朱某将其股权转让给高某后，出资义务应当由谁承担？为什么？（4分）
5. 甲公司与乙公司、曾某、李某、高某、A公司、B公司共同签订的《补充协议》效力如何？为什么？（4分）
6. 甲公司要求乙公司、曾某、李某、高某、A公司、B公司回购其持有的乙公司全部股权的主张能否得到支持？为什么？（5分）

法律关系图

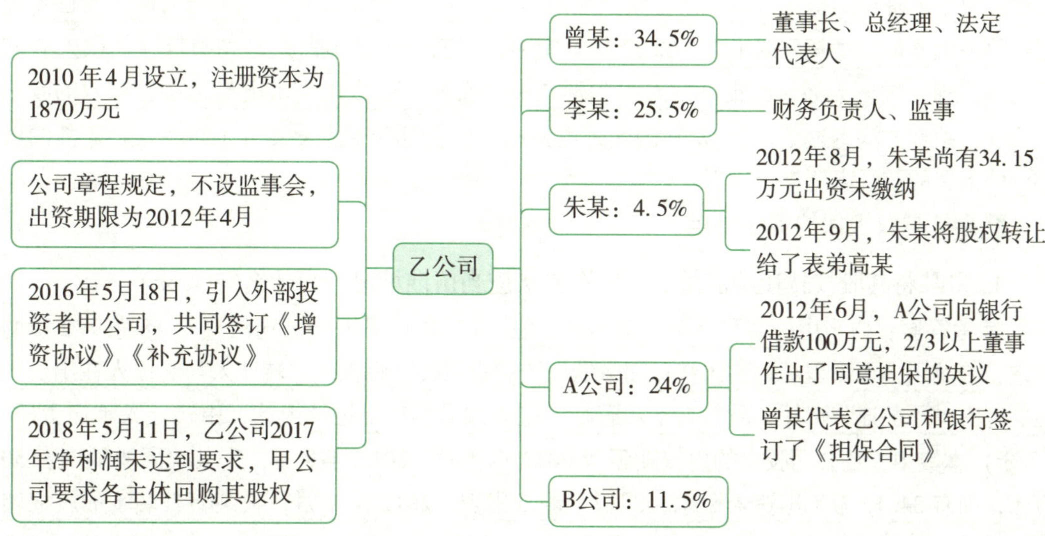

二、答案解析

1. 乙公司的组织机构的设置是否合法？为什么？（6分）

参考答案：乙公司不设监事会、董事长曾某兼任总经理和法定代表人的设置合法（1分），但财务负责人李某兼任监事的设置不合法（1分）。根据《公司法》第83条的规定，规模较小或者股东人数较少的有限责任公司，可以不设监事会，设1名监事，行使监事会的职权。（1分）又根据《公司法》第10条第1款的规定，公司的法定代表人按照公司章程的规定，由代表公司执行公司事务的董事或者经理担任。（1分）根据《公司法》第76条第4款的规定，董事、高级管理人员不得兼任监事。（1分）本案中，乙公司章程规定，乙公司不设监事会，董事长曾某兼任总经理、法定代表人，该规定合法。但李某作为财务负责人，属于高级管理人员，其兼任监事的规定不合法。（1分）

考点 公司组织机构

2. 曾某代表乙公司和银行签订的《担保合同》效力如何？为什么？（5分）

参考答案：无效。（1分）根据《公司法》第15条第2款的规定，公司为公司股东提供担保的，应当经股东会决议。（1分）又根据《担保制度解释》第7条第1、3款的规定，公司的法定代表人超越权限代表公司与相对人订立担保合同的，应当根据相对人是否善意来判断担保合同的效力。相对人有证据证明已对公司决议进行了合理审查的，应当认定其构成善意。（2分）本案中，乙公司为A公司的债务提供担保，属于关联担保，应当经股东会决议，但实际上只经过了董事会决议，因此应当视为相对人未尽到形式审查义务，即非善意。（1分）故该《担保合同》无效。

考点 越权担保的合同效力

3. 乙公司是否需要对A公司的债务承担赔偿责任？为什么？（4分）

参考答案：需要。（1分）根据《担保制度解释》第17条第1款第1项的规定，主合同有效而第三人提供的担保合同无效，债权人与担保人均有过错的，担保人承担的赔偿责任不应超过债务人不能清偿部分的1/2。（2分）本案中，因乙公司（担保人）和银行（债权人）签订的《担保合同》无效，而银行并未尽到形式审查义务，乙公司也未出具合法、有效的股东会决议，故双方均有过错。（1分）因此，乙公司应当承担不超过A公司（债务人）不能清偿部分的1/2的赔偿责任。

考点 越权担保的责任承担

4. 朱某将其股权转让给高某后，出资义务应当由谁承担？为什么？（4分）

参考答案：应当由朱某和高某承担连带责任。（1分）根据《公司法》第88条第2款的规定，未按照公司章程规定的出资日期缴纳出资的股东转让股权的，转让人与受让人在出资不足的范围内承担连带责任；受让人不知道且不应当知道存在上述情形的，由转让人承担责任。（2分）本案中，乙公司股东的出资期限为2012年4月。2012年8月，朱某实际缴纳出资50万元，尚有34.15万元出资未缴纳，即属于瑕疵出资。2012年9月，朱某将其名下的股权转让给了表弟高某，应当推定高某对于朱某的出资瑕疵知情。（1分）因此，应当由朱某和高某在出资不足的范围内承担连带责任。

考点 瑕疵股权转让的后果

5. 甲公司与乙公司、曾某、李某、高某、A公司、B公司共同签订的《补充协议》效力如何？为什么？（4分）

参考答案： 有效。（1分）根据《九民纪要》的规定，对于投资方与目标公司以及目标公司的股东订立的"对赌协议"，如无其他无效事由，应当认定有效。（2分）本案中，甲公司与乙公司、曾某、李某、高某、A公司、B公司共同签订的《补充协议》，本质上为对赌协议，由于不存在无效事由，因此合法、有效。（1分）

考点 对赌协议的效力

6. 甲公司要求乙公司、曾某、李某、高某、A公司、B公司回购其持有的乙公司全部股权的主张能否得到支持？为什么？（5分）

参考答案： 甲公司要求曾某、李某、高某、A公司、B公司回购其股权的部分可以得到支持（1分）；甲公司要求乙公司回购股权的部分，需等乙公司完成减资程序后方可实际履行（1分）。根据《九民纪要》第5条第2款的规定，投资方请求目标公司回购股权的，人民法院应当依据《公司法》关于"股东不得抽逃出资"或者关于股份回购的强制性规定进行审查。经审查，目标公司未完成减资程序的，人民法院应当驳回其诉讼请求。（2分）本案中，甲公司作为对赌协议中的投资方，在对赌失败后请求乙公司（目标公司）的股东回购其股权，应当支持实际履行。而甲公司请求乙公司回购其股权，根据资本充实原则，应当在乙公司完成减资程序后支持实际履行。（1分）

考点 对赌协议的实际履行

商法模拟案例四

一、题目（本题28分）

2017年3月，石某、王某、高某共同设立甲公司，注册资本为100万元，三人分别持股70%、20%、10%，均为认缴出资。公司章程规定，由石某担任执行董事、法定代表人，高某担任监事；出资期限为2030年3月；未履行出资义务的股东不享有查账权。

2019年12月，王某与第三人赵某签订了股权转让协议，约定将其股权全部转让给赵某，并于当月完成了股权变更登记。2021年12月，石某将王某诉至法院，认为王某在未通知自己的情况下，私自签订了股权转让协议，将股权转让给第三人赵某，损害了其优先购买权，请求法院判令将王某持有的甲公司股权全部转让给自己。

2020年4月，石某召开股东会，石某、赵某、高某均出席，最终石某作为持股70%的股东，表决通过了股东会决议，决议内容包括：将甲公司股东的出资期限从2030年3月提前到2022年3月；股东未按变更后的出资期限足额缴纳出资的，催告后经代表2/3以上表决权的股东同意，形成股东会决议，可解除该股东的股东资格，且不给予任何补偿或赔偿。赵某、高某均不同意上述决议内容。2022 年 3 月，石某、赵某均实缴出资，高某未缴纳任何出资。2022 年 11 月 28 日，甲公司召开股东会，决议解除高某的股东资格。高某遂提起诉讼，主张前述缩短出资期限的决议无效。

2023 年 5 月 8 日，甲公司召开股东会，并于当日作出了 2022 年度股东分红决议，约定石某、赵某按实缴比例分红，高某不能参与分红。对于上述决议，石某、赵某同意，高某反对。

2023 年 6 月 10 日，高某欲对外转让其股权，请求查阅甲公司会计账簿和会计凭证。石某以高某未履行出资义务为由拒绝。后高某向法院起诉，请求行使查账权。

2024 年 7 月，债权人乙公司与甲公司因合同纠纷诉至法院，法院判决甲公司支付乙公司 100 万元款项。因甲公司未主动履行生效判决，该案进入执行程序，但最终未获清偿。合同纠纷案件审理期间，甲公司股东会作出决议，同意甲公司减少股东石某持有的注册资本 70 万元，石某退出公司。甲公司随后在报纸上发布了减资公告，但未通知乙公司。乙公司遂诉至法院，要求股东石某在减资范围内对甲公司的上述债务承担补充赔偿责任。

问题：

1. 石某的诉讼请求能否得到支持？为什么？（4 分）
2. 高某主张缩短出资期限的决议无效的诉讼请求能否得到支持？为什么？（4 分）
3. 对于石某滥用表决权缩短出资期限的行为，高某还可以采取哪些救济措施？（6 分）
4. 甲公司作出的分红决议是否合法？若不合法，理由是什么？若合法，应当由谁在什么时间内完成分配？（5 分）
5. 石某拒绝高某查阅甲公司会计账簿和会计凭证的行为是否合法？为什么？（5 分）
6. 乙公司的诉讼请求能否得到支持？为什么？（4 分）

法律关系图

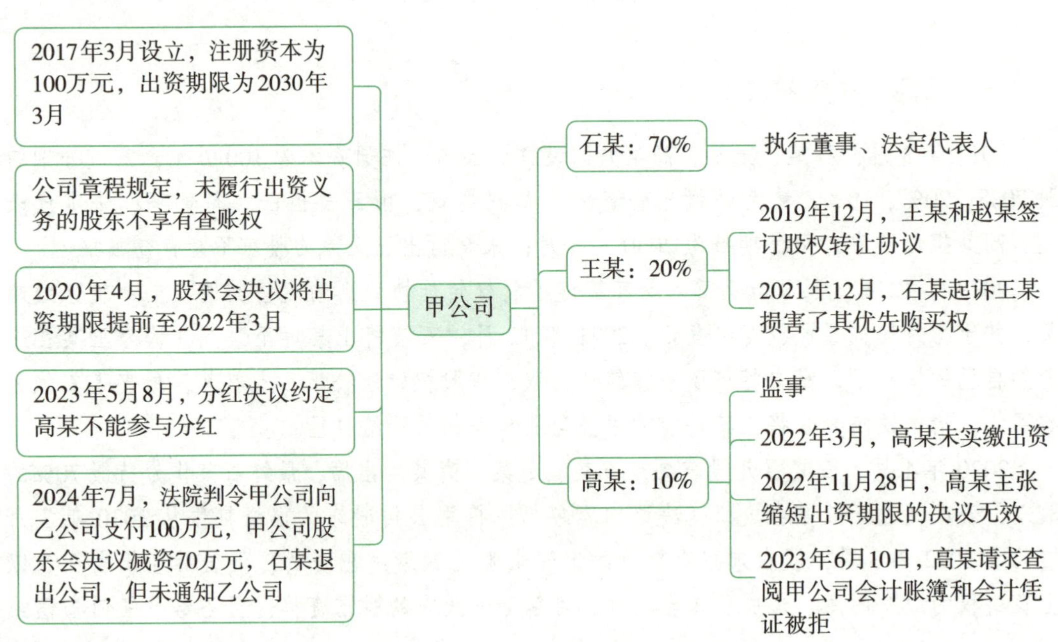

二、答案解析

1. 石某的诉讼请求能否得到支持？为什么？（4分）

参考答案：不能。（1分）根据《公司法解释（四）》第21条第1款的规定，有限责任公司的股东向股东以外的人转让股权，未就其股权转让事项征求其他股东意见，损害其他股东优先购买权，其他股东主张按照同等条件购买该转让股权的，人民法院应当予以支持，但其他股东自知道或者应当知道行使优先购买权的同等条件之日起30日内没有主张，或者自股权变更登记之日起超过1年的除外。（2分）本案中，王某于2019年12月将股权全部转让给了赵某，并办理了股权变更登记。石某于2021年12月将王某诉至法院，此时距离股权变更登记之日已超过1年。（1分）因此，石某的诉讼请求不能得到支持。

考点 优先购买权的主张时间

2. 高某主张缩短出资期限的决议无效的诉讼请求能否得到支持？为什么？（4分）

参考答案：不能。（1分）根据《公司法》第27条第4项的规定，同意决议事项的人数或者所持表决权数未达到本法或者公司章程规定的人数或者所持表决权数的，该决议不成立。（2分）本案中，甲公司股东会决议缩短出资期限，该决议涉及全体股东的出资期限利益，应当由全体股东一致同意，但本案实际上只有石某一人同意。（1分）因此，该决议属于不成立决议，而非无效决议，高某的诉讼请求不能得到支持。

考点 决议效力（不成立）；缩短出资期限

3. 对于石某滥用表决权缩短出资期限的行为，高某还可以采取哪些救济措施？（6分）

参考答案：高某可以通过请求甲公司回购股权、转让股权或请求甲公司定向减资等方式退出公司。（2分）根据《公司法》第89条第3款的规定，公司的控股股东滥用股东权利，严重损害公司或者其他股东利益的，其他股东有权请求公司按照合理的价格收购其股权。（2分）本案中，石某作为持股70%的大股东，滥用表决权缩短出资期限，严重损害了小股东高某的出资期限利益。（1分）因此，高某可以请求甲公司按照合理的价格收购其股权。此外，高某还可以通过向其他股东或外部第三人转让股权或请求甲公司定向减资等方式退出公司。（1分）

考点 股权回购

4. 甲公司作出的分红决议是否合法？若不合法，理由是什么？若合法，应当由谁在什么时间内完成分配？（5分）

参考答案：合法。（1分）应当由董事会在决议作出之日起6个月内完成分配。（1分）根据《公司法》第210条第4款的规定，有限责任公司按照股东实缴的出资比例分配利润，全体股东约定不按照出资比例分配利润的除外。（1分）根据《公司法》第212条的规定，股东会作出分配利润的决议的，董事会应当在股东会决议作出之日起6个月内进行分配。（1分）本案中，甲公司作出的分红决议经过半数表决权同意，并且内容是按实缴比例分，因此，该决议程序、内容均合法。（1分）分红决议合法有效，应当由董事会在该决议作出之日起6个月内进行分配。

考点 分红决议效力；分红时间

5. 石某拒绝高某查阅甲公司会计账簿和会计凭证的行为是否合法？为什么？（5 分）

参考答案：不合法。（1 分）根据《公司法》第 57 条第 2 款的规定，股东可以要求查阅公司会计账簿、会计凭证。股东要求查阅公司会计账簿、会计凭证的，应当向公司提出书面请求，说明目的。公司有合理根据认为股东查阅会计账簿、会计凭证有不正当目的，可能损害公司合法利益的，可以拒绝提供查阅。（2 分）又根据《公司法解释（四）》第 9 条的规定，公司章程、股东之间的协议等实质性剥夺股东查阅或者复制公司文件材料的权利，公司以此为由拒绝股东查阅或者复制的，人民法院不予支持。（1 分）可知，股东知情权属于股东基于股东身份所固有的权利，不可被限制或剥夺。本案中，高某是为了对外转让股权而请求查阅甲公司会计账簿和会计凭证，并不具有不正当目的。甲公司章程中关于“未履行出资义务的股东不享有查账权”的规定因违法而无效。（1 分）因此，石某拒绝高某查阅甲公司会计账簿和会计凭证的行为不合法。

考点 股东知情权

6. 乙公司的诉讼请求能否得到支持？为什么？（4 分）

参考答案：［答案 1］可以。（1 分）根据《公司法》第 224 条第 2 款的规定，公司减少注册资本，应当自股东会作出减少注册资本决议之日起 10 日内通知债权人。（1 分）债权人自接到通知之日起 30 日内，有权要求公司清偿债务或者提供相应的担保。又根据《公司法解释（三）》第 13 条第 2 款的规定，公司债权人可以请求未履行或者未全面履行出资义务的股东在未出资本息范围内对公司债务不能清偿的部分承担补充赔偿责任。（1 分）本案中，甲公司减资未通知债权人乙公司，减资程序违法，损害了乙公司的利益。因此，减资股东石某应当在不当减资的范围内对甲公司不能清偿的债务承担补充赔偿责任。（1 分）

［答案 2］不可以。（1 分）根据《公司法》第 224 条第 2 款的规定，公司减少注册资本，应当自股东会作出减少注册资本决议之日起 10 日内通知债权人。（1 分）债权人自接到通知之日起 30 日内，有权要求公司清偿债务或者提供相应的担保。又根据《公司法》第 226 条的规定，违反本法规定减少注册资本的，股东应当退还其收到的资金，减免股东出资的应当恢复原状。（1 分）本案中，甲公司减资未通知债权人乙公司，减资程序违法。因此，减资股东石某应当向甲公司退还其收到的资金（1 分），而非在不当减资的范围内直接对乙公司承担补充赔偿责任。

考点 减资未通知债权人

扫码开通
本书配套听课权限

第五编　科目融合重点法条定位

第一部分　民法重点法条检索定位

一、《民法典》体例与命题重点考点定位

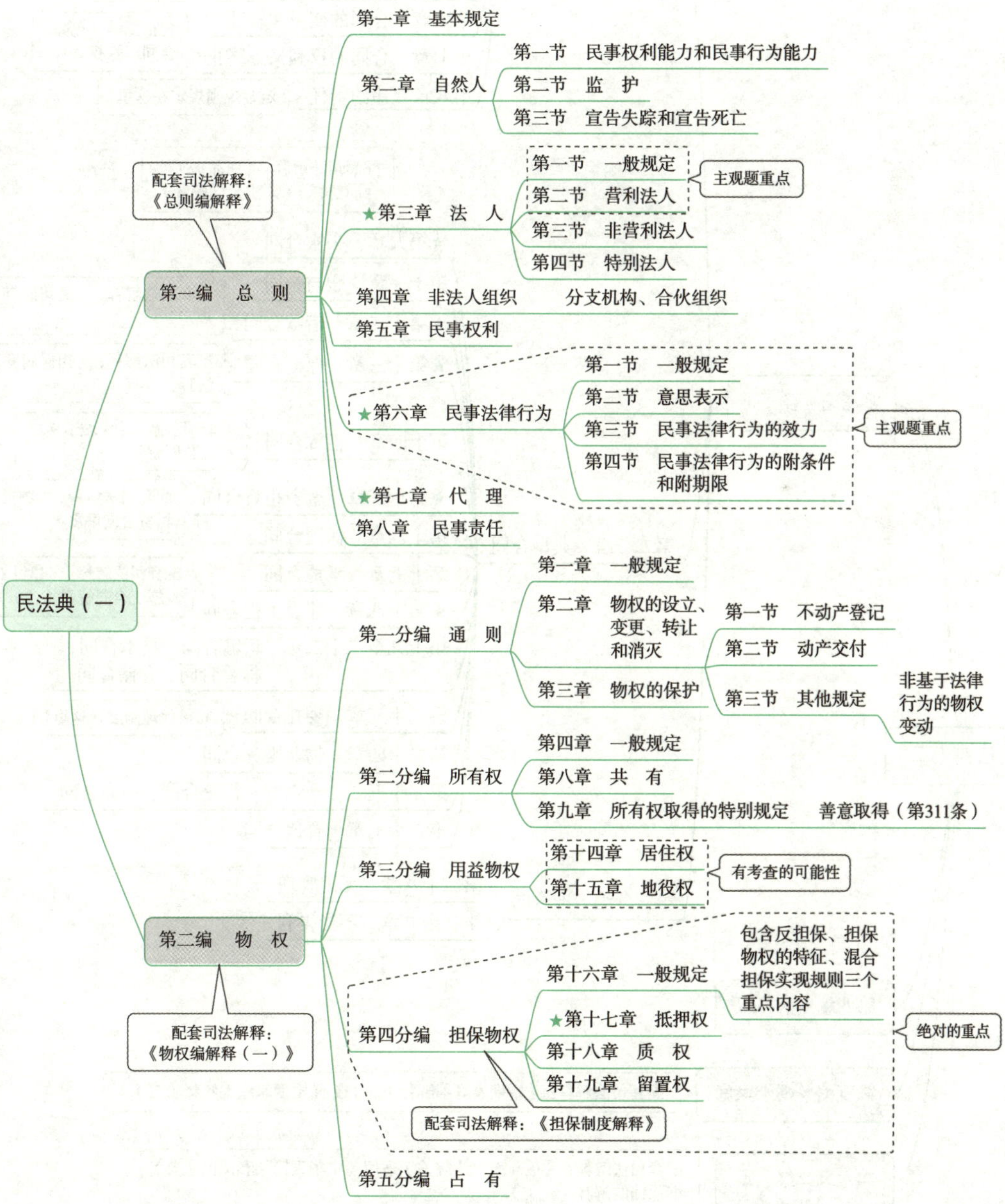

- 民法典（一）
  - 第一编　总　则（配套司法解释：《总则编解释》）
    - 第一章　基本规定
    - 第二章　自然人
      - 第一节　民事权利能力和民事行为能力
      - 第二节　监　护
      - 第三节　宣告失踪和宣告死亡
    - ★第三章　法　人
      - 第一节　一般规定（主观题重点）
      - 第二节　营利法人（主观题重点）
      - 第三节　非营利法人
      - 第四节　特别法人
    - 第四章　非法人组织　分支机构、合伙组织
    - 第五章　民事权利
    - ★第六章　民事法律行为（主观题重点）
      - 第一节　一般规定
      - 第二节　意思表示
      - 第三节　民事法律行为的效力
      - 第四节　民事法律行为的附条件和附期限
    - ★第七章　代　理（主观题重点）
    - 第八章　民事责任
  - 第二编　物　权（配套司法解释：《物权编解释（一）》）
    - 第一分编　通　则
      - 第一章　一般规定
      - 第二章　物权的设立、变更、转让和消灭
        - 第一节　不动产登记
        - 第二节　动产交付
        - 第三节　其他规定　非基于法律行为的物权变动
      - 第三章　物权的保护
    - 第二分编　所有权
      - 第四章　一般规定
      - 第八章　共　有
      - 第九章　所有权取得的特别规定　善意取得（第311条）
    - 第三分编　用益物权
      - 第十四章　居住权（有考查的可能性）
      - 第十五章　地役权（有考查的可能性）
    - 第四分编　担保物权（绝对的重点；配套司法解释：《担保制度解释》）
      - 第十六章　一般规定　包含反担保、担保物权的特征、混合担保实现规则三个重点内容
      - ★第十七章　抵押权
      - 第十八章　质　权
      - 第十九章　留置权
    - 第五分编　占　有

- 民法典（二）
  - 第三编　合　同
    - 第一分编　通　则（配套司法解释：《合同编通则解释》）
      - 第一章　一般规定（合同的相对性）
      - 第二章　合同的订立（包括要约和承诺规则、合同履行补正、电子合同、强制缔约、格式条款、缔约过失责任）
      - 第三章　合同的效力（包括审批、无权代理的追认、法定代表人越章程、法人越经营范围、无效免责条款）
      - 第四章　合同的履行（包括电子合同的履行、选择之债、数人之债的履行、向第三人履行和由第三人履行、第三人代为履行、履行抗辩权、情势变更）
      - 第五章　合同的保全（包括代位权、撤销权）
      - 第六章　合同的变更和转让
      - 第七章　合同的权利义务终止（包括抵销、免除、合同解除权）
      - 第八章　违约责任（定金规则规定在这里！）
    - 第二分编　典型合同
      - ★第九章　买卖合同（配套司法解释：《商品房买卖合同解释》《买卖合同解释》）
      - 第十一章　赠与合同
      - ★第十二章　借款合同（配套司法解释：《民间借贷规定》）
      - ★第十三章　保证合同（配套司法解释：《担保制度解释》）
      - 第十四章　租赁合同（配套司法解释：《城镇房屋租赁合同解释》）
      - ★第十五章　融资租赁合同（配套司法解释：《融资租赁合同解释》）
      - 第十六章　保理合同
      - 第十七章　承揽合同
      - ★第十八章　建设工程合同（配套司法解释：《建设工程施工合同解释（一）》）
      - 第十九至二十二章　运输合同、技术合同、保管合同、仓储合同
      - 第二十三章　委托合同（间接代理制度在这里！）
      - 第二十四章　物业服务合同
      - 第二十五、二十六章　行纪合同、中介合同
      - 第二十七章　合伙合同
    - 第三分编　准合同
      - 第二十八章　无因管理
      - 第二十九章　不当得利
  - 第四编　人格权
  - 第五编　婚姻家庭（配套司法解释：《婚姻家庭编解释（一）》《婚姻家庭编解释（二）》）
  - 第六编　继　承（配套司法解释：《最高人民法院关于适用〈中华人民共和国民法典〉继承编的解释（一）》）

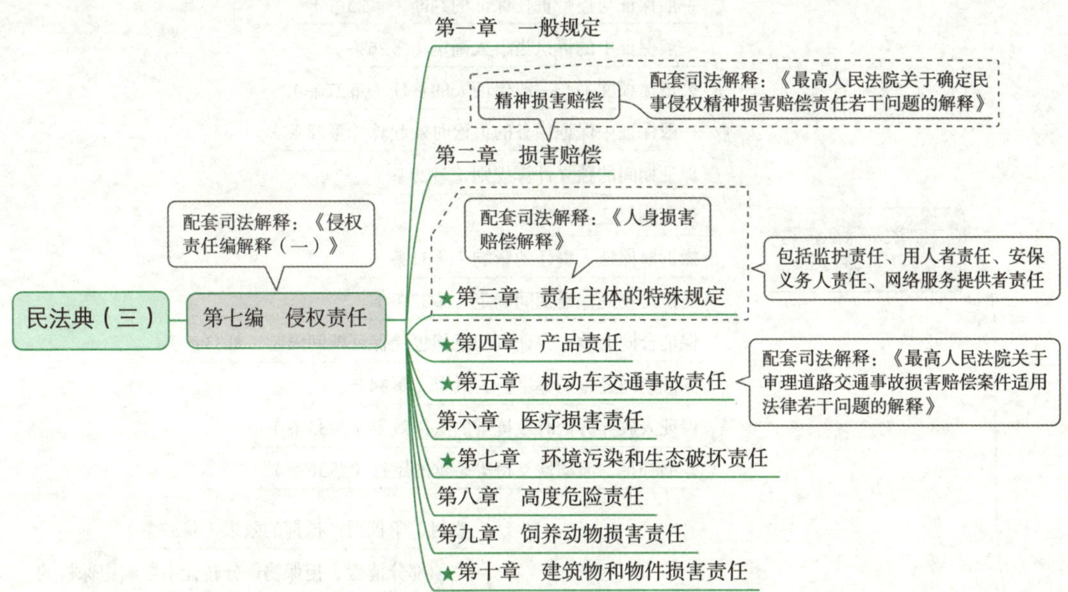

二、《担保制度解释》体例与考点定位

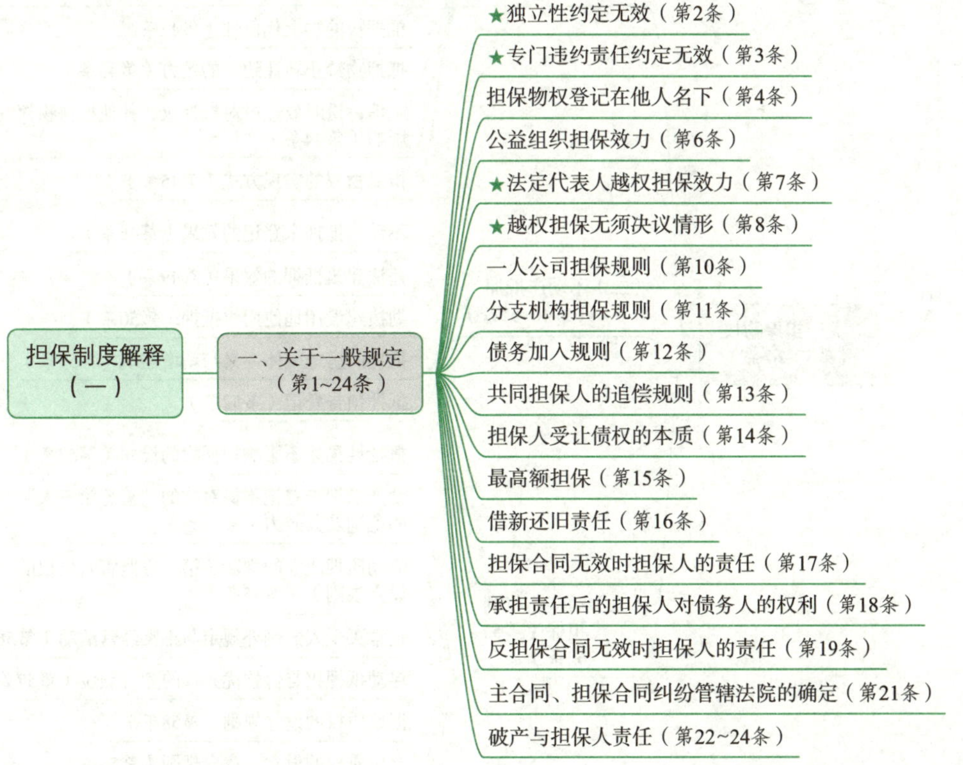

担保制度解释（二）

- 二、关于保证合同（第25~36条）
  - 一般保证与连带责任保证的判断（第25条）
  - 一般保证中的诉讼当事人确定（第26条）
  - 公证债权文书与一般保证人的责任（第27条）
  - 一般保证中保证债务的诉讼时效起算（第28条）
  - 保证期间的独立计算规则（第29条）
  - 最高额保证（第30条）
  - 撤诉对保证人责任的影响（第31条）
  - 还清为止的保证期间确定（第32条）
  - 保证合同无效，保证责任承担也受保证期间限制（第33条）
  - 保证期间经过的签字行为效果（第34条）
  - 保证人放弃诉讼时效抗辩的法律效果（第35条）
  - 差额补足、流动性支持等条款的定性（第36条）
- 三、关于担保物权（第37~62条）
  - （一）担保合同与担保物权的效力（第37~45条）
    - 查封、争议财产抵押的效果（第37条）
    - 主债部分清偿、担保物部分转让不影响担保权的行使（第38条）
    - 债权、债务部分转让不影响担保物权的行使（第39条）
    - 从物是否属于抵押财产范围的判断（第40条）
    - 添附物是否属于抵押财产范围的判断（第41条）
    - 抵押权的物上代位性（第42条）
    - 抵押物禁止转让约定的效力（第43条）
    - 主债诉讼时效经过对抵押权、其他担保物权的影响（第44条）
    - 担保物权的实现方式（第45条）
  - （二）不动产抵押（第46~52条）
    - 不动产抵押未登记的效果（第46条）
    - 违法建筑抵押的效果（第49条）
    - 划拨建设用地使用权抵押（第50条）
    - 抵押的房地一体主义与新增建筑（第51条）
    - 抵押预告登记（第52条）
  - （三）动产与权利担保（第53~62条）
    - 概括性描述不影响担保权的设立（第53条）
    - 动产抵押未登记不得对抗的“善意第三人”的范围及其效力（第54条）
    - 流动质押成立的判断（第三方监管时质权的设立规则）（第55条）
    - 正常买受人的例外规定与正常经营活动（第56条）
    - 浮动抵押权与价款优先权的竞合顺位（第57条）
    - 汇票质权的设立规则（第58条）
    - 仓单质权的设立、竞合规则（第59条）
    - 应收账款的质押规则（第61条）
    - 不具有同一性时留置权的设立规则（第62条）

- 担保制度解释（三）
  - 四、关于非典型担保（第63~70条）
    - 非典型担保合同效力一般为有效（第63条）
    - 保留所有权买卖的担保性质（第64条）
    - 融资租赁的担保性质（第65条）
    - 应收账款担保竞合规则（第66条）
    - 保留所有权买卖、融资租赁合同中所有权未办理登记不能对抗的“善意第三人”的范围及其效力（第67条）
    - 让与担保（第68条）
    - 股权让与担保（第69条）
    - 金钱担保（第70条）
  - 五、附则
    - 第71条

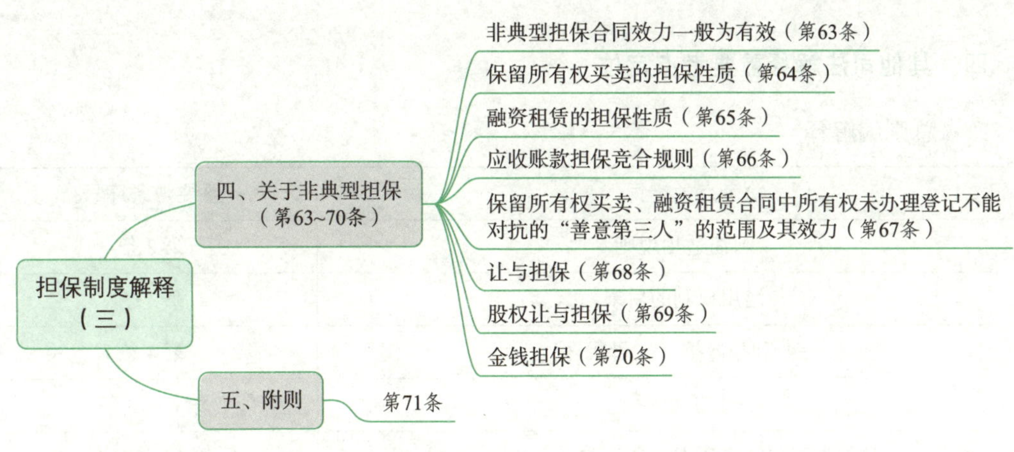

三、《合同编通则解释》体例与考点定位

- 合同编通则解释
  - 一、一般规定（第1、2条）
    - 合同条款的解释（第1条）
    - 交易习惯（第2条）
  - 二、合同的订立（第3~10条）
    - 合同成立的要件（第3条）
    - 招投标、拍卖方式订立的合同（第4条）
    - 第三人欺诈、胁迫的第三人责任（第5条）
    - 预约合同与本约合同（第6~8条）
    - 格式条款（第9、10条）
  - 三、合同的效力（第11~25条）
    - 显失公平中缺乏判断能力的认定（第11条）
    - 依法需要审批的合同规则（第12条）
    - 行政行为（备案、审批）对合同效力的影响（第13条）
    - 同一交易订立多份合同的评价（第14条）
    - 名不副实合同的效力认定（第15条）
    - 强制性规定对合同效力 的影响（第16~18条）
    - 无权处分的效果（第19条）
    - 法代/负责人越权行为的效果（第20条）
    - 员工越权行为的评价（第21条）
    - 未盖章/未签字/假章对行为效力的影响（第22条）
    - 代表人、负责人、代理人恶意串通的后果以及举证责任（第23条）
    - 合同无效的法律后果（第24、25条）
  - 四、合同的履行（第26~32条）
    - 非主要债务不履行的后果（第26条）
    - 以物抵债协议（第27、28条）
    - 为第三人利益的合同（第29条）
    - 具有合法利益的第三人范围（第30条）
    - 合同抗辩权（第31条）
    - 情势变更（第32条）
  - 五、合同的保全（第33~46条）
    - 代位权（第33~41条）
    - 撤销权（第42~46条）
  - 六、合同的变更和转让（第47~51条）
    - 债权转让与债务转移（第47~50条）
    - 债务加入（第51条）
  - 七、合同的权利义务终止（第52~58条）
    - 合同解除（第52~54条）
    - 抵销（第55~58条）
  - 八、违约责任（第59~68条）
    - 履行不能情形下合同终止的时间（第59条）
    - 损害赔偿（第60~63条）
    - 违约金（第64~66条）
    - 定金（第67、68条）
  - 九、附则（第69条）

四、其他司法解释重要考点定位

1.《总则编解释》

考点关键词	重要法条序号
习惯适用规则	第2条
滥用权利的后果	第3条
胎儿利益保护（父母代理）	第4条
监护相关	第6~13条
宣告失踪与宣告死亡的利害关系人认定	第14~17条
共同代理、紧急转委托、代理权构成要件的证明责任	第25~28条
正当防卫与紧急避险	第30~33条

2.《物权编解释（一）》

考点关键词	重要法条序号
异议登记失效的后果	第3条
预告登记的后果	第4条
特殊动产登记对抗的理解	第6条
诉讼文书变动物权	第7条
按份共有人优先购买权的细节规定	第9~13条
善意取得制度的具体构成要件的理解	第14~20条

3.《买卖合同解释》

考点关键词	重要法条序号
普通动产多重买卖	第6条
特殊动产多重买卖	第7条
标的物风险负担	第8~11条
标的物检验	第12~14条
从给付义务不履行时能否解除合同	第19条
违约金适用的释明问题	第21条
保留所有权	第25、26条（不适用于不动产、取回权的限制）
分期付款	第27、28条（3期、1/5能否更改）
有偿合同参照适用规则	第32条（股权转让）

4.《商品房买卖合同解释》

考点关键词	重要法条序号
商品房预售许可证对合同效力的影响	第2条
商品房认购书的定性以及定金规则	第4条
登记备案对合同效力的影响	第6条
商品房买卖合同的风险负担	第8条
迟延交房的解除权	第11条
商品房包销纠纷	第16~18条
商品房担保贷款合同与商品房买卖合同的关系	第19~23条

5.《建设工程施工合同解释（一）》

考点关键词	重要法条序号
建设工程施工合同无效	第1~7条
工程质量纠纷的诉讼当事人	第15条
工程款诉讼中发包人的反诉问题	第16条
合同无效时的工程款请求权	第24条
工程款优先权主体	第35条
工程款优先权顺位	第36条
装修装饰工程的优先受偿权	第37条
未竣工但质量合格工程的承包人的工程款优先权	第39条
工程款优先权受偿范围	第40条
工程款优先权行使期限	第41条
优先权放弃效果	第42条
实际施工人的工程款请求权	第43、44条

6.《融资租赁合同解释》

考点关键词	重要法条序号
融资租赁合同的认定	第1、2条（虚假意思表示、售后回租）
融资租赁合同的出租人的解除权	第5条
融资租赁合同的承租人的解除权	第6条
出租人承担瑕疵担保责任的情形	第8条
重复起诉的判断	第10条
融资租赁合同当事人	第13条

7.《城镇房屋租赁合同解释》

考点关键词	重要法条序号
一房数租	第5条
装修装饰纠纷	第7~11条
买卖不破租赁的例外	第14条
抵押权实现时承租人的优先购买权	第15条

8.《民间借贷规定》

考点关键词	重要法条序号
民间借贷与犯罪关系的处理	第5~8条
自然人之间的借贷合同成立的具体时间	第9条
民间借贷合同无效的情形	第13条
民间借贷诉讼的举证责任分配	第15~17条
在民间借贷合同上签名的第三人的责任定性	第20条
网络贷款平台的责任定性	第21条
法定代表人借贷的责任	第22条
买卖式让与担保的处理	第23条
民间借贷的利率	第25条

9.《最高人民法院关于审理道路交通事故损害赔偿案件适用法律若干问题的解释》

考点关键词	重要法条序号
所有人与使用人不一致时所有人承担责任的情形	第1条
多次转让的责任	第2条
套牌责任	第3条
拼装、报废车责任	第4条
试乘时的责任	第6条
承保交强险的保险公司责任问题	第13~23条
交通事故认定书的证明力	第24条

10.《侵权责任编解释（一）》

考点关键词	重要法条序号
教唆、帮助无民事行为能力人、限制民事行为能力人侵权的责任	第11~13条
教育机构承担补充责任时当事人的具体诉讼地位	第14条
劳务派遣中劳务派遣单位与用工单位的责任承担（犯罪不影响民事责任的承担）	第16、17条

续表

考点关键词	重要法条序号
拼装、报废车转让后致人损害的连带责任（不考虑主观是否知情）	第20条
未依法投保强制保险的机动车致人损害，投保义务人和交通事故责任人不是同一人时的责任承担	第21条
物件致人损害时物业的责任形态、当事人的诉讼地位	第24、25条

11.《婚姻家庭编解释（二）》

考点关键词	重要法条序号
债权人对夫妻共同财产分割协议的撤销权	第3条
夫妻互相赠与房屋纠纷的处理	第5条
以夫妻共同财产出资的股权转让纠纷	第9条
以夫妻共同财产出资的股权分割	第10条
离婚协议约定将夫妻共同财产给予子女的效果	第20条

第二部分　民诉重点法条检索定位

考点关键词	对应法条名称	重要法条序号
合同纠纷的特殊地域管辖	《民事诉讼法》	第24条
	《民诉解释》	第18~21条
侵权纠纷的特殊地域管辖	《民事诉讼法》	第29条
	《民诉解释》	第24~26条
公司纠纷管辖	《民事诉讼法》	第27条
破产法院的集中管辖	《企业破产法》	第21条
破产法院集中管辖与仲裁的关系	《破产法解释（三）》	第8条
不动产纠纷的专属管辖	《民事诉讼法》	第34条
	《民诉解释》	第28条
管辖协议	《民事诉讼法》	第35条
	《民诉解释》	第29~34条
移送管辖	《民事诉讼法》	第37条
	《民诉解释》	第35、36条
管辖权恒定原则	《民诉解释》	第37~39条
管辖权异议与应诉答辩	《民事诉讼法》	第130条
	《民诉解释》	第223条

续表

考点关键词	对应法条名称	重要法条序号
挂靠关系中当事人列明	《民诉解释》	第54条
职务行为中当事人列明	《民诉解释》	第56条
劳务关系致人损害中当事人列明	《民诉解释》	第57条
个体工商户做当事人	《民诉解释》	第59条
法人做当事人	《民诉解释》	第64条
保证合同中的当事人列明	《民诉解释》	第66条
无、限人侵权中的当事人列明	《民诉解释》	第67条
遗产继承诉讼中的当事人列明	《民诉解释》	第70条
诉讼代表人的产生	《民诉解释》	第76、77条
无独三的权限范围	《民诉解释》	第82条
股东代表诉讼中的当事人列明	《公司法》	第189条
公司解散诉讼中的当事人列明	《公司法解释（二）》	第4条
公司决议诉讼中的当事人列明	《公司法解释（四）》	第1~5条
融资租赁纠纷中的当事人列明	《融资租赁合同解释》	第13条
建设工程款诉讼中的当事人列明	《建设工程施工合同解释（一）》	第43条
建设工程质量诉讼中的当事人列明	《建设工程施工合同解释（一）》	第15条
侵权纠纷中的当事人列明	《民法典》	第七编　侵权责任
“谁主张，谁举证”的证明责任分配规则	《民诉解释》	第90、91条
逾期举证的法律后果	《民诉解释》	第101、102条
非法证据排除	《民诉解释》	第106条
证明标准	《民诉解释》	第108、109条
证据提出命令	《民诉解释》	第112、113条
公文证据的真实性	《民诉解释》	第114条
鉴定意见异议的处理方式	《民诉证据规定》	第37、38条
重新鉴定的情形	《民诉证据规定》	第40条
当事人主张的法律关系性质或者民事行为效力与人民法院根据案件事实作出的认定不一致的处理	《民诉证据规定》	第53条
私文书证真实性的认定	《民诉证据规定》	第92条
起诉的条件	《民事诉讼法》	第122条
重复起诉的判断	《民诉解释》	第247、248条

续表

考点关键词	对应法条名称	重要法条序号
二审中当事人诉讼地位列明	《民诉解释》	第315~317条
二审中的撤回上诉	《民诉解释》	第335条
二审中的撤回起诉	《民诉解释》	第336条
二审对漏人的处理	《民诉解释》	第325条
二审对漏判的处理	《民诉解释》	第324条
二审对新增独立诉讼请求、提出反诉的处理	《民诉解释》	第326条
第三人撤销之诉的构成要件	《民诉解释》	第290条
第三人撤销之诉、再审、执行异议之间的关系	《民诉解释》	第299~301条
特别程序的救济	《民诉解释》	第372条
当事人申请再审的管辖法院	《民事诉讼法》	第210条
当事人申请再审的法定事由	《民事诉讼法》	第211条
再审的审理法院	《民事诉讼法》	第215条
当事人申请再审的法定期间	《民事诉讼法》	第216条
再审的审理程序	《民事诉讼法》	第218条
申请再审的“先法后检”原则	《民事诉讼法》	第220条
终结再审审查的情形	《民诉解释》	第400条
再审范围有限原则	《民诉解释》	第403条
案外必要共同诉讼人申请再审	《民诉解释》	第420条
申请强制执行的管辖法院	《民事诉讼法》	第235条
执行行为异议	《民事诉讼法》	第236条
执行标的异议+再审/执行异议之诉	《民事诉讼法》	第238条
执行异议之诉	《民诉解释》	第302~314条
执行和解的相关问题	《执行和解规定》	
执行担保的相关问题	《最高人民法院关于执行担保若干问题的规定》	
执行转破产	《民诉解释》	第511~514条
对设立保留所有权的买卖合同的标的物的执行	《查封、扣押、冻结财产规定》	第14、16条
执行异议与排除强制执行	《执行异议和复议案件规定》	第24、26~30条
或裁或审原则	《仲裁法解释》	第7条
仲裁协议效力的独立性	《仲裁法解释》	第10条

续表

考点关键词	对应法条名称	重要法条序号
仲裁协议效力确认的管辖法院	《最高人民法院关于审理仲裁司法审查案件若干问题的规定》	第2条
仲裁裁决的撤销	《仲裁法》	第58~61条
	《仲裁法解释》	第21、22条

第三部分　商法重点法条检索定位

1.《公司法》

章/节	考点关键词	重要法条及序号
第一章　总　　则	公司章程	第5条
	法定代表人★★★	第10、11条
	分公司和子公司	第13条
	公司担保	第15条
	公司人格否认	第21~23条
	公司决议效力	第25~28条
第三章　第一节 有限责任公司的设立	设立中公司的民事责任	第44条
	5年认缴期★★★	第47条
	股东出资方式	第48条
	违反出资义务的责任	第49、50条
	股东失权制度★★★	第51、52条
	抽逃出资的法律责任	第53条
	出资加速到期★★★	第54条
	股东名册	第56条
	股东知情权★★★	第57条
第三章　第二节 有限责任公司的组织机构	股东会的职权	第59条
	股东会会议的召集和主持	第62~64条
	股东会会议的表决方式	第65、66条
	董事会的职权	第67条
	董事的组成	第68、69条
	董事的任期以及辞任、解任规则★★★	第70、71条
	董事会的召集和表决	第72、73条

续表

章/节	考点关键词	重要法条及序号
第三章 第二节 有限责任公司的组织机构	经理的聘任、解聘与职权、董事兼任经理	第 74、75 条
	监事会相关规定	第 76~83 条
第四章 有限责任公司的股权转让	股权对内、对外转让的规则	第 84 条
	股权强制执行	第 85 条
	股权转让后的变更登记★★	第 86、87 条
	转让未届出资期限的股权和 转让瑕疵股权的法律后果★★★	第 88 条
	股权回购★★	第 89 条
	股东资格继承	第 90 条
第八章 公司董事、监事、 高级管理人员的资格和义务	董、监、高的任职资格	第 178 条
	董、监、高的忠实、勤勉义务	第 180 条
	董、监、高的禁止行为	第 181 条
	董、监、高受限制的行为★★★	第 182~184 条
	关联董事的回避★★★	第 185 条
	股东代表诉讼★★★	第 188、189 条
第十章 公司财务、会计	法定公积金	第 210 条
	利润分配的时间★★★	第 212 条
	资本公积金	第 213 条
	公积金的用途★	第 214 条
第十一章 公司合并、 分立、增资、减资	简易合并★★★	第 219 条
	公司合并的程序和债务承继	第 220、221 条
	公司分立的程序和债务承担	第 222、223 条
	公司减资的程序	第 224 条
	减资弥补亏损★★	第 225 条
	公司增资中的优先认缴权★	第 227 条
第十二章 公司解散和清算	公司解散的一般情形	第 229 条
	公司强制解散的情形（公司僵局）	第 231 条
	公司自行清算的情形、 清算义务人、清算组★★	第 232 条
	法院指定清算	第 233 条
	清算转破产	第 237 条

续表

章/节	考点关键词	重要法条及序号
第十二章　公司解散和清算	清算组的义务和责任	第238条
	简易注销	第240条
第十五章 附则	高管、控股股东、实际控制人、关联关系的定义	第265条

2.《公司法解释（二）》

考点关键词	重要法条序号
解散公司之诉的具体事由	第1条
解散公司之诉的当事人的诉讼地位	第4条
指定清算的情形、清算组的组成	第7、8条
解散清算中债权的补充申报	第13、14条
清算方案的确认	第15条
清算转破产	第17条
怠于履行清算义务	第18条
未经清算即注销	第19、20条
清算财产	第22条
解散公司诉讼和清算案件的管辖	第24条

3.《公司法解释（三）》

考点关键词	重要法条序号
设立中公司与发起人的责任	第2~5条
以不享有处分权的财产出资、违法所得货币出资	第7条
土地使用权出资的条件及瑕疵处理	第8条
非货币财产出资未依法评估、虚假高估	第9条
不动产出资的交付和过户分离	第10条
股权出资的条件及瑕疵处理	第11条
抽逃出资的认定	第12条
违反出资义务的法律责任	第13条
抽逃出资的法律责任	第14条
非货币财产出资后客观贬值的处理	第15条
对出资瑕疵股东的限权（财产性权利）	第16条
股东资格的解除	第17条

续表

考点关键词	重要法条序号
瑕疵股权转让的法律后果	第 18 条
出资不适用诉讼时效的规定	第 19 条
股东资格确认之诉	第 20~22 条
代持股关系	第 24~26 条
一股二卖	第 27 条
冒名股东	第 28 条

4.《公司法解释（四）》

考点关键词	重要法条序号
决议无效、不成立的原告	第 1 条
可撤销决议的原告资格要求	第 2 条
决议效力确认之诉的当事人地位	第 3 条
“程序轻微瑕疵，决议有效”的规定	第 4 条
决议不成立的情形	第 5 条
决议被确认无效或撤销的后果	第 6 条
知情权之诉的原告资格要求	第 7 条
知情权之诉中的“不正当目的”具体情形	第 8 条
实质性剥夺知情权的规定	第 9 条
利润分配诉讼	第 13~15 条
股东资格继承中优先购买权的规定	第 16 条
股权对外转让的具体规则	第 17~19 条
转让股东的反悔权	第 20 条
损害优先购买权的救济	第 21 条
股东代表诉讼相关规定	第 23~26 条

5.《公司法解释（五）》

考点关键词	重要法条序号
关联交易损害公司利益的处理	第 1、2 条
董事职务无因解除的规定	第 3 条
利润分配的时间规定	第 4 条
审理涉及股东重大分歧案件应注重调解	第 5 条

6.《企业破产法》

考点关键词	重要法条序号
双方均未履行完毕的合同的处理	第 18 条
破产受理后的程序衔接	第 19~21 条
破产撤销权	第 31、32 条
管理人的追回权	第 35、36 条
取回权	第 37、38 条
在途货物的取回	第 39 条
破产抵销权	第 40 条
破产费用和共益债务	第 41~43 条
债权申报	第 44~58 条

7.《破产法解释（二）》

考点关键词	重要法条序号
债务人财产的范围	第 1~4 条
程序衔接	第 5~8、21~23 条
破产撤销权的例外	第 12、14~16 条
董事、监事、高管的非正常收入	第 24 条
权利人的取回权	第 26~29 条
债务人违法转让的处理	第 30、31 条
所有权保留买卖中的取回	第 34~39 条
破产抵销权	第 41~46 条

8.《破产法解释（三）》

考点关键词	重要法条序号
管理人为债务人继续营业而借款的处理	第 2 条
保证债权	第 4、5 条
管理人对重大财产的处分规则	第 15 条

附　录
APPENDIX
最高院民商诉指导案例及裁判要旨

指导案例	裁判要旨
指导性案例 250 号： 利辛县某达融资担保有限公司诉安徽某安建设集团股份有限公司、利辛县某腾置业有限公司第三人撤销之诉案	在建工程的承包人向该工程的抵押权人承诺放弃建设工程价款优先受偿权的，人民法院应当审查放弃行为是否损害建筑工人利益。损害建筑工人利益的，放弃行为无效；不损害工人利益的，放弃行为有效，但仅对该抵押权人产生建设工程价款债权的清偿顺位劣后于抵押权的效果，发包人的其他债权人据此主张承包人不享有建设工程价款优先受偿权的，人民法院不予支持。
指导性案例 249 号： 长春某泽投资有限公司诉德惠市某原种场等金融借款合同纠纷案	在债权人持续向债务人主张权利，普通诉讼时效因多次中断而期间未届满的情形下，债务人依据《民法典》第 188 条关于“自权利受到损害之日起超过 20 年的，人民法院不予保护”的规定提出诉讼时效抗辩的，人民法院不予支持。
指导性案例 199 号： 高哲宇与深圳市云丝路创新发展基金企业、李斌申请撤销仲裁裁决案	明确了仲裁裁决裁定被申请人赔偿与比特币等值的美元，再将美元折算成人民币，属于变相支持比特币与法定货币之间的兑付交易，违反了国家对虚拟货币金融监管的规定，违背了社会公共利益，人民法院应当裁定撤销仲裁裁决。本案例对于人民法院和仲裁机构办理涉及虚拟货币的案件具有重要的指导意义。
指导性案例 198 号： 中国工商银行股份有限公司岳阳分行与刘友良申请撤销仲裁裁决案	明确了实际施工人并非发包人与承包人签订的施工合同的当事人，亦未与发包人、承包人订立有效仲裁协议，不应受发包人与承包人的仲裁协议约束。实际施工人依据发包人与承包人的仲裁协议申请仲裁，仲裁机构作出仲裁裁决后，发包人请求撤销仲裁裁决的，人民法院应予支持。
指导性案例 197 号： 深圳市实正共盈投资控股有限公司与深圳市交通运输局申请确认仲裁协议效力案	明确了仲裁庭已通过合理方式通知当事人，但当事人未在仲裁庭首次开庭前对仲裁协议的效力提出异议的，视为当事人接受仲裁庭对案件的管辖权。案件虽进入重新仲裁程序，但仍为同一纠纷，当事人接受仲裁庭管辖的行为在重新仲裁过程中具有效力，其无权在重新仲裁首次开庭前提出确认仲裁协议效力的申请。

续表

指导案例	裁判要旨
指导性案例196号： 运裕有限公司与深圳市中苑城商业投资控股有限公司申请确认仲裁协议效力案	1. 当事人以仲裁条款未成立为由请求确认仲裁协议不存在的，人民法院应当按照申请对确认仲裁协议效力案件予以审查。 2. 仲裁条款独立存在，其成立、效力与合同其他条款是独立、可分的。当事人在订立合同时对仲裁条款进行磋商并就提交仲裁达成合意的，合同成立与否不影响仲裁条款的成立、效力。
指导案例189号： 上海熊猫互娱文化有限公司诉李岑、昆山播爱游信息技术有限公司合同纠纷案	网络主播违反约定的排他性合作条款，未经直播平台同意在其他平台从事类似业务的，应当依法承担违约责任。网络主播主张合同约定的违约金明显过高请求予以减少的，在实际损失难以确定的情形下，人民法院可以根据网络直播行业特点，以网络主播从平台中获取的实际收益为参考基础，结合平台前期投入、平台流量、主播个体商业价值等因素合理酌定。
指导案例171号： 中天建设集团有限公司诉河南恒和置业有限公司建设工程施工合同纠纷案	执行法院依其他债权人的申请，对发包人的建设工程强制执行，承包人向执行法院主张其享有建设工程价款优先受偿权且未超过除斥期间的，视为承包人依法行使了建设工程价款优先受偿权。发包人以承包人起诉时行使建设工程价款优先受偿权超过除斥期间为由进行抗辩的，人民法院不予支持。
指导案例170号： 饶国礼诉某物资供应站等房屋租赁合同纠纷案	违反行政规章一般不影响合同效力，但违反行政规章签订租赁合同，约定将经鉴定机构鉴定存在严重结构隐患，或将造成重大安全事故的应当尽快拆除的危房出租用于经营酒店，危及不特定公众人身及财产安全，属于损害社会公共利益、违背公序良俗的行为，应当依法认定租赁合同无效，按照合同双方的过错大小确定各自应当承担的法律责任。
指导案例168号： 中信银行股份有限公司东莞分行诉陈志华等金融借款合同纠纷案	以不动产提供抵押担保，抵押人未依抵押合同约定办理抵押登记的，不影响抵押合同的效力。债权人依据抵押合同主张抵押人在抵押物的价值范围内承担违约赔偿责任的，人民法院应予支持。抵押权人对未能办理抵押登记有过错的，相应减轻抵押人的赔偿责任。
指导案例167号： 北京大唐燃料有限公司诉山东百富物流有限公司买卖合同纠纷案	代位权诉讼执行中，因相对人无可供执行的财产而被终结本次执行程序，债权人就未实际获得清偿的债权另行向债务人主张权利的，人民法院应予支持。
指导案例166号： 北京隆昌伟业贸易有限公司诉北京城建重工有限公司合同纠纷案	当事人双方就债务清偿达成和解协议，约定解除财产保全措施及违约责任。一方当事人依约申请人民法院解除了保全措施后，另一方当事人违反诚实信用原则不履行和解协议，并在和解协议违约金诉讼中请求减少违约金的，人民法院不予支持。

续表

指导案例	裁判要旨
指导案例 165 号： 重庆金江印染有限公司、重庆川江针纺有限公司破产管理人申请实质合并破产清算案	1. 人民法院审理关联企业破产清算案件，应当尊重关联企业法人人格的独立性，对各企业法人是否具备破产原因进行单独审查并以适用单个破产程序为原则。当关联企业之间存在法人人格高度混同、区分各关联企业财产的成本过高、严重损害债权人公平清偿利益时，破产管理人可以申请对已进入破产程序的关联企业进行实质合并破产清算。 2. 人民法院收到实质合并破产清算申请后，应当及时组织申请人、被申请人、债权人代表等利害关系人进行听证，并综合考虑关联企业之间资产的混同程度及其持续时间、各企业之间的利益关系、债权人整体清偿利益、增加企业重整的可能性等因素，依法作出裁定。
指导案例 163 号： 江苏省纺织工业（集团）进出口有限公司及其五家子公司实质合并破产重整案［2019 年考题］	1. 当事人申请对关联企业合并破产的，人民法院应当对合并破产的必要性、正当性进行审查。关联企业成员的破产应当以适用单个破产程序为原则，在关联企业成员之间出现法人人格高度混同、区分各关联企业成员财产成本过高、严重损害债权人公平清偿利益的情况下，可以依申请例外适用关联企业实质合并破产方式进行审理。 2. 采用实质合并破产方式的，各关联企业成员之间的债权债务归于消灭，各成员的财产作为合并后统一的破产财产，由各成员的债权人作为一个整体在同一程序中按照法定清偿顺位公平受偿。合并重整后，各关联企业原则上应当合并为一个企业，但债权人会议表决各关联企业继续存续，人民法院审查认为确有需要的，可以准许。 3. 合并重整中，重整计划草案的制定应当综合考虑进入合并的关联企业的资产及经营优势、合并后债权人的清偿比例、出资人权益调整等因素，保障各方合法权益；同时，可以灵活设计“现金+债转股”等清偿方案、通过“预表决”方式事先征求债权人意见并以此为基础完善重整方案，推动重整的顺利进行。
指导案例 156 号： 王岩岩诉徐意君、北京市金陛房地产发展有限责任公司案外人执行异议之诉案	《执行异议和复议案件规定》第 28 条规定了不动产买受人排除金钱债权执行的权利，第 29 条规定了消费者购房人排除金钱债权执行的权利。案外人对登记在被执行的房地产开发企业名下的商品房请求排除强制执行的，可以选择适用第 28 条或者第 29 条的规定；案外人主张适用第 28 条规定的，人民法院应予审查。
指导案例 155 号： 中国建设银行股份有限公司怀化市分行诉中国华融资产管理股份有限公司湖南省分公司等案外人执行异议之诉案	在抵押权强制执行中，案外人以其在抵押登记之前购买了抵押房产，享有优先于抵押权的权利为由提起执行异议之诉，主张依据《执行异议和复议案件规定》排除强制执行，但不否认抵押权人对抵押房产的优先受偿权的，属于《民事诉讼法》第 227 条（现为第 238 条）规定的“与原判决、裁定无关”的情形，人民法院应予依法受理。

续表

指导案例	裁判要旨
指导案例 154 号： 王四光诉中天建设集团有限公司、白山和丰置业有限公司案外人执行异议之诉案	在建设工程价款强制执行过程中，房屋买受人对强制执行的房屋提起案外人执行异议之诉，请求确认其对案涉房屋享有可以排除强制执行的民事权益，但不否定原生效判决确认的债权人所享有的建设工程价款优先受偿权的，属于《民事诉讼法》第 227 条（现为第 238 条）规定的“与原判决、裁定无关”的情形，人民法院应予依法受理。
指导案例 153 号： 永安市燕诚房地产开发有限公司诉郑耀南、远东（厦门）房地产发展有限公司等第三人撤销之诉案	债权人对确认债务人处分财产行为的生效裁判提起第三人撤销之诉的，在出现债务人进入破产程序、无财产可供执行等影响债权人债权实现的情形时，应当认定债权人知道或者应当知道该生效裁判损害其民事权益，提起诉讼的 6 个月期间开始起算。
指导案例 152 号： 鞍山市中小企业信用担保中心诉汪薇、鲁金英第三人撤销之诉案	债权人申请强制执行后，被执行人与他人在另外的民事诉讼中达成调解协议，放弃其取回财产的权利，并大量减少债权，严重影响债权人债权实现，符合《合同法》第 74 条（现为《民法典》第 538、539 条）规定的债权人行使撤销权条件的，债权人对民事调解书具有提起第三人撤销之诉的原告主体资格。
指导案例 151 号： 台州德力奥汽车部件制造有限公司诉浙江建环机械有限公司管理人浙江安天律师事务所、中国光大银行股份有限公司台州温岭支行第三人撤销之诉案	在银行承兑汇票的出票人进入破产程序后，对付款银行于法院受理破产申请前 6 个月内从出票人还款账户划扣票款的行为，破产管理人提起请求撤销个别清偿行为之诉，法院判决予以支持的，汇票的保证人与该生效判决具有法律上的利害关系，具有提起第三人撤销之诉的原告主体资格。
指导案例 150 号： 中国民生银行股份有限公司温州分行诉浙江山口建筑工程有限公司、青田依利高鞋业有限公司第三人撤销之诉案	建设工程价款优先受偿权与抵押权指向同一标的物，抵押权的实现因建设工程价款优先受偿权的有无以及范围大小受到影响的，应当认定抵押权的实现同建设工程价款优先受偿权案件的处理结果有法律上的利害关系，抵押权人对确认建设工程价款优先受偿权的生效裁判具有提起第三人撤销之诉的原告主体资格。
指导案例 149 号： 长沙广大建筑装饰有限公司诉中国工商银行股份有限公司广州粤秀支行、林传武、长沙广大建筑装饰有限公司广州分公司等第三人撤销之诉案	公司法人的分支机构以自己的名义从事民事活动，并独立参加民事诉讼，人民法院判决分支机构对外承担民事责任，公司法人对该生效裁判提起第三人撤销之诉的，其不符合《民事诉讼法》第 56 条（现为第 59 条）规定的第三人条件，人民法院不予受理。
指导案例 148 号： 高光诉三亚天通国际酒店有限公司、海南博超房地产开发有限公司等第三人撤销之诉案［2022 年考题］	公司股东对公司法人与他人之间的民事诉讼生效裁判不具有直接的利益关系，不符合《民事诉讼法》第 56 条（现为第 59 条）规定的第三人条件，其以股东身份提起第三人撤销之诉的，人民法院不予受理。

续表

指导案例	裁判要旨
指导案例 143 号： 北京兰世达光电科技有限公司、黄晓兰诉赵敏名誉权纠纷案	1. 认定微信群中的言论构成侵犯他人名誉权，应当符合名誉权侵权的全部构成要件，还应当考虑信息网络传播的特点并结合侵权主体、传播范围、损害程度等具体因素进行综合判断。 2. 不特定关系人组成的微信群具有公共空间属性，公民在此类微信群中发布侮辱、诽谤、污蔑或者贬损他人的言论构成名誉权侵权，应当依法承担法律责任。
指导案例 142 号： 刘明莲、郭丽丽、郭双双诉孙伟、河南兰庭物业管理有限公司信阳分公司生命权纠纷案	行为人为了维护因碰撞而受伤害一方的合法权益，劝阻另一方不要离开碰撞现场且没有超过合理限度的，属于合法行为。被劝阻人因自身疾病发生猝死，其近亲属请求行为人承担侵权责任的，人民法院不予支持。
指导案例 141 号： 支某 1 等诉北京市永定河管理处生命权、健康权、身体权纠纷案	消力池属于禁止公众进入的水利工程设施，不属于《侵权责任法》第 37 条（现为《民法典》第 1198 条）第 1 款规定的“公共场所”。消力池的管理人和所有人采取了合理的安全提示和防护措施，完全民事行为能力人擅自进入造成自身损害，请求管理人和所有人承担赔偿责任的，人民法院不予支持。
指导案例 140 号： 李秋月等诉广州市花都区梯面镇红山村村民委员会违反安全保障义务责任纠纷案	公共场所经营管理者的安全保障义务，应限于合理限度范围内，与其管理和控制能力相适应。完全民事行为能力人因私自攀爬景区内果树采摘果实而不慎跌落致其自身损害，主张经营管理者承担赔偿责任的，人民法院不予支持。
指导案例 126 号： 江苏天宇建设集团有限公司与无锡时代盛业房地产开发有限公司执行监督案［2022 年考题］	在履行和解协议的过程中，申请执行人因被执行人迟延履行申请恢复执行的同时，又继续接受并积极配合被执行人的后续履行，直至和解协议全部履行完毕的，属于《民事诉讼法》及相关司法解释规定的和解协议已经履行完毕不再恢复执行原生效法律文书的情形。
指导案例 125 号： 陈载果与刘荣坤、广东省汕头渔业用品进出口公司等申请撤销拍卖执行监督案	网络司法拍卖是人民法院通过互联网拍卖平台进行的司法拍卖，属于强制执行措施。人民法院对网络司法拍卖中产生的争议，应当适用《民事诉讼法》及相关司法解释的规定处理。
指导案例 124 号： 中国防卫科技学院与联合资源教育发展（燕郊）有限公司执行监督案	申请执行人与被执行人对执行和解协议的内容产生争议，客观上已无法继续履行的，可以执行原生效法律文书。对执行和解协议中原执行依据未涉及的内容，以及履行过程中产生的争议，当事人可以通过其他救济程序解决。
指导案例 123 号： 于红岩与锡林郭勒盟隆兴矿业有限责任公司执行监督案	生效判决认定采矿权转让合同依法成立但尚未生效，判令转让方按照合同约定办理采矿权转让手续，并非对采矿权归属的确定，执行法院依此向相关主管机关发出协助办理采矿权转让手续通知

续表

指导案例	裁判要旨
指导案例 123 号： 于红岩与锡林郭勒盟隆兴矿业有限责任公司执行监督案	书，只具有启动主管机关审批采矿权转让手续的作用，采矿权能否转让应由相关主管机关依法决定。申请执行人请求变更采矿权受让人的，也应由相关主管机关依法判断。
指导案例 122 号： 河南神泉之源实业发展有限公司与赵五军、汝州博易观光医疗主题园区开发有限公司等执行监督案	执行法院将同一被执行人的几个案件合并执行的，应当按照申请执行人的各个债权的受偿顺序进行清偿，避免侵害顺位在先的其他债权人的利益。
指导案例 120 号： 青海金泰融资担保有限公司与上海金桥工程建设发展有限公司、青海三工置业有限公司执行复议案	在案件审理期间保证人为被执行人提供保证，承诺在被执行人无财产可供执行或者财产不足清偿债务时承担保证责任的，执行法院对保证人应当适用一般保证的执行规则。在被执行人虽有财产但严重不方便执行时，可以执行保证人在保证责任范围内的财产。
指导案例 119 号： 安徽省滁州市建筑安装工程有限公司与湖北追日电气股份有限公司执行复议案	执行程序开始前，双方当事人自行达成和解协议并履行，一方当事人申请强制执行原生效法律文书的，人民法院应予受理。被执行人以已履行和解协议为由提出执行异议的，可以参照《执行和解规定》第 19 条的规定审查处理。
指导案例 118 号： 东北电气发展股份有限公司与国家开发银行股份有限公司、沈阳高压开关有限责任公司等执行复议案	1. 债权人撤销权诉讼的生效判决撤销了债务人与受让人的财产转让合同，并判令受让人向债务人返还财产，受让人未履行返还义务的，债权人可以债务人、受让人为被执行人申请强制执行。 2. 受让人未通知债权人，自行向债务人返还财产，债务人将返还的财产立即转移，致使债权人丧失申请法院采取查封、冻结等措施的机会，撤销权诉讼目的无法实现的，不能认定生效判决已经得到有效履行。债权人申请对受让人执行生效判决确定的财产返还义务的，人民法院应予支持。
指导案例 117 号： 中建三局第一建设工程有限责任公司与澳中财富（合肥）投资置业有限公司、安徽文峰置业有限公司执行复议案	根据民事调解书和调解笔录，第三人以债务承担方式加入债权债务关系的，执行法院可以在该第三人债务承担范围内对其强制执行。债务人用商业承兑汇票来履行执行依据确定的债务，虽然开具并向债权人交付了商业承兑汇票，但因汇票付款账户资金不足、被冻结等不能兑付的，不能认定实际履行了债务，债权人可以请求对债务人继续强制执行。
指导案例 99 号： 葛长生诉洪振快名誉权、荣誉权纠纷案	1. 对侵害英雄烈士名誉、荣誉等行为，英雄烈士的近亲属依法向人民法院提起诉讼的，人民法院应予受理。 2. 英雄烈士事迹和精神是中华民族的共同历史记忆和社会主义核心价值观的重要体现，英雄烈士的名誉、荣誉等受法律保护。人民法院审理侵害英雄烈士名誉、荣誉等案件，不仅要依法保护相关个人权益，还应发挥司法彰显公共价值功能，维护社会公共利益。

续表

指导案例	裁判要旨
指导案例 99 号： 葛长生诉洪振快名誉权、荣誉权纠纷案	3. 任何组织和个人以细节考据、观点争鸣等名义对英雄烈士的事迹和精神进行污蔑和贬损，属于歪曲、丑化、亵渎、否定英雄烈士事迹和精神的行为，应当依法承担法律责任。
指导案例 98 号： 张庆福、张殿凯诉朱振彪生命权纠纷案	行为人非因法定职责、法定义务或约定义务，为保护国家、社会公共利益或者他人的人身、财产安全，实施阻止不法侵害者逃逸的行为，人民法院可以认定为见义勇为。
指导案例 96 号： 宋文军诉西安市大华餐饮有限公司股东资格确认纠纷案	国有企业改制为有限责任公司，其初始章程对股权转让进行限制，明确约定公司回购条款，只要不违反公司法等法律强制性规定，可认定为有效。有限责任公司按照初始章程约定，支付合理对价回购股东股权，且通过转让给其他股东等方式进行合理处置的，人民法院应予支持。
指导案例 95 号： 中国工商银行股份有限公司宣城龙首支行诉宣城柏冠贸易有限公司、江苏凯盛置业有限公司等金融借款合同纠纷案	当事人另行达成协议将最高额抵押权设立前已经存在的债权转入该最高额抵押担保的债权范围，只要转入的债权数额仍在该最高额抵押担保的最高债权额限度内，即使未对该最高额抵押权办理变更登记手续，该最高额抵押权的效力仍然及于被转入的债权，但不得对第三人产生不利影响。
指导案例 73 号： 通州建总集团有限公司诉安徽天宇化工有限公司别除权纠纷案	符合《企业破产法》第 18 条规定的情形，建设工程施工合同视为解除的，承包人行使优先受偿权的期限应自合同解除之日起计算。
指导案例 72 号： 汤龙、刘新龙、马忠太、王洪刚诉新疆鄂尔多斯彦海房地产开发有限公司商品房买卖合同纠纷案	借款合同双方当事人经协商一致，终止借款合同关系，建立商品房买卖合同关系，将借款本金及利息转化为已付购房款并经对账清算的，不属于《物权法》第 186 条（现为《民法典》第 401 条）规定禁止的情形，该商品房买卖合同的订立目的，亦不属于《民间借贷规定》第 24 条（现为第 23 条）规定的“作为民间借贷合同的担保”。在不存在《合同法》第 52 条（现为《民法典》）规定情形的情况下，该商品房买卖合同具有法律效力。但对转化为已付购房款的借款本金及利息数额，人民法院应当结合借款合同等证据予以审查，以防止当事人将超出法律规定保护限额的高额利息转化为已付购房款。
指导案例 68 号： 上海欧宝生物科技有限公司诉辽宁特莱维置业发展有限公司企业借贷纠纷案	人民法院审理民事案件中发现存在虚假诉讼可能时，应当依职权调取相关证据，详细询问当事人，全面严格审查诉讼请求与相关证据之间是否存在矛盾，以及当事人诉讼中言行是否违背常理。经综合审查判断，当事人存在虚构事实、恶意串通、规避法律或国家政策以谋取非法利益，进行虚假民事诉讼情形的，应当依法予以制裁。

续表

指导案例	裁判要旨
指导案例67号： 汤长龙诉周士海股权转让纠纷案	有限责任公司的股权分期支付转让款中发生股权受让人延迟或者拒付等违约情形，股权转让人要求解除双方签订的股权转让合同的，不适用《合同法》第167条（现为《民法典》第634条）关于分期付款买卖中出卖人在买受人未支付到期价款的金额达到合同全部价款的1/5时即可解除合同的规定。
指导案例65号： 上海市虹口区久乐大厦小区业主大会诉上海环亚实业总公司业主共有权纠纷案	专项维修资金是专门用于物业共用部位、共用设施设备保修期满后的维修和更新、改造的资金，属于全体业主共有。缴纳专项维修资金是业主为维护建筑物的长期安全使用而应承担的一项法定义务。业主拒绝缴纳专项维修资金，并以诉讼时效提出抗辩的，人民法院不予支持。
指导案例64号： 刘超捷诉中国移动通信集团江苏有限公司徐州分公司电信服务合同纠纷案	1. 经营者在格式合同中未明确规定对某项商品或服务的限制条件，且未能证明在订立合同时已将该限制条件明确告知消费者并获得消费者同意的，该限制条件对消费者不产生效力。 2. 电信服务企业在订立合同时未向消费者告知某项服务设定了有效期限限制，在合同履行中又以该项服务超过有效期限为由限制或停止对消费者服务的，构成违约，应当承担违约责任。
指导案例57号： 温州银行股份有限公司宁波分行诉浙江创菱电器有限公司等金融借款合同纠纷案	在有数份最高额担保合同的情形下，具体贷款合同中选择性列明部分最高额担保合同，如债务发生在最高额担保合同约定的决算期内，且债权人未明示放弃担保权利，未列明的最高额担保合同的担保人也应当在最高债权限额内承担担保责任。
指导案例56号： 韩凤彬诉内蒙古九郡药业有限责任公司等产品责任纠纷管辖权异议案	当事人在一审提交答辩状期间未提出管辖异议，在二审或者再审发回重审时提出管辖异议的，人民法院不予审查。
指导案例54号： 中国农业发展银行安徽省分行诉张大标、安徽长江融资担保集团有限公司执行异议之诉纠纷案	当事人依约为出质的金钱开立保证金专门账户，且质权人取得对该专门账户的占有控制权，符合金钱特定化和移交占有的要求，即使该账户内资金余额发生浮动，也不影响该金钱质权的设立。
指导案例53号： 福建海峡银行股份有限公司福州五一支行诉长乐亚新污水处理有限公司、福州市政工程有限公司金融借款合同纠纷案	1. 特许经营权的收益权可以质押，并可作为应收账款进行出质登记。 2. 特许经营权的收益权依其性质不宜折价、拍卖或变卖，质权人主张优先受偿权的，人民法院可以判令出质债权的债务人将收益权的应收账款优先支付质权人。
指导案例51号： 阿卜杜勒·瓦希德诉中国东方航空股份有限公司航空旅客运输合同纠纷案	1. 对航空旅客运输实际承运人提起的诉讼，可以选择对实际承运人或缔约承运人提起诉讼，也可以同时对实际承运人和缔约承运人提起诉讼。被诉承运人申请追加另一方承运人参加诉讼的，法院可以根据案件的实际情况决定是否准许。

续表

指导案例	裁判要旨
指导案例 51 号： 阿卜杜勒·瓦希德诉中国东方航空股份有限公司航空旅客运输合同纠纷案	2. 当不可抗力造成航班延误，致使航空公司不能将换乘其他航班的旅客按时运抵目的地时，航空公司有义务及时向换乘的旅客明确告知到达目的地后是否提供转签服务，以及在不能提供转签服务时旅客如何办理旅行手续。航空公司未履行该项义务，给换乘旅客造成损失的，应当承担赔偿责任。 3. 航空公司在打折机票上注明“不得退票，不得转签”，只是限制购买打折机票的旅客由于自身原因而退票和转签，不能据此剥夺旅客在支付票款后享有的乘坐航班按时抵达目的地的权利。
指导案例 36 号： 中投信用担保有限公司与海通证券股份有限公司等证券权益纠纷执行复议案	被执行人在收到执行法院执行通知之前，收到另案执行法院要求其向申请执行人的债权人直接清偿已经法院生效法律文书确认的债务的通知，并清偿债务的，执行法院不能将该部分已清偿债务纳入执行范围。
指导案例 33 号： 瑞士嘉吉国际公司诉福建金石制油有限公司等确认合同无效纠纷案	1. 债务人将主要财产以明显不合理低价转让给其关联公司，关联公司在明知债务人欠债的情况下，未实际支付对价的，可以认定债务人与其关联公司恶意串通、损害债权人利益，与此相关的财产转让合同应当认定为无效。 2. 《合同法》第 59 条（现为《民法典》第 154 条）规定适用于第三人为财产所有权人的情形，在债权人对债务人享有普通债权的情况下，应当根据《合同法》第 58 条（现为《民法典》第 157 条）的规定，判令因无效合同取得的财产返还给原财产所有人，而不能根据第 59 条规定直接判令债务人的关联公司因“恶意串通，损害第三人利益”的合同而取得的债务人的财产返还给债权人。
指导案例 25 号： 华泰财产保险有限公司北京分公司诉李志贵、天安财产保险股份有限公司河北省分公司张家口支公司保险人代位求偿权纠纷案	因第三者对保险标的的损害造成保险事故，保险人向被保险人赔偿保险金后，代位行使被保险人对第三者请求赔偿的权利而提起诉讼的，应当根据保险人所代位的被保险人与第三者之间的法律关系，而不应当根据保险合同法律关系确定管辖法院。第三者侵害被保险人合法权益的，由侵权行为地或者被告住所地法院管辖。
指导案例 24 号： 荣宝英诉王阳、永诚财产保险股份有限公司江阴支公司机动车交通事故责任纠纷案	交通事故的受害人没有过错，其体质状况对损害后果的影响不属于可以减轻侵权人责任的法定情形。
指导案例 19 号： 赵春明等诉烟台市福山区汽车运输公司、卫德平等机动车交通事故责任纠纷案	机动车所有人或者管理人将机动车号牌出借他人套牌使用，或者明知他人套牌使用其机动车号牌不予制止，套牌机动车发生交通事故造成他人损害的，机动车所有人或者管理人应当与套牌机动车所有人或者管理人承担连带责任。

续表

指导案例	裁判要旨
指导案例 17 号： 张莉诉北京合力华通汽车服务有限公司买卖合同纠纷案	1. 为家庭生活消费需要购买汽车，发生欺诈纠纷的，可以按照《消费者权益保护法》处理。 2. 汽车销售者承诺向消费者出售没有使用或维修过的新车，消费者购买后发现系使用或维修过的汽车，销售者不能证明已履行告知义务且得到消费者认可的，构成销售欺诈，消费者要求销售者按照《消费者权益保护法》赔偿损失的，人民法院应予支持。
指导案例 15 号： 徐工集团工程机械股份有限公司诉成都川交工贸有限责任公司等买卖合同纠纷案	1. 关联公司的人员、业务、财务等方面交叉或混同，导致各自财产无法区分，丧失独立人格的，构成人格混同。 2. 关联公司人格混同，严重损害债权人利益的，关联公司相互之间对外部债务承担连带责任。
指导案例 10 号： 李建军诉上海佳动力环保科技有限公司公司决议撤销纠纷案	人民法院在审理公司决议撤销纠纷案件中应当审查：会议召集程序、表决方式是否违反法律、行政法规或者公司章程，以及决议内容是否违反公司章程。在未违反上述规定的前提下，解聘总经理职务的决议所依据的事实是否属实，理由是否成立，不属于司法审查范围。
指导案例 8 号： 林方清诉常熟市凯莱实业有限公司、戴小明公司解散纠纷案	《公司法》第 183 条（现为第 231 条）将“公司经营管理发生严重困难”作为股东提起解散公司之诉的条件之一。判断“公司经营管理是否发生严重困难”，应从公司组织机构的运行状态进行综合分析。公司虽处于盈利状态，但其股东会机制长期失灵，内部管理有严重障碍，已陷入僵局状态，可以认定为公司经营管理发生严重困难。对于符合《公司法》及相关司法解释规定的其他条件的，人民法院可以依法判决公司解散。
指导案例 7 号： 牡丹江市宏阁建筑安装有限责任公司诉牡丹江市华隆房地产开发有限责任公司、张继增建设工程施工合同纠纷案	人民法院接到民事抗诉书后，经审查发现案件纠纷已经解决，当事人申请撤诉，且不损害国家利益、社会公共利益或第三人利益的，应当依法作出对抗诉案终结审查的裁定；如果已裁定再审，应当依法作出终结再审诉讼的裁定。
指导案例 2 号： 吴梅诉四川省眉山西城纸业有限公司买卖合同纠纷案	民事案件二审期间，双方当事人达成和解协议，人民法院准许撤回上诉的，该和解协议未经人民法院依法制作调解书，属于诉讼外达成的协议。一方当事人不履行和解协议，另一方当事人申请执行一审判决的，人民法院应予支持。

图书在版编目（CIP）数据
主观题民商事融合专项突破 / 厚大法考组编. -- 北京 : 中国政法大学出版社, 2025. 5.
ISBN 978-7-5764-2111-8
Ⅰ. D923
中国国家版本馆 CIP 数据核字第 2025ZV6457 号

出版者　中国政法大学出版社
地　址　北京市海淀区西土城路 25 号
邮寄地址　北京 100088 信箱 8034 分箱　邮编 100088
网　址　http://www.cuplpress.com (网络实名：中国政法大学出版社)
电　话　010-58908285(总编室) 58908433（编辑部）58908334(邮购部)
承　印　河北翔驰润达印务有限公司
开　本　787mm×1092mm　1/16
印　张　22
字　数　530 千字
版　次　2025 年 5 月第 1 版
印　次　2025 年 5 月第 1 次印刷
定　价　75.00 元

厚大网授

2025年崔崔主观题民综私塾班

*4月中~主观题考前

* 专为主观二战学员精准提分的应试好课

◎直播授课 ◎案例带写带练

◎专属答疑 ◎法言法语私塾笔记

课程阶段

★系统强化阶段【正课开启】 ★实战大综合【实训带写】

★真题改编案例【带写带练】 ★点睛冲刺押题【考前助力】

★民商综合突破【融合授课】

主观题崔崔私塾班
扫码购买了解详情

主客一体崔崔私塾
扫码购买了解详情

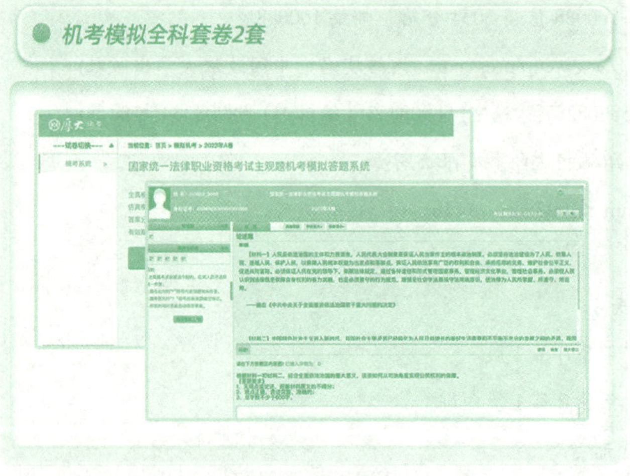